U0438310

陆九渊全集

[南宋] 陆九渊 撰 叶航 整理

图书在版编目(CIP)数据

陆九渊全集 /(南宋)陆九渊撰;叶航整理. —上海:上海古籍出版社,2023.5
ISBN 978-7-5732-0714-2

Ⅰ.①陆… Ⅱ.①陆… ②叶… Ⅲ.①陆九渊(1139-1193)—全集 Ⅳ.①B244.81

中国国家版本馆 CIP 数据核字(2023)第 083897 号

陆九渊全集
(南宋)陆九渊　撰
叶　航　整理

出版发行　上海古籍出版社
地　　址　上海市闵行区号景路 159 弄 1-5 号 A 座 5F
邮政编码　201101
网　　址　www.guji.com.cn
E-mail　　guji1@guji.com.cn
印　　刷　上海中华印刷有限公司
开　　本　890×1240　1/32
印　　张　18.125
插　　页　8
字　　数　438,000
版　　次　2023 年 5 月第 1 版　2023 年 5 月第 1 次印刷
印　　数　1—3,100
书　　号　ISBN 978-7-5732-0714-2/B·1326
定　　价　88.00 元

如有质量问题,请与承印公司联系

陆九渊像

陆九渊雕像
（位于象山书院遗址，今江西省贵溪市第一中学内）
刘新建 摄

陆九渊曾结茅讲学的象山

刘新建 摄

象山精舍遗址
（位于贵溪市上清镇象山南麓）
郑水才 摄

陆九渊之墓

（位于江西省金溪县）

陆九渊墓前对联:"学苟知本,六经皆注脚;事属份内,千圣有同心。"

"象山书院"摩崖石刻
（明正德皇帝诏刻，位于贵溪城南三峰山之西峰）
叶航 摄

陆九渊书丹之《宋故孙氏夫人墓志铭》
（目前唯一存世的陆九渊书迹）
方爱龙 供图

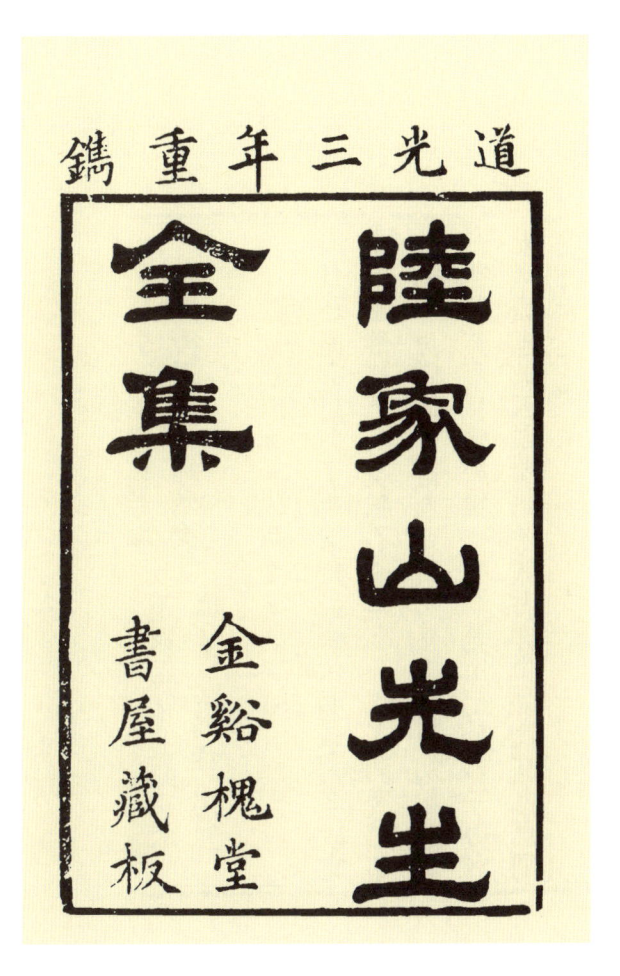

道光三年重刻本《陆象山先生全集》书影一

臨川後學李 綏點次
楚陂後學周毓齡重校
槐堂書齋裔孫邦瑞刊

書

與邵叔誼 浙江人問學於支安公

前日竊聞嘗以夫子所論齊景公伯夷叔齊之說定命以袪俗惑至今嘆服不能弭忘笑談之間度越如此輔之切磋何可當也充其所見推其所為勿怠勿畫益著益察日躋於純一之地是所望於君子夷齊未足言也此天之所以予我者非由外鑠我也思則

道光三年重刻本《陸象山先生全集》書影二

序

二〇一九年十月,在江西金溪县举办的纪念陆九渊诞辰八百八十周年的学术研讨会上,我邂逅了来自邻县贵溪的学者石泉先生叶航。与他的交谈给我留下了深刻印象,也让我知道他正在整理《陆九渊全集》。今年四月,在贵溪参加为重建象山书院召开的座谈会,我从石泉先生的发言中再次感受到了他对陆学的执着。的确,他的好学、敏感以及对象山心学持之以恒的热情都深深地打动了我。

当下正值阳明心学大盛之际,而陆学在整体上仍未兴起,这当然有种种原因。但不可否认的是,学界对陆学的探讨与阳明心学研究相比太不成比例。而就中国学术思想史本身的发展而言,正是陆学启发了阳明心学,象山先生"心即理"的命题是"陆王心学"的起点。可以说,没有陆象山就不可能有"心学"的确立与兴盛。这点学界早有共识。在现代新儒家中,熊十力及其弟子唐君毅、牟宗三、徐复观对陆学均有发扬之功。尤其是牟宗三,已然将陆王之学作为儒家学脉之正统,而将朱子学列为"别子为宗"一系。弘扬陆学的还有一位重要人物——刘师培,他在《南北学派不同论》一文中提出:"与朱子并行者,厥惟金溪陆氏,讲学鹅湖,与考亭之言迥异……以诠心为主,以乐道为宗,直捷径情,颖悟超卓……然陆学擅长之处亦有三端,一曰立志高超,二曰学求自得,三曰不立成心,综斯三美,感发齐民,顽廉懦立,信乎百世之师矣。"(见刘师培

《清儒得失论》，中国人民大学出版社，二〇〇九年，页二三五。）遗憾的是刘氏此论似乎还没有得到学界的充分阐发。须知刘氏是正式提出"陆学"这一界定性概念的人物，且誉象山为"百世之师"。从学术史视角看，这一赞誉是十分贴切的。更何况，刘师培又是"赣学"的提出者。在笔者看来，最能表征"赣学"的人物首推陆象山。

古代文献的整理工作实属不易，在当今这个扰攘的时代尤其不容易。而石泉先生凭一己之力，花费八九年的功夫，致力于整理《陆九渊全集》，且沉浸其中，反反复复，数易其稿，真可谓十年磨一剑。我在通读其全稿后，发现其价值不仅在纠正了此前陆九渊文集不同版本以讹传讹的诸多谬误，更在于其有着强大的文献基础——石泉先生收集了成化本、正德本、嘉靖本、万历本、《四库全书》本、道光本陆九渊文集及《陆子学谱》，进行了细致的对勘比较。这一工作不仅对文献整理极其重要，对思想史、学术史研究也不可或缺，因为些微的文字差异也有可能涉及重要概念的厘定，生发出更大的讨论空间。

此外，我想说的是，做文献整理工作是需要细心与耐心的，这些在石泉先生身上体现得淋漓尽致——他不仅极有耐心地通读多种版本的象山文集，且细致到对每一个标点都重加考究的地步。最为经典的例子是大家都熟悉的陆九渊名句："《六经》注我，我注《六经》。"对此句没有深入了解，便很难明白句意。古代人没有标点符号，更使得对此句的理解迷雾重重。于是，陆九渊的再传弟子赵彦悈为了准确表述此句的意思，在原句中加了两个字："《六经》当注我，我何注《六经》。"而石泉先生则巧妙使用了现代汉语标点符号："《六经》注我！我注《六经》？"他以前句为感叹句，表示肯定；后句为反问句，表示否定。如此便精准表达了陆九渊所要表达的意思，使读者一目了然。类似对标点符号的精准使用在书稿中不胜枚举。应该说，看似微小的句读差异，其实是大有讨论余地的。

石泉先生的可贵之处，还在于他对县志、族谱等地方文献长期关注，挖掘出很多珍贵资料，如一些陆九渊集外诗文；同时也解决了一些问题，如陆九渊文集中部分地名误字的更正，以及部分陆门弟子籍贯的厘定等。这种爬梳抉剔的工作也是一般人难以做到的，因其需要长期而持续的耐心与细致。由此可见，石泉先生是一位肯下功夫的勤勉学人。

总之，依笔者之见，陆九渊除了在中国思想史上占有重要地位，在教育史、文学史等方面也有重要的影响。但愿石泉先生对象山文集的重新整理能给学界带来更充分、完整的材料，促进学界重新确立象山学术之地位。

值此贵溪重建象山书院之际，笔者再次向读者推荐石泉先生整理的《陆九渊全集》。吾观鹰潭贵溪的地域文化系统工程，诚有吉象在天。而象山文集的整理与象山书院的重建，不仅是鹰潭贵溪的地方文化工程，更可纳入整个赣文化体系的建设中，诚为两大盛事。趁此机会，笔者再次呼吁学术界重视刘师培所提出的"赣学"概念。而象山其人，无论是"心即理"的心学命题，或是"先立乎其大"的哲学方法论，还是其极有深度的民本理念，都使其不愧为赣学的旗帜性人物。

石泉先生的文献整理工作承载着江西学人乃至全国学人的期盼。在此，我预祝石泉先生的这一学术工程进展顺利。

是为序。

赖功欧于南昌青山湖畔
二〇二〇年五月三日
（作者系江西省社会科学院首席研究员、
哲学研究所原所长，江西省王阳明研究会会长）

点校说明

一、陆九渊其人其学

陆九渊(一一三九——一一九三),字子静,号象山。南宋乾道八年(一一七二)进士,历任隆兴府靖安县主簿、建宁府崇安县主簿、国子正、敕令所删定官、荆门知军。他生于江西金溪县陆坊,卒于湖北荆门,葬于金溪故里。卒后二十四年,即嘉定十年(一二一七),宋宁宗赐谥文安。

淳熙十四年(一一八七),陆九渊结茅于江西贵溪县应天山,创办了应天山书堂。次年,他远看应天山"宛若巨象",遂改山名为象山,应天山书堂随之改名象山精舍。陆九渊因此自号象山翁,时人尊称为象山先生。

陆九渊远承孟子"先立乎其大者"的思想,以"大疑则大进"的治学精神创造性地提出了"心即理"说,以及"发明本心""收拾精神,自作主宰""《六经》注我,我注《六经》""千虚不博一实"等重要观点。他的思想脉络为三百年后的王阳明所继承、发扬,形成宋明理学的一个重要流派,史称陆王心学。

青壮年时期,陆九渊不事著述。据陆九渊《年谱》记载,淳熙十六年(一一八九),"先生始欲著书,尝言诸儒说《春秋》之谬尤甚于诸经,将先作传。值得守荆之命而不果"。然而天不假年,陆九渊积劳成疾,病逝于荆门任上。因此,他留下的文稿并不多,但内涵丰富,体大思精。

二、陆九渊文集的版本情况

历史上第一位编纂陆九渊文集的是陆九渊长子陆持之。开禧元年(一二〇五)夏六月,陆九渊弟子杨简为此集作序,称"先生长子持之伯微编遗文为二十八卷,外集六卷"。开禧三年(一二〇七),抚州知州高商老刊刻此集于郡庠,此本即所谓临汝本。

后来,陆持之又在临汝本的基础上"裒而益之"。嘉定五年(一二一二)九月,江西提举袁燮在江西仓司刊刻此本,故称江西仓司本。此本正集二十八卷,外集四卷,共三十二卷。绍定四年(一二三一),袁燮子袁甫曾翻刻此本。

嘉定十年(一二一七),宋宁宗赐陆九渊谥号"文安"。嘉定十三年(一二二〇),吴杰在江西仓司本书后增加了孔炜所撰《谥议》、丁端祖所撰《覆谥》和杨简所撰陆九渊《行状》,由建安陈氏刊刻,此即陈氏坊刻本。

据文献记载,元代缪鸣阳、洪琳等人曾经刊刻过陆九渊文集。上述宋、元诸本今均未见存世。

陆九渊文集的明代刊本很多,大多属陈氏坊刻本系统。其中有些仅为翻刻,并未作结构性的改变,如成化年间陆和刻本。有些则增添了新内容,如正德十六年(一五二一)抚州知府李茂元刻本,此本在陈氏坊刻本书后增加了原来别本单行的陆九渊《语录》四卷。遂形成了文集二十八卷、外集四卷、语录四卷的格局,对后来各本产生了很大影响。

嘉靖年间,又出现了几个新版本,如嘉靖十四年(一五三五)戚贤刻本、嘉靖四十年（一五六一）何迁刻本等。其中流传最广的是何迁刻本，此本不再分内集、外集，而是将所有内容统编为三十六卷。相对于李茂元刻本，此本《语录》部分被合并为两卷，另增加了《年谱》一卷和徐阶所撰《学则辩》。

万历年间，周希旦重编《象山先生全集》，刊于南京。此本与之前诸本不同，所有内容被厘定为六卷，且篇章位置亦有移易。

清代，《四库全书》收有《象山集》，系以李茂元刻本为底本。其余版本则多为陆氏后裔刊刻，如雍正二年（一七二四）金溪槐堂书屋刻本、道光三年（一八二三）陆邦瑞刻本。

一九八〇年，中华书局出版了署名钟哲的点校本《陆九渊集》。该书以《四部丛刊初编》所影印嘉靖四十年何迁刻本《象山先生全集》为底本，是陆九渊文集的第一个全式标点整理本，有筚路蓝缕之功，为中国哲学史研究者提供了极大的便利。不过，限于时代条件，该书也有一些缺陷，如校勘记很少，未能全面反映版本之间的差别，文字讹误也比较多。

三、本次整理的有关情况

清代著名学者李绂曾从陆氏后人处获得陆九渊文集，加以批点，并详注文集中出现的人物之姓名、籍贯、身份。此李绂批点本后为陆九渊二十二世孙陆邦瑞获得，并于道光三年刊刻。此本分三十六卷，后附徐阶《学则辩》，亦应属于何迁本系统。此本时代较晚，但内容全备，且李绂之评注有一定的参考价值，故本次整理即以此本为底本，以成化本、正德本、嘉靖本（《四部丛刊初编》所影印何迁刻本）、万历本、《四库》本为校本，并参校以《陆子学谱》、地方志等文献。另外，李绂所注有一些"名贯未详""里居无考"者，以及信息有误者,今据(同治)《贵溪县志》等地方志予以补正。

除文集正文外,本书收录以下内容作为附录:其他版本陆九渊文集的序跋,陆九渊集外诗文,《宋史》《宋元学案》等典籍中的陆九渊史料,朱熹致陆九渊兄弟书信,陆九渊之兄陆九韶、陆九龄的相关文献。

本次整理的校勘原则:底本有误处,径改正文,并出校记。底本与校本两通处,出校记加以说明。底本脱字据他本补者,所补之字加〔〕号。底本衍文径予删除,并出校记。底本中的俗体字、异体字,均改为通行规范字,通假字则不改。宋代避讳严格,陆九渊因避讳改动之字,保留原貌,并出校记予以说明。李绂之评注,原位于底本天头处,现均移录入正文相应位置,改为小字夹注,并注明"李评"或"李注"。

由于本人才疏学浅,本书难免会有诸多疏误,敬祈方家不吝指正。

叶 航
于江西贵溪花园里石泉斋
二〇二一年七月二十一日

目录

象山先生全集序 ··· 杨 简(1)
陆象山先生文集序 ·· 袁 燮(2)
象山陆先生文集叙 ·· 吴 澄(4)
陆文安公全集序 ··· 闵 颜(5)
象山先生全集叙 ··· 王守仁(6)
重修陆象山先生文集序 ······································ 汪廷珍(8)
叙 ··· 周毓龄(9)

卷一 ··· (1)
  书 ·· (1)
    与邵叔谊 ·· (1)
    与曾宅之 ·· (3)
    与胡季随 ·· (7)
    二 ··· (7)
    与赵监 ·· (9)
    二 ··· (9)
    与邓文范 ··· (10)
    二 ·· (11)
    与侄孙濬 ··· (11)
    与李省幹 ··· (12)

二 …………………………………………………… (13)

卷二 ………………………………………………… (15)
书 ……………………………………………………… (15)
 与王顺伯 ……………………………………… (15)
 二 …………………………………………………… (17)
 与朱元晦 ……………………………………… (20)
 二 …………………………………………………… (24)
 三 …………………………………………………… (29)
 与吴显仲 ……………………………………… (30)
 二 …………………………………………………… (30)

卷三 ………………………………………………… (31)
书 ……………………………………………………… (31)
 与童伯虞 ……………………………………… (31)
 与刘深甫 ……………………………………… (32)
 与张辅之 ……………………………………… (33)
 二 …………………………………………………… (34)
 三 …………………………………………………… (35)
 与曹挺之 ……………………………………… (36)
 与曹立之 ……………………………………… (36)
 二 …………………………………………………… (37)
 与黄日新 ……………………………………… (40)
 与黄元吉 ……………………………………… (41)
 与乔德占 ……………………………………… (41)
 与诸葛受之 …………………………………… (42)

目录

卷四 ·· (43)
  书 ·· (43)
    见李德远 ·· (43)
    得解见提举 ·· (43)
    得解见权郡 ·· (44)
    得解见通判 ·· (45)
    与诸葛诚之 ·· (46)
    二 ·· (47)
    三 ·· (48)
    与王德修 ·· (48)
    与刘淳叟 ·· (49)
    二 ·· (50)
    与赵宰 ·· (51)
    与胡达材 ·· (52)
    二 ·· (53)
    与潘文叔 ·· (53)
    与彭世昌 ·· (54)
    与曾敬之 ·· (54)
    与符舜功 ·· (55)
    二 ·· (55)
    三 ·· (55)
    与符复仲 ·· (56)
    与周廉夫 ·· (56)

卷五 ·· (57)
  书 ·· (57)

3

与吕伯恭 …………………………………… (57)
　　与吕子约 …………………………………… (58)
　　与戴少望 …………………………………… (58)
　　与舒西美 …………………………………… (59)
　　与高应朝 …………………………………… (60)
　　与杨敬仲 …………………………………… (60)
　　　二 …………………………………………… (61)
　　与项平甫 …………………………………… (61)
　　与舒元宾 …………………………………… (62)
　　与徐子宜 …………………………………… (62)
　　　二 …………………………………………… (63)
　　与赵子直 …………………………………… (64)
　　与辛幼安 …………………………………… (66)

卷六 …………………………………………………… (69)
　书 …………………………………………………… (69)
　　与傅全美 …………………………………… (69)
　　　二 …………………………………………… (69)
　　与傅子渊 …………………………………… (71)
　　　二 …………………………………………… (72)
　　　三 …………………………………………… (72)
　　与傅圣谟 …………………………………… (72)
　　　二 …………………………………………… (73)
　　　三 …………………………………………… (73)
　　与包详道 …………………………………… (75)
　　　二 …………………………………………… (77)

三 ………………………………………………(77)
　　四 ………………………………………………(77)
　　五 ………………………………………………(78)
　　六 ………………………………………………(78)
　　七 ………………………………………………(79)
　　与包显道 ………………………………………(79)
　　二 ………………………………………………(79)
　　与包敏道 ………………………………………(80)
　　二 ………………………………………………(80)
　　三 ………………………………………………(81)
　　与包显道 ………………………………………(81)
　　与吴伯颙 ………………………………………(82)
　　与吴仲诗 ………………………………………(82)
　　与吴叔有 ………………………………………(83)

卷七 …………………………………………………(84)
书 ……………………………………………………(84)
　　与勾熙载 ………………………………………(84)
　　与彭子寿 ………………………………………(84)
　　与邵中孚 ………………………………………(85)
　　与颜子坚 ………………………………………(86)
　　与张季忠 ………………………………………(87)
　　与胥必先 ………………………………………(87)
　　与朱元晦 ………………………………………(88)
　　与吴仲良 ………………………………………(89)
　　与詹子南 ………………………………………(89)

二 ……………………………………………………………… (90)
　　三 ……………………………………………………………… (90)
　与陈倅 …………………………………………………………… (90)
　　二 ……………………………………………………………… (92)
　与包显道 ………………………………………………………… (93)
　　二 ……………………………………………………………… (93)
　　三 ……………………………………………………………… (94)
　　四 ……………………………………………………………… (94)
　与周元忠 ………………………………………………………… (95)
　与苏宰 …………………………………………………………… (96)
　与程帅 …………………………………………………………… (96)

卷八 …………………………………………………………………… (97)
　书 …………………………………………………………………… (97)
　与张春卿 ………………………………………………………… (97)
　与宋漕 …………………………………………………………… (98)
　与陈教授 ………………………………………………………… (100)
　　二 ……………………………………………………………… (101)
　与赵推 …………………………………………………………… (102)
　与苏宰 …………………………………………………………… (103)
　　二 ……………………………………………………………… (104)
　　三 ……………………………………………………………… (107)

卷九 …………………………………………………………………… (109)
　书 …………………………………………………………………… (109)
　与王谦仲 ………………………………………………………… (109)

目录

二	(111)
与钱伯同	(112)
二	(112)
与杨守	(113)
二	(114)
三	(114)
与黄监	(116)
与林叔虎	(116)
与陈君举	(118)

卷十 ··· (119)
  书 ··· (119)

与李成之	(119)
二	(119)
与应仲寔	(120)
与张季海	(120)
二	(121)
与张元鼎	(121)
与黄康年	(122)
与胡无相	(122)
与朱益叔	(122)
与路彦彬	(123)
与涂任伯	(123)
与董元锡	(124)
与倪济甫	(125)
与黄彦文	(125)

7

与刘志甫 ……………………………………… (125)

与邵叔谊 ……………………………………… (126)

与江德功 ……………………………………… (127)

与曾宅之 ……………………………………… (127)

与周元忠 ……………………………………… (128)

与詹子南 ……………………………………… (128)

二 ……………………………………………… (128)

与吴显仲 ……………………………………… (129)

卷十一 ……………………………………… (130)

书 …………………………………………… (130)

与朱济道 ……………………………………… (130)

二 ……………………………………………… (130)

三 ……………………………………………… (131)

与吴子嗣 ……………………………………… (131)

二 ……………………………………………… (131)

三 ……………………………………………… (132)

四 ……………………………………………… (132)

五 ……………………………………………… (133)

六 ……………………………………………… (133)

七 ……………………………………………… (134)

八 ……………………………………………… (134)

与傅季鲁 ……………………………………… (135)

与陈宰 ………………………………………… (135)

二 ……………………………………………… (135)

与李宰 ………………………………………… (136)

二	(136)
与赵景昭	(138)
与王顺伯	(138)
二	(139)
与尤延之	(141)
与丰宅之	(142)

卷十二 ......(143)
  书 ......(143)
    与赵然道 ......(143)
    二 ......(143)
    三 ......(144)
    四 ......(146)
    与赵咏道 ......(146)
    二 ......(146)
    三 ......(147)
    四 ......(148)
    与陈正己 ......(148)
    二 ......(149)
    与张诚子 ......(149)
    与张辅之 ......(150)
    与饶寿翁 ......(150)
    二 ......(151)
    三 ......(151)
    四 ......(151)
    五 ......(152)

六 …………………………………………… (152)
七 …………………………………………… (152)
与倪九成 ………………………………… (153)
与张季悦 ………………………………… (153)
二 …………………………………………… (155)
与刘伯协 ………………………………… (155)
二 …………………………………………… (155)
与黄循中 ………………………………… (156)
二 …………………………………………… (156)

卷十三 ……………………………………… (157)
　书 ………………………………………… (157)
　　与郭邦逸 ………………………………… (157)
　　与郭邦瑞 ………………………………… (158)
　　与李信仲 ………………………………… (159)
　　与潘文叔 ………………………………… (159)
　　与朱子渊 ………………………………… (160)
　　二 …………………………………………… (160)
　　三 …………………………………………… (161)
　　与薛象先 ………………………………… (162)
　　与罗春伯 ………………………………… (163)
　　与郑溥之 ………………………………… (163)
　　与冯传之 ………………………………… (165)
　　与朱元晦 ………………………………… (165)
　　二 …………………………………………… (166)

卷十四	(167)
书	(167)
与包详道	(167)
与包敏道	(167)
二	(167)
与严泰伯	(168)
二	(168)
三	(169)
与傅子渊	(169)
与罗章夫	(169)
与廖幼卿	(169)
与傅齐贤	(170)
与胥必先	(170)
二	(170)
三	(171)
与薛公辩	(171)
与张德清	(172)
与高应朝	(172)
与侄孙濬	(173)
二	(174)
三	(174)
四	(175)
卷十五	(177)
书	(177)
与陶赞仲	(177)

二 ··· (179)
 与孙季和 ··· (180)
 与唐司法 ··· (181)
 与傅克明 ··· (181)
 与章茂献 ··· (182)
 与罗春伯 ··· (182)
 与薛象先 ··· (183)
二 ··· (184)
 与朱子渊 ··· (184)
 与刘漕 ·· (185)
 与吴斗南 ··· (185)

卷十六 ·· (187)
 书 ·· (187)
  与章德茂 ··· (187)
  二 ··· (187)
  三 ··· (188)
  四 ··· (189)
  五 ··· (191)
  与张元善 ··· (192)
  二 ··· (194)

卷十七 ·· (196)
 书 ·· (196)
  与张监 ··· (196)
  二 ··· (196)

与丰叔贾 ……………………………………… (199)
与邓文范 ……………………………………… (200)
与致政兄 ……………………………………… (200)
与张伯信 ……………………………………… (202)
与似清 ………………………………………… (202)
与沈宰 ………………………………………… (202)
二 ……………………………………………… (203)

卷十八 ……………………………………………… (204)
　奏表 ……………………………………………… (204)
　　删定官轮对札子 ……………………………… (204)
　　二 ……………………………………………… (205)
　　三 ……………………………………………… (205)
　　四 ……………………………………………… (206)
　　五 ……………………………………………… (207)
　　荆门到任谢表 ………………………………… (207)
　　与庙堂乞筑城札子 …………………………… (208)

卷十九 ……………………………………………… (210)
　记 ………………………………………………… (210)
　　敬斋记 ………………………………………… (210)
　　宜章县学记 …………………………………… (211)
　　荆国王文公祠堂记 …………………………… (214)
　　经德堂记 ……………………………………… (217)
　　贵溪重修县学记 ……………………………… (219)
　　武陵县学记 …………………………………… (220)

本斋记 …………………………………………… (221)
　　临川簿厅壁记 ………………………………… (222)

卷二十 …………………………………………… (223)
　序赠 ……………………………………………… (223)
　　送毛元善序 …………………………………… (223)
　　送宜黄何尉序 ………………………………… (224)
　　送彭子寿序 …………………………………… (225)
　　送杨通老 ……………………………………… (225)
　　赠吴叔有 ……………………………………… (225)
　　赠俞文学 ……………………………………… (226)
　　赠二赵 ………………………………………… (226)
　　赠僧允怀 ……………………………………… (226)
　　二 ……………………………………………… (226)
　　赠曾友文 ……………………………………… (227)
　　赠汪坚老 ……………………………………… (227)
　　赠丁润父 ……………………………………… (228)
　　赠黄舜咨 ……………………………………… (228)
　　赠汪彦常 ……………………………………… (228)
　　赠陈晋卿 ……………………………………… (228)
　　示象山学者 …………………………………… (229)
　　赠金溪砌街者 ………………………………… (229)
　　赠汤谟举 ……………………………………… (229)
　　赠陆唐卿 ……………………………………… (230)
　　赠疏山益侍者 ………………………………… (230)
　　赠刘季蒙 ……………………………………… (230)

题新兴寺壁 …… (231)
　题翠云寺壁 …… (231)
　朱氏子更名字说 …… (232)
　二张名字说 …… (232)
　格矫斋说 …… (233)
　跋资国寺雄石镇帖 …… (233)
　记祚德庙始末 …… (234)
　邓文苑求言往中都 …… (235)

卷二十一 …… (236)
　杂著 …… (236)
　　易说 …… (236)
　　易数 …… (237)
　　又 …… (238)
　　三五以变错综其数 …… (239)
　　学说 …… (241)
　　论语说 …… (241)
　　孟子说 …… (243)

卷二十二 …… (245)
　杂著 …… (245)
　　武帝谓汲黯无学 …… (245)
　　张释之谓"今法如是" …… (246)
　　杂说 …… (247)

卷二十三 …… (253)
　讲义 …… (253)

白鹿洞书院讲义 …………………………………… (253)
　　大学春秋讲义 ……………………………………… (254)
　　又 …………………………………………………… (256)
　　又 …………………………………………………… (257)
　　又 …………………………………………………… (259)
　　荆门军上元设厅讲义 ……………………………… (260)

卷二十四 …………………………………………………… (264)
　　策问 ………………………………………………… (264)

卷二十五 …………………………………………………… (275)
　　诗 …………………………………………………… (275)
　　　少时作 …………………………………………… (275)
　　　闻莺 ……………………………………………… (275)
　　　莺 ………………………………………………… (275)
　　　晚春出箭溪 ……………………………………… (275)
　　　又 ………………………………………………… (276)
　　　子规 ……………………………………………… (276)
　　　蝉 ………………………………………………… (276)
　　　赠化主 …………………………………………… (276)
　　　疏山道中 ………………………………………… (276)
　　　鹅湖和教授兄韵 ………………………………… (276)
　　　挽石子重 ………………………………………… (276)
　　　挽张正应 ………………………………………… (277)
　　　和黄司业喜雪 …………………………………… (277)
　　　游湖分韵得西字 ………………………………… (277)

目录

和杨廷秀送行 …………………………………（278）
送德麟监院归天童和杨廷秀韵 ………………（278）
又 ………………………………………………（278）
送勾熙载赴浙西盐 ……………………………（278）
题慧照寺 ………………………………………（278）
赠画梅王文显 …………………………………（279）
简朱幹叔诸友 …………………………………（279）
书刘定夫诗轴 …………………………………（279）
玉芝歌 …………………………………………（279）

卷二十六 …………………………………（280）
祭文 …………………………………………（280）
祭吕伯恭文 ……………………………………（280）
代致政祭侄櫄之文 ……………………………（282）
代教授祭神文 …………………………………（282）
石湾祷雨文 ……………………………………（282）
谢雨文 …………………………………………（284）
荆门祷雨文 ……………………………………（284）
望坛谢雨文 ……………………………………（284）
又 ………………………………………………（285）
东山祷雨文 ……………………………………（285）
东山刑鹅祷雨文 ………………………………（286）
上泉龙潭取水祷雨文 …………………………（286）

卷二十七 …………………………………（287）
行状 …………………………………………（287）

17

全州教授陆先生行状 （287）
吴公行状 （292）

卷二十八 （294）
墓志铭 （294）
黄氏墓志铭 （294）
张公墓志 （295）
宋故陆公墓志 （295）
黄公墓志铭 （297）
黄夫人墓志铭 （298）
杨承奉墓碣 （299）
葛致政志 （301）
吴伯颛墓志 （304）
陆修职墓表 （304）

卷二十九 （308）
程文 （308）
庸言之信，庸行之谨，闲邪存其诚，善世而不伐，德博而化 （308）
黄裳元吉　黄离元吉 （310）
使民宜之 （312）
圣人以此洗心，退藏于密，吉凶与民同患。神以知来，知以藏往 （313）
天地设位，圣人成能，人谋鬼谋，百姓与能 （315）
首出庶物，万国咸宁 （316）

卷三十 … (317)
程文 … (317)
- 孝文大功数十论 … (317)
- 天地之性人为贵论 … (318)
- 智者术之原论 … (320)
- 房杜谋断如何论 … (322)
- 刘晏知取予论 … (324)
- 政之宽猛孰先论 … (327)
- 常胜之道曰柔论 … (330)

卷三十一 … (333)
程文 … (333)
- 问制科 … (333)
- 〔问〕料敌 … (335)
- 问赈济 … (336)
- 问唐取民制兵建官 … (336)
- 问德仁功利 … (338)
- 问汉文武之治 … (339)

卷三十二 … (341)
拾遗 … (341)
- 好学近乎知 … (341)
- 学问求放心 … (342)
- 主忠信 … (342)
- 毋友不如己者 … (343)
- 人不可以无耻 … (344)
- 又 … (344)

思则得之 …………………………………………… (345)
　　君子喻于义 ………………………………………… (345)
　　求则得之 …………………………………………… (345)
　　里仁为美 …………………………………………… (346)
　　则以学文 …………………………………………… (346)
　　人心惟危,道心惟微,惟精惟一,允执厥中 ………… (346)
　　学古入官,议事以制,政乃不迷 …………………… (347)
　　汝分猷念以相从,各设中于乃心 …………………… (347)
　　养心莫善于寡欲 …………………………………… (348)
　　取二三策而已矣 …………………………………… (348)
　　保民而王 …………………………………………… (350)
　　《续书》何始于汉 …………………………………… (350)
　　〔策〕 ………………………………………………… (351)

卷三十三 ………………………………………………… (353)
　谥议　覆谥　行状 …………………………………… (353)
　　谥议 ………………………………………………… (353)
　　覆谥 ………………………………………………… (354)
　　象山先生行状 ……………………………………… (355)

卷三十四 ………………………………………………… (362)
　语录 上 ……………………………………………… (362)

卷三十五 ………………………………………………… (395)
　语录 下 ……………………………………………… (395)

卷三十六 ······ (436)
 年谱 ······ (436)

重刊象山先生年谱序 ······ 李　绂(488)

象山先生年谱后跋 ······ 包　恢(489)

附录少湖徐先生学则辩 ······ 徐　阶(492)

附录一：其他版本陆九渊文集序跋 ······ (494)
 王宗沐序 ······ (494)
 傅文兆叙 ······ (498)
 吴杰跋 ······ (499)
 江球叙 ······ (499)
 杨廉序 ······ (500)

附录二：陆九渊集外文 ······ (501)
 与六九哥书 ······ (501)
 二 ······ (501)
 题兰亭帖 ······ (502)
 阆州陈氏族谱序 ······ (502)
 薛氏宗谱序 ······ (502)

附录三：陆九渊集外诗 ······ (504)
 应天山 ······ (504)
 与僧净璋 ······ (504)
 古楼陂 ······ (504)

访余昌言不遇留题 …………………………………………（504）

附录四：《宋史·陆九渊传》……………………………（506）

附录五：《宋元学案·象山学案》案语 ………………（509）
　　（一）………………………………………………………（509）
　　（二）………………………………………………………（511）
　　（三）………………………………………………………（511）

附录六：朱熹致陆氏兄弟信函 …………………………（513）
　　答陆子寿 …………………………………………………（513）
　　答陆子寿 …………………………………………………（513）
　　答陆子美 …………………………………………………（515）
　　答陆子美 …………………………………………………（516）
　　答陆子美 …………………………………………………（517）
　　寄陆子静 …………………………………………………（517）
　　答陆子静 …………………………………………………（518）
　　答陆子静 …………………………………………………（518）
　　答陆子静 …………………………………………………（519）
　　答陆子静 …………………………………………………（519）
　　答陆子静 …………………………………………………（522）

附录七：陆九龄墓志铭 ……………………………………（528）
　　陆先生墓志铭 ……………………………………………（528）

附录八：陆梭山公家制 ……………………………………（531）
　　居家正本上篇 ……………………………………………（531）

居家正本下篇 …………………………………… (532)
居家制用上篇 …………………………………… (532)
居家制用下篇 …………………………………… (533)
附跋 ……………………………………………… (534)

跋 ……………………………………… 毛　静(537)

象山先生全集序

有宋抚州金溪陆先生，字子静，尝居贵溪之象山，四方学者毕至，尊称之曰象山先生。先生冢嗣持之，字伯微，集先生遗言为二十八卷，又外集六卷，命简为之序。

简自主富阳簿时，已受教于先生，因言忽觉澄然清明，应用无方，动静一体，乃知此心本灵、本神、本明、本广大、本变化无方。奚独简心如此，举天下万世人心皆如此。

《易》曰："百姓日用而不知。"孔子曰："二三子以我为隐乎？吾无隐乎尔，吾无行而不与二三子者。"大戴记孔子之言，谓忠信为大道。忠者忠实，信者诚信不诈伪，而先儒求之过，求诸幽深，故反不知道。孔子又名大道曰中庸。庸者常也，日用平常也。孟子亦谓徐行后长即尧舜之道，又谓以羊易牛之心足以王。先生谆谆为学者剖白斯旨，深切著明，而学子领会者寡。简不自揆度，敢少致辅翼之力，专叙如右。

开禧元年夏六月乙卯，门人四明杨简书。

陆象山先生文集序

天有北辰而众星共焉,地有泰岳而众山宗焉,人有师表而后学归焉。象山先生,其学者之北辰、泰岳欤!自始知学,讲求大道,弗得弗措,久而浸明,又久而大明。此心此理,贯通融会,美在其中,不劳外索,揭诸当世。曰:"学问之要,得其本心而已。心之本真未尝不善,有不善者,非其初然也。"孟子尝言之矣:"乡为身死而不受,今为宫室之美、妻妾之奉、所识穷乏者得我而为之,此之谓失其本心。"其言昭晰如是,而学者不能深信,谓道为隐而不知其著,谓道为邈而不知其近,求之愈过愈湮郁。至先生始大发之,如指迷涂,如药久病,迷者悟[1],病者愈,不越于日用之间,而本心在是矣。学者亲承师训,向也跂望圣贤如千万里之隔,今乃知与我同本,培之溉之,皆足以敷荣茂遂,岂不深可庆哉?呜呼!先生之惠后学宏矣。

先生之言悉由此出,上而启沃君心,下而切磨同志,又下而开晓黎庶,及其他杂论著述[2],皆此心也。儒释之所以分,义利之所由别,剖析至精,如辨白黑,遏俗学之横流,援天下于既溺。吾道之统盟不在兹乎?

燮识先生于行都,亲博约者屡矣。或竟日以至夜分,未尝见其少有昏怠之色,表里清明,神采照映,得诸观感,鄙吝已消,矧复警

---

〔1〕"悟",嘉靖本、《四库》本作"晤"。
〔2〕"论",嘉靖本、《四库》本作"然"。

策之言字字切己欤？

　　先生之殁，余二十年，遗言炳炳，精神犹在，敬而观之，心形俱肃，若亲炙然。临汝尝刊行矣，尚多缺略。先生之子持之伯微哀而益之，合三十三卷[1]，今为刊于仓司。流布浸广，书满天下，而精神亦无不遍，言近而指远，虽使古人复生，莫之能易。呜呼！兹其所以为后学之师表也欤！

　　先生〔讳九渊〕[2]，〔字子静〕，抚州金溪青田里人，尝讲学于贵溪南岸之象山，学者尊称为象山先生云[3]。

　　宋嘉定五年九月戊申，门人四明袁燮书。

　　王有大有诗云[4]：笃学光前哲，知言众所迷。学同颜氏好，功与孟轲齐。献替心弥切，藩维政可稽。儒宫俨遗像，垂范自江西。

　　袁蒙斋尝作先生赞云：即心是道，勿助勿忘。爱亲敬长，易简平常。煌煌昭揭，神用无方。再拜象山，万古芬芳。

　　包扬作先生赞云：辞蔓蚀真，会当一正。划百家伪，药千古病。发人本心，全人性命。一洗佛老，的传邹孟。

文安公遗像

----

[1] "三十三"，嘉靖本、《四库》本作"三十二"。
[2] "讳九渊"，原无，据嘉靖本、《四库》本补。下"字子静"同。
[3] "称"字，嘉靖本、《四库》本无。
[4] "王有大"，原作"王大有"。本书卷三十六"年谱"绍熙四年条记载金溪县宰王有大建象山祠、致祭诸事，亦录此诗。据(乾隆)《金溪县志》卷五"名宦"，王有大绍熙二年知金溪县，并欲从陆九渊受学。今据改。

象山陆先生文集叙[1]

青田陆先生之学非可以言传,而学之者非可以言求也。旴江旧有先生《语录》一帙,所录不无浅深之异。此篇之首,乃其高第弟子傅季鲁、严松年之所录者。澄肃读之,先生之道如青天白日,先生之语如震雷惊霆,虽百数十年之后,有如亲见亲闻也。杨敬仲门人陈埙尝锓板贵溪象山书院[2]。至治癸亥[3],金溪学者洪琳重刻《文集》于青田书院,乐顺携至京师请识其成。

於乎!道在天地间,古今如一,人人同得,贤知愚不肖无丰啬焉。能反之于身,则天之所以与我者,我固有之,不待外求也;扩而充之,不待增益也。先生之教人盖以是,岂不至简易切实哉!不求诸我之身,而求诸人之言,先生之所深悯也。今口谈先生、心慕先生者,比比也。果有一人能知先生之学者乎?果有一人能为先生之学者乎?於乎!居之相近若是其甚也,世之相去若是其未远也。可不自愧自惕而自奋与?勿徒以先生之学付之于言也。

大元至治甲子岁春三月[4],咸丘后学吴澄敬撰。

---

[1]《吴文正集》卷十七收此文题《象山先生语录序》。
[2]"锓板",原作"录板",据《吴文正集》及《陆子学谱》收此文改。
[3]"至治癸亥",原作"至治癸丑",据《吴文正集》及《陆子学谱》改。按:元代至治年间无癸丑年,有癸亥年。
[4]"至治甲子",原作"至治甲寅",据《陆子学谱》改。按:甲子年即文中所言文集刻成之癸亥年之次年。

陆文安公全集序

事有奇遇,固非偶然,有心求之而弗得,无心遇之而愉快。如文安公全集,是公是集,闻之年久,慕之心钦。向见友人家藏全函,秘如珍宝,甫借一读,旋即珠还。放翁云:"异书浑似借荆州。"信然!夫文安公之学,心学也。精心以通天下之理,细心以析天下之疑。师承孔孟,则敛其心;摈斥异端,则平其心。时论之合于道者,虚心以谢之;时论之不合于道者,实心以诘之。以一己之心心圣贤之心,并欲天下人之心心圣贤之心,是何如之正大,何如之光明乎!乃世以为专于脱洒,近于禅机。不惟目为脱洒不知公,诋为禅机不知公,即谓与朱文公有异同,尤不知公者也。

辛巳岁,公裔孙邦瑞兄携书来楚,重付剞劂,此真燐燐炳炳,克承先志,无愧为名儒后嗣。接谈时,询及工竣,遂出书属序。因思向欲手毕口呫,潜心研究不可必得,今竟获列序于末,岂不幸甚!故曰:事有奇遇固非偶然耳。

道光三年癸未冬十月,江夏后学闵颜顿首拜篆。

象山先生全集叙

圣人之学，心学也。尧舜禹之相授受曰："人心惟危，道心惟微，惟精惟一，允执厥中。"此心学之源也。中也者，道心之谓也。道心精一之谓仁，所谓中也。孔孟之学惟务求仁，盖精一之传也。而当时之弊，固已有外求之者。故子贡致疑于多学而识，而以博施济众为仁，夫子告之以"一贯"，而教以"能近取譬"，盖使之求诸其心也。迨于孟氏之时，墨氏之言仁，至于摩顶放踵，而告子之徒又有仁内义外之说，心学大坏。孟子辟义外之说，而曰"仁，人心也"，"学问之道无他，求其放心而已矣"。又曰："仁义礼智非由外铄我也，我固有之，弗思耳矣。"盖王道息而伯术行，功利之徒外假天理之近似以济其私，而以欺于人曰："天理固如是。"不知既无其心矣，而尚何有所谓天理者乎？

自是而后，析心与理而为二，而精一之学亡。世儒之支离，外索于刑名器数之末，以求明其所谓物理者，而不知吾心即物理〔1〕，初无假于外也。佛老之空虚，遗弃其人伦事物之常，以求明其所谓吾心者，而不知物理即吾心，不可得而遗也。至宋周程二子，始复追寻孔孟之宗，而有无极而太极、定之以仁义中正而主静之说，动亦定、静亦定、无内外、无将迎之论，庶几精一之旨矣。

自是而后有象山陆氏，虽其纯粹和平若不逮于二子，而简易直

---

〔1〕"知"，原作"之"，据嘉靖本改。

截真有以接孟氏之传。其议论开阖时有异者,乃其气质意见之殊,而要其学之必求诸心,则一而已。故吾尝断以陆氏之学,孟氏之学也。而世之议者,以其尝与晦翁之有同异,而遂诋以为禅。夫禅之说,弃人伦,遗物理,而要其归极,不可以为天下国家。苟陆氏之学而果若是也,乃所以为禅也。今禅之说与陆氏之说、孟氏之说,其书具存,学者苟取而观之,其是非同异当有不待于辩说者。而顾一倡群和,剿说雷同,如矮人之观场,莫知悲笑之所自,岂非贵耳贱目,不得于言而勿求诸心者之过欤?夫是非同异,每起于人持胜心,便旧习,而是己见。故胜心旧习之为患,贤者不免焉。

抚守李茂元将重刻象山之文集,而请予一言为之序,予何所容言哉?惟读先生之文者,务求诸心而无以旧习己见先焉,则糠秕精凿之美恶,入口而知之矣。

正德辛巳七月朔,阳明山人王守仁书。

重修陆象山先生文集序

虞廷以十六字之心法衍道统，而理学乃得承于后代。理学者，道统所由寄也。粤自孔孟既没，微言歇绝，诸子百家之说纷纷竞响，或择焉而不精，或语焉而不详，道其所道而非圣人之道。迨濂溪周子出，考遗经而得不传之绪，于以上承先哲、下开来学，嗣是二程、张、朱相继而起，渊源授受，表章《六经》，而圣道灿然复明。金溪陆象山先生与朱子同时异壤，一则主席鹿洞，一则讲学鹅湖，当世并称朱陆。观其垂训，立教易从，大抵欲人求放心，以复其本然之体。虽与朱子宗主不同，往反辨论，而其躬行实践，期无愧于圣贤之道者，则无不同也。故考陆者必参朱，考朱者不废陆。

陆集出自门人，自宋迄今，颇多散失。临川李穆堂先生素佩陆，于其家得王文成公校本若干卷，为之评点，并详注门人姓字里居，至是已百有余年矣，未经刊布。

庚辰秋，先生之嗣孙邦瑞将携其稿入都门，复而新之。因予门下士汪生之旭请予为序。予惟陆子生当宋代，理学名儒森然林立，而先生奋起草茅，天资学力超然物表，阐性命之微，穷天人之蕴，与濂洛关闽并垂不朽，虽一时未尽其用，而后世得以存其说。今读其文，凡斯道之循环往复，圣学之成始成终，胥于是乎在，将所谓"奋乎百世之上，百世之下闻者莫不兴起也"，先生有焉。予固喜邦瑞之能承先志，而又冀乎读先生之书者之当窥其致力之所存，而不徒以尊德性为见心之地也已。

赐进士及第、礼部尚书、山阳后学瑟庵汪廷珍书于都门邸舍。

叙

自《虞书》肇传心之学,而千古道统以开。《大学》功先格致,《中庸》明善乃可诚身,孟子欲人不失其本心,盖未有真知灼见而不能见诸躬行者,亦未有践履笃实而不本于心得者。孔子称颜子好学,语之不惰,惟其心解,是以力行也。传曾子一贯,使知一心能贯众理也。孟子言学问之道在求放心,以心存则理得也,昌黎谓孟子后不得其传。宋世诸儒昌明绝学,厥功伟矣!其与朱子同时讲学,有金溪陆子,负绝世之姿,具有神悟,方其反复辨论,间有牴牾,虽互相驳诘不以为嫌。而世误以朱为专道问学,陆为专尊德性,不知遗德性别无所谓问学,离问学安在其为尊德性耶?孔子曰:"托之空言,不如见诸行事。"今二公之经济既皆彪炳史志,而陆子生平详儒释之辨,严义利之防,教人先在发明本心,殆有功于孟子。或乃疑其近禅,不知禅家专尚虚无。陆子言心悉衷义理,实确有所得,观于治家,闺门之内俨若朝廷,其知荆门军,盗息民安,一郡之中金以为神,此岂禅家者流所能设施也哉!第学之者无其才识,不能必他人之悉如陆子,故自杨慈湖以后,或有入于偏者。若朱陆之同否,今即以朱子之言定之。曾有遗文公书,谤及象山先生,朱子答云:"子静未可轻议。"又云:"南渡以来,理会得着实工夫者,某与子静而已。"苟非志同道合,何以及此?然则强分门户,存偏袒之见者,细读其《全集》,并印以朱子之言,庶可以知陆子也已。

岁辛巳,秉铎鄂城时,金溪陆兄名邦瑞者来楚,乃文安公二十二世孙也。其人雍容儒雅,能守先绪,携所藏象山夫子《全集》刊本,同郡李穆堂先生曾有评点,嘱为重校,间亦窃附跋语,加以按字,于是勉力付梓。若陆君者,殆不愧儒先后裔矣。

时道光三年孟夏穀旦,江夏儒学教谕、黄陂后学周毓龄问袁氏顿首拜撰。

卷一

书

与邵叔谊 浙江人，问学于文安公

前日窃闻尝以夫子所论齐景公、伯夷、叔齐之说，定命以祛俗惑[1]，至今叹服，不能弭忘。笑谈之间，度越如此，辅之切磋，何可当也！充其所见，推其所为，勿怠勿画，益著益察，日跻于纯一之地，是所望于君子，夷、齐未足言也。

此天之所以予我者，非由外铄我也。思则得之，得此者也；先立乎其大者，立此者也；积善者，积此者也；集义者，集此者也；知德者，知此者也。进德者，进此者也。同此之谓同德，异此之谓异端。心逸日休，心劳日拙，德伪之辨也。岂唯辨诸其身，人之贤否，书之正伪，举将不逃于此矣。自有诸己至于大而化之，其宽裕温柔足以有容，发强刚毅足以有执，齐庄中正足以有敬，文理密察足以有别。增加驯积，水渐木升，固月异而岁不同。然由萌蘖之生而至于枝叶扶疏，由源泉混混而至于放乎四海，岂二物哉？《中庸》曰："诚者，物之终始，不诚无物。"又曰："其为物不贰。"此之谓也。

学问固无穷已，然端绪得失则当早辨，是非向背可以立决。颜子之好学，夫子实亟称之，而未见其止，盖惜之于既亡。其后曾子

---

[1]"定命"，成化本、正德本、嘉靖本、万历本、《四库》本作"断命"。

亦无疑于夫子之道，然且谓为鲁，在柴愚师辟之间，素所蓄积，又安敢望颜子哉？曾之于颜，颜之于夫子，固自有次第。然而，江汉以濯之，秋阳以暴之，虽夫子不能逃于曾子矣。岂唯曾子哉？君子之道，夫妇之愚不肖可以与知能行。唐、周之时，康衢击壤之民，中林施置之夫，亦帝尧、文王所不能逃也。故孟子曰："人皆可以为尧舜。"病其自暴自弃，则为之发四端，曰："人之有是而自谓不能者，自贼者也；谓其君不能者，贼其君者也。"夫子曰："一日克己复礼，天下归仁焉。"此复之初也。钧是人也，己私安有不可克者？顾不能自知其非，则不知自克耳。王泽之竭，利欲日炽。先觉不作，民心横奔。浮文异端，转相荧惑。往圣话言，徒为藩饰。而为机变之巧者，又复魑魅魍魉其间。耻非其耻，而耻心亡矣。

今谓之学问思辩，而于此不能深切著明，依凭空言，傅著意见，增疣益赘，助胜崇私，重其狷忿，长其负恃，蒙蔽至理，扞格至言，自以为是，没世不复，此其为罪，浮于自暴自弃之人矣。此人之过，其初甚小，其后乃大；人之救之，其初则易，其后则难，亦其势然也。"物有本末，事有终始，知所先后，则近道矣。"于其端绪知之不至，悉精毕力求多于末沟浍皆盈，涸可立待，要之其终，本末俱失。夫子曰："知之为知之，不知为不知，是知也。"后世耻一物之不知者，亦耻非其耻矣。人情物理之变，何可胜穷？若其标末，虽古圣人不能尽知也。稷之不能审于八音，夔之不能详于五种，可以理揆。夫子之圣，自以少贱而多能，然稼不如老农，圃不如老圃，虽其老于论道，亦曰"学而不厌"，启助之益，需于后学。伏羲之时，未有尧之文章；唐虞之时，未有成周之礼乐。非伏羲之智不如尧，而尧舜之智不如周公，古之圣贤，更续缉熙之际尚可考也。学未知至，自用其私者，乃至于乱原委之伦，颠萌蘖之序，穷年卒岁，非所底丽，犹焦焦然思以易天下，岂不谬哉？

李评：阳明先生答顾东桥书最末一大段，娓娓千言，畅发陆子此书之意，然辞繁不杀，与言简而意足者相较，觉道德之浅深，世代之先后，自有界限，不能无感焉。至于悲天悯人，汲汲皇皇之意，如痌瘝在身，实有不容已于天下者，则两君子先后同揆。所谓考诸三王而不谬，建诸天地而不悖，质诸鬼神而无疑，百世以俟圣人而不惑者也。

与曾宅之 讳祖道，庐陵人，师事文安公

曩蒙访逮，切磋未究，足下以亲庭之命不能留，临别有来岁相过之约，日望书剑至止，竟堕渺茫，何耶？

某自去年春尾在山间，闻犹子㮚之之讣以归，内外抚棺视窆之役，相寻以卒岁。近者始得复至山房，山间泉石颇多，适值瀑流方壮，李注：瀑，音暴，飞泉悬水也。喷玉涌雪，处处争奇。经年之别，不容不遍抚劳之。旁郡朋友往往辏集，应酬殊不少暇，颇复劳勤。既而霖霪不解，遂以感疾。山间不便医药，扶病出山。半山遇盛价致书。越数日抵家，病又增剧。比日少苏，始得发视，气力倦怠，又未能作复。稽留盛价，皇恐！

示谕与章太博问答，其义甚正。其前述某之说，又自援据反复，此则是足下病处。所述某之言亦失其实，记录人言语极难，非心通意解，往往多不得其实。前辈多戒门人无妄录其语言，为其不能通解，乃自以己意听之，必失其实也。相去之远，不得面言，不若将平时书问与所作文字讲习稽考，差有据依。若据此为辨，则有案底，不至大讹舛也。

且如"存诚""持敬"二语自不同，岂可合说？"存诚"字于古有考，"持敬"字乃后来杜撰。《易》曰："闲邪存其诚。"孟子曰："存其心。"某旧亦尝以"存"名斋。孟子曰："庶民去之，君子存之。"又曰："其为人也寡欲，虽有不存焉者寡矣；其为人也多欲，虽有存焉者寡矣。"只"存"一字，自可使人明得此理。此理本天所以与我，非由外铄。明得此理，即是主宰。真能为主，则外物不能移，邪说不能惑。

所病于吾友者,正谓此理不明,内无所主,一向萦绊于浮论虚说,终日只依藉外说以为主,天之所与我者反为客。主客倒置,迷而不反,惑而不解。坦然明白之理可使妇人童子听之而喻,勤学之士反为之迷惑,自为支离之说以自萦缠,穷年卒岁,靡所底丽,岂不重可怜哉？使生在治古盛时,蒙被先圣王之泽,必无此病。惟其生于后世,学绝道丧,异端邪说充塞弥满,遂使有志之士罹此患害,乃与世间凡庸恣情纵欲之人均其陷溺,此岂非以学术杀天下哉？李评：臧、穀用心虽异,其为亡羊则一。

后世言《易》者以为《易》道至幽至深,学者皆不敢轻言。然圣人赞《易》则曰："乾以易知,坤以简能。易则易知,简则易从。易知则有亲,易从则有功。有亲则可久,有功则可大。可久则贤人之德,可大则贤人之业。易简而天下之理得矣。"孟子曰："夫道若大路然,岂难知哉？"夫子曰："仁远乎哉？我欲仁,斯仁至矣。"又曰："一日克己复礼,天下归仁焉。"又曰："未之思也,夫何远之有？"孟子曰："道在迩而求诸远,事在易而求诸难。"又曰："尧舜之道,孝弟而已矣。""徐行后长者谓之弟,疾行先长者谓之不弟。夫徐行者,岂人所不能哉？不为耳。"又曰："人能充无欲害人之心,而仁不可胜用也；人能充无穿窬之心,而义不可胜用也。"又曰："人之有是而自谓不能者,自贼者也；谓其君不能者,贼其君者也。"又曰："吾身不能居仁由义,谓之自弃。"古圣贤之言,若合符节[1]。盖心,一心也；理,一理也。至当归一,精义无二,此心此理,实不容有二。故夫子曰："吾道一以贯之。"孟子曰："夫道,一而已矣。"又曰："道二,仁与不仁而已矣。"如是则为仁,反是则为不仁。仁即此心也,此理也。求则得之,得此理也；先知者,知此理也；先觉者,觉此理也；爱其亲者,此理也,敬其兄者,此理也,见孺子将入井,而有怵惕恻隐

------

[1]"若"字前,成化本、正德本、嘉靖本、万历本有"大抵"二字。

之心者,此理也;可羞之事则羞之,可恶之事则恶之者,此理也;是知其为是,非知其为非,此理也;宜辞而辞,宜逊而逊者,此理也;敬,此理也;义,亦此理也;内,此理也;外,亦此理也。李评:陆子论心,句句说理,而道听涂说之流必诬其专言精神,近于禅学。盖爱憎之口不必其事之有根,如娶寡女者,必诋为挝妇翁而不自疑其妄。彼陈建辈可谓无忌惮之小人矣。故曰:"直方大,不习无不利。"孟子曰:"所不虑而知者,其良知也;所不学而能者,其良能也。"此天之所与我者,我固有之,非由外铄我也。故曰:"万物皆备于我矣,反身而诚,乐莫大焉。"此吾之本心也,所谓安宅、正路者,此也;所谓广居、正位、大道者,此也。古人自得之,故有其实。言理则是实理,言事则是实事,德则实德,行则实行。李评:即夫子所谓"先行其言,而后从之"。吾与晦翁书所谓:"古人质实,不尚智巧,言论未详,事实先著,知之为知之,不知为不知。所谓'先知觉后知,先觉觉后觉'者,以其事实觉其事实,故言即其事,事即其言,所谓'言顾行,行顾言'。周道之衰,文貌日胜,事实湮于意见,典训芜于辩说〔1〕,揣量模写之工,依仿假借之似,其条画足以自信,其习熟足以自安。以子贡之达,又得夫子而师承之,尚不免此。'多学而识之'之见非夫子叩之,彼固晏然而无疑。'先行'之训,'予欲无言'之训,所以觉之者屡矣,而终不悟。夫子既殁,其传固在曾子,盖可观矣。"李注:自"古人质实"以下至"盖可观矣"共九行,与《与朱元晦书》同。况其不工不似,不足以自信,不足以自安者乎?虽然,彼其工且似,足以自信,足以自安,则有终身不反之患,有不可救药之势。李评:所谓"与溺于意见之人言难"。乃若未工未似,未足以自信,未足以自安,则舍其邪而归于正,犹易为力也。

来书"荡而无归"之说大谬。今足下终日依靠人言语,又未有定论,如在逆旅,乃所谓无所归。今使足下复其本心,居安宅,由正

―――――――
〔1〕"辩",成化本、正德本、嘉靖本、万历本作"辨"。

路，立正位，行大道，乃反为无所归，足下之不智亦甚矣！今己私未克之人，如在陷阱，如在荆棘，如在泥涂，如在囹圄械系之中，见先知先觉，其言广大高明，与己不类，反疑恐一旦如此则无所归。不亦鄙哉！不亦谬哉！不知此乃是广居、正位、大道，欲得所归，何以易此？欲有所主，何以易此？今拘挛旧习，不肯弃舍，乃狃其狭而惧于广，狃其邪而惧于正，狃其小而惧于大，尚得为智乎？夫子曰："汝为君子儒，无为小人儒。"古之所谓小人儒者，亦不过依据末节细行以自律，未至如今人有如许浮论虚说谬悠无根之甚，夫子犹以为门人之戒，又况如今日谬悠无根而可安乎？吾友能弃去谬习，复其本心，使此一阳为主于内，造次必于是，颠沛必于是，无终食之间而违于是。此乃所谓"有事焉"，乃所谓"勿忘"，乃所谓"敬"。果能不替不息，乃是积善，乃是集义，乃是善养浩然之气，真能如此，则不愧古人。其引用经语，乃是圣人先得我心之所同然，则不为侮圣言矣。今终日营营，如无根之木，无源之水，有采摘汲引之劳，而盈涸荣枯无常，岂所谓"源泉混混，不舍昼夜，盈科而后进"者哉？终日簸弄经语以自傅益，真所谓"侮圣言"者矣。

《书》言"日严祇敬六德"，又言"文王之敬忌"，又曰"罔不克敬典"；《诗》言"敬天之渝"，又言"敬之敬之"，又言"圣敬日跻"；《论语》言"敬事而信"，又言"修己以敬"；孟子言"敬王""敬兄"，未尝有言"持敬"者。观此二字，可见其不明道矣。吾与足下言者，必因足下之及此而后言其旨，只欲足下知古人事实，而不累于无根之说。足下谓得此说而思之，足下以此为说，其不明吾言甚矣，宜其不能记忆，附以己意而失其本真也。

又如"脱洒"二字亦不正，足下何不言吾之见邪，不如古人之见正；吾之说虚，不如古人之说实。如此自讼，则有省发之理，若只管从脱洒等处思之，终不能得其正。此理甚明，具在人心。李评：陆子甚不取"脱洒"二字，而诋之者乃谓其专欲脱洒，实可怪叹。足下不幸受蔽于谬妄之习，今日乃费人许多气力。此事若不明白，不应安安而居，迟迟而来。病倦，不能櫽括文辞使之简约，信手直书大概，幸三复而顿弃其旧，则当知圣贤之言真不我欺也。

与胡季随 讳大时，号盘谷，五峰先生宏季子也。季随之子系文安公婿

辛丑之春在南康，见所与晦庵书，深服迈往。丙午之夏，吴山廨舍，相从越月，以识面为喜，以款集为幸。然区区之怀终不能孚达于左右，每用自愧。

《大学》言明明德之序先于致知。孟子言诚身之道在于明善。今善之未明，知之未至，而循诵习传，阴储密积，靡身以从事，喻诸登山而陷谷，愈入而愈深；适越而北辕，愈骛而愈远。不知开端发足大指之非，而日与泽虞燕贾课远近、计枉直于其间，是必没身于大泽，穷老于幽都而已。

来书所举某与元晦论太极书，辞皆至理诚言，左右能彻私去蔽，当无疑于此矣。不然，今之为欣厌者，皆其私也，岂可遽操以为验，稽以为决哉？

二

《王文公祠记》乃是断百余年未了底大公案，自谓圣人复起，不易吾言。余子未尝学问，妄肆指议，此无足多怪。同志之士犹或未能尽察，此良可慨叹！足下独谓使荆公复生，亦将无以自解，精识如此，吾道之幸！

傅、项、黄三士人品固有不同，其为学亦不相似。若望其致知明善，虽子渊亦不能无离索之患。元吉今在此，虽稍若知过，要未特达。

学者之难得，所从来久矣。道不远人，人自远之耳。人心不能无蒙蔽，蒙蔽之未彻，则日以陷溺。诸子百家往往以圣贤自期，仁

义道德自命,然其所以卒畔于皇极而不能自拔者,盖蒙蔽而不自觉,陷溺而不自知耳。

颜子之贤,夫子所屡叹,气质之美,固绝人甚远。子贡非能知颜子者,然亦自知非俦偶。《论语》所载颜渊喟然之叹,当在问仁之前;"为邦"之问,当在问仁之后;"请事斯语"之时,乃其知之始至,善之始明时也。以颜子之贤,虽其知之未至,善之未明,亦必不至有声色货利之累,忿狠纵肆之失,夫子答其问仁,乃有"克己复礼"之说。所谓己私者,非必如常人所见之过恶而后为己私也。己之未克,虽自命以仁义道德,自期以可至圣贤之地者,皆其私也。颜子之所以异乎众人者,为其不安乎此,极钻仰之力,而不能自已,故卒能践"克己复礼"之言,而知遂以至,善遂以明也。李评:颜子之志在无伐善、无施劳,正是其克己处,此意惟陆子知之,故其论如此。若子贡之明达,固居游、夏之右,见礼知政、闻乐知德之识,绝凡民远矣。从夫子游如彼其久,尊信夫子之道如彼其至。夫子既没,其传乃不在子贡,顾在曾子。私见之锢人,难于自知如此。曾子得之以鲁,子贡失之以达,天德已见消长之验,莫著于此矣。

学问之初,切磋之次,必有自疑之兆,及其至也,必有自克之实,此古人物格、知至之功也。己实未能自克而不以自疑,方凭之以决是非,定可否,纵其标末如子贡之屡中,适重夫子之忧耳,况又未能也。物则所在,非达天德,未易轻言也。"所恶于智者,为其凿也。如智者若禹之行水也,则无恶于智矣。禹之行水也,行其所无事也,如智者亦行其所无事,则智亦大矣。"

宰我、子贡、有若,智足以知圣人。三子之智,盖其英爽足以有所精别,异乎陈子禽、叔孙武叔之流耳。若责之以大智,望之以真知圣人,非其任也。颜子"请事斯语"之后,真知圣人矣。曾子虽未及颜子,若其真知圣人则与颜子同。学未知止,则其知必不能至。知之未至,圣贤地位未易轻言也。何时合并,以究此理。

与赵监 讳汝谦

垂谕新工,尤慰勤企!

道塞宇宙,非有所隐遁,在天曰阴阳,在地曰柔刚,在人曰仁义。故仁义者,人之本心也。孟子曰:"存乎人者,岂无仁义之心哉?"又曰:"我固有之,非由外铄我也。"愚不肖者不及焉,则蔽于物欲而失其本心;贤者智者过之,则蔽于意见而失其本心。故《易大传》曰:"仁者见之谓之仁,智者见之谓之智,百姓日用而不知,故君子之道鲜矣。"徇物欲者,既驰而不知止;徇意见者,又驰而不知止。故道在迩而求诸远,事在易而求诸难。道岂远而事岂难?意见不实,自作艰难耳。深知其非,则蔽解惑去而得所止矣。道本自若,岂如以手取物,必有得于外然后为得哉?邓丞李注:邓丞,即文范。于此深知端绪,幸与进而图之。

二

社仓事,自元晦建请,几年于此矣,有司不复挂之墙壁,远方至无知者。某在敕局时,因编宽恤诏令,得见此文,与同官咨叹者累日,遂编入广赈恤门。今乃得执事发明之,此梭山兄所以乐就下风也。其间琐细,敢不自竭。需公移之至,续得布禀。

道外无事,事外无道,向尝以智愚、贤不肖、过不及之说布复,想洞然无疑于此矣。《诗》称文王"不识不知,顺帝之则"。康衢之歌尧亦不过如此。《论语》之称舜、禹曰:"巍巍乎有天下而不与焉"。人能知"与焉"之过,无"识知"之病,则此心炯然,此理坦然,物各付物,会其有极,归其有极矣。"所过者化,所存者神,上下与天地同流,岂曰小补之哉?"不然,则作好作恶之私,偏党反侧之患,虽贤者智者有所未免,中固未易执,和固未易致也。

深欲一至函丈,而冗扰未能,辄此荐其区区,尊意以为何如?

幸有以教之！

与邓文范 讳约礼，号直斋，临川人，登淳熙五年进士，从文安公学

昨晚得仓台书，李注：仓台，即赵监。谓别后稍弃旧而图新，了然未有所得。殆似觅心了不可得者，此乃欲有所得之心耶？初信欲归，此意极佳，但能不忘此意，更使深厚，则虽不归犹归也。

古人学如不及，尊德乐道，亲师求友之心不啻饥渴，岂虚也哉？是必务实之士真知不足者然后能如此也。此与自任私智，好胜争强，窃近似以为外饰者，天渊不侔，燕越异乡，察之不可不精，辨之不可不明。于此不精明，便是不识路头，终汩没于形似而无所至止。"绵蛮黄鸟，止于丘隅"，于止知其所止，可以人而不如鸟乎？"知止而后有定，定而后能静，静而后能安，安而后能虑，虑而后能得"，学不知止而谓其能虑能得，吾不信也。人不自知其为私意私说，而反致疑于知学之士者，亦其势然也。人诚知止，即有定论，静安虑得，乃必然之势，非可强致之也。此集义所生与义袭而取之者之所由辨，由仁义行与行仁义者之所由分；而曾子、子夏之勇，孟子、告子之不动心，所以背而驰者也。《书》曰："钦厥止。"不知所止，岂能钦厥止哉？又曰："安汝止。"不钦厥止，岂能安汝止哉？汝初信问读《易》之法，诚知所止，则其于往训如归吾家而入吾门矣。

闻秋试一中，亦为之喜。试中、试不中，有校定、无校定，本不足深计，所可喜者，得失之心未去，未释然耳。此心犹未释然，则所谓弃旧者特弃其末，未弃其本也，宜其谓之稍弃。此乃害心之本，非本心也，是所以蔽其本心者也。愚不肖者之蔽在于物欲，贤者智者之蔽在于意见，高下污洁虽不同，其为蔽理溺心而不得其正则一也。然蔽溺在污下者往往易解，而患其安焉而不求解，自暴自弃者是也。蔽溺在高洁者，大抵自是而难解，诸子百家是也。今仓台虽未免有高洁之蔽，然不自是，当不难解矣。复书已启其端，幸即求

见而究其说。万一尚且迟回,春晚当为一行也。

二

道丧之久,异端邪说充塞天下,自非上知,谁能不惑?人之难得,亦其理然也。"鸟兽不可与同群,吾非斯人之徒与而谁与?"当其扞格支离,只得精求方略,庶几或悟耳。李评:诲人不倦之心如此。

与侄孙濬

夏末得汝陈官人到后信,胸襟顿别,辞理明畅,甚为喜慰!乃知汝质性本不昏滞,独以不亲讲益,故为俗见俗说牵制埋没耳。其后二三信虽是仓卒,终觉不如初信,岂非困于独学,无朋友之助而然?得失之心未去,则不得;得失之心去,则得之。时文之说未破,则不得;时文之说破,则得之。不惟可使汝日进于学而无魔祟,因是亦可以解流俗之深惑也。

山间近来结庐者甚众,吾祠禄既满,李注:祠官,宋朝设祠禄之官以佚老优贤。无以为粮,诸生始聚粮相迎。今方丈前又成一阁,部勒群山,气象益伟。第诸生中有力者寡,为此亦良不易,未能多供人耳。今夏更去迭来,常不下百人,若一时俱来,亦未有著处。贵溪宰甚有政声,邑人以为久无此人。其致礼于山间甚厚,屡欲躬至问道而未果。夏末有复其一书,录往汝观之,非虚辞也。

道之将坠,自孔孟之生不能回天而易命,然圣贤岂以其时之如此而废其业、隳其志哉?恸哭于颜渊之亡,喟叹于曾点之志,此岂梏于蠢然之形体者所能知哉?孔氏之辙环于天下,长沮、桀溺、楚狂接舆、负蒉植杖之流,刺讥玩慢,见于《论语》者如此耳。如当时之俗,揆之理势,则其陵藉侵侮,岂遽止是哉?宋、卫、陈、蔡之间,伐木、绝粮之事,则又几危其身,然其行道之心岂以此等而为之衰止?"文不在兹""期月而可",此夫子之志也。《春秋》之作,殆不得已焉耳。"然而无有乎尔,则亦无有乎尔",此又孟子之志也。故曰:"当今天下,舍我其谁哉?"至所以祛尹士、充虞之惑者,其自述至详且明。

由孟子而来,千有五百余年之间,以儒名者甚众,而荀、杨、王、韩独著,专场盖代,天下归之,非止朋游党与之私也。若曰传尧舜之道,续孔孟之统,则不容以形似假借,天下万世之公,亦终不可厚诬也。至于近时伊、洛诸贤,研道益深,讲道益详,志向之专,践行之笃,乃汉唐所无有,其所植立成就可谓盛矣!然"江汉以濯之,秋阳以暴之",未见其如曾子之能信其皓皓;"肫肫其仁,渊渊其渊",未见其如子思之能达其浩浩;"正人心,息邪说,距诐行,放淫辞",未见其如孟子之长于知言,而有以承三圣也。

故道之不明,天下虽有美材厚德而不能以自成自达,困于闻见之支离,穷年卒岁而无所至止。若其气质之不美,志念之不正,而假窃傅会,蠹食蛆长于经传文字之间者,何可胜道?方今熟烂败坏,如齐威、秦皇之尸。诚有大学之志者,敢不少自强乎?于此有志,于此有勇,于此有立,然后能克己复礼,逊志时敏,真"地中有山,《谦》"也。不然,则凡为谦逊者,亦徒为假窃缘饰,而其实崇私务胜而已。比有一辈,沉吟坚忍以师心,婉娈夸毗以媚世,李注:夸,大。毗,附。屈己卑身附人也。朝四暮三以悦众狙,李注:狙,音疽,猿属。尤可恶也。不为此等所眩,则自求多福,何远之有?

道非难知,亦非难行,患人无志耳。及其有志,又患无真实师友,反相眩惑,则为可惜耳。凡今所以为汝言者,为此耳。蔽解惑去,此心此理我固有之,所谓"万物皆备于我",昔之圣贤先得我心之同然者耳,故曰:"周公岂欺我哉?"

与李省干

某试吏于此,颇益自信此学之不可须臾离也。有朋自远方来,乃所大愿。承有意相与切磋乎此,敬延跂俟之。平甫旧相从,恨其端绪未明,未知所以用力。今此又交一臂而去,每为平甫不满。此学之不明,千有五百余年矣。异端充塞,圣经榛芜,质美志笃者,尤为可惜!何时共讲,以快此怀?未相见间,倘有所疑,以片纸寓诸邮筒可也。

二

古先圣贤,无不由学。伏羲尚矣,犹以天地万物为师,俯仰远近,观取备矣,于是始作八卦。夫子生于晚周,麟游凤骞,出类拔萃,谓"天纵之将圣",非溢辞也。然而自谓"我非生而知之者,好古,敏以求之者也"。《中庸》称之,亦曰:"祖述尧舜,宪章文武。"尧舜相继以临天下,而皋陶矢谟其间,曰:"朕言惠,可底行?"武王缵太王、王季、文王之绪以有天下,未及下车,访于箕子,俾陈《洪范》。高宗曰:"台小子旧学于甘盘,既乃遁于荒野,入宅于河,自河徂亳,暨厥终罔显。尔惟训于朕志:若作酒醴,尔惟曲糵〔1〕;若作和羹,尔惟盐梅。"人生而不知学,学而不求师,其可乎哉?

秦汉以来,学绝道丧,世不复有师。以至于唐,曰师,曰弟子云者,反以为笑,韩退之、柳子厚犹为之屡叹。惟本朝理学远过汉唐,始复有师道。虽然,学者不求师,与求而不能虚心,不能退听,此固学者之罪;学者知求师矣,能退听矣,所以导之者乃非其道,此则师之罪也。

学于夫子者多矣,颜渊、闵子骞、冉伯牛、仲弓固无可疵,外此则有南宫适、宓子贱、漆雕开近于四子。三人之外,最后出如高子羔、曾子,虽有愚鲁之号,其实皆夫子所喜。于二人中,尤属意于子

---

〔1〕 "惟",原作"为",据正德本、万历本及《尚书正义》卷十《说命下》改。下"惟"字同。

羔,不幸前夫子而死,不见其所成就,卒之传夫子之道者,乃在曾子。伯鱼死,子思乃夫子適孙,夫子之门人光耀于当世者甚多,而子思独师事曾子,则平日夫子为子思择师者可知矣。宰我、子贡、有若,其才智最高,子夏、子游、子张又下一等。然游、夏已擅文学之场,而堂堂乎子张,子游犹以为难能。其言论足以动人,光华足以耀俗,诚非以愚鲁得号者所可比拟。至其传道授业,不谬于圣人,宰我、子贡、有若犹不在此位,况游、夏乎?故自曾子传之子思,子思传之孟子,乃得其传者,外此则不可以言道。

居今之时,而尚友方册,取友当世,亦已难矣。足下求友之意切矣,顾不知迂拙之人果足以当足下所期否乎[1]?

鄙文数篇录往,幸熟复而审思之,毋徒徇其名而不察其实,乃所愿望!未相见间,或有未当于足下之意者,愿索言之,亦惟其是而已矣。愚见所到,固当倾倒,正不必以世俗相期也[2]。

---

[1] "当",成化本、正德本、嘉靖本作"副"。
[2] "期",原作"欺",据成化本、正德本、嘉靖本、万历本改。

卷二

书

与王顺伯

去夏远辱临存,甚慰积年阔别之怀。执别忽忽,又一岁有半,瞻企不啻渴饥。屡于七七哥书中蒙寄意之勤,感感!且知别后所学大进,膏润沾溉多矣,敬仰之剧!然愚意窃有愿订正于左右者,不敢避浼渎之罪。

大抵学术有说有实,儒者有儒者之说,老氏有老氏之说,释氏有释氏之说,天下之学术众矣,而大门则此三家也。昔之有是说者,本于有是实,后之求是实者,亦必由是说。故凡学者之欲求其实,则必先习其说。既习之,又有得有不得。有得其实者,有徒得其说而不得其实者。说之中又有浅深,有精粗,有偏全,有纯驳,实之中亦有之。凡此皆在其一家之中,而自有辨焉者也。论三家之同异、得失、是非,而相讥于得与不得,说与实,与夫浅深、精粗、偏全、纯驳之间,而不知其为三家之所均有者,则亦非其至者矣。

兄前两与家兄书,大概谓儒释同,其所以相比配者,盖所谓均有之者也。某尝以"义利"二字判儒释,又曰"公私",其实即义利也。儒者以人生天地之间,灵于万物,贵于万物,与天地并而为三极。天有天道,地有地道,人有人道。人而不尽人道,不足与天地并。人有五官,官有其事,于是有是非得失,于是有教有学。其教之所从立者如此,故曰义,曰公。释氏以人生天地间,有生死,有轮回,有烦恼,以为甚苦,而求所以免之。其有得道明悟者,则知本无生死,本无轮回,本无烦恼。故其言曰"生死事大"。如兄所谓菩萨发心者,亦只为此一大事。其教之所从立者如此,故曰利曰私。惟义惟公,故经世;惟利惟私,故出世。儒者虽至于无声、无臭、无方、无体,皆主于经世;释氏虽尽未来际普度之,皆主于出世。今习释氏者,皆人也。彼既为人,亦安能尽弃吾儒之仁义?彼虽出家,亦上报四恩。日用之间,此理之根诸心而不可泯灭者,彼固或存之也。然其为教,非为欲存此而起也,故其存不存,不足为深造其道者轻重。若吾儒则曰:"人之所以异于禽兽者几希,庶民去之,君子存之。"释氏之所怜悯者,为未出轮回,生死相续,谓之生死海里浮沉。若吾儒中圣贤,岂皆只在他生死海里浮沉也?彼之所怜悯者,吾之圣贤无有也。然其教不为欲免此而起,故其说不主此也。故释氏之所怜悯者,吾儒之圣贤无之;吾儒之所病者,释氏之圣贤则有之。试使释氏之圣贤,而绳以《春秋》之法,童子知其不免矣。从其教之所由起者观之,则儒释之辨,公私义利之别判然截然,有不可同者矣。

某尝妄论尊兄之质,人所难及,而不满人意者,皆所习所乡有以病之也。此非今日之言,盖自初拜识时,已如此窃议矣。"舜居深山之中,与木石居,与鹿豕游,其所以异于深山之野人者几希。及其闻一善言,见一善行,若决江河,沛然莫之能御也。"有过而不能勇改,天下之通患。然今世别有一般议论:以不轻改其素守为老成,为持重,为谨审;以幡然改、沛然从者为轻率,为狂妄,为无所守。凡事理但论是非,若已知吾所守所行者为非,则岂可不速改;_{李评:如知非义,即当速已。}若谓吾所守所行未为非,则固不当改,又不论速不速也。智、仁、勇三者,天下之达德。尊兄之质本有勇,但从来向释氏,不崇儒学[1],故至徇流俗。朋友中见尊兄有刚决过人处,又有徇流俗处,莫不窃怪之。若某则妄论尊兄之徇流俗亦甚勇,他人则容易被圣贤之学耸动,虽不知其实,往往以其名而赴之。若尊兄则虽自觉有未稳当处,亦且顽忍安旧,有姑自守且徐图之意。

某念非尊兄无以发其狂言,用忘犯分之罪,猖狂而言,辞不暇择。某非敢使尊兄窃儒者之名以欺世,愿尊兄试以"有言逆于汝心,必求诸道"之法试思之,或有可采。如谓不然,亦愿详以见教。辨白此事,期于到头,非兄尚谁望。

二

属者僭易陈露所见,蒙教复详至,开发多矣。来书有深不欲多言之语,某窃谓于所不当言者,加一言则非矣;若在所当言,则惟足以达其理意而已,不可以多少限也。躁人之辞多者,谓其躁妄、错乱、赘疣,是则可删也。今方将于道术趋向之间切磋求是,则又奚多之病?愿尊兄先除此一戒,使某得悉意承教,庶是非可明也。

尊兄所学以力行为主,不专务论说,所见皆行履到处,非但言说而已。此不待论。某固不敢以言说待尊兄,交游间亦不以此病兄,独谓兄所学不能无蔽耳。杨、墨、告子、许行之徒岂但言说,其所言即其所行,而孟子力辟之者,以为其学非也。

儒释之辨,某平时亦少所与论者:有相信者,或以语之,亦无所辩难,于我无益;有自立议论与我异者,又多是胜心所持,必欲己说之伸,不能公平求是,与之反复,只成争辩,此又不可与论。今之僧徒多担夫庸人,不通文理,既去发胡服,又安能使之髡髦洁缁而从吾游耶?至于士大夫之好佛者,虽其好佛,亦只为名而已!此又

---

[1] "崇",嘉靖本作"从"。

不足与论也。至如尊兄，不为名，不好胜，凡事皆公心求是，又聪明博洽，乡来未有自得处，犹有凝滞退缩之态，比来所见明白，议论发越，殊无凝滞退缩之态矣。设有如是资质，如是所到，然但工一家之说，则又难论。今兄两家之书已皆探讨，此而不与极论，则只成是自担板矣〔1〕。

乡来窃疑于兄者，以为兄之资禀质实，强敏有余，宏大通远则不足，惧为平日所乡、所学、所习之所摄持，密制其命而不能度越摆脱，操不忘本之说以为典训，拒排释氏者于千里之外，而与"至则行矣""趋而避之"者同其介然自守之意，则无间之可乘矣。承来教谓："若使释果未进于儒，理须进步，何苦守其卑污而不进。"然后知高明之度本自宏阔，而某之疑则诚浅陋矣。

某前书所论，论其教之所从起，而兄则指其所造以辨之。某虽不曾看释藏经教，然而《楞严》《圆觉》《维摩》等经则尝见之。如来书所举爱涅槃、憎生死正是未免生死，未出轮回；不了四相者正是未免生死，未出轮回。四相虽有浅深、精粗，然其寿者相亦只是我相根本，潜伏藏识，谓之命根不断。故其文曰："若有人赞叹彼法，则生欢喜，便欲济度；若有人诽谤彼所得者，即生嗔恨。"此亦正是未免生死，未出轮回。又如来教："因地法行，亦无身心受彼生死。"正是免得生死，出得轮回。伊川先生有曰："释氏只是理会生死，其他都不理会。"近有一前辈参禅，禅丛中称其所得，一日举伊川先生之言曰："某当时若得侍坐，便问道不知除生死外更有甚事？"不知尊兄所见与此人优劣如何？若尊兄初心不为生死，不知因何趋向其道？

来书："实际理地虽不受一尘，而佛事门中不舍一法。"若论不

---

〔1〕"担板"，原作"檐版"，成化本、正德本作"担版"，《四库》本作"担板"。今据《四库》本改。按："担板"，多见于禅宗语录，意为执着自我而不能随顺世间人情。

舍一法,则虎穴魔宫实为佛事,淫房酒肆尽是道场。维摩使须菩提置钵欲去之地,乃其极则。当是时十地菩萨犹被呵斥,以为取舍未忘,染净心在,彼其视吾《诗》《礼》《春秋》,何啻以为绪余土苴。唯其教之所从起者如此,故其道之所极亦如此。故某尝谓儒为大中,释为大偏。以释与其他百家论,则百家为不及,释为过之。原其始,要其终,则私与利而已。

来教谓"佛说出世,非舍此世而于天地外别有乐处"。某本非谓其如此,独谓其不主于经世,非三极之道耳。又谓"若众圣所以经世者,不由自心建立,方可言经世异于出世而别有妙道也"。吾儒之道乃天下之常道,岂是别有妙道?谓之典常,谓之彝伦,盖天下之所共由,斯民之所日用,此道一而已矣,不可改头换面。前书固谓今之为释氏者,亦岂能尽舍吾道,特其不主于是,而其违顺得失,不足以为深造〔其道〕者之轻重耳〔1〕。

尊兄谓"行所当行"。尊兄日用中所行合理处自是天资之美,与探讨儒书之力,岂是读《华严》有省发后方始如此〔2〕。然尊兄岂能保其所行皆合于理乎?韦编三绝而后赞《易》,敢道尊兄未尝从事如此工夫;"吾志在《春秋》",敢道尊兄不能有此志;"我亦欲正人心,息邪说,距诐行,放淫辞",敢道此非尊兄之所欲。如是而谓儒释同,恐无是理。今尊兄将空诸所有,其视硁硁击磬者,果为何事哉?若谓"治大国若烹小鲜","不以智治国,国之福",或者其可以与尊兄之道并行而不悖也。

某方吐胸中愚见,欲求订正,其辞不得不自达,愿尊兄平心观之。如不以为然,幸无爱辞。乡时兄弟有所论难,尚蒙推挽,令各极其意,况在朋友,彼此无他疑,正宜悉意评论,期归乎一是之地。

---

〔1〕"其道",原无,据《陆子学谱》补。
〔2〕"有",嘉靖本作"自"。

某平昔愚见所到，持论甚坚，然人言有以服其心，则不惮于幡然而改。惟尊兄有以知我非执己好胜者，幸不惮尽言。若鄙言可采，亦愿尊兄不惮改辙也。"周公思兼三王以施四事，其有不合者，仰而思之，夜以继日；幸而得之，坐以待旦。"夫子自谓："其为人也，发愤忘食，乐以忘忧，不知老之将至云耳。"又曰："吾尝终日不食，终夜不寝，以思，无益，不如学也。"又曰："我学不厌而教不倦。"此其不可为吾人标的乎？但只如此随见在去，岂便无益于天下，顾有如尊兄之质，不无可惜处。

适得张南轩与家兄书，今附达家兄处，可试观之如何？家兄逼岁必归宅上，不知曾更有切磋否？岁即除，伏几多为亲寿，以厚新祉。

与朱元晦

黄、易二生归，奉正月十四日书，备承改岁动息，慰浣之剧。不得嗣问，倏又经时，日深驰乡。闻已赴阙奏事，何日对敭？李注：敭，音异〔1〕。伏想大摅素蕴，为明主忠言，动悟渊衷，以幸天下。恨未得即闻绪余，沃此倾渴。外间传闻留中讲读，未知信否？诚得如此，岂胜庆幸！

乡人彭世昌得一山，在信之西境，距敝庐两舍而近，实龙虎山之宗。巨陵特起，㢑然如象，李注：㢑，音灰。豕掘地也，又相击也。名曰象山。山间自为原坞，良田清池，无异平野。山涧合为瀑流，垂注数里。两崖有蟠松怪石，却略偃蹇。中为茂林，琼瑶冰雪，倾倒激射，飞洒映带于其间。春夏流壮，势如奔雷。木石自为阶梯，可沿以观。佳处与玉渊、卧龙未易优劣。往岁彭子结一庐以相延，某亦自为精舍于其侧。春间携一侄二息读书其上。又得胜处为方丈以

〔1〕此处李注有误。"敭"为"扬"之古字。"对敭"指面君奏对。

居,前挹闽山,奇峰万叠,后带二溪,下赴彭蠡。学子亦稍稍结茅其傍,相从讲习,此理为之日明。舞雩咏归,千载同乐。

某昔年两得侍教,康庐之集,加款于鹅湖,然犹卤莽浅陋,未能成章,无以相发,甚自愧也。比日少进,甚思一侍函丈,当有启助,以卒余教。尚此未能,登高临流,每用怅惘! 往岁览尊兄与梭山家兄书,尝因南丰便人,僭易致区区,蒙复书许以卒请,不胜幸甚! 古之圣贤惟理是视,尧舜之圣,而询于刍荛,曾子之易箦,盖得于执烛之童子。《蒙》九二曰:"纳妇吉。"苟当于理,虽妇人孺子之言所不弃也。孟子曰:"尽信《书》,不如无《书》,吾于《武成》取二三策而已矣。"或乖理致,虽出古书,不敢尽信也。智者千虑,或有一失;愚者千虑,或有一得。人言岂可忽哉?

梭山兄谓:"《太极图说》与《通书》不类,疑非周子所为;不然,则或是其学未成时所作;不然,则或是传他人之文,后人不辨也。盖《通书》'理性命'章言'中焉止矣。二气五行,化生万物,五殊二实,二本则一'。曰一,曰中,即太极也,未尝于其上加'无极'字。'动静'章言'五行阴阳,〔阴阳〕太极〔1〕',亦无'无极'之文。假令《太极图说》是其所传,或其少时所作,则作《通书》时不言无极,盖已知其说之非矣。"此言殆未可忽也。兄谓:"梭山急迫,看人文字未能尽彼之情,而欲遽申己意,是以轻于立论,徒为多说,而未必果当于理。"《大学》曰:"无诸己而后非诸人。"人无古今,智愚、贤不肖,皆言也,皆文字也。观兄与梭山之书,已不能酬斯言矣,尚何以责梭山哉?

尊兄向与梭山书云:"不言无极,则太极同于一物,而不足为万化根本;不言太极,则无极沦于空寂,而不能为万化根本。"夫太极者,实有是理,圣人从而发明之耳,非以空言立论,使后人簸弄于颊

---

〔1〕"阴阳",原无,据《四库》本及《通书·动静第十六》补。

舌纸笔之间也。其为万化根本固自素定，其足不足，能不能，岂以人言不言之故耶？《易大传》曰："《易》有太极。"圣人言有，今乃言无，何也？作《大传》时不言无极，太极何尝同于一物，而不足为万化根本耶？《洪范》五皇极列在九畴之中，不言无极，太极亦何尝同于一物，而不足为万化根本耶？太极固自若也，尊兄只管言来言去，转加糊涂，此真所谓轻于立论，徒为多说，而未必果当于理也。兄号句句而论，字字而议有年矣，宜益工益密，立言精确，足以悟疑辨惑，乃反疏脱如此，宜有以自反矣。

后书又谓"无极即是无形，太极即是有理。周先生恐学者错认太极别为一物，故著'无极'二字以明之"。《易》之《大传》曰"形而上者谓之道"，又曰"一阴一阳之谓道"，一阴一阳已是形而上者，况太极乎？晓文义者举知之矣。自有《大传》，至今几年，未闻有错认太极别为一物者。设有愚谬至此，孟贲不能以三隅反，何足上烦老先生特地于太极上加"无极"二字以晓之乎？且"极"字亦不可以"形"字释之。盖极者，中也，言无极则是犹言无中也，是岂可哉？若惧学者泥于形器而申释之，则宜如《诗》言"上天之载"，而于下赞之曰"无声无臭"可也，岂宜以"无极"字加于太极之上？李评：此驳最为平允。朱子发谓濂溪得《太极图》于穆伯长，伯长之传出于陈希夷，其必有考。希夷之学，老氏之学也。"无极"二字出于《老子》"知其雄"章，吾圣人之书所无有也。《老子》首章言"无名天地之始，有名万物之母"，而卒同之，此老氏宗旨也。"无极而太极"即是此旨。老氏学之不正，见理不明，所蔽在此。兄于此学用力之深，为日之久，曾此之不能辨，何也？《通书》"中焉止矣"之言与此昭然不类，而兄曾不之察，何也？《太极图说》以"无极"二字冠首，而《通书》终篇未尝一及"无极"字。二程言论文字至多，亦未尝一及"无极"字。假令其初实有是图，观其后来未尝一及"无极"字，可见其道之进，而不自以为是也。兄今考订注释，表显尊信，如此其至，恐未得为善祖述者也。潘清逸诗文可见矣,彼岂能知濂溪者?明道、伊川亲师承濂溪,当时名贤居潘右者亦复不少,濂溪之志卒属于潘,可见其子孙之不能世其学也。兄何据之笃乎?梭山兄之言恐未宜忽也。

孟子与墨者夷之辩,则据其"爱无等差"之言;与许行辩,则据其"与民并耕"之言;与告子辩,则据其"义外"与"人性无分于善不善"之言,未尝泛为料度之说。兄之论辩则异于是。如某今者所论,则皆据尊兄书中要语,不敢增损,或稍用尊兄泛辞以相绳纠者,亦差有证据,抑所谓夫民今而后得反之也。

兄书令梭山"宽心游意,反复二家之言,必使于其所说如出于吾之所为者而无纤芥之疑,然后可以发言立论,而断其可否,则其为辩也不烦,而理之所在无不得矣"。彼方深疑其说之非,则又安能使之如出于其所为者而无纤芥之疑哉?若其如出于吾之所为者而无纤芥之疑,则无不可矣,尚何论之可立,否之可断哉?兄之此言无乃亦少伤于急迫而未精耶?兄又谓:"一以急迫之意求之,则于察理已不能精,而于彼之情又不详尽,则徒为纷纷,虽欲不差,不可得矣。"殆夫子自道也。

向在南康,论兄所解告子"不得于言,勿求于心"一章非是,兄令某平心观之。某尝答曰:"甲与乙辩,方各是其说,甲则曰愿某乙平心也,乙亦曰愿某甲平心也。平心之说恐难明白,不若据事论理可也。"今此"急迫"之说,"宽心游意"之说,正相类耳。论事理,不必以此等压之,然后可明也。梭山气禀宽缓,观书未尝草草,必优游讽咏,耐久绅绎。今以"急迫"指之,虽他人亦未喻也。夫辨是非,别邪正,决疑似,固贵于峻洁明白,若乃料度、罗织、文致之辞,愿兄无易之也。

梭山兄所以不复致辩者,盖以兄执己之意甚固,而视人之言甚忽,求胜不求益也,某则以为不然。尊兄平日惓惓于朋友,求箴规切磨之益，盖亦甚至。独群雌孤雄，人非惟不敢以忠言进于左右，亦未有能为忠言者。言论之横出，其势然耳。向来相聚，每以不能副兄所期为愧，比者自谓少进，方将图合并而承教。今兄为时所用，进退殊路，合并未可期也。又蒙许其吐露，辄寓此少见区区，尊意不以为然，幸不惮下教。

政远，惟为国保爱，以需柄用〔1〕，以泽天下。

二

伏自夏中拜书，寻闻得对，方深赞喜，冒疾遽兴，重为骇叹。贤者进退绰绰有裕，所甚惜者为世道耳。承还里第，屡欲致书，每以冗夺，徒积倾驰。江德功人至，奉十一月八日书，备承作止之详，慰浣良剧。比阅邸报，窃知召命不容辞免，莫须更一出否？吾人进退自有大义，岂直避嫌畏讥而已哉。前日面对，必不止于职守所及，恨不得与闻至言，后便傥可垂教否？

前书条析所见，正以畴昔负兄所期，比日少进，方图自赎耳。来书诲之谆复，不胜幸甚！愚心有所未安，义当展尽，不容但已，亦尊兄教之之本意也。近浙间一后生贻书见规，以为吾二人者所习各已成熟，终不能以相为，莫若置之勿论，以俟天下后世之自择。鄙哉言乎！此辈凡陋，沉溺俗学，悖戾如此，亦可怜也。"人能弘道，非道弘人。"此理在宇宙间，固不以人之明不明、行不行而加损。然人之为人，则抑有其职矣。垂象而覆物者，天之职也；成形而载物者，地之职也；裁成天地之道，辅相天地之宜，以左右民者，人君之职也。孟子曰："幼而学之，壮而欲行之。"所谓行之者，行其所学以格君心之非，引其君于当道，与其君论道经邦，燮理阴阳，使斯道达乎天下也。所谓学之者，从师亲友，读书考古，学问思辨，以明此

---

〔1〕"以需"，成化本、嘉靖本、万历本作"倚需"。

道也。故少而学道，壮而行道者，士君子之职也。吾人皆无常师，周旋于群言淆乱之中，俯仰参求，虽自谓其理已明，安知非私见诐说[1]，若雷同相从，一唱百和，莫知其非，此所甚可惧也。幸而有相疑不合[2]，在同志之间，正宜各尽所怀，力相切磋，期归于一是之地。大舜之所以为大者，善与人同，乐取诸人以为善，闻一善言，见一善行，若决江河，沛然莫之能御。吾人之志，当何求哉？惟其是〔而〕已矣[3]。畴昔明言善议，拳拳服膺而勿失，乐与天下共之者，以为是也。今一旦以切磋而知其非，则弃前日之所习，势当如出陷阱，如避荆棘，惟新之念若决江河，是得所欲而遂其志也。此岂小智之私，鄙陋之习，荣胜耻负者所能知哉？弗明弗措，古有明训，敢悉布之。

尊兄平日论文，甚取曾南丰之严健。南康为别前一夕，读尊兄之文，见其得意者，必简健有力，每切敬服。尝谓尊兄才力如此，故所取亦如此。今阅来书，但见文辞缴绕，气象褊迫，其致辨处类皆迁就牵合，甚费分疏，终不明白，无乃为"无极"所累，反困其才耶？不然，以尊兄之高明，自视其说亦当如黑白之易辨矣。尊兄尝晓陈同父云："欲贤者百尺竿头进取一步，将来不作三代以下人物，省得气力为汉唐分疏，即更脱洒磊落。"今亦欲得尊兄进取一步，莫作孟子以下学术，省得气力为"无极"二字分疏，亦更脱洒磊落。古人质实，不尚智巧，言论未详，事实先著，知之为知之，不知为不知。所谓"先知觉后知，先觉觉后觉"者，以其事实觉其事实，故言即其事，事即其言，所谓"言顾行，行顾言"。周道之衰，文貌日胜，事实湮于意见，典训芜于辨说，揣量模写之工，依放假借之似，其条画足以自信，其习熟足以自安。以子贡之达，又得夫子而师承之，尚不免此

---
[1]"诐"，成化本、嘉靖本、万历本作"蔽"。
[2]"幸"，成化本、嘉靖本、万历本作"何幸"。
[3]"而"，原无，据正德本补。

多学而识之之见。非夫子叩之,彼固晏然而无疑。"先行"之训,"予欲无言"之训,所以觉之者屡矣,而终不悟。颜子既没,其传固在曾子,盖可观已。尊兄之才未知其与子贡如何?今日之病则有深于子贡者。尊兄诚能深知此病,则来书七条之说当不待条析而自解矣。然相去数百里,脱或未能自克,淹回旧习则不能无遗恨,请卒条之:

来书本是主张"无极"二字,而以明理为说,其要则曰:"于此有以灼然实见太极之真体。"某窃谓尊兄未曾实见太极,若实见太极,上面必不更加"无极"字,下面必不更著"真体"字。上面加"无极"字,正是叠床上之床;下面著"真体"字,正是架屋下之屋〔1〕。虚见之与实见,其言固自不同也。又谓:"极者,正以其究竟至极,无名可名,故特谓之太极,犹曰举天下之至极,无以加此云耳。"就令如此,又何必更于上面加"无极"字也?若谓欲言其无方所,无形状,则前书固言,宜如《诗》言"上天之载",而于其下赞之曰"无声无臭"可也,岂宜以"无极"字加之太极之上?《系辞》言"神无方矣",岂可言无神;言"易无体矣",岂可言无易。老氏以无为天地之始,以有为万物之母,以常无观妙,以常有观徼,直将"无"字搭在上面正是老氏之学,岂可讳也?惟其所蔽在此,故其流为任术数,为无忌惮。此理乃宇宙之所固有,岂可言无?若以为无,则君不君,臣不臣,父不父,子不子矣。杨朱未遽无君,而孟子以为无君,墨翟未遽无父,而孟子以为无父,此其所以为知言也。极亦此理也,中亦此理也,五居九畴之中而曰"皇极",岂非以其中而命之乎?民受天地之中以生,而《诗》言"立我烝民,莫匪尔极",岂非以其中命之乎?《中庸》曰:"中也者,天下之大本也;和也者,天下之达道也;致中和,天地位焉,万物育焉。"此理至矣,外此岂更复有太

---

〔1〕 "下",原作"上",据嘉靖本改。

极哉？

以极为"中"则为不明理，以极为"形"乃为明理乎？字义固有一字而数义者；用字则有专一义者，有兼数义者；而字之指归又有虚实，虚字则但当论字义，实字则当论所指之实。论其所指之实，则有非字义所能拘者。如"元"字有"始"义，有"长"义，有"大"义。《坤》五之元吉、《屯》之元亨则是虚字，专为"大"义，不可复以他义参之。如"乾元"之"元"则是实字。论其所指之实，则《文言》所谓善，所谓仁，皆元也，亦岂可以字义拘之哉？"极"字亦如此，"太极"、"皇极"乃是实字，所指之实岂容有二。充塞宇宙无非此理，岂容以字义拘之乎？中即至理，何尝不兼"至"义？《大学》《文言》皆言"知至"，所谓至者，即此理也。语读《易》者曰能知太极，即是知至；语读《洪范》者曰能知皇极，即是知至。夫岂不可？盖同指此理。则曰极，曰中，曰至，其实一也。"一极备，凶；一极无，凶。"此两"极"字乃是虚字，专为"至"义，却使得"极者，至极而已"，于此用"而已"字，方用得当。尊兄最号为精通诂训文义者，何为尚惑于此？无乃理有未明，正以太泥而反失之乎？

至如直以阴阳为形器而不得为道，此尤不敢闻命。《易》之为道，一阴一阳而已。先后、始终、动静、晦明、上下、进退、往来、阖辟、盈虚、消长、尊卑、贵贱、表里、隐显、向背、顺逆、存亡、得丧、出入、行藏何适而非一阴一阳哉？奇偶相寻，变化无穷，故曰其为道也屡迁，变动不居，周流六虚，上下无常，刚柔相易，不可为典要，唯变所适。《说卦》曰："观变于阴阳而立卦，发挥于刚柔而生爻，和顺于道德而理于义，穷理尽性以至于命。"又曰："昔者，圣人之作《易》也，将以顺性命之理。是以立天之道，曰阴与阳；立地之道，曰柔与刚；立人之道，曰仁与义。"《下系》亦曰："《易》之为书也，广大悉备：有天道焉，有人道焉，有地道焉。兼三才而两之，故六。六者非他也，三才之道也。"今顾以阴阳为非道而直谓之形器，其孰为昧于道器之分哉？

　　辩难有要领，言辞有指归，为辩而失要领，观言而迷指归，皆不明也。前书之辩，其要领在"无极"二字。尊兄确意主张，曲为饰说，既以无形释之，又谓"周子恐学者错认太极别为一物，故著'无极'二字以明之"。某于此见得尊兄只是强说来由，恐无是事。故前书举《大传》"一阴一阳之谓道"、"形而上者谓之道"两句，以见粗识文义者亦知一阴一阳即是形而上者，必不至错认太极别为一物，故曰"况太极乎"？此其指归，本自明白，而兄曾不之察，乃必见诬，以道上别有一物为太极。《通书》曰："中者，和也，中节也，天下之达道也，圣人之事也。故圣人立教，俾人自易其恶，自至其中而止矣。"周子之言中如此，亦不轻矣。外此岂更别有道理，乃不得比虚字乎？所举"理性命"章五句，但欲见《通书》言中、言一而不言无极耳。"中焉止矣"一句，不妨自是断章，兄必见诬以属之下文。兄之为辩失其指归，大率类此。"尽信《书》，不如无《书》"，某实深信孟子之言。前书释此段，亦多援据古书，独颇不信无极之说耳。兄遽坐以直绌古书为不足信，兄其深文矣哉！《大传》《洪范》《毛诗》《周礼》与《太极图说》孰古？以极为"形"而谓不得为"中"，以一阴一阳为"器"而谓不得为"道"，此无乃少绌古书为不足信而微任胸臆之所裁乎？

　　来书谓："若论'无极'二字，乃是周子灼见道体，迥出常情，不顾傍人是非，不计自己得失，勇往直前，说出人不敢说底道理。"又谓："周子所以谓之无极，正以其无方所，无形状。"诚令如此，不知人有甚不敢道处？但加之太极之上，则吾圣门正不肯如此道耳。夫乾，确然示人易矣；夫坤，隤然示人简矣。太极亦曷尝隐于人哉？尊兄两下说无说有，不知漏泄得多少。如所谓太极真体不传之秘，无物之前，阴阳之外，不属有无，不落方体，迥出常情，超出方外等语，莫是曾学禅宗，所得如此。平时既私其说以自〔高〕妙〔1〕,及教学者,则又往往秘此而多说文义,此漏泄之说所从出也。以实论之,两头都无着实,彼此只是葛藤末说。气质不美者乐寄此以神其奸,不知系绊多少好气质底学者。既以病己,又以病人,殆非一言一行之过,兄其毋以久习于此而重自反也。

区区之忠,竭尽如此,流俗无知,必谓不逊。《书》曰:"有言逆于汝心,必求诸道。"谅在高明,正所乐闻。若犹有疑,愿不惮下教。政远,惟为国自爱。

三

往岁经筵之除,士类胥庆,延跂以俟吾道之行,乃复不究起贤之礼,使人重为慨叹!新天子即位,海内属目,然罢行升黜率多人情之所未谕者,群小骈肩而骋,气息怫然〔2〕,谅不能不重勤长者忧国之怀。某五月晦日拜荆门之命,命下之日实三月二十八日,替黄元章阙,尚三年半,愿有以教之。

首春借兵之还,伏领赐报,备承改岁动息,慰沃之剧。惟其不度,稍献愚忠,未蒙省察,反成唐突,谦抑非情,督过深矣,不胜皇恐!向蒙尊兄促其条析,且有"无若令兄遽断来章"之戒〔3〕,深以为幸。别纸所谓:"我日斯迈,而月斯征。各尊所闻,各行所知亦可矣,无复望其必同也。"不谓尊兄遽作此语,甚非所望。"君子之过也,如日月之食焉。过也,人皆见之;及其更也,人皆仰之。"通人之过,虽微箴药,久当自悟,谅今尊兄必涣然于此矣。愿依末光,以卒余教。李评:终不作断绝语,忠厚之意蔼然。

---

〔1〕"高",原无,据正德本、嘉靖本补。
〔2〕"怫",原作"拂",据成化本、嘉靖本改。
〔3〕"章",嘉靖本作"书"。

与吴显仲 建昌南城人,文安公弟子

属承访逮,深见嗜学之诚,顾荒缪无以塞盛意。为别未几,已有思咏,便风得书,承比辰进修多福为慰!显仲质朴,甚可嘉。为学固不可迫切,亦当有穷究处,乃有长进。若能随分穷究,废弛岂所患也?又所依得贤主人,不患无浸润之益也。凌遽占复,莫既所怀,惟勉学自爱。

二

得书读之,其辞与乡时书辞不相类,尽平常妥帖,无甚病痛,但恐亦是偶然耳。若果如此,自能随时学问,不患无益。纵无甚益,亦不至有甚缪戾也。况朝夕得亲炙黄丈,又得与济先相处,不可谓乏师友也。包显道归,遣此为复,莫究所欲言,惟勉学自爱。

卷三

书

与童伯虞 <small>建昌南城人〔1〕，先事文达公，后事文安公</small>

某秋试幸不为考官所取，得与诸兄诸侄切磨于圣贤之道，以涤昔非，日有所警，易荆棘陷阱以康庄之衢，反羁旅乞食而居之于安宅，有足自慰者。

足下往年心期于予兄子寿，今年又与仆相处，趋向固不凡。近环吾居数百里间，前此盖不多若足下者。然仆处足下之馆几半载，而不能回足下眷眷声利之心，此诚仆浅陋之罪。曾子曰："视其庭可以搏鼠，乌能与我歌乎？"仲尼、颜子之所乐，宗庙之美，百官之富，金革百万之众在其中。此岂可以二用其心而期与富贵利达兼得之者哉？《记》曰："富润屋，德润身。"孟子曰："赵孟之所贵，赵孟能贱之。"又曰："仁义忠信，乐善不倦，此天爵也；公卿大夫，此人爵也。"孟子之时，求人爵者，尚必修其天爵，后世之求人爵，盖无所事于天爵矣。舍此而从事于彼，何啻养一指而失其肩背。况又求之有道，得之有命，非人力所可必致者，而反营营汲汲于其间？以得丧为欣戚，惑亦甚矣。子思曰："人皆曰'予知'，驱而纳诸罟擭陷阱之中，而莫之知辟也。"来书谓"无我笑"，此仆之所悯惜，非所笑也。

---

〔1〕 按：据（同治）《贵溪县志》卷八《人物》，此人名为政，字伯虞，为贵溪人。

足下虽不言,仆固知之深矣。向仆既不能举,闻足下领试亦不中,甚欲即书一纸为足下言之,因循不遂。比来此念尤切,方此图之,竟为来书所先,辄布此为复。

与刘深甫 讳迪,建昌南城人,庆元二年进士,文安公弟子

来书示以方册所疑,足见为学不苟简。然其理皆甚明白,本无可疑。若于此未能通晓,则是进学工夫不甚纯一,未免滞于言语尔。今欲一一为深甫解释,又恐只成言语议论,无益于深甫之身之心。非徒无益,未必不反害之也。

大抵为学,但当孜孜进德修业,使此心于日用间戕贼日少,光润日著,则圣贤垂训,向以为盘根错节未可遽解者,将涣然冰释,怡然理顺,有不加思而得之者矣。《书》曰:"思曰睿,睿作圣。"孟子曰:"思则得之。"学固不可以不思,然思之为道,贵切近而优游。切近则不失己,优游则不滞物。《易》曰:"拟之而后言,议之而后动。"孟子曰:"权,然后知轻重;度,然后知长短。物皆然,心为甚。"《记》曰:"心诚求之,虽不中,不远矣。"日用之间何适而非思也。如是而思,安得不切近,安得不优游?

至于圣贤格言,切近的当,昭晰明白,初不难晓。而吾之权度,其则不远,非假于外物。开卷读书时,整冠肃容,平心定气。诂训章句,苟能从容勿迫而讽咏之,其理当自有彰彰者。纵有滞碍,此心未充未明,犹有所滞而然耳。姑舍之以俟他日可也,不必苦思之。苦思则方寸自乱,自蹶其本,失己滞物,终不明白。但能于其所已通晓者,有鞭策之力,涵养之功,使德日以进,业日以修,而此心日充日明,则今日滞碍者,他日必有冰释理顺时矣。如此则读书之次亦何适而非思也。如是而思,安得不切近?安得不优游?若固滞于言语之间,欲以失己滞物之智,强探而力索之,非吾之所敢知也。

李评:此书真可为读书之法。

某铨曹再黜,来岁又未免一来。深甫勉之,谨无以言语议论妨进修之路,使此心之良,无斧斤之伐、牛羊之牧,而有雨露之沾滋、雷风之鼓舞,日以畅茂条达,则来示数章,不求解于他人矣。

与张辅之 讳商佐,同邑人,举乡贡进士,九叙公长婿,从学文安公

来书累累及己事,辞复而意切,读之甚喜慰。苟如是,谁不欲相告者,况如某之直而多言者耶？今此子寿兄入邑,此事政可面论。第恐事罢不复能留,至邑又有谒见应接之烦,虽相见,有不暇及此耳。故略寓此言之。

蒙谕针膏肓之说,且师友切磋之言,孰不欲各中其病,顾恐学未至,识未明,不能知人之病耳。又恐言或中病,而听者不自以为病,不能受耳。又子方求吾言,但当尽子受言之道,不当教我告子之方。使我告子而无其方,则其言不足求矣。子岂可教之使如何而告子耶？必欲教人告己,是何异教玉人雕琢玉哉？至引孔子答弟子问仁、问政、问孝之说,此尤非所宜言。孟子于孔子,特曰"愿学"而已。吾于孔子弟子,方且师仰敬畏之不暇,如颜子、曾子,固不待论,平时读书至子夏、子游、子张、蘧伯玉、南宫适诸贤言行,未尝不惕焉愧畏,钦服而师承之。而子遽可以孔子望我邪？且子既能究观圣人答弟子之言,知其无不尽处,扩而充之,圣人亦只如此。是己已知教人之方,则吾当北面矣,尚何以针子膏肓邪？虽然,庸讵知此言之非针子膏肓也。写至此欲止,恐子未能深悟,试更为详言之：

学者大病在于师心自用。师心自用则不能克己,不能听言,虽使羲、皇、唐、虞以来群圣人之言毕闻于耳,毕熟于口,毕记于心,只益其私,增其病耳。为过益大,去道愈远,非徒无益,而又害之。来书谓备尝险阻辛苦,而无操心危、虑患深之效,此亦非也。子之能特然自立,异于流俗,趣舍必求是,而施设不苟。人之所为,有所不

敢为，人所不能为，己或能为之；人之所知，有所不敢知，人所不能知，己或能知之。凡此岂非操心危、虑患深之效欤？虽然，至于师心自用，学植不进，未必不由此也。

古之所谓曲学诐行者，不必淫邪放僻，显显狼狈，如流俗人不肖子者也。盖皆放古先圣贤言行，依仁义道德之意，如杨、墨、乡原之类是也。此等不遇圣贤知道者，则皆自负其有道有德，人亦以为有道有德，岂不甚可畏哉？曾子曰："尊其所闻则高明，行其所知则光大。"尊所闻，行所知，要须本正。其本不正，而尊所闻，行所知，只成得个担板。自沉溺于曲学诐行，正道之所诋斥，累百世而不赦，岂不甚可畏哉？若与流俗人同过，其过尚小。担板沉溺之过，其过甚大，真所谓膏肓之病也。

来书举程明道先生"静亦定，动亦定"之语，此非子之所知也。定之于动静，非有二也。来书自谓静而定，亦恐未能果如是也，是处静处动不同矣。子之意岂不自谓静时尚或能定，独难于动而定耶？凡子之所谓定者，非果定也，岂有定于静而不能定于动耶？至又谓近虽未能不动，而于动中之定颇庶几焉，此正是担板处。见子寿兄可面扣之。若已悟得，亦不妨验过。如意有未平而子寿处或冗未暇言，无惜以片纸见问，切磋之益政有所望，非所敢惮也。

二

前尝论子为学之病，及得二十一日报帖，又知子尚未深晓。

特然自立之节，较之流俗人则为贤者，在子之身则为深病。吾非不知子之践履，尚未能不自愧，顾以为践履未至，此节已常在胸中，耿耿然为拒善之藩篱而不能以自知。况践履既至，自无愧于心，其为病可胜言哉？凡子之病皆性之不纯，理之不明，而外之势又有以增其病而无以药之者。子之病非独子有之也，人皆有之。顾在流俗人而或有之，是则可喜，非可责也。至于知学者有此病，则其观圣贤之训,听师友之言,必当惕焉愧悔改革。不如是,谓之不知学可也。子欲问大学之道,而不知此病,虽于特然自立处一向加功,将必不能至于无所愧。纵不自知,自谓无愧,识者观之,正是一场大担板耳。吾之所望于子者,非以流俗人望子也。如以流俗人望子,则子流俗人贤者矣,勉而进之,诚流俗中大贤者矣。望之以圣贤之门,乃始为一膏肓之病人也。此病去,自能改过迁善,服圣贤之训,得师友之益,如"动亦定,静亦定"之说亦不必苦心而自明也。见此书如未深省,但当以此书于读书应事暇时常常提省,久当自知之。如疑欲辨,无惜详列。

三

两书所言践履之说,皆未晓劣者之意。前书所谓践履,不说圣贤践履,只说辅之之所践履。君子有君子践履,小人有小人践履,圣贤有圣贤践履,拘儒瞀生有拘儒瞀生践履。若果是圣贤践履,更有甚病?虽未至未纯,亦只要一向践履去,久则至于圣贤矣。只为辅之践履差了,正如适越北辕,愈骛而愈远。前书分明与子说是拒善之藩篱,既是拒善之藩篱,又岂可与圣贤践履同日而语。凡所与子言者,皆只是入头处,何谓不教以入头处也?如《中庸》"戒谨""恐惧"之言[1],子正不能如是。充子之践履,识者观之,正有可愧可耻,不能戒谨,不能恐惧,莫甚焉。

二十五日书至,发读之,见其颇无条理。诸兄皆以为此必辅之气未平时所言,使少迟半日,必不如是答书也。某以为须是深省其病,深生愧恐,改革自新,然后能所言中理。如不知其过,则虽心平气定,辞不悖谬,亦未必能中理也。如所谓初不容以口舌辨之说,

---

[1] "戒谨",各本同,按:《中庸》原作"戒慎",此系陆九渊避宋孝宗赵昚讳而改。以下"戒谨"同。

此正师心自用,拒善不能改过之明验,尚何戒谨恐惧之有?

与曹挺之 讳挺,与兄建从事文安公

挺之气质劲直,本无他病,初谓肯笃志学问,自应日进。来书气象甚觉龃龉,至有一贯多学之辩,此似无谓。

大抵学者且当大纲思省。平时虽号为士人,虽读圣贤书,其实何曾笃志于圣贤事业,往往从俗浮沉,与时俯仰,徇情纵欲,汩没而不能以自振。李评:通病。日月逾迈,而有泯然与草木俱腐之耻,到此能有愧惧大决之志,乃求涵养磨砺之方。若有事役,未得读书,未得亲师,亦可随处自家用力检点,见善则迁,有过则改,所谓"心诚求之,不中不远"。若事役有暇,便可亲书册。所读书亦可随意自择,亦可商量程度,无不有益者。李评:初学入德之方,此数行为最切,所谓孝弟谨信亲爱,余力学文。看挂之殊未曾如此着实作工夫,何遽论到一贯多学之处。此等议论可且放下,且本分随自己日用中猛省,自知愧怍,自知下手处矣。既着实作工夫,后来遇师友却有日用中着实事可商量,不至为此等虚论也。

与曹立之 讳建,饶州余干人,文安公弟子

某驽劣之资,祸患之中,筋力气血甚觉衰惫,非复向时之比。然更尝之多,愈觉欲速助长之病,故讲授处又差省力耳。

所谓赵学古书甚有直气,然于理致则不为甚明。正使立之之言尽当于理,亦未可必彼人之听从。但据今立之之学则正宜有以自反,未遽可以责彼之难晓也。承欲某详指其非,非惟不暇,亦恐不在此。

蒙问致知知止、正心诚意、知至至之、知终终之次序,深切慨叹!不知立之许多时在干当甚事?观如此问文字,一似梦中起来相似。立之尚如此,又何怪得赵学古也。"知至至之""知终终之"

一段,程先生说得多少分明,立之不应不晓文义,恐是用意过当,翻有如此疑惑。李评:"知至至之"二语,《程传》所解亦未妥,如"几"字当训"及",程乃作"微"解,似非本意。盖由误以"知至至之,可与几也"为致知,以"知终终之"为力行,故以"几"字作"微"字解。不知"知至""知终"者,致知也;"至之""终之"者,乃力行也。"至之"谓必至于是,"终之"谓至于是而不迁也。隐室之说已是当时病语,然亦无难晓者,只是说每事上便有知与不知者,有知得到底者,有知不到底者。纵令知得到底,亦须是奉以周旋,弗敢失坠,乃始能卒终其事。其意亦初无深奥,然用此解《易》则不可。盖《易》言知至知终是总说,不是说每事[1]。蒙问谩及之,不必滞泥。大抵读古人书若自滞泥,则坦然之理翻成窒碍疑惑。若滞泥既解,还观向之窒碍疑惑者,却自昭然坦然。当是时,但恐不能力行以终之耳。

二

得书,乃知周丞处书未达。其间大概论立之果于自是其说,而不能尽人之说。所述敏道、正甫之言,以示二公,皆谓立之殊失其辞旨。某往在都下与四方朋友讲辩,当其失辞处,必徐谓之曰:"恐老兄未能自达其意",必使审思而善其辞。彼或未能自申,则代之为说。必使其人本旨明白,言足以尽其意,然后与之论是非。是非本在理,当求诸其理,不当求诸其辞。辞失而非其意,尤不当据,况又非其辞而可据乎?若各以言语占道理,其叙述他人处,必如法吏之文致,则只成是必欲其说之胜,非所以求至当也。大抵人之所见所学,固必自以为是;与异己者辨,固当各伸其说;相与讲求其至,期归乎一是之地,固不可苟合强同。然至其未能尽他人之说,而果于自是,则其势必归于欲己说之胜,无复能求其至当矣。

公孙丑"管仲、晏子之功可复许乎"之问,其见至陋,孟子斥之

---

[1] "是",原作"当",据成化本、正德本、嘉靖本改。

之辞亦甚峻切,然丑不但已,难之至再至三,故孟子之意愈白,而丑之惑亦解。景丑、尹士、充虞之问亦然。问辩如此,虽甚坚而不可屈,益为明理者之愿。无他,惟各献其所疑,以尽人之说,非以自是之意必之于其先也。

至如夫子对阳货[1],则逊辞以适其意,而不与之辩;答子路"何必读书"之说,则厉辞以斥其过,而不容其辩。又如孟子排告子、夷之、陈相之说,亦皆先有自必之意,此则圣贤洞照彼己,所见甚明,已臻其至,而不复有可改易者也。若此则不可与学者请益决疑、讲道求是之时同年而语矣。恐立之所见已如圣贤之臻其至,不复可以改易,方将解他人之惑以明其道,则又不可以前说议立之矣。然区区之见,以为立之今日所到,去圣贤尚远,未可遽尸此任,想立之亦未遽如此,但失于讲究,堕常人之通患尔。由前之说乃今日讲辩者之通患也。然遂此而不改,则是人各是其所是,而非其所非,至当一是之地,不复可至矣。立之乡与赵学古往复书,病正坐此。声色臭味、富贵利达,流俗之所汩没者在此。立之自少有志度越此等,非出于勉强。道之不明不行,佛老之徒遍天下,其说皆足以动人,士大夫鲜不溺焉。立之儒雅自将,未尝一入其樊。懈怠纵弛,人之通患。"知之非艰,行之惟艰","靡不有初,鲜克有终",人所同戒。立之志力坚固,践行有常,苟有所知,自许不畔。人之质性有贤善者,多病于庸。立之自少开爽,文义洽通。凡有血气皆有争心,苟有所长必自介恃。当其蔽时,虽甚不足道者,犹将挟以傲人,岂可望其"以能问于不能,以多问于寡"也?立之平日所积不为不多,然闻有谈道义者,必屈已纳交,降心叩问,原其设心,本以审是求理,非直为名而已也。凡此皆立之之实,非有所誉。若立之者,可谓士矣。

---

[1] "至如",嘉靖本、《四库》本作"至于"。

然求之中行狂狷,则当立于狷者之列。固有所强矣,而不免于弱;固有所明矣,而不免于暗。弱病固不能免,而所大患者尤在于不明。必欲天下之理无所不明,必至夫子耳顺之年而后可言。然"学而不厌""发愤忘食""回非助我""启予者商",则虽夫子之圣,亦非有天下之理皆已尽明,而无复有可明之理。今谓立之不明者,非固责其不能尽明天下之理,盖谓其有不自知之处也。人各有能有不能,有明有不明,若能为能,不能为不能,明为明,不明为不明,乃所谓明也。"狂者进取,狷者有所不为。"立之畴昔乃狷者之体,至其皇皇于求善,汲汲于取益,而不敢自安自弃,固有不终狷之势。比来言论果决,不复有不自安之意,自信笃确,不复有求善取益之实,如得昆仑之竹,协以凤鸣,校以秬黍,方将同律度量衡以齐一天下,则与前所谓狷者之体大不侔矣。

诚使立之之学果至此地,固不可泛议其超躐也。陈后山有曰:"醉酒者乱,操刀者割,则有以使之也。"某虽浅陋,然留意学问之日久,更尝颇多,若所以使立之至此者,颇能知其本末。今立之但能以"有言逆于汝心,必求诸道"之法试思之,当亦有自知者矣。以为有序,其实失序;以为有证,其实无证;以为广大,其实小狭;以为公平,其实偏侧;将为通儒,乃为拘儒;将为正学,乃为曲学。以是主张吾道,恐非吾道之幸。姑随所见,其号不侈,小心退逊,以听他日之进,则小可大,狭可广,拘可通,曲可直,便不至失序,便不至无证。苟能自省,虽才质下于立之者,可免此病;苟不自省,虽才质高于立之者,亦或有此病。子夏,孔门之高弟,百世之师表,其才质岂易得哉?当时夫子告之曰:"汝为君子儒,无为小人儒。"夫所谓小人者,岂险贼不正之谓哉?果险贼不正,则又安得谓之儒?虽曰儒矣,然而有所谓小人儒。"言必信,行必果,硁硁然,小人哉!"虽曰小人哉,然不可不谓之士。尹士所疑于孟子者,非险贼不正之谓也,然闻孟子之言,则曰"士,诚小人也"。今智识未能及尹士,而其号则侈于孟子,立之能于此自省,则庶乎能免于不明之患矣。

承欲杂说,谩录近一二书并论学一段去。论学一段,虽是旧所说,然恐立之不及见,亦欲立之更留心考之。横渠先生云:"见识长得一格,看得又别。"此语诚是。

与黄日新 同邑人,文安公弟子

执别弥年,比复得一见。目足下之貌,耳足下之言,知足下之学,甚称其所以为名,欣喜踊跃,不以今日之同举送,而以其同心志也。善恶邪正、君子小人之各以气类相从盖如此。虽然,此有大可畏者:以夫子之圣,孟子之贤,犹不免叔孙、臧仓之毁。仆与足下,盖所谓志乎善与正而君子之徒者也。绳之以圣贤之事,固有不胜其任者,然圣贤之所与也,亦圣贤之所责也。若志夫邪恶之小人,则固与我薰莸矣。盗憎主人,犬吠希见,仆与足下之所与,殆憎吠之招也。呼!可畏哉!彼狃于习俗,蔽于闻见,以陷于恶而失其本心者〔1〕,不可遽谓之小人。闻善而慕,知过而惧,皆君子之徒也。若乃亲善人,闻善言,见善行,而狠狠自若,无所忌惮,慧黠奸慝,常有毁伤善类之心,此所谓志夫邪恶之小人,而圣人所用发蒙之道以说其桎梏者也。其甚者,亦独能使之革面而已。喜憎吠者,盖此流也。

"天将降大任于是人,必先苦其心志,行拂乱其所为,所以动心忍性,增益其所不能。"足下其识之,仆之言将若左契。安其身而后动,易其心而后语,定其交而后求,行有不得者反求诸其身,此仆之所闻所知而未能者,愿与足下共讲而共由之。李评:此篇议论,乃有志学道者所必历之境,日诵一过可也。

---

〔1〕"其",成化本、嘉靖本作"于"。

与黄元吉 讳裳，浙江人，从事文安公

道广大，学之无穷，古人亲师求友之心亦无有穷已。以夫子之圣，犹曰"学不厌"，况在常人，其求师友之心岂可不汲汲也！李评：独学无友者，当以此书为法。

然师友会聚，不可必得。有如未得会聚，则随己智识，随己力量，亲书册，就事物，岂皆蒙然憒然，略无毫发开明处？曾子曰"尊其所闻则高明，行其所知则光大"，非欺人也。今元吉纵未有闻所未闻、见所未见处，且随前日所已闻已知者，尊之行之，亦当随分有日新处，莫未至全然为冥行也。学者未得亲师友时，要当随分用力，随分考察，使与汲汲求师友之心不相妨害，乃为善也。此二者一有偏胜，便入私小，即是不得其正，非徒无益而害之也。

与乔德占 名贯未详，文安公弟子

某时下粗遣[1]，无足道者。披读来示，情文焕然。如昔者之见，德占未之有改，不唯不改，抑似有益甚者。教以为学日知其难，过失日觉其多，朝夕恐惧。非不鄙无似，以为可语，安肯及此。愚见所及，用不敢自外于左右。所谓知难、觉过者，盖未知其难、未觉其过，而恐惧者非所以为恐惧也。诚能知难、知过、知恐惧，则虽无此言，千里之外，尺书之间[2]，当必有其验矣。"潜虽伏矣，亦孔之昭"，诚之不可掩固如此。此过不除，学者大患。不然，则如所云者，适足以增其骄、益其疾焉而已矣。将有穷年卒岁，愈骛愈远而不自知者，甚可惧也。

---

[1] "时"，原作"侍"，据嘉靖本、万历本改。
[2] "尺书"，嘉靖本作"人书"。

与诸葛受之 浙江会稽人,诚之兄

某自承父师之训,平日与朋友切磋,辄未尝少避为善之任,非敢奋一旦之决,信不逊之意,徒为无顾忌大言。诚以畴昔亲炙师友之次,实深切自反,灼见善非外铄,徒以交物有蔽,沦胥以亡,大发愧耻。自此鞭策驽蹇,不敢自弃。

今契丈之贤,乃复犹豫于此,无乃反己未切,省己未深,见善未明,以不能自奋也。傥一旦幡然沛然,谁得而御。孟子曰:"自谓不能者,自贼者也。"幸无久自屈抑。愚见如此,若有未安,幸详见教。

卷四

书

见李德远[1]讳浩,临川人,绍兴十三年登进士,与文安公兄弟讲学,号橘园

古之学者汲汲焉惟君子之见,非以其位华要之地可以贵己也,非以其积禄邑之赢可以惠己也,非以其妙速化之术可以授己也,然而人宜之。后世反此。凡其仆仆于人者[2],必其位华要之地者也;不然,则积禄邑之赢者也;不然,则妙速化之术者也。非以是三者,虽君子无见焉。有不是三者之为,而惟君子之从,必相与群而耶俞之。李注:耶俞,笑貌。《后汉·王霸传》:"市人皆大笑,举手耶俞之。"以为狂且怪。李评:文似昌黎。

某生七岁读书,十三志古人之学,今二十有四矣。而漫刺未尝有所投,乃汲汲焉登阁下之门,固众人之所耶俞以为狂且怪。然而甘心犯之,惟以古人自慰尔。教而进之,于阁下固宜。

得解见提举

古之见者必以贽,今世之贽以文。文之作,所以道进见之意,当介绍之辞,而其弊至于苟为之说。恭敬者,君子之道,非是无以

---

[1]"见",嘉靖本作"与"。
[2]"其",嘉靖本作"有"。

为礼。而反之者,夷倨慢媟;失之者,恭至于足,敬至于谬。夫无根苟作之说,丛杂彩绣之文,则仆之所不能;夷倨慢媟,足恭谬敬,则仆之所不敢。欲闻名于将命者,而介绍之辞不先,羔雁之礼不讲,用捧咫尺之书,以道其进见之意而已。

某七岁读书,十三志古人之学,亦时习举子之文,不好也。二十四以书见先达李公,_{李注:即李德远。}今经略广西者,书辞才百余言,而李公嘉之。是岁,实今天子新即位,颁科诏,而某独殊无应书之意。李公以为不可。乃以向为举子业示李公,亦谓为能,其秋竟就试中选。习俗之礼,凡官于是者,无问其与举选之事与否,中选者均往谢焉,退又为启以授之,曰大谢。某窃以为举送公也,从而谢焉私也。谢之号固不可,求其所谓谢之文读之,于心甚不安,故独不敢谢。

见太守,以其举送也;见贰车,以其莅试也。是时王公为使于此,_{李注:王公讳质,字景文,时为考官。}某亦慕其贤而欲见焉,而王公适以召去不及见。今某复在举送之列,而执事为使于此,其贤尤为人之所敬服,用列前之所为与今之所以进见者为贽焉尔,惟执事进而教之。

得解见权郡

某闻君子行不贵苟异。然习俗之弊,害义违礼,非法制之所拘,而必曰不苟异而局局然不敢少违,至于礼义之所在,非法制之所禁,乃曰不苟异而不敢行,则亦非君子之道矣。_{李评:循此行之,无生今反古之灾,而可以渐复古道,乃真儒术,否则古之道不可行于今之世矣。}

今之举送,古宾兴礼也。其著之令甲、行之官府者,皆所以防奸伪,待薄俗,圣人之不得已也。六籍所载,虽不能无脱乱讹误,然前圣之格言、先王之善政其存固多,较然可考,明天子固以此望天下之贤牧守。习俗之弊,害义违礼,而非法制之所拘者,能彻而新之;六籍所载,义礼所在,而非法制之所禁者,能率而行之。此岂非明天子之所欲,贤牧守之所当讲,而儒衣冠者之所愿也?且法制之未善,朝廷犹有望于缙绅之讲明,而况非法制之所拘者乎?李评:又进一层。

今之与举送者,独观揭示,各为文辞,群聚而往谢举送者,举送者乃为之礼。然则斯礼也,盖出于与举送者之所求,而非先王之时所谓"以礼礼宾之"者也〔1〕。况古者以名举人,犹所举者不谢,而举之者不受谢。李评:秉礼度义,一步不苟。今之举以糊名,其说以为尤公,则亦奚以谢为?举者进谢之礼,盖习俗之弊,而以礼礼宾之者〔2〕,盖先王之礼,而贤牧守之所宜率行于今日者也。故某之进见不敢谢,而独以是为贽。进越之罪,惟执事察而恕之。

得解见通判

子游称澹台子羽非公事未尝至其室。非公事而至公庭,不可也。某旅试涂棘之间,而执事实临莅之。既睹揭示,获与其选,用此闻名于将命者,不为不可。习俗有进谢之礼,公举而私谢,仆以为未安,适以书言于摄使君甚详。且谓举送者俟中选之士谢焉而后礼之,非所谓"以礼礼宾之"之意。意之未究者,敢布之执事,幸垂听而察焉。

尝观汉朱博逆折儒掾之辞,窃叹俗吏取必三尺,俗儒妄说经籍,芜秽大道,污玷前哲,罪不容于诛。博折掾曰:"且持此道归,俟尧舜君出,为陈说之。"而掾辞不复,博盖知其不能舍为掾而去。夫言圣人之道而为人折辱如此,乃独不能舍为掾而去,则当时所陈与今日所养所学可知矣。

---

〔1〕"者",嘉靖本作"意"。
〔2〕"者",嘉靖本作"意"。

科举之法，唐杨绾欲变之而不克变。今日尧舜之君在上，天下之好古乐道者莫不以为必变法，仆以为不必遽及于变也。大冬之与大夏，寒暑之相去远矣，而其运未始顿异；毫末之与合抱，小大之相去远矣，而其生未始顿进。病法之未善，而悻然曰必变，非所谓包荒之量、神而化之之道矣，几何而不败乃事哉？李评：荆公变法，正是不能包荒耳。

然狃故常而莫之改，偷安便而不肯为，因循苟且，弃玩岁月，则是大冬之不复夏，而毫末之不复进，而可乎？故必变而通之，然后可以言化之之神而贵包荒之量者，以其有冯河之勇，可以革弊去蠹；有变通之利，而无矫激之难也。

今某之所陈于摄使君者，乃先王之礼，明天子之所望于贤牧守者，所谓有变通之利，而无矫激之难者也。赞而成之，惟执事是赖。若乃颂已效之德美，述前日之能事，则非事大贤君子之道，故不敢以进。

与诸葛诚之 _{浙江会稽人，名千能，兄弟师事文安公}

诚之嗜学甚笃，又有筋力，朋友间尤所赖者。讯后曾与淳叟款曲否？既见其过，义不宜默。

承谕："惟知顿身于规矩准绳中，而痛锄狂妄之根。"诚使心不狂妄，而身中规矩准绳，不亦善乎？纵未能如此，但狂妄日减，日就规矩准绳，日以纯熟，亦为难得。以诚之之勤笃，从事于规矩准绳中，此亦其所长也。但不知所谓狂妄之根者果何如？将何如而锄之？不知下手锄时，便锄得去也无？若锄得去，自后却遂无此矣，为复此根非若草木之根，一锄去后便无，虽锄得去，又复生耶？为复虽锄之而不能尽去之耶？又不知此狂妄之根与常人同，不与常人同？是素来有此，是后来起得？若后来起得，却是因何而起？凡此皆当辨明。李评：一句一意，直穷到底，所谓叩两端而竭也。又诚之所愧惕者，为复只是狂妄未息，未中规矩准绳而愧惕，为复别有未足处后愧惕，为复二者兼之？此一节亦须明白。

古人"不自满假"，"克自抑畏"，"戒谨不睹，恐惧不闻"，"战战兢兢，如临深渊，如履薄冰"，取善求益，如恐不及者，乃其践履之常也。诚若此者，非如桎梏陷阱然也。《中庸》言"恐惧乎其所不闻"，而《大学》言"有所恐惧则不得其正"，此其辩也。

讲学固无穷，然须头项分明，方可讲辩。若自交加糊涂，则须理会得交加糊涂处分明，方可讲辩。如杨朱、墨翟、老、庄、申、韩，其道虽不正，其说自分明。若是自分明，虽不是亦可商确理会。大抵讲学，有同道中鞭策切磨者，有道不同而相与辩明者〔1〕。如孟子与杨、墨、告子辩，此是道不同而与之辩明者也。如舜、禹、益、皋陶〔相与〕都俞吁咈〔2〕，夫子与颜渊、仲弓、闵子骞相与问答，是同道中发明浸灌、鞭策切磨者也。如子夏、子游之论门人小子，子张、子夏之言交道，虽同师夫子，各有所得，亦是有不同处。当时子夏、子游、子张各知其有不同，乃有商量处，纵未能会通，亦各自分明。若更要理会尽不糊涂，承合并之期不远，且欲得诚之自理会得头项分明，庶几相见有可理会也。

二

承谕学术更不费力，永无懈怠，自然常不离道，若至"从心所欲不逾矩"之地矣。此理固无阻，顾恐公未有此力量尔。

中人之质，戕贼之余，以讲磨之力，暂息斧斤，浸灌于圣贤之训，本心非外铄，当时岂不和平安泰，更无艰难。继续之不善，防闲

---

〔1〕"明"，原作"论"，据成化本、正德本、嘉靖本、万历本、《四库》本改。下句"辨明"同。

〔2〕"相与"，原无，据成化本、正德本、嘉靖本、万历本、《四库》本补。"皋陶"后，底本原有"稷"、"契"二字，据成化本、正德本、嘉靖本、万历本、《四库》本删。

之不严，昏气恶习乘懈而炽，丧其本心，觉之而来复，岂得遂无艰屯？李评：俱是为学中实境。一意自勉，更无他疑，则屯自解矣。此频复所以虽厉而无咎，仁者所以先难而后获也。继续之善，防闲之严，中人之质，亦恐未能免昏气恶习之间作。然辨之于早，绝之于微，则易为力耳。

乡见诚之未夜而睡，非有疾病，非委顿不能支持，但气昏体倦，欲睡而遂纵之耳。李评：通病也。令人猛省。诚之不能于此时少加勉强，诛而勿纵，而欲别求道术，别起疑惑，不亦左乎？郑子产曰："君子有四时：朝以听政，昼以访问，夕以修令，夜以安身。所以节宣其气，而勿使壅闭湫底，以露其体，兹心不爽，而昏乱百度。"此语殆不可易之也。此一节无疑，方能课怠与敬，辨义与利，本心之善乃始明著，而不习无不利矣。

三

承谕为学与曩时异。观书辞，诚有用工处，但如懊惜亦甚害事。李注：懊，音奥，悔恨也。"临渊羡鱼，不如退而结网。"懈怠流浪，患不觉耳，觉即改之，何暇懊惜？大丈夫精神岂可自埋没如此。于此迟疑，不便著鞭，宜其在己未得平泰，于事有不照烛。子细观察，有何滞碍？"为仁由己。""有能一日用其力于仁？我未见力不足者。"圣人岂欺后世？诚之于此不决然独进，岂不忍去其鄙吝之习耶？"饭疏食饮水，曲肱而枕之，乐亦在其中矣。"在陋巷，箪食瓢饮，不改其乐者，亦人耳。诚之欲自弃邪？

所示书稿三通：西美、深甫书辞甚畅，至子宜书则窘束有病，此乃杨子嘉所谓"屈于胜己者，而伸于不己若者"也。

与王德修

铨曹报罢，卒然以归，竟不及附致数字。六月十九离都下，与诸葛诚之同访敬仲,二十九日至富阳,七月三日始离,既望抵侍下,诸幸安稳,皆庇所逮。

兄倡道于彼,善类响应,便使慈祥恺悌和协辑睦之风郁然兴于父子、兄弟、宗族、乡党之间,此孟子所谓"其子弟从之,则孝悌忠信"者也。健羡!健羡!

郭氏欲见延,使继贤者之后,亦蒙镌谕详复,深感厚诚!第概之愚心,甚不安此。如兄旅处远方,彼能馆寓师事之,于理则顺。某家居,乃欲坐致于千里之外,古之尊师重道者,其礼际似不如此。储子得之平陆,而孟子不见。某虽不肖,而彼之所以相求者以古之学,如遂独行千里而赴其招,则亦非彼之所求者矣。前辈亲师求友,盖不惮劳苦饥寒,裹粮千里,固其宜也。今婺号乡学者多,乃无一人溯江而西者。学者不能往,而教者能往,非所闻也。兄之所以为彼虑者,至详且曲也,而顾不及此,岂亦智者之一失乎?

与刘淳叟 _{讳尧夫,登淳熙二年进士,师事文达公}

承谕为学无他疑,但却不得如江下感发时,其他朋友亦无甚进。学固不欲速,欲速固学者大患,然改过迁善亦不可迟回。向来与诸公讲切处,正是为学之门,进德之地。诚有志者,何忍复涂塞其门,榛芜其地哉?平时所喜于淳叟者,徒以志向亹亹,有进无退,今反迟回若此,何耶?向时谬妄工夫,其勇往如彼,今云知过,乃反如此,则抑悖于用勇矣。"闻一善言,见一善行,若决江河,沛然莫之能御",此舜所以为舜。"学如不及,犹恐失之",盖夫子之明训。亹亹以进,非淳叟之过也,其过顾在于进之非其道耳。诚知其过,顿弃勇改,则亹亹以进者,乃舜之莫能御,夫子之所谓"如不及",而又何病乎?今淳叟不然,而自曰知过,吾不信也。惟即改之,无待来年。

夫道若大路，朋友相聚，不相与勉励，策而进之，而自作艰难，自作节目，乃是未肯顿弃谬妄之习，为迁延苟免之计。如今时寇盗已在图圄，不肯分明伏罪，迁延岁月，侥觊降赦，苟得脱免之后，必复为乱矣。宜勇改之，毋蹈此辙。

二

淳叟平日闻言辄喜，遇事辄询，有听纳之体。然亲朋间未肯归以取善之实，岂似逆而顺情者喜听，而真实苦口者之未能无龃龉耶？抑从悦者多而改绎之未至也？此虽据前日而论，然今亦未能无疑于淳叟也。

秋试《礼记》义破题诚佳，然或者谓所出题乃淳叟意旨，而作义者适尔投合。苟当于理，岂厌其同？不稽诸理而苟异以求致益之名，则固非也。场屋之弊固久，然有志者持文衡，将此理是责。谓彼善于此则可，谓理固如此则不知言甚矣。

申公曰："为治不在多言，顾力行何如耳。"今曰："道不在多言，学贵乎自得。"明理者观之，二语之间，其病昭矣。李评：二语未为不是，然辨亦有不得已者。故曰："君子之道，或默或语。""摩顶放踵利天下，为之"，墨子非不力行也。其往也，使人让灶让席；其反也，人与之争灶争席，杨子非不自得也。二氏不至多言，而为异端。颜、闵侍侧，夫子无言可也。杨、墨交乱，告子、许行之徒又各以其说肆行于天下，则孟子之辨岂得已哉？或默或语，各有攸当。以言恬人，以不言恬人，均为穿窬之类。夫子之于颜子，盖博之以文。夫博学于文，岂害自得？李评：陆子之论如此，而世之道听涂说者以陆子为不立语言文字，岂不谬哉。颛臾之不必伐，卫政之必正名，冉有、季路不能无蔽，夫子不得不申言之。夷之、陈相、告子之徒必执其说以害正理，则孟子与之反复，不得不致其详。必曰"不在多言"，"问之弗知，弗措""辨之弗明，弗措"皆可削也。"自得"之说本于孟子，而当世称其好辨。自谓博学而详说之，将以反说约也。《中庸》固言"力行"，而在学问思辨之后。今淳叟所取"自得""力行"之说，与《中庸》《孟子》之旨异矣。仁、智、信、直、勇、刚，皆可以力行，皆可以自得，然好之而不好学则各有所蔽。倚于一说一行而玩之，孰无其味，不考诸其正，则人各以其私说而傅于近似之言者，岂有穷已哉？

淳叟之气禀固自有异于人者。往时朋旧相亲，鲜不服其粹和醇美，以为无疵。独淳叟之心往往有不敢自欺者，求他人之明，如淳叟之心不可欺，则亦鲜矣。至如晚寝早作，躬亲细事，筋力日强，精神日敏，则自去冬以来其效甚著，纵有荒怠，勉之斯复。所不足者，恐不独在是也。麟之侄近颇精进，论事尽有根据，至如说淳叟，辄欲以一言断之，此亦是其病处，固尝辟之矣。然在淳叟，不可不察。

宏父德器言论皆有余味，诚有其仁，亦焉用佞？然光明所烛，波澜所及，不已于学，当有充长之验。以大禹之圣，闻"在知人，在安民"之言，则吁而致其问。仁有所未洪[1]，智有所未足，勇有所未至，而欲敛然自安于"弑父与君，亦不从也"之列，则亦偷矣。馆学之官非费宰比，能相勉以进，无苟自安，则吾道有望。道之异端、人之异志、古书之正伪，固不易辨，然理之在天下，至不可诬也。有志于学者，亦岂得不任其责？如射者之于的，虽未能遽中，岂得而不志于是哉？闲先圣之道，辟邪说，放淫辞，于今当有任其责者。而多言是病，此公孙洪禁民挟弓弩之策也[2]。

与赵宰

窃惟执事天潢之派，桂籍之英，回翔仕途，絷骥百里。下车之

---

〔1〕"洪"，嘉靖本作"宏"，据文义应为"弘"。此或系陆九渊避赵弘殷之讳而改。
〔2〕"公孙洪"，当指公孙弘，此应系陆九渊避赵弘殷之讳而改。嘉靖本作"公孙弘"。

初，政誉蔼然，凡在封疆，莫不鼓舞。旬月之间，歌颂未厌，道途之传，浸异前日，骎寻至今，良所未喻。执事之仁明，岂其或疚？毋乃胥吏之奸，有以荧惑视听而致然邪？

金溪为邑虽陋，而财赋初不至甚窘，求之异政得失，已事可见。九重勤恤民隐，无所不用其极，其在荒歉之余，尤轸宵旰之虑。吏胥贪鄙，旁公侵渔，惟利是见，岂恤公上。士大夫之得交于下风者，固宜陈忠进谏，以辅聪明。顾乃下与吏胥为党，贡谀献佞以陷执事。大抵吏胥献科敛之计者，其名为官，其实为私。官未得一二，而私获八九矣。比者数吏魁田连阡陌，楼观岩峣，服食燕设，拟于贵近，非朘民脂膏，而何以取之？愿执事深察其奸，痛惩其弊，断然革之。使百里之内，知执事之仁心，被执事之仁政，则日月之更，人皆仰之矣。

某修敬之始，已欲少效区区，逢执事之不间，不获展露。既而患难困苦，莫遂朝夕于将命，以究所怀，徒切负愧！兹蒙下问之及，辄荐其愚。

与胡达材 讳拱，余姚人，尚书沂之子，从学文安公

承示以所进所疑，深见嗜学之诚。但达材所进，乃害心之大者。所谓若有神明在上，在左右，乃是妄见。此见不息，善何由明。宜其事物之扰，即不相续；酬酢之繁，即不相似。若本心之善，岂有动静语默之间哉？

今达材资质美处乃不自知，所谓"日用而不知"也。如前所云，乃害此心者。心害苟除，其善自著，不劳推测。才有推测，即是心害，与声色、臭味、利害、得丧等耳。孟子所谓斧斤伐之、牛羊牧之者也。

"夫道若大路然，岂难知哉？"道不远人，自远之耳。若的实自息妄见，良心善性乃达材固有，何须他人模写，但养之不害可也。作此不暇详稽，然说得多亦徒说，要达材自省耳。

二

达材资质甚美，天常亦厚，但前此讲学，用心多驰骛于外，而未知自反。喻如年少子弟居一故宅，栋宇宏丽，寝庙堂室，厩库廪庾，百尔器用，莫不备具，甚安且广。李评：所谓广居、安宅，万物皆备。而其人乃不自知，不能自作主宰，不能汛扫堂室[1]，修完墙屋，续先世之业而不替，而日与饮博者遨游市肆，虽不能不时时寝处于故宅，亦不复能享其安且广者矣。李评：夜气所息。及一旦知饮博之非，又求长生不死之药，悦妄人之言，从事于丹砂、青芝、煅炉、山屐之间，冀蓬莱、瑶池可至，则亦终苦身亡家，伶仃而后已。惟声色、臭味、富贵、利达之求，而不知为学者，其说由前；有意为学，而不知自反者，其说由后。其实皆驰骛于外也。

昨相聚时，觉达材精神日渐收拾，不甚驰散。但收拾之初，未甚清明，蒙然未有所向。虽讲切之次，感而必应，此乃达材本心，非由外铄，故如此耳。至于蒙而未发，则是驰骛昏扰之久，大体未能顿清明耳。若不宁耐，复放而他驰，入妄人之说，以求长生不死之术，则恐蓬莱、瑶池终不可至，而蕞尔之身将毙于煅炉、山屐之间矣。蒙见信之笃，辄此以助进修。

向时曾说将《孟子·告子》一篇及《论语》《中庸》《大学》中切己分明易晓处朝夕讽咏。接事时，但随力依本分，不忽不执，见善则迁，有过则改，若江海之浸，膏泽之润，久当涣然冰释，怡然理顺矣。不知曾如此作工夫否？

与潘文叔 讳友文，金华府人，从学文安公

得书知为学有进，甚慰！但所谓怠堕、急迫两偏，此人之通患。

---

[1]"汛扫"，原作"洒扫"，据成化本、正德本、嘉靖本、万历本、《四库》本改。

若得平稳之地,不以动静而变。若动静不能如一,是未得平稳也。涵泳之久,驰扰暂杀,所谓"饥者甘食,渴者甘饮",本心若未发明,终然无益。若自谓已得静中工夫,又别作动中工夫,恐只增扰扰耳。何适而非此心,心正则静亦正,动亦正;心不正则虽静亦不正矣。若动静异心,是有二心也。此事非有真实朋友不可。

与彭世昌_{讳兴宗,首创贵溪应天山象山精舍〔1〕,以居文安公,亦金溪人}

尧舜之盛,询于刍荛。夫子之圣,以子夏为"启予",颜渊为"非助我"。孔文子之所以为文者,在于不耻下问。人之取善,岂有定方?善之所在,虽路人之言,臧获之智,皆当取之。

世昌相信之意甚笃,而鄙意每欲世昌降意与元忠讲切。_{李注:元忠,姓周。}元忠之学固未可谓便是,然其笃实躬行之日久,有非泛泛所能及者。其所长处,如某亦欲就而取决焉,在世昌未易全轻之也。

与人商论,固不贵苟从,然亦须先虚心,乃能听其言〔2〕;若其所言与吾有未安处,亦须平心思之;思之而未安,又须平心定气与之辩论。_{李评:吾辈当书绅。}辩论之间,虽贵伸己意,不可自屈,不可附会,而亦须有惟恐我见未尽而他须别有所长之心乃可。_{李评:先生之虚怀如此。}

与曾敬之_{名贯无考,师事文安公}

为学日进为慰!读书作文亦是吾人事。但读书本不为作文,作文其末也。有其本必有其末,未闻有本盛而末不茂者。若本末倒置,则所谓文亦可知矣。适出,书不时复。

---

〔1〕"应天山"后,原衍一"名"字。
〔2〕"能",成化本、嘉靖本、万历本作"至"。

与符舜功 讳叙,建昌人,师事最久

静惟来辱之意,非鄙人之所敢当。下问之及,时荐其愚,非能有崇论宏议惊世骇俗之说。得之朋旧,以足下望之太高,待之太过,初间未以为然。及曾得广人至,连收两书,礼意勤厚,非所宜得。见谕进修之工,始信传者之不妄,揆之愚心,恐成过当。详细已尝道于幾先,相会幸询之。

二

某自初与舜功相见,即进性格太紧之说。此在愚见,颇为不苟。盖事无大小,道无浅深,皆不可强探力索。人患无志,而世乃有有志不如无志者,往往皆强探力索之病也。若无此病,譬如行千里,自一步积之,苟不已,无不至,但患不行耳。

子渊大概甚正,然甚欲得渠一相聚。书间所言,要不能尽心曲也。

三

见谕新工,足见嗜学。吾尝谓扬子云、韩退之虽未知道,而识度非常人所及,其言时有所到而不可易者。扬子云谓:"务学不如务求师。师者,人之模范也。模不模,范不范,为不少矣。"韩退之谓:"古之学者必有师,师者所以传道授业解惑也。人非生而知之,孰能无惑?惑而不求师,其为惑也,终不解矣。"近世诸儒皆不及此,然后知二公之识不易及也。吾亦谓论学不如论师,侍师而不能虚心委己[1],则又不可以罪师。乘便遽甚,遗此不他及。

---

[1] "侍",原作"待",据成化本、正德本、嘉靖本、万历本、《四库》本改。

与符复仲 讳初,疑舜功从兄弟,同师事

蒙示进学不替,尤以为喜!常俗汩没于贫富、贵贱、利害、得丧、声色、嗜欲之间,丧失其良心,不顾义理,极为可哀。今学者但能专意一志于道理,事事要睹是,不肯徇情纵欲,识见虽未通明,行事虽未中节,亦不失为善人正士之徒。更得师友讲磨,何患不进?未亲师友,亦只得随分自理会,但得不陷于邪恶,亦自可贵。若妄意强说道理,又无益也。

与周廉夫 讳清叟,金溪人,九叙公第五婿也,从学文安公

处家之道,古圣人格言具在,《易》之《家人》,《诗》之二《南》是也。今人纵能言,亦何以加也。若"情胜礼,恩胜义"之说,窃以为未然。处家自有礼,自有义,礼义所在,岂可胜也?此言非但不知处家之道,亦不知礼义矣。

商君说孝公以帝道、王道,与今人言礼义相似,其实是讲贯得一项必不可行之说耳。帝道、王道之实,其果如是乎?要看其实,王道则孟子告齐宣、梁惠者是矣。后来只是齐宣、梁惠不能舍己私以从孟子耳,孟子之说安有不可行者哉?

廉夫资禀隐约,却不甚英特,从事于学问之日又浅。今日之困固宜。平时固滞不通处,其在炉锤之门,虽或有未开豁,然禀受之偏,循习之久,岂能终廓然乎?非磨之以学问,其为害未有已也。

卷五

书

与吕伯恭 讳祖谦,号东莱,谥曰成

往岁先判府窀穸,愿比于执事,而卒不果。既欲展慰,又不果。去冬因东阳郭伯清宅人,尝拜疏略申慰诚,计必彻听。某前此虽得一再瞻见,殊未得款听教诲。窃惟执事聪明笃厚,人人自以为不及,乐教导人,乐成人之美,近世鲜见。如某疏愚,所闻于朋友间,乃辱知为最深。苟有所怀,义不容默。

天下事理固有愚夫愚妇之所与知,而大贤君子不能无蔽者。元献晏公尹南京日,文正范公居母夫人忧。元献屈致,教导诸生,文正挚挚诲诱不倦,从之游者多有闻于时。窃闻执事者俨然在忧服之中,而户外之屦亦满。伯夷、柳下惠,孟子虽言其圣,至所愿学则孔子。文正虽近世大贤,至其居忧教授,岂大贤君子之所蔽乎?执事之所为标的者,宜不在此。执事天资之美,学问之博,此事之不安于心,未契于理,要不待烦说博引而后喻。窃闻凡在交游者,皆不为执事安,谅执事之心亦必不自安也。夫苟不安,何惮而不幡然改之乎?于此而改,其所以感发诸生亦不细矣。舜闻善若决江河,沛然莫之能御。君子之过,及其更也,人皆仰之。伏愿不惮改过,以全纯孝之心,不胜至愿!

李评:居忧而授徒,与不为礼、不为乐之理未合。然世有贫士居忧,无以为丧葬之费,又仰事俯育,一无聊赖,非授徒不可者,又当变通。所谓时乎为贫,与得已不已者异也。伯恭之贫当不至此,故先生规之。

与吕子约 讳祖俭,东莱之弟,问学文安公

学者之病,随其气质,千种万态,何可胜穷?至于各能自知能用力处[1],其致则一。

唐、虞、三代盛时,邪说诐行不作,民生其间,渐于圣人之化,自无昏塞之气、乖薄之质,其迁善远罪之处不谋同方。虽然,自下升高,积小致大[2],纵令不跌不止,犹当次第而进。便欲无过,夫岂易有?以夫子之天纵,犹曰:"加我数年,五十以学《易》,可以无大过矣。""瞻之在前,忽然在后",颜子之粹而犹若是。如有所立卓尔之地,竭其才而未能进,此岂可遽言乎?然开端发足不可不谨,养正涉邪则当早辨。学之正而得所养,如木日茂,如泉日流,谁得而御之?今之学者,气不至甚塞,质不至甚薄,乡善之志号为笃切,鞭勉已至,循省已熟,乃日困于茫然之地而无所至止,是岂非其志有所陷,学有所蔽而然耶?李评:支离之说陷之也。

临深履冰,此古人实处。浴沂之咏,曲肱陋巷之乐,与此不相悖违。岂今之学失其正,无所至止,谬生疑惧,浪为艰难者所可同日道哉?二书皆言近实,似知其病,考其要归,乃非实省。但循此辙,恐成坐玩岁月,终无近实时耳。愚见如此,若谓不然,后便幸有以见教。

与戴少望 讳溪,谥文端,温州永嘉人。史作肖望,少望疑即肖望,盖戴溪也,文安公弟子

某铨曹报罢,归已及秋,侍亲粗适,无足道者。向辱下问谆谆,

---

[1] "能用力处",嘉靖本作"有用力处"。
[2] "致",嘉靖本作"之"。

时竭愚心,辱以为可语,益用不敢不自尽于左右。

别既经时,兄亦涉历千里而归。婺女宿留,龙窟卧病,与凡航川舆陆者,无往而非进学之地。来示谓向意为学,而新功殊未蒙有以见教者,何耶?起居食息,酬酢接对,辞气、容貌、颜色之间当有日明日充之功,如木之日茂,如川之日增,乃为善学。古人之多多形容咏叹者,固皆吾分内,然戕贼陷溺之未免,则亦安得不课其进。虽如颜子,夫子犹曰"未见其止"。易知易从者,实有亲有功,可久可大,岂若守株坐井然哉?如《中庸》《大学》《论语》诸书,不可不时读之,以听其发扬告教。戕贼陷溺之余,此心之存者,时时发见,若火之始然[1],泉之始达。苟充养之功不继,而乍明乍灭,乍流乍窒,则"渊渊其渊,浩浩其天"者,何时而可复耶?

任重道远,繄兄是望,敢布胸臆,少见切磋之诚,且以求教。李评:先生与人言,无不切实笃至如此。

与舒西美 讳琥,宁波奉化人,元宾兄也,同师事文安公

某时下从诸兄讲学,不敢自弃,颇有日益,恨不得吐露以求教也。今岁都下与朋友讲切,自谓尤更直截如前日。

今时学者,悠悠不进,号为知学耳,实未必知学;号为有志耳,实未必有志。若果知学有志,何更悠悠不进?事业固无穷尽,然古先圣贤未尝艰难其途径,支离其门户。夫子曰:"吾道一以贯之。"孟子曰:"夫道,一而已矣。"曰:"涂之人可以为禹。"曰:"人皆可以为尧舜。"曰:"人有四端,而自谓不能者,自贼者也。"人孰无心,道不外索,患在戕贼之耳,放失之耳。古人教人,不过存心、养心、求放心。此心之良,人所固有,人惟不知保养而反戕贼放失之耳。苟知其如此,而防闲其戕贼放失之端,日夕保养灌溉,使之畅茂条达,

---

[1] "然",原作"燃",据嘉靖本及《孟子·公孙丑上》改。

如手足之捍头面,则岂有艰难支离之事?今日向学,而又艰难支离,迟回不进,则是未知其心,未知其戕贼放失,未知所以保养灌溉。此乃为学之门,进德之地。得其门不得其门,有其地无其地,两言而决。得其门,有其地,是谓知学,是谓有志。既知学,既有志,岂得悠悠,岂得不进。

元英春间相聚,始初亦间关,既而感发端的,临别时曾略箴其自喜过当。既过暨阳,便悔所以箴之者适所以病之,今闻不甚进,其原皆起于此。别有书言之。

尊兄朴茂,无他蹊径,苟能端的自反,灼知陷溺戕贼之处,特达自奋,谁得而御之?不然,恐未免为不知学,为无志而已矣。

与高应朝 _{讳宗商,浙江人,从学文安公}

比得书,知为学进进,甚喜!为学不当无日新,《易》赞乾、坤之简易,曰:"易知易从,有亲有功,可久可大。"然则学无二事,无二道,根本苟立,保养不替,自然日新。所谓可久可大者,不出简易而已。应朝既自知资质偏驳,不废磨砺,亦复何忧,亦复谁御。然当知染习未尽,大体实不得为无伤也。

未及作子约书,写至此,思子约书中有"宜于静,未宜于动"之说,此甚不可。动静岂有二心,既未宜于动,则所谓宜于静者,亦未宜也。先作应之书不及此。成之_{李注:姓李}。到此,讲切曲折,却具应之_{李注:姓石}。书中。大抵学者各倚其资质闻见,病状虽复多端,要为戕贼其本心,则一而已。作书多不能详,要之详亦未必有益。苟有根本,自能不懈怠不倦,与同志切磋,亦何患不进学。如颜子犹曰"未见其止",惟益勉之。

与杨敬仲 _{讳简,号慈湖,谥文元,宁波慈溪人,文安公弟子居首}

此心之良,戕贼至于熟烂,视圣贤几与我异类。_{李评:庸人不视圣}

人为异类,则孟子不必言圣人之于民亦类矣。端的自省,谁实为之?改过迁善,固应无难。为仁由己,圣人不我欺也。直使存养至于无间,亦分内事耳。然懈怠纵弛[1],人之通患,旧习乘之,捷于影响。"慢游是好,傲虐是作",游逸淫乐之戒,大禹、伯益犹进于舜;盘盂几杖之铭,成汤犹赖之;夫子七十而从心,吾曹学者省察之功其可已乎?

承谕未尝用力而旧习释然,此真善用力者也。舜之孳孳;文王之翼翼;夫子言"主忠信",又言"仁能守之",又言"用其力于仁";孟子言"必有事焉",又言"勿忘",又言"存心养性以事天",岂无所用其力哉?此《中庸》之"戒谨""恐惧",而浴沂之志,曲肱陋巷之乐,不外是矣。李评:慈湖乃中人以上,故与之语上。此其用力自应不劳。若茫然而无主,泛然而无归,则将有颠顿狼狈之患,圣贤乐地尚安得而至乎?

二

日新之功有可以见教者否?易简之善,有亲有功,可久可大,苟不懈怠废放,固当日新其德,日遂和平之乐,无复艰屯之意。然怠之久,为积习所乘,觉其非而求复,力量未宏,则未免有艰屯之意。诚知求复,则屯不久而解矣。此理势之常,非助长者比也。频复所以虽厉而无咎,仁者所以先难而后获也。若于此别生疑惑,则不耘、助长之患必居一于此矣。当和平之时,小心翼翼,继而不绝,日日新,又日新,则艰屯之意岂复论哉?顾恐力量未能至此耳。

与项平甫 _{讳安世,江南人,问学于文安公}

《孟子》"揠苗"一段,大概治助长之病,真能不忘,亦不必引用耘苗。凡此皆好论辞语之病,然此等不讲明,终是为心之累。一处

---

[1] "纵",原作"废",据成化本、正德本、嘉靖本、万历本、《四库》本改。

不稳当,他时引起无限疑惑,凡此皆是。英爽能作文、好议论者多有此病。若是朴拙之人,此病自少。所以刚毅木讷近仁,而曾子之鲁乃得传夫子之道。凡人之病,患不能知,若真知之,病自去矣,亦不待费力驱除。真知之,却只说得"勿忘"两字。所以要讲论者,乃是辨明其未知处耳。

与舒元宾 讳璘,谥文靖,奉化人,登乾道八年进士,师事文安公

得书开读,殊觉未甚明快。此事何必他求,此心之良,本非外铄,但无斧斤之伐,牛羊之牧,则当日以畅茂。圣贤之形容咏叹者,皆吾分内事。日充日明,谁得而御之。尊兄看到此,不须低回思索,特达奋发,无自沉于萦回迂曲之处。此事不借资于人,人亦无着力处。圣贤垂训,师友切磋,但助鞭策耳。

与徐子宜 讳谊,一字宏父,谥文忠,温州人,登乾道八年进士,师事文安公

某无能,连黜铨寺,今始以免试拟隆兴靖安簿,六年阙。去家四百里,久离侍下,欲急归,文字但托淳叟取。

比来所得朋旧多好气质,讲切端的,亦自觉稍进。兄为学必日新,恨不证于兄也。端卿[1]、蕃叟、李注:陈蕃叟,讳武,温州永嘉人,君举从弟,请业弟子。成之、淳叟诸公自相讲切,皆自谓有益。某观之,甚不谓然。诸公虽各不同,然学失其正,一也。尝论其说均为邪说,其行均为诐行。淳叟最先知过;成之相信甚笃,然蒙滞竟未开明;端卿力战大屈而后有省;蕃叟相见始恐惧,而又不能幡然。见李叔润、李注:李叔润,及端卿、端木等,名贯俱无考,皆问学弟子。与之言恶俗交戕之处,泫然流涕,感激良深,自此亦可以为学,第恨相处不久耳。此心之良,人所均有,自耳目之官不思而蔽于物,流浪展转,戕贼陷溺

――――――

[1] "卿",原作"乡",据成化本、正德本、嘉靖本、万历本、《四库》本改。

之端不可胜穷。最大害事，名为讲学，其实乃物欲之大者，所谓邪说诬民，充塞仁义。质之懿者，乃使之困心疲力，而小人乃以济恶行私。兄质性笃厚，行己有耻，不至有是。然近来讲学大率病此，不敢不相告。

刘伯正尝相聚否？<small>李注：刘伯正，名泌，饶州余干人，登开禧元年进士第，官至太子少保。</small>闻其庄整，乃是有进。不及作书，烦为致意。天民重困犹昔，皆闻见驳杂之弊，近尝苦口与言，稍能自反。应之亦复荒唐。今此相聚相款，志向却笃，知非甚明，有可喜者，亦可为天民庆也。端木、君举、象先、益之诸兄时相聚否？蔡行之何以不来参部？彭子复、戴少望皆安在？为况如何？前年得少望书，复书颇切磋之，不知其书曾达否？兄讲下多秀异否？刘司业在江西，民甚赖之，以与同官不协，得绵州去矣。便中特此奉记室，余祝为吾道自重！

二

婺女之行，道经上饶，往往闻说其守令无状，与临川大不相远。既而闻景明劾罢上饶、南康二守，方喜。今时监司乃能有此，差强人意。刘文潜作漕江西，光前绝后，至其帅湖广，乃远不如在江西时，人才之难如此。

某人始至，人甚望之，旧闻先兄称其议论，意其必不碌碌，乃大不然。明不足以得事之实，而奸黠得以肆其巧；公不足以遂其所知，而权势得以为之制。自用之果，反害正理，正士见疑，忠言不入，护吏而疾民，阳若不任吏，而实阴为所卖。奸猾之谋无不得逞，贿赂所在无不如志。闻有一二行遣，形若治吏，而伪文诡辞、诏顺乞怜者皆可回其意。下人转移其事，如转户枢。胥辈窥之审，玩之熟，为日久矣。所欲为者，如取如携，不见有毫发畏惮之意。惟其正论诚意，则扞格而不入，乃以此自谓其明且公也。良民善士，疾首蹙额，饮恨吞声，而无所控诉。<small>李评：吏胥之害，此书尽之。</small>

公人世界其来久矣,而尤炽于今日。公人之所从得志,本在官人不才。然向者邪说不甚盛,风俗不甚坏,公人未尽得显然肆意,官人未尽与公人一律。官人之才者,固有实益,亦难得盛誉。官人之不才者,亦尚借常理常心,默有维持,未至泯然大乱。十数年来,公人之化大行,官人皆受其陶冶,沉涵浸渍,靡然一律。而书生腐儒又以经术为之羽翼,为之干城,沮正救之势,塞惩治之路,潜御其侮,阴助其澜。故官人之才者,虽易以自见,易得盛誉,而无补风俗,无救大势。至其不才,必至大乱。中人无以自立,皆从风而靡,随波而流。守正而材术不足以自见者,其心仅不泯灭,而不复可伸,外之驱迫流徇者,亦不少矣。此今时之大势。

今之为善者,犹持杯水救车薪之火也。然持杯水者常少,而抱薪者常多。某窃有区区之说,以为可以绝薪而致水,要在于不厌详复,不忽卑近,相与就实以讲求至理,研核其实,毋遽以大意粗说盖之,则至理可明,诐说可破。至理明,诐说破,则自其身达之家国天下,无不可为者,君心国论,亦有致力处,岂直州县官吏间哉?

"天生民而立之君,使司牧之",张官置吏,所以为民也。"民为大,社稷次之,君为轻","民为邦本","得乎丘民为天子",此大义正理也。今县家,亲民抚字之职也。县家而害民,州家得以治之;州家而害民,使家得以治之。今州家、使家壅之以胥吏,塞之以僚属,所赖以通闾巷田亩之情者,有被害者赴愬也。今乃以告讦把持之名而抑绝之。近来胥吏之妙用,专在抑绝赴愬者之路,惩一二以威众,使之吞声敛衽,重足胁息,而吾得以肆行而无忌。监司、太守,有服其役、任其怨而不得享其利者,有相为相役而共享其利者。

与赵子直 <small>讳汝愚,饶州余干人</small>

比来道路田亩皆鼓舞盛德,污吏黠胥颇亦敛戢,乡来怀疑者皆已冰释矣。然所在积弊非一日可去,要当耐久缉理,想大贤之心亦未易满也。大抵益国裕民之心在吾人固非所乏,弊之难去者,多在簿书名数之间,此奸贪寝食出没之处,而吾人之所疏者。比尝考究此等,颇得其方。盖事节甚多,难以泛考,要须于一事精熟,得其要领,则其他却有缘通类举之理,所谓"一堵墙,百堵调"。

抚之秋输,乡者病于加合之无艺,又受领官吏高下其手,轻重不均。有临川陈知县鼎者,议革其弊。以为尽去之,则州用、军粮、名会等米皆取于此,有不可阙。于是约其类,每斗加五十合,而令两斛输三斛。官得以足,民亦不病,而又无轻重不均之弊,民大便之。陈知县既去,后来又于三斛之上又加斛面。曾有徐提举者甚爱民,一日不测入仓,百姓皆诉斛面太重,徐提举方责受领官吏,官吏辄以州用、军粮、名会米为解,提举不能加诘。不知先已两斛纳三斛,已是算足州用、军粮、名会等米矣。所谓斛面者,又在此外克敛。大抵不知节目名数之详,鲜有不为其所欺者。斛面之弊,去年赵使君稍稍正之,民已大悦。今岁抚虽小稔,而连雨阻获,损折者已十三四。今未获者尚多,已获者亦未得舂造。苗限自当有展,而州县殊无宽假之意。税租折变,著令以纳,月上旬时,估中价准折。而折谷折糯,侵民之直,至于再倍。其在今岁尤为可念。列具详细数纳呈,幸少留意观之,亦庶几"一堵墙,百堵调"者。

世儒耻及簿书,独不思伯禹作贡成赋,周公制国用,孔子会计当,《洪范》八政首食货,孟子言王政亦先制民产、正经界,果皆可耻乎?官吏日以贪猥,弊事日以众多,岂可不责之儒者?张官置吏,所以为民,而今官吏日增术以朘削之,如恐不及。蹶邦本,病国脉,无复为君爱民之意,良可叹也!"百姓足,君孰与不足",损下益上谓之损,损上益下谓之益,理之不易者也。而至指以老生常谈,良可叹也!

大著尽公守正,今世鲜丽,而诸公皆议其不密。议者之心固有大病,而在大著不为无疵。《语》有失言之戒,《易》有谨密之辞,不可不察也。别纸所录利便,不可使胥吏见之。

与辛幼安 讳弃疾，山东历城人

辄有区区，欲效芹献，伏惟少留聪明，赐之是正。窃见近时有议论之蔽，本出于小人之党，欲为容奸庾慝之地，而饰其辞说，托以美名，附以古训，要以利害，虽资质之美、心术之正者，苟思之不深，讲之不详，亦往往为其所惑。此在高明，必已洞照本末，而某私忧过计，未能去怀，敢悉布之，且以求教。

古人未尝不言宽。宽也者，君子之德也。古之圣贤未有无是心，无是德者也。然好善而恶不善，好仁而恶不仁，乃人心之用也。遏恶扬善，举直错枉，乃宽德之行也。君子固欲人之善，而天下不能无不善者以害吾之善；固欲人之仁，而天下不能无不仁者以害吾之仁。有不仁、不善为吾之害，而不有以禁之、治之、去之，则善者不可以伸，仁者不可以遂。是其去不仁乃所以为仁，去不善乃所以为善也。故曰："为国家者，见恶如农夫之务去草焉，芟夷蕴崇之，绝其本根，勿使能殖，则善者信矣。"夫五刑五用，古人岂乐施此于人哉？天讨有罪，不得不然耳。是故大舜有四裔之罚，孔子有两观之诛，善观大舜、孔子宽仁之实者，于四裔、两观之间而见之矣。

近时之言宽仁者则异于是，盖不究夫宽仁之实，而徒欲为容奸庾慝之地，殆所谓以不禁奸邪为宽大，纵释有罪为不苛者也。"罪疑惟轻"，罪而有疑，固宜惟轻。"与其杀不辜，宁失不经"，谓罪疑者也。使其不经甚明而无疑，则天讨所不容释，岂可失也。"宥过无大，刑故无小"，使在趋走使令之间，簿书期会之际，偶有过误，宥之可也。若其贪黩奸宄出于其心，而至于伤民蠹国，则何以宥为？于其所不可失而失之，于其所不可宥而宥之，则为伤善，为长恶，为悖理，为不顺天，殆非先王之政也。

自古张官置吏所以为民。为之图圄，为之械系，为之鞭棰，使长吏操之以禁民为非，去其不善不仁者，而成其善政仁化，惩其邪恶,除乱禁暴,使上之德意布宣于下而无所壅底。今天子爱养之方丁宁于诏旨,勤恤之意焦劳于宵旰,贤牧伯班宣惟勤,劳来不息,列郡成风,咸尚慈恕。而县邑之间,贪饕矫虔之吏,方且用吾君禁非惩恶之具,以逞私济欲,置民于囹圄、械系、鞭棰之间,残其支体,竭其膏血,头会箕敛,椎骨沥髓,与奸胥猾徒厌饫咆哮其上。巧为文书,转移出没以欺上府。操其奇赢,与上府之左右缔交合党,以蔽上府之耳目。田亩之民劫于刑威,小吏下片纸,因累累如驱羊。劫于庭庑械系之威,心悸股栗,棰楚之惨,号呼吁天,赛家破产,质妻鬻子,仅以自免,而曾不得执一字之符以赴愬于上。上之人,或浸淫闻其仿佛,欲加究治,则又有庸鄙浅陋、明不烛理、志不守正之人为之缓颊,敷陈仁爱宽厚有体之说,以杜吾穷治之意;游扬其文具、伪貌、诞谩之事,以掩其罪恶之迹,遂使明天子勤恤之意、牧伯班宣之诚壅底而不达。百里之宰,真承宣抚字之地,乃复转而为豺狼蝎蚁之区,日以益甚,不可驱除,岂不痛哉! 若是者,其果可宥乎? 果可失乎? 至于是而又泛言宽仁之说,以逆蔽吾穷治之途,则其滋害遗毒,纵恶伤和,岂不甚哉? 其与古人宽仁之道岂不戾哉? 李评:一气数十行,山奔海立,淋漓喷薄,即以文词论亦天下之至文。

今之贪吏,每以应办财赋为辞,此尤不可不辨。今日邦计诚不充裕,赋取于民者诚不能不益于旧制。居计省者诚能推支费浮衍之由,察收敛渗漏之处,深求节约检制之方〔1〕,时行施舍已责之政,以宽民力,以厚国本,则于今日诚为大善。若未能为此,则亦诚深计远虑者之所惜,然今日之苦于贪吏者则不在此。使吏果不贪,则因今之法,循今之例,以赋取于民,民犹未甚病也。今贪吏之所取,供公上者无几,而入私囊者或相十百,或相千万矣。今县邑所谓应办月解、岁解者,固多在常赋之外,然考其所从出,则逐处各有

---

〔1〕 "检制",成化本、嘉靖本、万历本、《四库》本作"检尼"。

利源。利源所在，虽非著令之所许，而因循为例，民亦视以为常，而未甚病也。利源有优狭，优者应办为易，狭者应办差难。然通而论之，优者多，狭者少。若循良之吏，则虽在利源狭处，亦宁书下考，不肯病民。今之贪吏，虽在利源优处，亦启无厌之心，搜罗既悉，而旁缘无艺，张奇名以巧取，持空言以横索，无所不至。方且托应办之名，为缺乏之说，以欺其上。顾不知事实不可掩，明者不可欺，通数十年之间，取其廉而能者与其贪之尤者而较之，其为应办则同，而其赋取诛求于民者或相千万而不啻。此贪吏之所借以为说而欺上之人者，最不可不察也。

　　贪吏害民，害之大者，而近时持宽仁之说者，乃欲使监司、郡守不敢按吏，此愚之所谓议论之蔽，而忧之未能去怀者也。不识执事以为如何？今江西絜安抚修撰是赖，愿无摇于鄙陋之说，以究宽仁之实。使圣天子爱养之方、勤恤之意无远不暨，无幽不达，而执事之旧节素守无所屈挠，不胜幸甚！

卷六

书

与傅全美 建昌南城人

比领教札,礼意谦勤,感佩固深,然非所以望于左右者。继此凡有可以警诲,幸无爱言。仙里年来向学者甚众[1],风习可尚,正赖长者不惮告教,使后生晚学得知前辈风采,谦冲就实,无徒长虚诞,使他日反指向学者以为戒,幸甚!

二

南城朋旧至此,未尝不询动静,比来于包显道处尤知其详。窃闻尝以追惟往事,自咎过深,至于成疾,此殆失于讲究用心之过也。

古之学者本非为人,迁善改过莫不由己。善在所当迁,吾自迁之,非为人而迁也;过在所当改,吾自改之,非为人而改也。故其闻过则喜,知过不讳,改过不惮。颜氏"有不善未尝不知,知之未尝复行",岂为人哉?一闻"为仁由己"之言,"请问其目"不少后;既得视、听、言、动之目,"请事斯语"不少逊。某窃尝谓若颜子者,可谓天下之大勇矣。故其言曰:"舜何人也,予何人也,有为者亦若

---

[1] "仙里",原作"仁里",据成化本、正德本、嘉靖本、万历本、《四库》本改。

是。"圣人所贵于讼过者,以其知之必明,而改之必勇也。今讼其过而至于消沮摧缩,夺其志气而蚀其神明,则亦非圣人讼过之旨矣。

钧是人也,虽愚可使必明,虽柔可使必强,困学可使必至于知,勉行可使必至于安,圣人不我欺也。于是而曰"我不能",其为自弃也果矣。常人有是皆可责也,若夫质之过人者而至于有是,是岂得而逭其责哉？今如全美之颖悟俊伟,盖造物者之所啬,而时一见焉者也。闻见该洽,词藻赡蔚,乃其余事。公方之操,阔达之度,交游推服,闻者莫不敬仰。又谦谦若不足,片言之善,一行之美,虽在晚进后出,乐推先焉。此人所难能,而全美优为之。古人之学,非全美之望而谁望？若乃比者致疾之故,则又殆于不能自拔者矣。由前之责,非全美之责而谁责？

不肖之人悖逆犯上,死有余罪,而何敢见其灵响？今全美乃悔其初不有以厌不肖者之欲,而以致彼之死为己罪,则亦惑矣。夫厌不肖者之欲以遂其悖逆之谋,绳以《春秋》之法,不免于首恶矣。惠奸奖逆,以细人之姑息为美行,以全美之明,岂得不知此之为非是,而反悔其既往之不为。邪祟之说,稍刚正者不得而行焉,而全美乃惑之乎？是殆生于悔所不当悔,而浸寻以溺于是耳[1]。夫以不为细人之姑息,以惠奸奖逆为悔,以死有余罪之鬼决不敢见其灵响者为祟,则全美之不能自拔甚矣。夫不能自拔之过,在今日所宜勇改者,悔其所不当悔,惑其所不当惑,其理既明,愿速更之,毋迟迟也。"君子之过也,如日月之食焉。过也,人皆见之；更也,人皆仰之。"过者,虽古之圣贤有所不免,而圣贤之所以为圣贤者,惟其改之而已。不勇于改,而徒追咎懊悔者,非某之所闻也。

---

[1] "浸寻",成化本、正德本、嘉靖本、万历本作"侵寻"。

人之所以为人者,惟此心而已。一有不得其正,则当如救焚溺而求所以正之者。今邪正是非之理既已昭白,岂可安于所惑,恬于所溺,而缓于适正也哉?今人所患在于以己为是,归非他人,虽有显过,犹悍然自遂,未尝略有自咎自责之意。今全美于所不当自咎者尚以自咎,于所不当自责者尚以自责,与所谓不知其非、悍然自遂者相千万也。今岂不能于所当改者而勇改之?愿益励学不为人之志,勉致为仁由己之实,思颜子之大勇,奋然自拔,荡涤摧伤湮没之意,不使有毫毛得以宿留于庭宇。光芒所射岂止在斗牛间!正大之气当塞宇宙,则吾道有望!

与傅子渊 名梦泉,号若水,建昌人,登绍熙二年进士,文安公弟子,尝讲学曾潭之浒,学者称曾潭先生

三复来书,义利之辩可谓明矣。夫子言:"君子喻于义,小人喻于利。"孟子谓:"欲知舜与跖之分,无他,利与善之间也。"读书者多忽此,谓为易晓,故躐等陵节,所谈益高,而无补于实行。今子渊知致辨于此,可谓有其序矣。大端既明,趋向既定,则明善喻义,当使日进,德当日新,业当日富。《易》之学聚问辨、宽居仁行,《中庸》之博学、审问、谨思、明辨、笃行,皆圣人之明训,苟能遵之,当随其分量有所增益。凡此皆某之所愿从事,而愿与朋友共之者。是后新工与见南轩所得,愿悉以见警。

书尾"善则速迁,过则速改"之语,固应如是,然善与过恐非一旦所能尽知。贤如蘧伯玉,犹欲寡其过而未能。圣如夫子,犹曰"加我数年,五十以学《易》,可以无大过矣"。《论语》载夫子称颜子好学,《易大传》称其"有不善未尝不知,知之未尝复行"。颜子有不善未尝不知,知之未尝复行,乃自其好学而能然。今子渊所谓迁善改过,虽无一旦尽知之心,然观其辞意,亦微伤轻易矣。李评:陆子亦以子渊为伤于轻易,宜朱子讥其气质。愚见如此,子渊以为何如?

二

子渊判别得义利甚明白,从此加工,宜其日进,但不可他有眩惑耳。如来书集义之说,已似有少眩惑。盖孟子所谓集义者,乃积善耳。《易》曰:"善不积不足以成名。"荀卿积善成德之说亦不悖理。若如近来腐儒所谓集义者,乃是邪说诬民、充塞仁义者也。诸非纸笔可尽,当迟面剖。

三

日迟从者之来,想失贤郎,家事未易区处。建昌问学者虽多,亦多谬妄。近符生叙者,辄以书肆其无知之谈。此辈庸妄无知,无足多怪,独怪其敢尔恣肆无忌惮耳。吾尝谓一种无知庸人,难于镌凿,往往累人,事杨朱则钝置杨朱,事墨翟则钝置墨翟,不明者往往归咎其师,不知其为师者亦诚冤也。此等固不足道,然义亦不当容其恣肆耳。吾子渊不得不任其责。

与傅圣谟 建昌人,文安公弟子

"不假推寻拟度"之说,殆病于向者推寻拟度之妄,已而知其非,遂安之,以为道在于是。必谓不假推寻为道,则"仰而思之,夜以继日"、"探赜索隐,钩深致远"者,为非道邪?必谓不假拟度为道,则是"拟之而后言,议之而后动,拟议以成其变化"者,为非道邪?谓即身是道,则是有身者皆为有道邪?是殆未得夫道之正也。谓悠悠日复一日,不能堪任重道远之寄,此非道也。贫窭不能不为累,此非道也。"学如不及","学而不厌"[1],忧之如何?如舜而已者,道当如是故也。箪食瓢饮不改其乐,肘见缨绝不以为病者,道

---

〔1〕 "而",正德本、嘉靖本、万历本作"如"。据《论语·述而》,作"而"义似较胜。

当如是故也。耕历山,渔雷泽,陶河滨,与夫耕莘、筑岩、钓渭者,此所以糊其口也。夫子绝粮,曾子七日不火食,而匡坐弦歌,歌声若出金石,夫何累之有哉?子路结缨,曾子易箦,乃在垂死而从容如此。贫孰与死,而云为累,无乃未得为闻道者乎?以圣谟之英敏而不知此,无乃未之思乎?无乃向之所谓道者,反所以为道之蔽而然乎?李评:陆子不以"不假推寻拟度"之说为是,而议者辄指"汝目自明"等语为非,不知彼就本体言也。就本体言,则万物皆备于我,目自明,耳自聪也。就用功言,则察识而扩充,非推寻拟度不能也。

二

得书喜闻所学之进,然前书所欲致区区者,终未蒙省录。圣谟诚能就前书所论者,有实省处,则今日之病不待繁言而自解,吾道当自此而明矣。

作文特吾人余事,从事其间而又卤莽,是谓执事不敬。若如来书之意,则几于陋矣。孔子读《易》,韦编三绝;周公思兼三王以施四事;颜渊问为邦,夫子告以四代之事;孟子辟杨、墨,自比于禹之抑洪水,此皆圣谟所宜以为标的者。文字间又何足以汩没圣谟乎!

三

圣谟能知始志之非,正极可喜!缘患故而有其志,固宜未得其正。既就学问,岂可不知其非。大抵学者且当论志,不必遽论所到。所志之正不正,如二人居荆扬,一人闻南海之富象犀,其志欲往,一人闻京华之美风教,其志欲往,则他日之问途启行,穷日之力者,所乡已分于此时矣。若其所到,则岁月有久近,工力有勤怠、缓急,气禀有厚薄、昏明、强柔、利钝之殊,特未可遽论也。

近来学者多有虚见虚说,冥迷渺茫,不肯就实。原其所以,皆是学无师授,闻见杂驳,而条贯统纪之不明,凡所传习,只成惑乱,此一节又不与其志。来书意识之说,"天地相似"之问,皆坐此也。读书须是章分句断,方可寻其意旨。"与天地相似"之语出于《易·系》,自"《易》与天地准"至"神无方而易无体"是一大段。须明其章句,大约知此段本言何事,方可理会。观今人之用其语者,皆是断章取义,难以商确。试因圣谟"从心所欲不逾矩"之说,略言圣人、贤人、众人有当致疑之处。如至诚无息,而颜渊三月不违仁,其余则日月至焉而已矣。不知日月至者,其所至之地与不违之地同乎不同?不违之地与无息之地同乎不同?"诚者,不思而得,不勉而中,从容中道,圣人也。"若思诚者,但是未能不思不勉耳,岂皆不得,皆不中?但未能尽诚,未可以擅诚之名耳,岂是皆不诚?"诚者,物之终始","不诚无物",凡此皆泛言诚,不专指圣人也。今之学者岂皆不诚,不知思诚时所得所中者与圣人同乎不同?若其果同,则是滥觞与溟渤皆水也,则大小、广狭、浅深之辨亦自不害其为同。第未知所谓同者,其果同乎?故尝谓其不同处,古人分明说定等级差次,不可淆乱,亦不难晓,亦无可疑。独其所谓同者,须是真实分明见得是同乃可。不然,却当致疑而求明也。若如此理会,则已明白与未明白者,不应致疑与合致疑者,两处不相淆杂,学问自得要领,不为泛然无端之言所惑。已知者,则力行以终之;未知者,学问思辨以求之。如此则谁得而御之?

圣谟非特其志之病,亦坐闻见之陋,条贯统纪之未明,故某前数书多每处解释,如授小儿。以圣谟之聪明,夫岂少此,盖亦渐于陋习,胶于缪说,不能不惑乱而至此也。若明知向来闻见之陋,从头据实理会,则古人之训、吾心之灵当会通处多矣,今此之言殆为刍狗耳。

发诸书毕后,写此书,体倦,殊草率。试罢,能一来乎?

与包详道 讳约,建昌南城人,与显道、敏道兄弟,尝学于文安公

人生天地间,气有清浊,心有智愚,行有贤不肖。必以二涂总之,则宜贤者心必智,气必清;不肖者心必愚,气必浊,而乃有大不然者。

乖争、陵犯、污秽、邪淫之行,常情之所羞所恶者,乃或纵情甘心而为之,此所谓行之不肖者也。于此有所不敢为,有所不忍为,有所不肯为,而每求其是者、正者、善者而为之,虽未能必是、必正、必善,而其志卓然〔1〕,日履之间,盖与向所谓不肖者背而驰也,是亦可谓行之贤者也。行之不肖,固为愚矣。谓不肖者为愚,则反是者亦可谓之智。然行之不肖者,则或耳目聪明,心意慧巧,习技艺则易能,语理致则易晓,人情世态多所通达。其习于书史者,虽使之论道术之邪正,语政治之得失,商人品之高下,决天下国家之成败安危,亦能得其仿佛。彼固不能知其真,得其实,诣其精微,臻其底蕴,而其揣摩傅会之巧亦足以荧惑人之耳目,而欺未明者之心,玩之而有味,稽之而有证,非知言之人,殆未可谓不难辨也。

至其行之贤者,则或智虑短浅,精神昏昧,重以闻见之狭陋、渐习之庸鄙,则其于慧巧者之所辨,浑然曾不能知。甚至于如荀卿所谓"门庭之间,犹可诬欺焉"。道术之邪正,政治之得失,人品之高下,天下国家之成败安危,尚何所复望其判白黑于其间哉?利诱而害怵,刑驱而势迫,虽使之如商丘开之赴水火,盖未必不可也。理不可以泥言而求,而非言亦无以喻理;道不可以执说而取,而非说亦无以明道。理之众多,则言不可以一方指;道之广大,则说不可以一体观。昔人著述之说,当世讲习之言,虽以英杰明敏之资,盘旋厌饫于其间,尚患是非之莫辨,邪正之莫分。乱真之似,失实之

---

〔1〕"卓然",成化本、正德本、嘉靖本、万历本作"则然"。

名,一有所蔽,而天地为之易位,差之毫厘,缪以千里。其于圣贤之言一失其指,则倒行逆施,弊有不可胜言者。况于短浅之智虑、昏昧之精神、狭陋之闻见、庸鄙之渐习,一旦骇于荒唐缪悠之说,惊于诡谲怪诞之辞,则其颠顿狼狈之状可胜言哉?正使与之诵唐虞之书,咏商周之诗,殆亦未必不指污沱为沧海,谓丘垤为嵩华,况又杂之以不正之言,亦安得而不狼狈哉?当其猖狂惶骇之时,盖不必明者而后知其缪也。由是而言,则所谓清浊智愚者,殆不可以其行之贤不肖论也。

观详道之素,亦可谓行之贤者也。然某之窃所忧者,盖以其气之不得为清,而心之不得为智,闻见之不博而渐习之未洪,一有所骇,而莫克自定,止之者不一二,而驱之者八九。其所当论者,盖在清浊智愚之间,而不在于道术之际也。不论其始之谬以求复其常,而悉精殚力于道术是非之际,此其所以愈骛而愈远也。

详道始至此,其说盖甚怪。然某观详道之质,本甚淳朴,非能自为此怪说也。使生治古盛时,康衢击壤之谣,中林肃肃之行,未必不优为之也。一溺于流俗,再眩于怪说,狼狈可怜之状遂至于此。凡所以相告者,不过明怪说之妄,欲详道之知其非而复其常也。所虑者,通疏晓了之人少,狂妄迷惑之人多,则其相与推激而至于风波、荆棘、陷阱之地者必众。详道气之未清,心之未智,则殆将鼓舞倡和于其间,又安能知其非而自免于此耶?今详道日履之间,所谓行之贤者,固未尝自失;独不幸悉心毕力以讲术业,而不能自免于迷惑。今但能退而论于智愚清浊之间,则是惑庶几乎自解矣。道术之是非邪正,徐而论之未晚也。

当局者迷,旁观者审。用心急者多不晓了,用心平者多晓了。英爽者用心一紧,亦且颠倒眩惑;况昏钝者岂可紧用心耶?昆仲向学之志甚勤,所甚病者,是不合相推激而用心太紧耳。

幾先尝说诸公所谓退步乃是进步耳。此公却胸襟晓了,尽不狂妄,其畴昔之所患,在于徇俗自安,不向进耳,使其闻正言而知惧知勉,却不至于缪戾也。

二

承谕为学日益,良惬所望。乡来清浊智愚之说,愿无弃鄙言,时一阅之,或有所启也。

人之省过不可激烈,激烈者必非深至,多是虚作一场节目,殊无长味,所谓非徒无益而又害之。久后看来,当亦自知其未始有异于初,徒自生枝节耳。若是平淡中实省,则自然优游宽裕,体脉自活矣。

三

学问日进,甚善,甚善!为学固无穷也,然病之大端不可不讲。常人之病多在于黠。逐利纵欲,不乡理道,或附托以售其奸,或讪侮以逞其意,皆黠之病也。求诸痴者,固无是矣。然眩于所听而不明乎择,苟于所随而不审于思,觊觎于非所可得,僭妄于非所能至,失常犯分,贻笑召侮,则痴之为病,又可胜言哉?

详道之病,想已自知其大概,第未可自谓已知之矣。当于日用出言措意之间,精观密考,使有日改月化之效,或庶几其可瘳也。如自谓吾已知之矣,则是痴自若也。来书云"方获自知之审",若使某代言,必曰"仅能自知"。言,心声也。不可托之以立词之不善,当知是本根之病。能于此有感,则自可触类而长矣。

四

为学日进,尤以为喜!详道天质淳真,但不为夸诈者所惑,亦自有过人处。文采纵不足,亦非大患,况学之不已,岂有不能者,独恐无益友相助耳。秋试后能相过,当叩所得。

某年来气血殊惫，颇务养息，然亦不遂所志。五月来，教授兄一病，殊可畏，近乃向安，此数日尤加强，可喜！家间聚指之众，尊幼中不能不时有疾病，令人动念耳。其贫窭又益甚。幸诸兄相聚，所讲皆其所以处此者，故气象和裕，人亦不知其如此耳。

得诸公书，开益良多，第倦甚，作复不能宣究所怀。要之纸笔所传，岂如面承也。

五

垂谕新工，以是未能宽裕，所以费力处多。"优而柔之，使自求之，餍而饫之，使自趋之，若江海之浸，膏泽之润"，此数语不可不熟味，于己于人皆当如此。若能若此，静处应事，读书接人，皆当有益。优游宽容，却不是委靡废放，此中至健至严，自不费力。恐详道所谓奋迅者〔1〕，或不免助长之患。愚见如此，不识以为如何？

六

近尝得李季远书，李评：李季远，亦南城人，与包氏兄弟同来侍学者也。盛陈别后为学工夫，大抵以为朝夕不懈涵泳，甚有日新之意。又以详道力以"本无事"之说排之，渠又论不可无事之故。某复书云："所示与详道议论不合之处，皆是讲学不明，人持所见以为说，用相切磋，殆如儿戏。"今此得信，又有与敏道异同之论，要亦是儿戏耳。

精勤不懈，有涵泳玩索之处，此亦是平常本分事，岂可必将无事之说排之？如读书接事间，见有理会不得处，却加穷究理会，亦是本分事，亦岂可教他莫要穷究理会。若他持此说者原无着实，但是虚意驾说立议论，初无益于事实，亦须穷见其底蕴，只就他虚意无实处理会，岂可以一说攻一说。

---

〔1〕"谓"，嘉靖本作"为"。

如详道来书，甚见"己学不明，但执虚说"之病。所与敏道书前一截[1]，叙述工夫处，却自分明，及至"岂有要寻方略践一行"之语，此病又见。

如敏道所论，亦尝至此间言之，某但与敏道说此皆是闲说话，皆缘不自就己身着实做工夫，所以一向好闲议论。闲议论实无益于己，亦岂解有明白处？须是自知此等说话是闲议论，方有就己向实工夫，涵养讲究，却是本分事。

七

朋友自仙里来者[2]，皆云蒙子渊启发，无不推服。但颇有言其酒后言动，殆不可考。吾家长上亦罪其颠狂。又有诗偈类释子语，不可以训。要之，瑕瑜功罪各不相掩。今亦不及作渠书，或相聚，得以此书示之为幸。

某未得差敕，未及入城。闻子渊欲来，及今为一来尤佳。

与包显道 讳扬，恢之父，详道之弟、敏道之兄也，人称克堂先生，以子恢贵，赠太子少师，文安公弟子

南轩物故，何痛如之！吾道失助不细。近方欲通渠书，颇有所论，今遂抱恨矣。

某今岁与朋友读书滋兰，在敝居之南五里许，密迩毛坊大路，诸况明甫必能言之。写至此，方记得曾与显道一到其下议事来，但当时未有滋兰之名耳。

二

得曹立之书云，晦庵报渠云"包显道犹有读书亲师友是充塞仁

---
[1] "前"，原作"则"，据正德本、嘉靖本改。
[2] "仙里"，原作"仁里"，据成化本、正德本、嘉靖本、万历本、《四库》本改。

义之说",注云"乃杨丞在南丰亲闻其语"。故晦庵与某书亦云:"包显道尚持初说,深所未喻。"某答书云:"此公平时好立虚论,须相聚时稍减其性,近却不曾通书,不知今如何也?"来书云"叩杨丞所学,只是躬行践履,读圣贤书,如此而已"。观"如此而已"之辞,则晦庵之所报殆不妄矣〔1〕。不知既能躬行践履,读圣贤书,又有甚不得处?今显道之学可谓奇怪矣。李评:按此可见朱陆之学未尝不同,皆以躬行实践为要者也。

与包敏道 讳逊

昆仲为学不患无志,患在好进欲速,反以自病。闻说日来愈更收敛定帖,甚为之喜! 若能定帖,自能量力随分,循循以进。倘是吾力之所不能及而强进焉,亦安能有进,徒取折伤困吝而已。

二

小家兄疾嗽骤作,殊令人惊,今幸安愈。滋兰朋友相聚,为况不减畴昔。元明综家务,时到槐堂,亦不甚得作文字,然气宇超迈,殊不湮没,差强人意,但恐久不就学,则不能成其器耳。诸侄节前常作文,节后殊不及作,亦是事多。世昌教诸小子,又自有道理。诸子亦亹亹不厌,就中春弟伎俩尤进。制子四月间来滋兰住得旬日,归后又加进。初时与春弟棋,春弟颇不能及,今年乃反出春弟之下,近旬日棋甚进,春弟又少不逮矣,凡此只在其精神之盛衰耳。李评:先生有"棋可以长精神"之说,然棋可不及之。按先生亦只借棋指点,为不肯用心者说,即"为之犹贤乎已"意,勿错会。逢子常出读书,亦颇识字。百七侄近归,其文亦进,遇事愈有力,今已如馆矣。

试罢能一来否? 闻诸公定帖可喜,但恐"来年尚有新条在,恼

---

〔1〕 "晦庵",成化本、正德本、嘉靖本、万历本、《四库》本均作"立之"。

乱春风卒未休"。书词亦尚虚骄,未甚稳实。"《履》,德之基;《谦》,德之柄;《复》,德之本。"得罪于《履》,得罪于《谦》,难以言《复》矣。

三

向尝得敏道一书,书中虽无他说,然词语多不平稳,未能不以为忧。及得今书开读之,却觉全与旧时所得书不同。大抵昆仲之病皆在锐进之处,毕竟退让安详之人自然识羞处多。今为学不长进,未为大患,因其锐进而至于狂妄不识羞,则为惑深而为累大,所谓非徒无益而又害之者也。别有一种人,安详迟钝,则只消勉之使进,往往不至有狂妄之患。至如昆仲,则最贵退让,若不知此,则病生难救。见详道说,欲得回字,凌遽遣此。承秋凉有肯顾之意,傥不差迟,当得面叩也。

与包显道[1]

敏道之归,诸书悉未及复,几来督过[2]。

贵溪桂店桂氏一族甚盛,皆尊尚礼法。往年新辟书院,欲延贤师。其子弟德辉者,今夏处茅堂稍久,志向甚正。今其长上遣德辉诣仙里[3],屈显道以主新书院,来此求书。应天山书堂已就,某来岁携二子滋兰其上。李注:"滋兰"二字恐误。渠家书院密迩应天,显道肯来,亦可时时过从。闻其书院甚宏敞,景趣亦不恶,或有高弟,彼中亦尽可相处,得从所请,甚幸!

敏道归后,三家兄尝语及,以为向来浇薄乖戾之气顿无,自非深惩痛省,何以至此,屡加叹赏。虽侄辈议论亦然。乃知在彼无

---

[1] 底本原题"与包敏道四",成化本、正德本、《四库》本则题"与包显道"。按本篇内容,应为写给包显道之书信,兹据改。
[2] "来",嘉靖本作"未"。
[3] "仙里",原作"仁里",据成化本、正德本、嘉靖本、万历本、《四库》本改。

恶,在此无斁,固然之理也。

与吴伯颙 名颙若,临川〔人〕[1],文安公妻弟也,与弟仲诗、叔有皆受业

比得报字,喜闻日新之功。作事业固当随分有程准,若着实下手处,未易泛言。只如八哥在此,朝夕有师友讲切,反有倦志,不能进前。然此在八哥,亦未易遽责,盖此事论到着实处极是苦涩,除是实有终身之大念。近到此间,却尽有坚实朋友与之切磋,皆辄望风畏怯,不肯近前。每每寻软弱浮泛之人与之闲话,以为有益。及至被人指摘,即有垂头阘茸之状。李注:阘,音塔。茸,音冗。庸鄙无才能貌。近日虽稍鲜苏,终是不能奋拔。近见其资庸腐,亦但涵养之耳。俟其更健,乃堪炉锤也。此于八哥亦未足深讶。如四哥但未曾到此间耳。遇着真实朋友,切磋之间实有苦涩处,但是"良药苦口利于病",须是如此,方能有益,不可不知也。

与吴仲诗[2] 名厚若

乡主文所言《质论》,偶七哥于故书中忽得之,其文信美,今录去。其人似多读曾南丰、陈后山文,却是好时文秀才。观此人之才,似亦有可用,终是气格卑小。研核事情处却甚谨切[3],有可法者。若论财用处,似不甚知其实,然其说大纲亦好。谩录去曾南丰《论将》一篇[4],以见它蹈袭分明处,亦可以见曾之议论自然与他别处。

大抵天下事,须是无场屋之累,无富贵之念,而实是平居要研核天下治乱、古今得失底人,方说得来有筋力。五哥心志精神尽

---

[1] "人",原无,据文义补。
[2] "诗",嘉靖本、万历本作"时"。
[3] "核",原作"究",据成化本、正德本、嘉靖本、万历本、《四库》本改。
[4] "一",嘉靖本、万历本作"二"。

好,但不要被场屋、富贵之念羁绊,直截将他天下事如吾家事相似,就实论量,却随他地步,自有可观。他人文字议论,但谩作公案事实,我却自出精神与他批判[1],不要与他牵绊,我却会斡旋运用得他,方始是自己胸襟。途间除看文字外,不妨以天下事逐一自题评研核,庶几观它人之文自有所发。所看之文,所讨论之事,不在必用,若能晓得血脉,则为可佳。若胸襟如此,纵不得已用人之说,亦自与只要用人之说者不同。若看文字时有合意或紧要事节,不妨熟读。读得文字熟底,虽少亦胜卤莽而多者。

与吴叔有 名诚者

近来所学如何?尝思初至此时,感发甚盛。但当时以信向之笃,心诚感通,如草木遇春而生,盖有不自知其所以然者。有如唐虞三代之民,由而不知。然旧习深固,少缓炉锤,则所感密消,唯存虚气,而实皆旧习矣。临归数日,颇知其首尾。知处虽大与旧不同,而纯诚专一乃反不及。是以乍昏乍明,未必能日新也。往事要不必论,直便自即今奋拔乃是[2]。即今奋拔,何复论前日也。然既已奋拔,则其智必明。其智苟明,则前日所为亦能自知首尾。故写此以为验尔,切不可强附会吾言。

信至,但款曲深思实者,有不合处,写来力辩,乃见足下长进处。若但随人言语转,却是自家更无主人,何以为学?观至此,或已失了精彩,却须且放下此信,整冠肃容,自振迅精神,从实端的自省。须要清健明白,却再取此信观之,有不合处,不可强合,须精思熟考,写来辨之乃善。李评:余生平为学,必求了然于心。若自心未能了然,虽平日心悦诚服之人,亦不敢附会其说。

---

[1] "批",成化本、嘉靖本作"披"。
[2] "便",原作"使",据成化本、正德本、嘉靖本、万历本、《四库》本改。

卷七

书

与勾熙载

初闻台评相及,固已怪骇,然其余二三人又颇当人心,亟欲一见全文,以核厥旨。及得而观之,亦良可笑。如论吴洪、王恕,人亦孰以为非。然吴洪章中乃为唐仲友雪屈,波及朱元晦,谓"以洪酝酿,竟成大狱,致仲友以暧昧去,议者冤之",此尤可笑。

吾人所安者义理,义理所在,虽刀锯鼎镬有所不避,岂与患得患失之人同其欣戚于一升黜之间哉?顾所深念者,道之消长,治乱攸分,群徒比周,至理郁塞,遏绝齐语,楚咻盈庭,聚蚊成雷,明主孤矣。虽然,他山之石,可以攻玉,今之贤者亦加少为多,临深为高耳。揆之古人,岂能无愧?息肩王事,一意自省,尚友方册,勉所未至,则是悠悠者盖有负于国,有负于民,有负于公道,而独无负于我矣。

向日解舟,不得面别,乘便寓此,临风依然。

与彭子寿

垂示所疑,尤见挹谦之德。圣贤教人,固句句实头,但不可专指操存之说。"操则存"只是孔子一句,孟子引在"牛山之木尝美矣"一章后〔1〕。试取《孟子》全章读之,旨意自明白,血脉自流通。古人实头处,今人盖未必知也。扬子云再下注脚便说得不是,此无足怪,子云亦未得为知道者也。

言固难以尽意,而达之以书问尤难。盖学之不讲,物未格,知未至,则其于圣贤之言必未能昭晰,如辨苍素、数奇耦之审也。凡所引用往往失其本旨。千里附书,往复动经岁时,岂如会面随问随答,一日之间,更互酬酢,无不可以剖析。且如来示谓"此心本体虽未尝不存,而旧习蔽锢亦未易遽去"。若言"虽未尝不存",则与操存舍亡之说亦不相似矣。

大抵讲明、存养自是两节。《易》言:"知至至之,可与几也;知终终之,可与存义也。"《大学》言:"物格而后知至,知至而后意诚,意诚而后心正,心正而后身修。"《孟子》言:"始条理者,智之事也;终条理者,圣之事也。"皆是圣贤教人,使之知有讲学,岂有一句不实头。今讲学之路未通,而以己意附会往训,立为成说,则恐反成心之蟊贼、道之榛棘,日复一日而不见其进。志与事乖,说与行违,首尾衡决,本末舛逆,未可归之禀赋,罪其懈怠也。李评:先生所论,未尝不分别知行,未尝不先知后行,特不欲以穷至事物之理为知至耳。尧舜之知,固不必遍物,亦未尝不欲知先务也。

与邵中孚 _{名贯、里居皆无考,师事文安公}

所示进学证验,此乃吾友天资朴茂,立志坚笃,故能如此,可喜可庆。

"居天下之广居,立天下之正位,行天下之大道",乃吾分内事耳。若不亲师友,汨没于流俗,"驱而纳诸罟擭陷阱之中,而莫之知辟",岂不可怜哉?孟子曰:"苟得其养,无物不长;苟失其养,无物

---

〔1〕"尝",成化本、正德本、嘉靖本、万历本作"常"。

不消。"今吾友既得其本心矣,继此能养之而无害,则谁得而御之?如木有根,苟有培浸而无伤戕,则枝叶当日益畅茂;如水有源,苟有疏浚而无壅窒,则波流当日益充积。所谓"原泉混混,不舍昼夜,盈科而后进,放乎四海",有本者如是。大抵读书,诂训既通之后,但平心读之,不必强加揣量,则无非浸灌、培益、鞭策、磨励之功。或有未通晓处,姑缺之无害。且以其明白昭晰者日加涵泳〔1〕,则自然日充日明,后日本原深厚,则向来未晓者将亦有涣然冰释者矣。李评:此圣贤读书之法,与记诵辞章、夸多斗靡者绝不相同。《告子》一篇,自"牛山之木尝美矣"以下可常读之,其浸灌、培植之益当日深日固也。其卷首与告子论性处却不必深考,恐其力量未到,则反惑乱精神,后日不患不通解也。李评:欧公所谓"性非所急也"。此最是读书良法,其他非相见莫能尽。《尚书》:《皋陶》《益稷》《大禹谟》《太甲》《说命》《旅獒》《洪范》《无逸》等篇可常读之,其余少缓。何时得相见,诸当面尽。未间〔2〕,千万勉旃,以卒贤业。

与颜子坚 名贯失考,尝问学朱、陆二先生,后弃儒服为僧,劣弟子也

向在八石时〔3〕,尝纳区区之忠〔4〕。既而子坚曾用节级诸儒推毂〔5〕,遂变儒服。端谓迂拙之言,必蒙见弃。属者屡蒙见过,每于鄙言谓有所启,追念畴昔,为之慨然。乃知高明终当远到,岂遽不能明众人所同知之过哉?

承欲鄙言,辞情恳至,非苟然者。圣哲之言布在方册,何所不备。传注之家汗牛充栋,譬之药笼方书,搜求储蓄,殆无遗类。良

---

〔1〕"加",原作"夕",据成化本、正德本、嘉靖本、万历本、《四库》本改。
〔2〕"未间",嘉靖本、万历本作"未闻"。
〔3〕"向",原作"昔",据成化本、正德本、嘉靖本、万历本、《四库》本改。
〔4〕"尝",成化本、嘉靖本、万历本作"当"。
〔5〕"节级",成化本、嘉靖本作"节父"。"儒",成化本、正德本、嘉靖本作"人"。

医所用,不必奇异,惟足以愈疾而已。苟厌其常,忽其贱,则非求医之本意也。向来不求名声、不较胜负之语,更愿加察。道非口舌所能辩,子细向脚跟下点检,岂能自谩?日新归山,草草布此。

与张季忠 名贯未详[1],师事文安公

闻元忠说,友朋间唯季忠笃志不懈,甚为之喜。人苟有志于学,自应随分有所长益。所可患者,有助长之病耳。虽古圣贤尚不能无过,所贵能改耳。《易》称颜子之贤曰:"有不善未尝不知,知之未尝复行也。"由是观之,则颜子亦不能无不善处。今人便欲言行无一不善,恐无是理。往往只是好胜,每事要强人,要人点检不得,不知此意已与古人背驰矣。若无此意,但宽平随分去,纵有过,亦须易觉易改。便未觉未改,其过亦须轻。故助长之病甚于忘。

季忠之意,忘病自少,所患有助长之病,虽未加益,李注:"虽未加益"之上,似有脱句。亦自平稳,况必不能不有益耶?

与胥必先 讳训,临川人,与文安公连襟,先从学

近得吴伯颛书云:"麟之侄言,必先治生甚进,而学殖荒落。"岂信然耶?吾坐此三径就荒,吾之三径,如足下之《六经》也。近有朋友裹粮千里而至者[2],皆勤勤不相舍。每念足下去我之决,何人性相反如此哉?

吴察丁母忧,足下知之否?

向者尝道先文勉励足下勤学之言,想亦复置度外,不复问矣。士别三日,刮目相观,吾犹以故意待足下,则诚有罪,然足下果能勉于此乎?伯颛以亲爱之情,于足下不能无所惜[3],故复为此言,然

---

[1] 据(同治)《贵溪县志》卷八《人物》,此人为贵溪县人。
[2] "千",嘉靖本作"十"。
[3] "惜",原作"措",据成化本、正德本、嘉靖本、万历本、《四库》本改。

在某亦可谓愚矣。古人举一隅不以三隅反,则不复也者,果如是乎?继自今,愿足下与改是。

与朱元晦

敕局见编类隆兴以来宽恤诏令,书乡成矣。去留之间亦可致力建请,芜类多所删削,诏旨则直录之[1]。著令纵有未安,非被旨不得修,惟诸处申陈疑似,必下本所,或有不便,乃可修改。

局中同官皆可人,机仲尤相向。元善以殊局,近少得相款。谦仲屹然特立如故,若向上事,要亦难责。比一再见,以座客多,鱼鳞而至,未得达尊意,俟从容当致之也。

淳叟事,此中初传,殊骇人听,徐核其实,乃知多小人傅会之辞。要之后生客气如此,足见无学力也。近见剡章全用金溪三胥之词,尤可笑。彭仲刚子复者,永嘉人,为国子监丞,近亦遭论。此人性质不至淳美,然亦愿自附于君子。往岁求言诏下,越次上封,言时事甚众,其辨天台事尤力,自此已有睥睨之者矣。近者省场检点试卷官以主张道学,其去取与蒋正言违异,又重得罪。此人不足计,但风旨如此,而隐忧者少,重为朝廷惜耳。

某对班或尚在冬间,未知能得此对否?亦当居易以俟命耳。

立之墓表亦好,但叙履历,亦有未得实处。某往时与立之一书,其间叙述立之平生甚详,自谓真实录,未知尊兄曾及见否?显道虽已到刘家,渠处必有此本,不然,后便录去。

近得家书,侄辈竟未能诣前,可谓不勇矣。

明、越诸公无在此者,敬仲夏间必来赴官,舒元宾亦当赴江西漕掾,其弟元英与诸葛诚之欲因此时过此相聚,尚未见来。吕子约与诚之近与舒元英相款,稍破其执已自是之意。此皆据各人自谓如

---

[1]"直",原作"宜",据成化本、正德本、嘉靖本、万历本、《四库》本改。

此,未知果如何也?元英诸公间号为日进,能孚于人者,向亦曾造函丈,曾记忆否?令嗣伯仲、令婿直卿为学日进,近更有得力者否?

薄遽遭此,未究所欲言。

与吴仲良

向蒙以或者所疑环溪《通说》一二端垂谕,足认不鄙。大抵前辈质实,不事辞语,观其书,当得其意可也。环溪事亲之说,乃爱亲之心甚笃,惟恐不顺乎亲。想其平日事亲,左右无违,温清定省,服食器用之间无所不用其至,而犹恐恐然惧有一事一物之拂乎亲之心也。如是而观其言,则可以得其为人矣。故孟子曰:"诵其诗,读其书,不知其人可乎?"吾于此有以知环溪之心,惟恐不顺乎亲也。

若其辞语之病诚不能免,正所谓先生之心则善矣,先生之号则不可。使环溪而在,必不肯固执斯言。吾又将见环溪以其顺亲之心而顺乎理,舍己从人,若转圜决河,幡然沛然而莫之能御也。彼呶呶者,又安足以知环溪之心哉?

与詹子南 讳阜民,浙江严州遂安人,侍学文安公

得书开读,甚慰!为学有本末先后,其进有序,不容躐等。李评:知本即知至。夫子天纵之圣,自志学十五年而后立,立十年而后不惑,又十年而后知天命,其未五十也,曰"加我数年,五十以学《易》,可以无大过矣",又十年而耳顺,又十年而"从心所欲不逾矩"。今人天资去圣人固远,辄欲以口耳剽窃场屋之余习,妄论圣经,多见其不知量也。

乡者尝与吾友深言为学之序,见吾友相信之笃,颇知反己就实,深以为喜。今观来示,颇又纷纷于无益之论,人己俱失。要之吾友且当孜孜行其所知,未当与人辩论是非。辩论是非以解人之惑,其任甚重,非吾友之责也。不与之论,他日却自明白。今欲遽

言之,只是强说,自加惑乱耳。

李三一哥所学未久,相信又笃,近在此累次磨治,尚未能去其故习。老夫平日以此事自任,与此等病人说话,尚如此费力。吾友如何解分析得他明白,且先自治,不必与人商议可也。

二

去腊面对,颇得尽所怀,天语甚详,反复之间不敢不自尽。至于遇合,所不敢必,是有天命,非人所能与也。何时得一来[1],至望。纸笔之间终不若面言之审且尽也。

吾友天资淳静,若不惑于多歧,不蔽于浮说,则其进孰御焉?此心之灵,此理之明,岂外铄哉?明其本末,知所先后,虽由于学,及其明也,乃理之固有,何加损于其间哉?李评:以知本为知至,是时用古本《大学》,未有《格致补传》也。

三

学植日进,甚慰驰念。

养大体之说,就《孟子》上看,则是因陈辞指实而说,自无病。读者得其事实,亦不泥其辞说。今子南未免有立说之病。大抵立说则自不能无病。子南是辩"制乎外"一语,当时为此语者,固未特达,若事实上特达,端的言语自不同。古人言"以义制事,以礼制心",亦用"制"字,其言多少特达,全无议论辞说蹊径。盖古人皆实学,后人未免有议论辞说之累。当其蔽时,多不自觉,及其蔽解,回视前日之经营安排,乃知其为陷溺耳。

与陈倅 李注:倅,音翠,副也。郡倅称半刺,犹半刺史之职也。

秋初供职,人事衮衮,殊无暇日。平日疏懒成性,投之应酬之

---

[1] "得",成化本、正德本、嘉靖本、万历本作"能"。

中，良乖所好。通讯之书旷弛不讲，亦惟高明不以是督过之。

朱元晦在浙东，大节殊伟，劾唐与正一事尤快众人之心。百姓甚惜其去，虽士大夫议论中间不免纷纭，今其是非已渐明白。江东之命出于九重特达，于群疑之中，圣鉴昭然，此尤可喜。元晦虽有毁车杀马之说，然势恐不容不一出也。

近来唯是台纲稍振，班行颇亦肃清，邸报中必可以得之。至于根原处，则又未易论也。尤丈近去弊邑三虎，亦快哉！此亦仁者之勇也。岂其帅权不分，乃得少展耶？执事清庙之器，州县岂能久淹。然区区之私，以桑梓之故，愿以鸡肋少助牛刀之余刃，想仁人于此，亦优为而不以为屑也。尤丈极相知，必能相应合。

免和籴一事，此间士大夫甚多之。今时郡县能以民为心者绝少，民之穷困日甚一日。抚字之道弃而不讲，掊敛之策日以益滋。甚哉！其不仁也。民为邦本，诚有忧国之心，肯日蹙其本而不之恤哉？财赋之匮，当求根本。不能检尼吏奸，犹可恕也，事掊敛以病民，是奚可哉？

近见二三朋友，旧以作县著称者，讲究州县吏民间事甚详。大概论州县不可为积欠所累。凡所谓积欠者，皆有名无实，徒为吏胥骚扰之端。善于县者，必力请于州，逐月只纳本月钱，若旧欠且倚阁，俟后来从容，却随时带纳，县乃可为。善作郡者，亦须与诸县约截日去，须每月纳足本月钱，不问旧欠，如此则可以有实得。若只管理会积欠，则乡后必和新钱干没，但适为奸胥贿赂之端，而诸县奸贪亦得并缘以朘民，必无其实也。若是户部总司来理会州县积欠，亦一切不答，任他文移中如何打骂，一切不视，但如法从日下与催解见在合解钱米。此亦是善作州县者定说，辄以禀闻，或有可采。

某有亲戚王某，新知乐安县。其人极能官，作事谨密有如家法，若任以事，必有可观。前为武宁丞，诸司争委任之。赵子直、赵景明皆相善，试阅之[1]。李德章、林叔虎必须常得造下风，人必忠信乃可与语也。吴广文甚好，但向时见其所接颇杂，人之情伪或者未必尽知也。

二

近数得尤丈书，敝邑三虎已空巢穴，不胜庆快。得乡人书与家书，备报田亩闾巷欢呼鼓舞之状。此数人虽下邑贱胥，然为蠹日久，凡邑之苛征横敛类以供其贿谢囊橐。与上府之胥吏缔交合党，为不可拔之势。官寺囚械之具，所以禁戢奸恶，彼反持之以劫胁齐民，抑绝赴愬之路，肆然以济奸饱欲，是岂可纵而弗呵乎？事无巨细，到根柢盘互处便难整理。二三贱胥，至能役士大夫护之如手足之捍头目，岂不悖戾甚矣！然凡为之役，为之地者，其人可见矣，是岂可复齿于士大夫间哉？近得尤丈书云救之者甚众。只此一节，自有余罪。近于此间士大夫多论吏胥之害，人人皆知其然，但所以除害之方终未容尽试耳。某甚恨不得在左右，少佐万分一。前尝僭易陈愚见，不知有可采用否？凡事有可以下问者，告以片纸疏示，当逐一效愚。

秋苗事，纳已过半，不知尚有可救者否？见在所纳，如逐日纳数与盘量数，须拘收得逐日文历，庶可磨算。吏胥欲作弊，只是要令吾无缘得知每日着实数目。若其具成文历到吾眼前者，皆是已透漏数目，此事想已无及。是皆民之脂膏，若少稽检之，或可为后图耳。

大抵今时士大夫议论，先看他所主。有主民而议论者，有主身而议论者，邪正君子小人于此可以决矣。今日为民之蠹者吏也，民之困穷甚矣，而吏日以横。议论主民者，必将检吏奸而宽民力，或不得已而阙于财赋，不为其上所亮，则宁身受其罪。若其议论主身

---

[1]"阅"，原作"问"，据成化本、正德本、嘉靖本改。

者,则必首以办财赋为大务,必假阙乏之说以朘削民,科条方略必受成于吏,以吏为师,与吏为伍,甚者服役于吏。为国家忠计,岂愿此等人多也。

近闻苏宰施设,极有可疑,其意专欲趣办,不复有一毫为民之心。其施设往往可笑,官钱想未必能办,但徒取百姓怨詈耳。幸有以申戒之。某前者复渠书,已尝寓其大意,早晚更当作书直勉之。欲少救今时之弊,最不宜此等议论昌炽也。

与包显道

前此朱绎之归时,正以暨侄物故,方治棺敛,不暇作书。此子盗汗之疾日深一日,易医更药,或暂有小效,旋又复作,而前药辄不效。医家知脉者久以为难治。然在人情,不能无侥幸其复生之意。一旦至此,苦痛何可言。先兄不五十而弃世,此子又复夭逝,事不可晓有如此者。欲作一书告之晦翁,偶遽甚未暇,幸为致此意。

近主上因进拟监司,谕宰执以为当得刚正有风采者,因言章颖、刘尧夫皆好。自此言一出,班行间议论又少变,但恐不久耳。所报项平甫之言乃明、越间谬人妄说耳。承舛听讹,可笑者甚多,谙事核实,乃晓此耳。

某对班在九月、十月之间。今日方审察得书,知令兄弟学殖不替,甚慰。来人立俟,遣此不多具。

二

近来朋友颇多,同官中相处极好,尽得尽怀。逐日同官中讲贯,亦非向来朋友所有,大抵皆事实,非虚论浮说也。象先得国子录,早晚即来。君举可得郡,然未得也。子宜服犹未除。他事非纸笔所能尽。某对班在腊月,或在来春,未可知也。

三

古人不求名声，不较胜负，不恃才智，不矜功能，故通体皆是道义。道义之在天下，在人心，岂能泯灭。第今人大头既没于利欲，不能大自奋拔，则自附托其间者，行或与古人同，情则与古人异，此不可不辩也。

若真是道义，则无声名可求，无胜负可较，无才智可恃，无功能可矜。唐虞之时，禹、益、稷、契功被天下，泽及万世，无一毫自多之心。当时含哺而嬉，击壤而歌，耕田而食，凿井而饮者，亦无一毫自慊之意。风化如此，岂不增宇宙之和哉？此理苟明，则矜智负能之人皆将失其窟宅，非能自悔其陋而求归于广居正路，则未必不反以我为仇也。然患此道不明耳，道终明终行，则彼亦岂能久负固哉？不及作令弟书，因家问，全录此书示之，乃幸！

四

天下事固有易言者，有难言者，有易辩者，有难辩者。人之病有易医者，有难医者。非必不可医，为其病奇怪，非如平常在表当汗，在里当下，可执常方而治之耳。足下所与李解元序文及诸书，览之汗颜，思为一言以相药，则又有难言者。然后知足下之病，正所谓难医者。昨晚朝颖言及，其证亦甚明，但恐言之中而足下未必省，则又成难医耳。请试言之。

足下之病得于好事，凡亲师友、为学、立行皆从好事中来，故虚而不实，宜于今而未宜于古。此言甚苦[1]，甚难听，足下未必肯服义，然其实是也，幸毋忽而求诸道。某尝见士人试罢，必各自谓得意，自美其文。有言其文不佳者，则甚拂其意。吾尝为之说曰："但

---

[1]"甚"，嘉靖本作"其"。

可择此人平时不相能、有仇隙、雅所憎恶者，录其文示之，其人读之失色丧气，不能自振，则其文真佳文也。如是而有不中选，乃可言有司不明。"盖不相能、有仇隙、雅所憎恶之人必不欲我试中，必不欲我程文之佳，今观我文，惨然索然，丧气失色，则其文必佳也。又有一说，亦须是仇人识文字者方可为准。今诚使素不说显道而稍有见识者读之，却未必不窃喜，以为无根如此，不足畏也。他非面莫究。

与周元忠 讳良，建昌南城人，嘉定七年进士，从学早

元忠在此虽稍久，殊觉未亨通。初以春伯处相唤，继以许尉事，皆不得不应者。及相聚时，亦无汲汲如不及之意，虽云有不自安处，终未痛切。疑而后释，屯而后解，屯疑之极，必有汲汲皇皇，不敢顷刻自安之意，乃能解释。向来元忠心志专诚，故与言者必有感动；行检严整，故与处者必有绳约。年来此功浸不如旧。元忠本谓欲改其固滞介执之意，反损前日之善，而固滞介执之实则未之有改，但换易形模，元忠自不知耳。学之不进，明之不足，暗于大端，自是己见而不闻君子之大道，固其宜也。

所喻满腹之疑皆未得吐，若自是之意消，而不自安之意长，则自能尽吐其疑。及屯亨疑释，则所谓满腹者其实不多，但当其不明时，自胶固迷泥，故多事耳。相见不能决白，乃以纸笔达之，此亦自颠倒，然事又不可概论，或恐因此省悟，未可知也。

"以纣为兄之子"，此是公都子引当时人言。按《史记》，微子是纣之庶兄，皆帝乙之子也。王子比干则但云是纣之亲戚，则太史公亦莫知其为谁子也。今据公都子所引文义，则是以微子启、王子比干为帝乙之弟也，纣于二人则是为兄之子也。此是《孟子》所载与《史记》不同处。若二疏称父子，盖伯父、叔父通称父，故谓之犹子，古人则通言父子也。

与苏宰

某迂愚无似，特辱眷予之厚，苟有可以裨补万一，敢不自竭。

荒邑荐饥，生理日瘁。旧令尹未知加意，竭泽而渔。诚如来意，所以抚摩而使之苏息者，繄仁侯是望！主上加惠幽远，注心循良，当路多贤，公论昭白，有如少缓催科而专一抚字，宜可安意为之，不至有龃龉不遂之忧。某僭易以为禀。

与程帅

伏蒙宠贶《江西诗派》一部二十家，异时所欲寻绎而不能致者，一旦充室盈几，应接不暇，名章杰句，焜耀心目，执事之赐伟哉！

诗亦尚矣，原于赓歌，委于《风》《雅》。《风》《雅》之变，壅而溢焉者也。湘累之《骚》，又其流也。《子虚》《长杨》之赋作，而《骚》几亡矣。黄初而降，日以渐薄。惟彭泽一源来自天稷，与众殊趣，而淡泊平夷，玩嗜者少。隋唐之间，否亦极矣。杜陵之出，爱君悼时，追蹑《骚》《雅》，而才力宏厚，伟然足以镇浮靡，诗家为之中兴。李评：论诗之源流，一字不可易。自此以来，作者相望，至豫章而益大肆其力。包含欲无外，搜抉欲无秘，体制通古今，思致极幽眇，贯穿驰骋，工力精到。一时如陈、徐、韩、吕、三洪、二谢之流，翕然宗之。由是江西遂以诗社名天下，虽未极古之源委，而其植立不凡，斯亦宇宙之奇诡也。李评：论江西诗，亦非溢美。

开辟以来，能自表见于世若此者，如优昙花时一现耳。曾无几时，而篇帙浸就散逸，残编断简往往下同会计之籍，放弃于鼠壤酱瓿，李注：瓿，音蒲，瓦器。酱瓿，出《杨子》。岂不悲哉？网罗搜访，出隋珠、和璧于草莽泥滓之中，而登诸箧椟，干霄照乘，神明焕然，执事之功何可胜赞！是诸君子亦当相与舞抃于斗牛之间，捐箕翼以为主人寿。某亦江西人也，敢不重拜光宠。

卷八

书

与张春卿

某僭有白事:民户秋苗,斛输斛,斗输斗,此定法也,常理也。抚之输苗,往年惟吏胥之家与官户有势者斛输斛,斗输斗。若众民户则率二斛而输一斛,或又不啻。民甚苦之,或诉之使家,使家以问州家,则州家之辞曰:"二税之初,有留州,有送使,有上供。州家、使家有以供用,故不必多取于民。今二税悉为上供,州家有军粮,有州用,有官吏廪稍,不取于民,则何所取之?漕司每岁有所谓明会米,州家每于民户苗米数内,每硕取五斗供之。故不得如斛输斛〔1〕,斗输斗也。"使家无以处此,遂亦纵而弗问。由是取之无艺,而暗合、斛面等名目不可胜穷。

辛巳、壬午间,张安国为太守,有陈鼎者为临川知县,甚贤。安国使之领纳,于是尽取州之军粮、州用、俸米等数,与漕司明会之数共会之,以民户苗数计之,每硕加五斗而有余。不问官民户与吏胥之家,一切令二斛输三斛,谓之加五。令官斗子上米,民户自持斛概,见请概量,不得更有斛面。百姓皆大欢呼,大为民户之利。张、陈既皆满罢,后来不复能守其法,于二斛输三斛之上,又浸加斛面,

---

〔1〕"如",成化本、正德本、嘉靖本、万历本、《四库》本作"而"。

民益以为困。

乙未、丙申间,赵景明为太守,某与其兄景昭为同年进士。景昭极贤,舍侄又在郡斋为馆客,因与景明言输苗之害,且言张安国与陈鼎知县之法极良,但后人不能守耳。景明不能不惑于吏言,初亦难之,以为今日州县家之用又多于昔时。某与景昭、舍侄共会州家一岁之用,景明惧见底蕴,则又不必加五。于是谓已诘吏辈,今肯令人户把斛概矣,但今日用度益广,欲更于五斗上加五升耳。某与景昭商之,以为斛输一斛五斗五升,而使不得加斛面,民户自持概,则五升之加在民户亦所不惮。于是不复求减,民果大悦之。

景明去后,有不能守其法,则民户多谒诸使家,求依赵删定例,令民户自持概荡。今景明之事既远,民户有不能记忆。闻今岁输苗者,取之过者皆倍不啻,而郡中又反断民户争斛面者,民间嚣嚣。今幸输纳未毕,愿有以惩吏胥之奸,少宽民力,幸甚!

适有所闻,乘便亟此布禀,不暇修寒暄之敬,伏幸台察。

与宋漕 讳若水,时为漕使

僭有白事:金溪为邑,封壤褊隘,无豪商富民生产之绝出等夷者,税籍之为缗钱不过以十计。闻之故老,往时人烟稀少,民皆自食其力,畏事自爱,输公先期,无催期之扰。家用饶给,风俗醇美,岁时伏腊,鸡豚相遗,杯酒相欢,熙熙如也。自建炎、绍兴以来,寖不如旧,民日益贫,俗日益弊。比年荒歉,益致穷蹙。原其所自,官实病之。

大军月桩起于绍兴初用兵,权以纾急,兵罢不除,因以为额。立额未几,有漕使勾君者,知其为横敛,初无名色。行县之次,问邑吏月桩之所从取,凡以实告者,皆得蠲减。独金溪少吏不解事,惧吐实则有罪,辄以有名色对,故金溪独不蒙蠲减。月解之数为缗钱八百有奇,以岁计之,当输万缗,朘民之端莫大于此。贪吏并缘,侵欲无艺,槌骨沥髓,民不聊生。纵遇循良,莫能善后,累有贤宰条陈本末,祈请蠲除,上府不察,吏胥持之,竟不施行。

今县宰仁厚,爱民甚笃,佐贰皆贤。适值连岁旱伤,今岁大旱,留意赈恤,尽却吏胥侵渔之策,细民始有生全之望。而月解积负,无所取偿,复此询究月桩本末,以致祈恳。此在县官特九牛一毛耳,而可使一邑数万家免于穷困流离,长无叹息,诚仁人所乐为也。况如执事之贤,当不待赞。第以某尝托契门墙,而占籍兹邑,当其休戚,不敢不告。

某复有管见,欲效涓埃:比年民力日竭,国计日匮,郡县日窘,独吏胥属厌耳。郡县积负日加岁增,版漕监司督之州郡,郡督之县,县督之民,吏胥睢盱其间,转相并缘以济其私。吏欲日饱,而积负自若。文移之烦,追逮之频,贿谢之厚,敛取之苛,皆此其故也。故督积负无补于县官,独足为胥吏贿谢之地,以重困吾民耳。所谓督于民者,民岂真有负哉?官吏新故相仍,有若邮置,缘绝簿书以盖侵盗〔1〕,积负之源实在于此。督至于县而无所从取,则横取诸民耳。今常赋之外,奇名异类以取于民,如所谓月桩者不可悉数。郡县月输岁供,具之版帐,尽责版帐之输,犹惧不给,彼又安能输积负哉?鄙语所谓"移东篱,掩西障",或有以积负输者,上之人不察,欣然以喜。不知其非公家之利,乃吏胥之便也,旧者输而新者积矣。善为上者莫若舍积负而责新输,则贿谢绝,郡县宽,民可以息肩。"百姓足,君孰与不足?"殆不可谓书生常谈而忽之也。不识高明以为如何?是间仓台守倅皆贤,有所建请,有所施行,皆可共事,不致有龃龉也。

---

〔1〕"盖",原作"益",据成化本、《四库》本改。

闻便稍亟,书字有涂注处,并幸亮恕!

与陈教授

敝里社仓,目今固为农之利,而愚见素有所未安。盖年常丰,田常熟,则其利可久。苟非常熟之田,一遇歉岁,则有散而无敛,来岁缺种粮时,乃无以赈之。莫若兼置平籴一仓,丰时籴之,使无价贱伤农之患;缺时粜之,以摧富民闭廪腾价之计。析所籴为二,每存其一,以备歉岁,代社仓之匮,实为长积。李评:余尝为家居二仓:一义仓,一常平,意亦如此。

金溪兹岁旱处颇多,通县计之,只可作六分熟。敝里今岁得雨偶多,凡社仓所及皆有粒米狼戾之兴。傥得二十缗,可得粟二千硕,乡斗为官为一千硕。来岁粜一千硕,存一千硕,为后年之备。逐年更籴之,可与社仓俱广,为无穷之利。敝里社仓所及不过二都,然在一邑中乃独无富民大家处。所谓农民者非佃客庄,则佃官庄,其为下户自有田者亦无几。所谓客庄,亦多侨寄官户,平时不能赡恤其农者也。当春夏缺米时,皆四出告籴于他乡之富民,极可怜也!此乃金溪之穷乡,今社仓之立,固已变愁叹为讴谣矣。况得平籴一仓,以弥缝其缺,推广其惠,欢舞当如何耶?今农民皆贫,当收获时,多不复能藏,亟须粜易以给他用,以解逋责。使无以籴之,则价必甚贱,而粟泄于米商之舟与富民之廪,来岁必重困矣。

前所言米价,亦准乡斗所籴之价耳。今岁之价必下于此,则所得米数当加多,为利不细。

向来梭山家兄尝陈五利之说于主管陈丈,即以白之仓台。寻得陈丈书,谓仓台已许可。其时家兄以乡间无米可籴,故不获卒请。某属者亦尝言于仓台,但未禀幕中二丈,欲望会次及之。傥不以为不然,却幸见报,家兄当具禀以卒所请也。

二

属奉教墨,窃知平籴之议莫逆于幕中二君子之心,已遂闻于仓台,仓台亦既惠许之矣。然坐此霖霪稼之最良者,又有仆泥自萌之患。若此雨不止,大妨收获,稼必重伤,民必重困,此策无所施矣。

山间今来稍有霁色,极为之喜!方取纸欲以卒请,白云又复如拥雪。向之久于是山者,以为晴云固有如此者,特未可必耳。万一仍雨不解,其贻有位者之忧不细矣。尚凭诸君子之力,出秋阳以廓此氛曀,山林之人亦庶几一饱之适。若得善获,必有可籴,而米之多少则继为之请,当非所靳,第支钱米于金溪,则恐不可耳。

金溪素无仓台钱米,向来陆仓以岁歉,捐二千缗委巩主簿于熟乡籴二千硕,为来岁赈济之备。次年所用不多,余者储于县前仓。前岁梭山所掌社仓已支八百硕矣,又递年仓台赈恤皆取诸此,所存料亦无几。金溪年来极窘于版帐积负,前此苏宰又重罹赵侯之困,贿谢供输,大抵诛求无艺。如闻钱谷侈用颇多,安得有见钱可支?藉令有之,金溪负郭以西率多旱乡,惟东西乡稍熟,政宜以责之县家,自为和籴,以备来岁近郭之用。仓台所乏者非钱也,傥得径就使台支官会或见钱为便。钱虽难于擎挈,尚可为便兑之计,若得官会,则尤为顺便。盖乡间亦商旅之路,可发泄也。

向来社仓,赵丈欲行之,移文郡县,揭示衢要,累月无应之者。赵丈往往以询所善,或告之以此事全在得人,苟非其人,不如勿为之愈。建宁社仓始于朱元晦、魏元履,今诚得如陆梭山者为之,乃可久耳。赵丈就令询家兄之意,寻即遣人致书家兄,报书许之。既而某亦得赵丈书,虽愚意尚有未安,事业已行,又以其人权之,可以不败,亦只复书赞成其事。今秋乃再散再敛矣。

适见今仓台黄丈爱民之心不后于赵,故辄申其千一之虑,以为万一之补。今幕中二君子爱民之心不后于陈。向来陈主管亦先辱梭山兄以书，意甚勤至。其后梭山兄因得以平籴之法条具五利，祈于请致。今仓使黄丈、陈幹所复梭山兄书并往一观，亦恐欲携呈仓使与幕中二君子也。向来赵丈交移甚简，今梭山兄并留逐时书问以为根柢。陈主管书或呈似诸贤后，掷示为幸。某已作禀札达仓台。纸多不欲更续，切幸加察。

与赵推

黄霸为颍川守，鳏寡孤独死无以葬者，霸为区处曰："某所大木可以为棺，某亭猪子可以为祭。"吏往，皆如其言。遣吏司察事，既还而劳其食于道傍为乌所攫肉，事每得实，人无敢欺，皆以为神。史家载其得之之由，以为语次寻绎，问他阴伏，以相参考。后世儒者乃以为钩距而鄙之。此在黄霸未尽善，而后儒非之者尤为无知。盖不论其本而论其末，不观其心而遽议其行事，则皆不足以论人。原霸之心，本欲免人之欺，求事之实，则亦岂可多罪？

今风俗弊甚，狱讼烦多，吏奸为朋，民无所归命，曲直不分，以贿为胜负。狱讼之间虽有善士临之，亦未必能尽得其情。若有志之士欲研究其实，岂免用问马参牛之智？愚儒必以钩距非之，则是必使情实不知，曲直倒置，奸恶肆行，不幸无告，然后为道耶？故愚儒之论害道伤治。真实学者必当明辨乎此，则正理可得而信也。

近见王吉州言监司、太守不可轻置人于狱。盖狱官多非其人，吏卒常司其权。平民一抵于狱，唯狱吏之所为，棰楚之下，何求不得？文案既上，从而察之，不能复有所见矣。盖其词情皆由于吏卒之所成练[1]。前书所谓奏当之成，虽使皋陶听之，犹以为死有余

---

[1]"词情"，《陆子学谱》作"情词"。

辜者,谓此也。

今有两词各护其说,左证疑似,簿书契要无可考据,事又有不在簿书契要者,则狱中求实之法,谓之闪隔。假令有二人则隔为二处,三人则隔为三处,不使之相闻知。以吾所疑与其事之节目,逐处审问,谨思精察要领,可以得情者,反复求之。若使得在于初词之外,若可据信,则必于两处参审,必使有若合符节者,乃可据耳。然此事最难,若官人尽心,却不能防吏卒之奸,则吏卒必阴漏其事,则官人之智无所施矣。

故狱讼惟得情为难。唐虞之朝,惟皋陶见道甚明,群圣所宗,舜乃使之为士。《周书》亦曰:"司寇苏公,式敬尔由狱。"《贲·象》亦曰:"君子以明庶政,无敢折狱。"《贲》乃山下有火,火为至明,然犹言无敢折狱,此事正是学者用工处。《噬嗑》,离在上,则曰"利用狱"。《丰》,离在下,则曰"折狱致刑"。盖贵其明也。新司理初间甚贤,继而闻之,亦无能为重轻,足下尤宜谨之。

官人者异乡之人,吏人者本乡之人。官人年满者三考,成资者两考。吏人则长子孙于其间。官人视事,则左右前后皆吏人也。故官人为吏所欺,为吏所卖,亦其势然也。

吏人自食而办公事,且乐为之,争为之者,利在焉故也。故吏人之无良心,无公心,亦势使之然也。

官人常欲知其实,吏人常不欲官人之知事实,故官人欲知事实甚难。官人问事于吏,吏效其说,必非其实,然必为实形。欲为实形,亦必稍假于实,盖不为实形不能取信。官人或自能得事实,吏必多方以乱之,纵不能尽乱之,亦必稍乱之。盖官人纯得事实,非吏人之利也。故官人能得事实为难,纯以事实行之为尤难。

与苏宰

贱疾去体皆庇所逮,记存之及尤重悚仄。李注:仄,音则,不安意。

使君好音尚尔迟迟,何也?"心苟无瑕,何恤乎无家。"外之所遭,有时与命,初不足为吾人重轻。然君子每因是以自省察,故缺失由是而知,德业由是而进。屯难困顿者,乃所以成君子之美也,故曰"生于忧患而死于安乐"。古人之处忧患者,又岂止如门下今日所遭而已哉?愿笃信此道,日去其非,以著其是,则终来有他吉矣。

二

某往时充员敕局,浮食是惭。惟是四方奏请,廷臣面对,有所建置更革,多下详看。其或书生贵游,不谙民事,轻于献计,不知一旦施行,片纸之出,兆姓蒙害。每与同官悉意论驳,朝廷清明,常得寝废。编摩之事,稽考之勤,顾何足以当太官之膳,尚方之赐,或庶几者,仅此可少偿万一耳。

新天子即位,执事者过听,又复畀之荆门。某窃惟为臣之义,进思尽忠,退思补过。傥尚未罹摈斥,得共乃事,脱或朝臣一时建请,有司失于讨论,遽施行之,而反为民害者,亦当用公心,循公理,为百姓条析,以复于上,庶几尽忠补过之义。郡守、县令,民之师帅,承流宣化,其职任一也,而令尤亲于民。古者郎官出宰百里,上应列宿,寄命之责固不轻矣。某托庇治下,每辱眷待之厚,苟有所见,安可不尽陈于左右,以为万一之助哉?

比者窃见省符,责括民户屯田,将复卖之。上失朝廷之体,下为良农之害。甚哉!计之过也。

其初出监簿陈君,初官江西,因见临江之新淦、隆兴之奉新、抚之崇仁三县之间有请佃没官绝户田者,租课甚重,罄所入不足以输官。佃者因为奸计,不复输纳,徒贿吏胥以图苟免。春夏则群来耕获,秋冬则弃去逃藏。当逃藏时,固无可追寻,及群至时,则倚众拒捍,其强梁奸猾者如此。若其善良者,则困于官租,遂以流离死亡,田复荒弃。由是侵耕冒佃之讼益繁,公私之弊日积。陈既被召为职事官，因以此陈请，欲行责括，减其租课。以为如此，则民必乐输，而官有实入。此其为说，盖未为甚失。

其初下之漕台，布之州县，施行之间已不能如建请者之本旨，遂并与系省额屯田者一概责括，亦卤莽矣。盖佃没官绝户田者，或是吏胥一时纽立租课，或是农民递互增租划佃，故有租重之患，因而抵负不纳。或以流亡抛荒，或致侵耕冒佃，而公私俱受其害。陈监簿之所为建请者，特为此也。若系省额屯田者，则与前项事体迥然不同。其租课比之税田，虽为加重，然佃之者皆是良农，老幼男女皆能力作，又谙晓耕种培灌之利便，终岁竭力其间，所收往往多于税田，故输官之余可以自给。人人自爱，其争先输公，不肯逋负，亦优于有税田者。又此等官田皆有庄名。如某所居之里则有所谓大岭庄，有所谓精步庄，询之他处，莫不各有庄名。故老相传，以为元祐间宣仁垂帘之日，捐汤沐之入以补大农，而俾以在官之田，区分为庄，以赡贫民，籍其名数，计其顷亩，定其租课，使为永业。今里中之老犹有能言宣仁上仙之年与其月日者。岁月浸久，民又相与贸易，谓之资陪，厥价与税田相若，著令亦许其承佃，明有资陪之文，使之立契字，输牙税，盖无异于税田。其名数之著于州县簿籍者，目曰省庄。计其租入，则上而计省，下而郡县，皆总之曰苗屯米若干。此其与逐时没官户绝田产隶于常平而俾之出卖者，岂可同年而语哉？历时既多，展转贸易，佃此田者，不复有当时给佃之人，目今无非资陪入户，租课之输，逋负绝少，郡县供亿，所赖为多。有司因陈君之请，概行责括，亦已疏矣。漕台又因有出卖之请，此不审之甚者也。若没官户绝田产，朝廷何尝不令出卖？惟其不售也，是以开给佃之门，亦所以劝民之耕，且使土无旷而租无亏也。今以租重之故，致前数弊，议者方建减租之策，乃不能因而推行之，而复为出卖之说，可谓失于讨论矣。且官有卖田之名，固自不美。今固无买者，假令有买者，亦必不能齐一所收之直，又安能有补于县官之调度,终亦化为乌有耳。有司坐析无补之秋毫,徒使县官负不美之名,忧民如此,不亦谬乎?谋国如此,不亦疏乎?若复及于所谓屯田者,则其失又甚矣。今有屯田者无非良农,入户有资陪之价,著令有资陪之文,立契有牙税之输,租课未尝逋负,郡县赖以供亿。一旦官复责括而卖之,则有是田者往往仅能自给,岂复能办钱以买此田哉?纵或能买,是无故而使之再出买田之价,岂不困哉?岂不冤哉?其能买者固不百一,异时有钱以买者必兼并豪植之家也。夺良农固有熟耕之田以资兼并豪植之家,而使之流离困穷,衔冤茹痛,相枕籍为沟中瘠,此何策也?版曹之勘当,都省之符下,皆不复究其本末,其事益炽,其害易滋。陈君之请不过三县,省符之下、计台之奏遂及三郡,版曹勘当则又遍于一路,且其施行与其建请本旨绝相背违。真所谓"字经三写,乌焉成马"。失今不救,又将遍于天下矣。假令有成命,有司苟知其非,犹当各守其职而争之。况今未成命,岂可坐糜纸札[1],徒严期会,滋吏奸以扰良农,安视下民之困以成执事者之过计哉?

　　门下平日爱民如父母,忧民如疾疢,今诚为之深究其本末,详计其利病,陈之上府,列之计台,丐闻于朝,俾寝其议,以便邦计,以安民心,此必门下之所乐为也。胥吏之计,方将并缘以招贿谢,必不乐此。谅仁人君子之心惟恐不闻吾民之疾苦、政令之利病,必不以吏胥之谋而易天下之至计。某虽不能周知一邑之版籍,以所闻见计之,此邑之民耕屯田者当不下三千户[2]。以中农夫食七人为率,则三七二十一,当二万一千人。抚万家之邑,而其良农三千户,老稚二万一千,一旦失职,凛凛有破家散业、流离死亡之忧也,岂仁人君子之所能忍视而不为之计者。今方收获春揄之时,诚得亟为

---

〔1〕 "坐糜",原作"坐縻",据嘉靖本、万历本改。
〔2〕 "户",各本均作"石",据《陆子学谱》及文义改。

剡牍,而其文书期会姑辽缓之,以须后庚之命〔1〕。使虑忧之偪仄转为欢心,惨凄怛悍散为和气,而讴歌鼓舞溢于田亩,遍于涂巷,不亦休哉!此非有缺于供输,损于调度,决不至以此获罪于上府计台也。仰恃爱念,敢布腹心。

三

始闻徒御戒行,将如郡邸,岂黄堂将大行宽恤之政,以厚吾民之力,为国家培固根本,为万世不拔之基耶?"抚字心劳,催科政拙"〔2〕,此阳道州所以为当世大贤,李注:阳城,为道州刺史。而史家载之以为美谈者。天以斯民付之吾君,吾君又以斯民付之守宰,故凡张官置吏者,为民设也。无以厚民之生,而反以病之,是失朝廷所以张官置吏之本意矣。"无君子莫治野人,无野人莫养君子",朝廷官府之用,固当野人供之。今赋输之法,斯民所当遵而不违也。违而不供,民之罪也;官从而督之,理之宜也。为守宰者固不可以托"催科政拙"之言而置赋税之事一切不理。《易》曰:"理财正辞,禁民为非,曰义。"必指簿书期会为非吾所当务,此乃腐儒鄙生不闻大道,妄为缪悠之说,以自盖其无能者之言也。今簿书不理,吏胥因为紊乱,为长吏者难于稽考,吏胥与奸民为市,使长吏无所窥寻其踪迹,此所当深思精考,核其本末,求其要领,乃所谓"理财正辞,禁民为非"者也。簿书齐整明白,吏无所容奸,则奸民惧而弊事理,良民下户畏事之人不复被扰矣。

若循理而治赋输,又不能宽上府之督责,则致为臣而去,岂不甚公、甚正、甚荣、甚美哉?有如文丈,大乡之贤,善类所宗,亦必甚

---

〔1〕 "以须",他本均作"以烦"。须,等待。作"以须"义较胜。
〔2〕 此句原出《旧唐书》卷一百九十二《阳城传》,"催"原作"征",此系陆九渊避宋仁宗赵祯之讳而改。

慰其意,以为吾有贤子,不愧于阳道州矣。世间富贵何限,往往与草木俱腐,其能自拔而与阳道州俨驾于方册者几何人哉?若曰:"今不得已,且屈吾平日之志,为苟免之道",非某之所闻也。吾人要当求师于往圣昔贤、有识君子,不可听计于吏胥。吏胥者,吾之所御,岂可反入其笼罩之中也。

卷九

书

与王谦仲 讳蔺，时为江西帅

某违远诲言，三换岁矣，区区瞻企，何可云喻。去冬拜手翰之辱，大义焕然，岂胜慰浣[1]。江乡何幸得大贤出镇，然自朝廷而言，则轻重缓急亦已舛矣。明天子注倚，岂其或疾执事者之不便，计必出此，亦识者之所前料，殆无足怪。独阴氛重重，殊未廓清，葵藿之心不能不为大明惜之。然去冬"不愿著足闹篮，只欲休去歇去"之语尤非所望。窃料执事此蔽未能遽解，则此行殆为私便。某占籍江西，以私言之，亦惟恐彼人之计有所不行也。开府用何日？传闻下车，十连胥庆，此非尺牍虚辞也。元晦闻已起行入奏事，江西可谓德星聚也。

某去夏拜书后，不旬日即有仲兄子仪之丧，秋初又哭一殇子，乃将为先兄子寿后者，薄德鲜祐如此。旧有拙疾，哀苦中大作，几至于毙。腊月顿愈，今顽健复如去春时矣。

乡人彭世昌新得一山，在信之贵溪西境，距敝庐两舍而近。唐僧有所谓马祖者庐于其阴，乡人因呼禅师山。元丰中有僧莹者为寺其阳，名曰应天寺，废久矣。屋庐毁撤无余，故址埋于荆榛，良田

---

〔1〕"慰浣"，嘉靖本作"慰沃"。

清池没于茅苇。彭子竭力开辟,结一庐以相延。去冬尝一登山,见其隘,复建一草堂于其东。山间亦粗有田可耕。社日后,携二息偕数友朋登山,盘旋数日,尽发兹山之秘。要领之处,眼界胜绝,乃向来僧辈所未识也。去冬之堂在寺故址,未惬人意,方于胜处为方丈以居。顾视山形,宛然巨象,遂名以象山草堂,则扁曰象山精舍。乡人盖素恨此山之名辱于异教,今皆翕然以象山为称。

故侍郎张南仲之居实在山下。南仲讳运,其诸子鄙,徙居鄱阳,其诸侄咸在故里,皆尊尚儒术,旧亦多游从者。彭世昌极贫,开山之役,诸张实佽助之,李注:佽,比也。其经营之初,亦张为之地。今张氏子弟咸来相从。一家结庐于东坞之上,比方丈为少高,名之曰储云。兹山常出云,云之自出常在其高故也。一家结庐于前山之右,石涧飞瀑萦纡带其侧,因名曰佩玉。相继而来结庐者未已,未及名也。

方丈檐间层峦叠嶂,奔腾飞动,近者数十里,远者数百里,争奇竞秀,朝暮雨旸,云烟出没之变千态万状,不可名模。两山回合其前,如两臂环拱,臂间之田不下百亩。沿流而下,悬注数里,因石赋形,小者如线,大者如练。苍林阴翳,巨石错落,盛夏不知有暑。挟册其间,可以终日。东山之崖有翻经石,可憩十许人;西山之崖有歇石,可坐五六人,皆有苍松蟠覆其上,其下壁立万仞。山之阴有麐湖在其巅[1],天成一池,泓然如鉴,大旱不竭,可以结庐居之。自麐湖而北,数山之外有马祖庵,其处亦胜。有风洞、有浸月池、有东垄、有桦木垄、有东西坞、有第一峰,凡此皆旧名嘉者。

此山大势南来,折而东,又折而南。其高在西北,堂之西最高,

---

[1] "麐湖",原作"澄湖",他本均作"尘湖"。明王祎《王忠文集》卷八所收《灵谷书院记》曰:"麐湖者,贵溪之名山。……相传昔有学仙此山者,尝见群鹿饮湖水。麐,鹿之大者,故山以得名。"可知此湖应名麐湖,兹据改。下"麐湖"同。

九峰联络如屏,名曰翠屏,其上皆林木也。北峰之高者如盖,可以登望。南望群山益远,溪谷原野毕露。东望灵山,特起凌霄,缥缈如画,山形端方廉利,吴越所未见有也。下见龟峰,昂首穹背,形状逼真。玉山之水,盖四百里而出于龟峰之下,略贵溪以经兹山之左。西望邈姑石、琵琶诸峰,嶙崒逼人,从天而下。溪之源于光泽者,间见山麓,如青玉版。北视上清、仙岩、台山,仅如培塿。东西二溪窈窕如带,二溪合处百里而近。然地势卑下夷旷,非甚清彻,尝没于苍茫烟霭中矣。

彭世昌去冬亦尝至无为求见,挟梭山之书。闻治行之忙,不及瞻望。今已息肩,共学耕于此矣。此公志向不肯碌碌,人皆谓之狂生。然其平生所为甚异流俗,为私者尝少,而为义者尝多。惜其前日不甚得从师友,择之未精耳,自此当有可望。

二

彭世昌归,适领教翰,专人荐至,连奉好音,慰浣何可言喻。时事一新,阴氛顿释,良心之所共快。继是而无以新之,则后之视今,犹今之视昔,诚如来教。

前月之雨,霶𩃎连日,山溪暴涨,平野渺如湖海,积年所无,幸不甚为害。水落之后,禾黍畅茂,倍于常岁。旬日更得一雨,旱田十分成熟矣。陂池皆有蓄水,纵有秋旱,晚稻亦有可救,不至如去年也。江西之民,当借大府之德,而望一稔矣。

近闻饶之浮梁负郭一寺中,井泉涌溢而地陷,漂庐浮尸不可胜数。水后,舟行者见沿流居民收积漂材,往往如堵,所败伤不少矣。如闻临江、筠、袁亦有水患,大府当知其详。

今风俗积坏,人材积衰,郡县积敝,事力积耗,民心积摇,和气积伤,上虚下竭,虽得一稔,未敢多庆。如人形貌未改而脏气积伤,此和、扁之所忧也。比日所去之蠹可谓大矣。燮调康济,政尔惟难。非君臣同德,洞见本末,岂易言此!海内之责当有在矣。愿得从容以究此意,不啻饥渴。

秋深佳天气,当求一扣函丈。第恐前此促召,亦赖遣介相闻,告以起行之日,水陆所由,定当前途求一见耳。

善政日有所闻。闻夏税甚便于民,恨未知其详。秋苗利病想已讨论甚悉。为郡者只能于此二节去其害而致其利,则及物已广矣。某去冬有与宋漕札子,言金溪月桩,惜其不及施行。谩录呈,倘有余力及之,幸甚!

与钱伯同 _{时为抚州守}

不讯记曹,又复逾时。然早作晚寝,渴饮饥食,皆涵泳邦君之泽,尺牍疏数,尚奚足言。

荆公英才盖世,平日所学未尝不以尧舜为标的。及遭逢神庙,君臣议论,未尝不以尧舜相期。独其学不造本原,而悉精毕力于其末,故至于败。去古既远,虽当世君子往往不免安常习故之患,故荆公一切指为流俗。于是排者蜂起,极诋訾之言,不复折之以至理,既不足以解荆公之蔽,反坚神庙信用之心。故新法之行,当时诋排之人当与荆公共分其罪。此学不明,至今吪声者日以益众,是奚足以病荆公哉?祠宇隳败,为日之久,莫有敢一举手者,亦习俗使然耳。执事慨然而一新之,非特见超卓,其何能如是?比得倅车书,谓执事欲以记文下委,不觉喜溢支体。盖兹事湮郁,深愿自是一发舒之。

遣人临存,适越在他境,不即奉答,姑以此谢缓报之罪。记文尚迟旬日,当成就其说,驰纳求教。

二

居山逾一甲子,益饱云山之变。饭稻羹鱼,无复在陈之厄,藉庇宏矣。兹山之胜尤在瀑流，东有磔潭，李注：磔，与砌通。西有半山。磔潭不下玉渊，半山可亚卧龙。精舍之前，两山回合，又自为一涧，垂注数里，喷薄飞洒于茂林之间：一曰风练，二曰喷玉，三曰翻涛，四曰疏珠，五曰冰帘，六曰双练，七曰飞雪。木石自为阶梯，可沿以观。两崖有蟠松怪石，却略偃蹇，隐见于林杪。时相管领，令人忘归。日与二三子咏歌其间，怀吾贤使君之德，何有穷已，故亦乐为执事道之。王弱翁方酣于绿尊红妓，安能作字哉？《文公祠记》某当并书之，迟旬日纳去。

与杨守

乡邦凋弊，方深游釜之忧，遽得贤师帅振起而抚摩之，欣幸之私不在田夫野老之后矣。属者修敬，数获款晤，深慰积年倾渴之怀。至蒙礼遇之宠，每逾涯分，尤深感作。抵家欲具谢尺纸，以不敏，因循迨今。然文华日胜，情实日薄，此后世公患。吾人相与以信义，苟文非所计，故不敢深以自讼。谅惟高明，必不以是督过之。

某此月七日始得束书登山，九日始遂达山房。

金溪与饶之安仁、信之贵溪为邻，二境皆有盗贼之患，金溪独不然。相去跬步之间，事体便相辽绝。"晋国之盗逃奔于秦"，乃今见之。贤使君之效乃如此，是事乃得之亲见，非传闻也。

金溪今岁旱处亦多，通县计之，可作六分熟。敝居左右独多得雨，颇有粒米狼戾之兴。但前数日南风亦颇伤稻。目今雨意甚浓，此去却要速晴，以便收获。万一成积雨，则又有可忧者。切窥贤者用心未尝不在于民，不敢不告。近日颇从仓台需籴本，为平籴一仓，以辅向来赵丈所建社仓。其详教授知之，得就渠索某札子一观，幸甚！

二

教之绪余不胜降叹。从容平易,惟理是求,稽诸前古,千载一辙。周道之衰,民尚机巧,溺意功利,失其本心。将以沽名,名亦终灭;将以徼利,利亦终尽[1]。然则君子终古不磨[2],不见知于庸人,而见知于识者;不见容于群小,而无愧于古人。俯仰浩然,进退有裕,在己之贵,润身之富,辉光日新,有无穷之闻,其视怀璧负乘之人,何啻蚊蚋蚁虫哉?三复来贶,益厉此心,敢悉布之,永以为好,惟执事终惠顾之。

三

违远色笑,倏尔经时,洽闻讴谣,益用乡德。某自省事以来五十年矣,不知几易太守,其贤而可称者,唯张安国、赵景明、陈时中、钱伯同四人,殆如晨星之相望,可谓难得矣。今执事临之,又光于诸公,邦人何幸!

虽然,属者郡政不竞已甚,积弊宿蠹殆难驱除,猾吏豪家相为表里,根盘节错,为民蟊贼。质之淳黠、势之强弱相去悬绝,本非对偶。吏胥居府廷,司文案,宿留于邦君之侧,以闲剧劳逸尝吾之喜愠,以日月淹速尝吾之忘忆。为之先后缓急,开阖损益,以蔽吾聪明,乱吾是非而行其计。豪家拥高赀,厚党与,附会左右之人,创端绪于事外以乱本旨,结左证于党中以实伪事,工为节目,以与吏符合而成其说。吾以异乡之人一旦而听之,非素谙其俗。而府中深崇,闾里之事不接于吾之目,涂巷之言不闻于吾之耳。被害者又淳厚柔弱,类不能自明自达。听断之际欲必得其情而不为所欺,此甚

---

[1] "尽",成化本、正德本、嘉靖本、万历本、《四库》本作"亡"。
[2] "然则",成化本、正德本、嘉靖本、万历本、《四库》本作"惟其"。

明者之所难也。吾虽得其情,彼尚或能为之牵制,以格吾之施行。吾断之速,则文疏事漏而无以绝其辞;吾求之详,则日引月长而适以生其奸。况其是非曲直之未分,而常有以贰吾之心,疑吾之见,变乱其事实,而其情亦未易得也。一堕其计,奸恶失所畏,善良失所恃矣。岂不难哉?李评:按猾蠹为害,可畏若此。居官者读此,与《与徐子宜书》诸篇参看,则不为所欺矣。

善恶之习犹阴阳之相为消长,无两大之理。一人之身,善习长而恶习消则为贤人,反是则为愚;一国之俗,善习长而恶习消则为治国,反是则为乱。时之所以为否泰者,亦在此而已。开辟以来,羲皇而降,圣君、贤相、名卿、良大夫相与扶持封植者,善也;其所防闲杜绝者,恶也。明明在上者,明此而已。"火在天上,大有",明之至也。《象》曰:"君子以遏恶扬善,顺天休命。"《传》亦有之:"为国家者,见恶如农夫之务去草焉,芟夷蕴崇之,绝其本根,勿使能植,则善者信矣。"夫子曰:"听讼,吾犹人也。必也使无讼乎。"使夫子生今之世,为今之吏,亦岂遽使人无讼哉?《易》有《讼》卦,其来久矣,不能无讼,岂唯今日。若其听讼之间,是非易位,善恶倒置,而曰自有使人无讼之道,无是理也。舜之受终,必流共工于幽州,放驩兜于崇山,窜三苗于三危,殛鲧于羽山,而后天下咸服。夫子之得鲁政,必诛少正卯于两观之下,而后沈犹氏不敢朝饮其羊,公镇氏出其妻〔1〕,镇溃氏逾境而徙,鲁之鬻牛马者不豫价。遏恶扬善,顺天休命,前圣后圣,其揆一也。必使无讼之道,当于听讼之间见之矣。君子之所以异于人者,以其存心也。遏恶扬善,顺天休命,此其存心也。与后世苟且以逃吏责,钩距以立威者,岂可同年而语哉?举斯心以加诸彼,使善习日

---

〔1〕"公镇氏出其妻",典出《荀子·儒效》,"镇"原作"慎"。此系陆九渊避宋孝宗赵昚之讳而改。下"镇溃氏"之"镇"同。

长，恶习日消，恶者屈，善者信，其无讼也必矣。蒙照知之素，辄效区区以裨万一。

与黄监

某切见乡来赵丈举行社仓，敝里亦立一仓，委梭山家兄主其事。某颇有所未安者，昨亦尝禀闻，愚见以为莫若为平籴一仓以辅之，乃可长久。平籴则可独行，社仓未必可独行也。社仓施于常熟乡乃可久，田不常熟，则歉岁之后无补于赈恤。平籴则丰时可以受农民之粟，无价贱伤农之患，歉时可以摧富民闭廪腾价之计，政使独行，亦为长利。今以辅社仓之所不及而弥缝其缺，又两尽善矣。其详已尝托陈教授布禀。

与林叔虎临川人，讳梦英，一字子应，师事文安公，登淳熙二年进士

叔虎才美，试于一县，真游刃有余地矣。顾其志义文采，郁未尽施，行且观腾骧耳。学宫之壮，恨不得即一拭目。记文见委，义当效力，第非仓卒所能成耳。去冬为陈贵溪作《重修学记》，谩往其刻一观。向为仲权作《宜章学记》，莫曾见否？李注：陈贵溪，名公显。仲权姓吴，名镒。今竟未刻，岂其有不当仲权之意者耶？近观仲权所向，亦有可念者。

淳叟身后事亦粗办，然极可怜。晚节与仲权、正己为莫逆友，死者已矣，生者顾未知其所终，又可怜也。寿夭、贫富、贵贱皆不足多为学者道。古之圣贤，如关龙逄之诛，王子比干之剖心，颜、冉之夭疾[1]，孔孟之厄穷，至今煌煌在宇宙间，庸何伤哉？

某去年春尾在山间，闻伯蕃侄讣以归，亲旧家庭抚棺视窆之

---

[1] "冉"，成化本、正德本、嘉靖本、万历本、《四库》本皆作"闵"。按："冉"应指冉耕，"闵"应指闵损，均为孔子弟子。但冉耕因恶疾早逝，闵损则不闻有夭疾之事。故作"冉"义较胜。

役,相寻以卒岁,今犹有侄妇之丧未葬。然更阅涉历,此道益明,益不敢不勉。

数年间,书问文记颇多,不能尽录。令小儿录《经德堂记》往,此文颇有补于吾道。《荆公祠堂记》刻并往,此是断百余年未了底大公案,圣人复起,不易吾言矣。刻中第六行内"义当与之戮力"字下脱"若虚捐岁月,是自弃也"九字,"好议论"字下羡"人"一字,若令人写出,增损而读之,乃无遗恨。当时钱伯同托弱翁书,弱翁臂痛不能书,伯同逼替,复送来某自书,恃有前本,碎纸写去,偶有此脱羡,伯同恐是意欲增损,遂依后本刻,至今不满。后当更书小本,叙此曲直,跋其后,置诸壁间也。

与晦翁往复书,因得发明其平生学问之病,近得尽朋友之义,远则破后学之疑,为后世之益。若夫志卑识暗,居斯世为斯世之徒,固不足以论此。

长沙胡季随乃五峰之幼子,师事张南轩,又妻其女。南轩没后,又讲学于晦翁之门,亦尝至临安相聚。此人操行甚谨悫,志学亦甚笃,但学不得其方,大困而不知反。去年亦有书来此,今录所答渠书并所复陈漕君举书往。

世固有甘心为小人者,此无可言矣。有不肯为小人而甘心为常人者,又未足言也。有不肯为常人而堕于流俗中,力不能自拔,又无贤师友提掖之,此可念也。又有非其力不能自拔,其所为往往不类流俗,坚笃精勤,无须臾闲暇。又有徒党传习,日不暇给,又其书汗牛充栋而迷惑浸溺,流痼缠绵,有甚于甘心为小人、甘心为常人者,此岂不重可怜哉?上古圣贤先知此道,以此道觉此民。后世学绝道丧,邪说蜂起,熟烂以至今日,斯民无所归命,士人凭私臆决,大抵可怜矣。而号称学者,又复如此,道何由而明哉?复晦翁第二书,多是提此学之纲,非独为辨无极之说而已,可更熟复之。

与陈君举

丁未之冬,失于一见,尺书往复,莫遂输写。比年山居益左,知旧消息往往阔绝,徒积倾驰。遣人临存,辱以书币,备承近日动息,浣慰何量[1]。以尊兄之才之美,下问之勤,恳然情实,真以能问于不能,以多问于寡,尤用降叹!

世习靡敝,固无可言。以学自命者,又复锢于私见[2],蔽于私说,却针拒砭,厚自党与,假先训,刬形似,以自附益,顾不知其实背驰久矣。天以是理畀人,而举世莫任其责,则人极殆不立矣。永思及此,益切悼惧。忘其驽骞,以自效竭,此某所不敢不勉。著大公以灭私,昭至信以熄伪,非尊兄尚望谁?"老矣"之论,未敢闻也。傅子渊已至衡阳,得其书,谓亦已相闻矣。子渊人品甚高,非余子比也。

刘淳叟前月初冒暑归自临江,病痢逾旬,竟不起,可哀,可哀!此郎年来避远师友,倒行逆施,极可悼念!春夏之间,适有困折,某近抵城闉,见其卧病,方将俟其有瘳,大拯拔之,不谓遂成长往,念之尤用伤叹!淳叟、正己初向学时,自厉之意蔚然可观,乡里子弟因之以感动兴起者甚众。曾未半途,各有异志。淳叟归依佛乘,正己慕用术,所托虽殊,其趣则一。此其为蔽,与前所谓以学自命者又大不侔矣。正己比来相与礼貌,然视其朋游,观其文辞,验之瞻视容色,以考其指归,未之有改,此尤可念也。

---

[1]"何",他本均作"可"。
[2]"锢",成化本、嘉靖本作"封"。

卷十

书

与李成之 讳性传，舜臣之子，嘉定四年进士，文安公弟子

某去冬距对班数日，忽有匠丞之除，王给事遂见缴。既而闻之，有谓吾将发其为首相爪牙者，故皇惧为此，抑可怜也！

古人所以不屑屑于间政适人，而必务有以格君心者，盖君心未格，则一邪黜，一邪登，一弊去，一弊兴，如循环然，何有穷已。及君心既格，则规模趋乡有若燕越，邪正是非有若苍素，大明既升，群阴毕伏，是琐琐者，亦何足复污人牙颊哉？

乡来面对，粗陈梗概，明主不以为狂，而条贯靡竟，统纪未终。所以低回之久者，欲俟再望清光，输写忠蕴，以致臣子之义耳。然而不遂，则亦天也，王氏之子焉能使予不遇哉？

二

李尉处附至三月晦日书，发读，慰浣之极！别纸尤见情实，历述病状，可谓自知之审矣。"为仁由己，而由人乎哉？"奋拔植立，岂不在我？若只管讥评因循，不能勇奋特立，如官容奸吏，家留盗房，日积忧患，而不勇于一去之决，谁实为之？今幸尚知其为奸盗而患苦之，护惜玩愒之久，浸以习熟便安之，未必不反以为忠良也。"任贤勿贰，去邪勿疑"，岂独为国而然，为家为身，盖一理也。愿精思

深察,致"一日克己复礼"之力,当有勿忧,宜日中之快矣。

与应仲寔[1]

向自使华在江东时,草草具复来贶。寻拜数字,附乡里士人以行。而执事移帅南服之命已下,用不果达。其时,某适至隆兴,在翠岩、洪井间,得闻从者至止。亟还城下,则棨戟又南矣,甚为怅然!属尝于复漕台书中寄意,语次亦曾及之否?

苍梧,舜迹所及。交趾、合浦、九真、日南,为郡古矣。粤自翠华南渡更为近服,班宣之任类皆名儒重臣。间者犹以簿书遗策、米盐末务仰勤冕旒南顾之忧,官人之难乃如此。兹焉帅阃,暂屈明贤,此其加惠岭海之民可谓至矣。抚柔安辑当有余地,远民知方,兴于礼义,此其时也。漕台心事荦荦,伏想相得甚欢。金兰之谊于是有证,健羡,健羡!

某往岁亦蒙误恩,俾垒荆门,尚迟余教,以逃大戾。区区近况,有鄙文数篇,公余过目,可概见矣。去年秋冬又两通晦翁书,然前说且倚阁矣。

与张季海 讳瀛,鄱阳人,为临川主簿,时摄宰金溪

久欲诣谒,坐此涂潦,政尔未遂,缺然斯怀。

金溪西北近临川处率多旱田,耕必三犁,秋乃可望。常岁及今再耜挟矣,今阻寒冻,曾未举趾,农者凛然有无年之忧[2]。雷先启蛰,泉源已动。泉之盛,一甲子而止,动早则及夏浅,动晚则及夏深。泉与雨泽亦相表里,故动早旱征,动晚稔征。今先启蛰而动,则不及夏矣。比年货泉日缩,民生日贫,谷价虽廉,往往乏食。重

---

〔1〕"寔",原作"实",据成化本、嘉靖本、万历本改。
〔2〕"年",原作"生",据成化本、正德本、嘉靖本、万历本、《四库》本改。

以冬春仍雪积雨,畦涂陇败,无所施力,困亦剧矣。霖霪未止,为之奈何?浦城小寇幸已成擒,警候之事尤非今日所能堪也。

邑民以公事至廷者,莫不称颂贤德。而游谈之士往往以听信百石为疑,虽其无根,不足深据,然形似则有以致之。更惟加察。

二

久以道泞,不遂往见。既望,尝作一纸以致区区。寻以少霁,欲留面剖,又不果达。今并往一观。

新宰既不果来,吾邑遂可以久被贤者之泽。向来不作久计,深为足下不取。古人于事无小大、无久近,其处之一也。居一日亦当尽吾道。学绝道丧,所从来久矣,放利而行者滔滔也。比尝与主簿论喻义、喻利之说,语次曾及之否?

弊邑之陋,风俗未还于正。所幸主簿意向甚美,第未甚更历耳。外此不复有正人,区区亦不能不为左右深虑。要当卓然以古人自期,悯恻流俗如失心者,而后能无所陷溺。人患无朋友,无闻见,与其亲不正之人,闻不正之言,则宁其无也。若见不贤而内自省,择其不善者而改之,则皆吾师也。

与张元鼎

比方得向来论事之书,张权因造簿正其宿弊,此固当然,比复使君书,固是之矣。若创征之事,此甚不可,足下之辩,殆类冉求之辩伐颛臾。

金溪陶户大抵皆农民于农隙时为之,事体与番阳镇中甚相悬绝。今时农民率多穷困,农业利薄,其来久矣。当其隙时,藉他业以相补助者,殆不止此。邦君不能补其不足,助其不给,而又征其自补助之业,是奚可哉?初甚骇闻兹事,继而闻其说出于沈尉,即悟其为此谋之人岂能有补于调度？若其伤邦君之政体，不复可得而文饰矣。沈生小子，本无知识，岂恤州郡？岂爱邦君？岂念小民？独为挟私者所嗾耳。所重可惜者，遂使贤使君为挟私之人所役，而足下又代挟私者为辩。此人之术，何其如此之高，乃能挟一邪说以役二贤者，又重可怪也。今未知已如何施行？正宜及其未深，有以改之，无为此人所笑。

与黄康年 讳椿，建昌南丰人，弟彦文，并师事文安公

此道充塞宇宙，天地顺此而动，故日月不过，而四时不忒；圣人顺此而动，故刑罚清而民服。古人所以造次必于是，颠沛必于是也。斯须不顺，是谓不敬。虽然，己私之累人，非大勇不能克。"一日克己复礼，天下归仁焉"，岂直推排而已哉？纵使失于警戒，旧习乘之，当其思之、觉之、复之之时，亦必大勇而后能得其正也。愿益勉之！

与胡无相 临川人，侍学文安公

惠书忧悯俗学，伤悼邪见，深中时病。惟是推许过盛，非所敢承。

刘定夫得数日之款。张诚子迫试期，不及一见，但得讯云："回日见过。"定夫亦约早晚登山。

山间朋友近多读《尚书》。上古道义素明，有倡斯和，无感不通，只是家常茶饭。今人既惑于利禄，又蔽于邪说，见说此理，翻成特地，岂不可怜哉？

与朱益叔 名贯无考，文安公弟子

区区之学不能自已，朋侪相课亦谓月异而岁不同。每观往年之文，其大端大旨则久有定论，至今不易。若其支叶条目，疏漏舛

错,往往有之,必加删削,乃可传也。向在朋友间,时见所传鄙文亦有全伪者,此尤不可不知也。

开岁合并,当究其说。学绝道丧,私说诐论,充塞弥满,朋友讲贯未能符合,其势然也。然至当归一,精义无二。"至于心,独无所同然乎?"此孟子之至言。但咏歌《伐木》之篇,缉熙其事,终必有无间然者矣。

与路彦彬 讳谦亨,从学文安公,里居无考

得函教,又辱以盛制,文盛意勤,顾何以当。虽然,似有未相晓者,义不敢不宣达于左右。

窃不自揆,区区之学,自谓孟子之后至是而始一明也。平日拳拳于左右者,岂徒以亲戚之故哉?古人缨绝肘见,不以为病,累日不火食,歌声若出金石。或者未能深信与?信之而未济登滋,李注:登滋,疑地名。按:"登滋"或是"澄湖"二字之误。澄湖在象山西巅,见前《与王谦仲书》,俟考。则兹当挟辕推毂以相从于康庄也。若金钱谷粟之惠遗,非某之任也。聚族之众,终岁之计,未免于饥。岁日索公堂米,无毫发补助,亦以事有大于此者,未敢任此责也。得时行道,固吾人分内事,然与世俗羡慕富贵者,天渊不足谕也。来诗似未免俗意,尤非所望。非高明亦不敢直言如此。

与涂任伯

来喻勤勤,大概谓来学者未必可语,而有耗气劳体之患,此诚足下爱我之心也。虽然,足下顾未知自爱,安能爱我哉?比数得与足下接语,此邦之士惑焉者甚众,进而效说者亦不少矣,大抵皆是何足与言仁义之意。然稠人广坐,其意盖不皆如是也。其意如是者,必其不知自爱者也。其意不如是者,必其知自爱者也。今足下之言乃与其不知自爱者若合符节,此吾所以甚为足下不取也。

《素问》之书乃秦汉以后医家之书,托之黄帝、岐伯耳。上古道纯德备,功利之说不兴,医卜之说亦不如是。比见足下好诵其言,特素未讲学,不知其非耳。李评:先生责人未讲学,而朱子乃疑先生不欲人讲学。今读《与涂任伯书》,其深情昭然若揭。某气禀素弱,年十四五,手足未尝温暖。后以稍知所向,体力亦随壮也。今年过半百,虽少加衰于壮时,然以足下之盛年,恐未能相逮也。何时合并,以究斯义。

与董元锡 疑金溪人,从学文安公,又师事文达公

元锡旧常有向学之意,而中自画,每切念之,无由奉达,今因此辄致区区,幸少垂听。

往训中言小人者甚多,不可一概观。小人字虽同,而其所指乃有相去天渊者。《论语》所谓:"女为君子儒,无为小人儒。"又曰:"言必信,行必果,硁硁然小人哉!"又如尹士既闻孟子之言则曰:"士,诚小人也。"此等则是学不至道,而囿于私见,不能终从其大体,故谓之小人。《易》曰:"小人不耻不仁,不畏不义,不见利不劝,不威不惩。"此则气质乖戾、奸憸凶恶之小人也[1]。治世盛时,若不格面从化,则刑戮之所不贷。此两者,善恶、雅俗、污洁之辨如云泥矣。

元锡平时喜事好修,何至为由后之小人哉?若由前之小人,则恐非元锡之所能及。今流俗不学之人,而其质不至于"不耻不仁,不畏不义",又不得陶冶于先圣王之教,方凭其私意自以为善,此则是俗人,不得谓之士,不得谓之儒,此辈必不能如尹士自知之明也。然俗人中气质又有厚薄、轻重、大小。平时所惜于元锡者,为其气质偶不得其厚重者,故不能自拔于市井之习,又辄凭之以妄议人之长短,所见日陋。如来书所谓仇,即陋见也,"知己"之说亦陋。然

---

[1] "憸",原作"险",据成化本、正德本、嘉靖本、万历本、《四库》本改。

吾能化陋以为广大,请借元锡"知己"之说而言之。元锡诚欲求知己,当今之世,舍我其谁哉?但恐元锡怕逢知己耳。元锡诚能不安其旧,惟新是图,则本心可以立复,旧习可以立熄,居仁由义,大人之事备矣,谁得而御之!

与倪济甫 讳巨川,从学于象山精舍。里居无考,或是同乡近地人〔1〕

闻不就程试,决计登山,甚为之喜!寿翁寄示《中秋分韵》,李注:寿翁姓饶。尤用嘉叹!天宇澄澈,月华晶莹,频年未有如此夕者,老子于此兴复不浅。是夕月午,启门相半,东望兹山,亦念不负此月者,在诸贤尔。自昭明德,何必是夕,造次颠沛,莫不当然。涵泳存养,计当日新。山翁在此,济甫之来不当迟迟也。

与黄彦文 讳枼,南丰人,与兄达材、康年师事文安公

宠示盛制,词典句老,动有稽据,非近时后生所及,深用降叹!下问求益之意,如川方至,此尤不可及。然有如耆德所进,当在文字之表,则所谓真诀在其中矣。恨行役匆匆,未得从容以究其说,尚冀快诵屈子"览冀州兮有余,横四海兮焉穷"之句,以厉益壮之志,当刮目以俟。

与刘志甫 名贯无考,文安公弟子

赵仲声还,得书,读之涣然,深用慰怿。顺伯与足下相继入册府,亦前时所无,求外想亦未容遽也。"诚者,非自成己而已也,所以成物也。成己,仁也;成物,知也。性之德也,合内外之道也。"交游间气质不至扞格者,当日有丽泽之益,此其为进德之验甚著。冯传之气禀恢然,当今难得,所当共爱惜之。向来相聚失于懒散,不

---

〔1〕 据(同治)《贵溪县志》卷八《人物》,此人系贵溪县上清镇人。

曾与之启其大端。去岁尝有一书勉之，近得其书，殊觉其邈然不相入，深为惋惜！志甫尚能致力于此乎？今录向来书稿去，若致力切磋，庶有其端也。近与春伯一书，痛箴其陋习膏肓，能索观之为佳。

道之行不行，固天也，命也，至于讲明，则不可谓之命也。知言者亦何必俟其效之著而知其所到哉？此心本灵，此理本明，至其气禀所蒙，习尚所梏，俗论邪说所蔽，则非加剖剥磨切，则灵且明者曾无验矣。

与邵叔谊 见前

教以向来为学本末，又加详于前日所闻，甚幸！但叙述愚言处则尽失其实，"便须认为己物"一句尤害义理，诚如此，可谓罪人处矣。前来所说犹是窃盗，此举遂为强盗。为强盗而不让，岂可容于世哉？

初一再见时，颇觉左右好随，即为数语述所闻，每乖其实。既得旬日浃洽之款，意必已悟前非，不谓又作此等语，乃复甚于初时，此即病证之大者。失今不治，必为痼疾，岂更可言为学哉？此心苟得其正，听言发言皆得其正。听人之言而不得其正，乃其心之不正也。一人言之，众人听之，使众人各述其所听，则必不齐。非言者之异也，听者之异也。来书之至，此间友朋观之，皆骇而问曰："何为有此言？"因答之曰："是非吾言也，邵机宜之言也。"某屡言"先立乎其大者"，又尝申之曰："诚能立乎其大者，必不相随而为此言矣。"屡言"仁以为己任"，又尝申之曰："诚仁以为己任，必不相随而为此言矣。"盖后世学者之病，多好事无益之言，假令记忆言辞尽无差爽，犹无益而有害，况大乖其旨，尽失其实邪？

向来造见，对语移时，初间颇觉左右之心不能无馁。既而发明此理，稍相切磋，殊觉小快。及再相见，接语之间已觉非复前日矣。

是后相从虽累日,众中泛语,终不得独相叩问。兹得来示,方知窒塞如初。此乃向来不得真实师友讲贯传授,类皆虚见空言,徒增缪妄。今能尽弃前非,务明正理,则此心之灵,此理之明,谁得而蔽之?某前书所以相勉者,可谓至矣,幸复熟而究切之也。

得元晦书,其蔽殊未解,然其辞气窘束,或恐可疗也。某复书又加明畅,并录往,幸精观之。

与江德功

蒙示晦翁书,敬领,回书径自此遣往矣。副本录在邵叔谊处,可索观之。白白长长之言,是古人辩论处,非用工处。言论不合于理,乃理未明耳,非诚意之罪也。

与曾宅之

十日朋旧书问至多,向所惠书卒难寻检,其时复书亦无草稿,今皆不能记忆。来书谓某尝有文义溺志之戒。某平时与朋旧讲贯,不敢泛为之说,大抵有所据而后言。若诚有是,是必据来书而言之耳。亦略记得曾有一卷,粘纸数幅,写前辈议论十数段,于后注所见与所疑,又各空其后以俟某之说,此岂非吾友所示耶?记得当时看毕,甚喜其有志于学,亦甚惜其学未知方。亦尝以示一二朋友,因谓之曰:"此人气质志向固不碌碌,但未得亲师友,胸中杂然,殊未明本末先后之序。今千里寓书,纸笔之间岂能遽解其惑。且当示以读书之法,使之无徒耗其精神,后日相见,当有可言耳。"亦略记回书大意,谓读古书且当于文义分明处诵习观省,毋忽其为易晓,毋恃其为已晓,则久久当有实得实益。至于可疑者,且当优游厌饫以俟之,不可强探力索。后日于文义易晓处有进,则所谓疑惑难晓者往往涣然而自解。却不记得有溺志之辞。此后枉问,得备录前后书辞见示,庶有据依也。

近见所在友朋,多有好理会文义反不通者,盖不知学当有师。"天之生斯民也,以先知觉后知,以先觉觉后觉",此其理也。诚得其师,则传授之间自有本末先后,不使学者丛然杂然,费其目力,耗其精神,而无所至止也。此说要非相见不能究,秋凉能一来乎?

先兄平日无甚著述,惟有往来论学之书,中间编次未就,后日垂访,当共读之也。

与周元忠 见前

积雨,遐想风练、飞雪之壮,甚愿与诸公翻经其间,以俟玉芝之茂。倘有意于此,何以期为?霁日媚景,晴云绚文,此吾命驾时也。今日平分一春,羲和会当少出幽险,缓辔天衢,照临吾徒,成此盛集。

与詹子南 讳阜民,严州遂安人,侍学文安公

日享事实之乐,而无暇辨析于言语之间,则后日之明自足以识言语之病。急于辨析,是学者大病。虽若详明,不知其累我多矣。石称丈量,径而寡失;铢铢而称,至石必谬;寸寸而度,至丈必差。今吾但能造次必于是,颠沛必于是,勿忘,勿助长,则不亦乐乎?又何必纷纷为大小之辨也。

二

廖倅处送至四月二十四日书,发读,甚慰驰慕[1]。用力不懈,无他疑惑,甚善,甚善!此心至灵,此理至明,要亦何疑之有?然又以无疑为疑,是未能无疑也。事理有未明,则不容不疑,思索之,问辨之,则疑有时而释矣。疑亦岂足愿哉?今既曰无疑矣,乃以无疑

---

〔1〕"驰慕",成化本、正德本、《四库》本作"驰系"。

为疑,何哉?愿速更之,毋滋其惑。

二包至此久矣,今皆归其家,约秋间复来。颜子坚既已去发胡服[1],非吾人矣。此人质性本亦虚妄,故卒至于此。育王有一僧曰祖新,姓赵,字日新。其为僧非本志,质甚稳实,亦有复衣冠之志,曾识之否?李评:按此可见先生最不喜禅家。得来书,亟作此托廖丈附便奉达,不能多具。

与吴显仲 见前

得书,承比来履用佳适,进学不替为慰!来书见喻所学,仍见敏道说,颇以艺能不如人为忧,此甚非也。当书《论语》"弟子入则孝,出则弟"一章,并"子夏贤贤易色"一章于几案间,朝夕观省,以改前过。读书作文之事,自可随时随力作去,才力所不及者,甚不足忧,甚不足耻。必以才力所不可强者为忧、为耻,乃是喜夸好胜,失其本心,真所谓不依本分也。看显仲气质本自质朴淳实,何故如此?但自依本分朴实头,作个□□□□□□□□□□□□□[2]求正于人有所疑□□□□□□□□□□□□□□[3]不去亦且随见在,有何不可。但频频看前两章书,便自不至颠倒也。

---

[1] "胡",原作"异",据成化本、正德本、嘉靖本、万历本、《四库》本改。
[2] 此处,各本均脱十三字。
[3] 此处,各本均脱十四字。

卷十一

书

与朱济道 讳桴,金溪人,与弟亨道并师事文安公

此理在宇宙间,未尝有所隐遁,天地之所以为天地者,顺此理而无私焉耳。人与天地并立而为三极,安得自私而不顺此理哉?孟子曰:"先立乎其大者,则其小者不能夺也。"人惟不立乎大者,故为小者所夺,以叛乎此理,而与天地不相似。诚能立乎其大者,则区区时文之习何足以汩没尊兄乎!

贤郎志向极可嘉,向来供课想甚富,此非不足也,得勉之读古书以涵养此志,幸甚!

二

向辱惠书,诸兄诸侄传玩赞叹,不能去手。比之今此书辞,反如二人。甚愧前日简忽,不能悉意尽诚以相推挽,遂使尊兄不能勇去余习,尚此迟回。然诗却甚佳,诗意书辞亦不相似。诗只两句便说尽了,后两句却成剩语,文理颇不相绍续。今欲易后两句,兼易前二字,固不能出尊兄之意,但稍次其文耳。

此理于人无间然,昏明何事异天渊〔1〕?

---

〔1〕"异",嘉靖本作"与"。

自从断却闲牵引,俯仰周旋只事天。

尊兄平日只被闲牵引,所以不能自立。今既见得此理,便宜自立。此理即是大者,何必使他人明指大者?既见此理,此理无非,何缘未知今是?此理非可以私智揣度傅会。若能知私智之非,私智废灭,此理自明。若任其私智,虽高才者亦惑;若不任私智,虽无才者亦明。颜子之学本末甚明,尊兄未须泥此而求。但自理会,真能见得此理,后日徐徐取《论语》读之,涣然冰释矣。

某尝令后生读书时且精读文义分明、事节易晓者,优游讽咏,使之浃洽,与日用相协,非但空言虚说,则向来疑惑处自当涣然冰释矣。纵有未解,固当候之,不可强探力索,久当自通。所通必真实,与私识揣度者,天渊不足谕其远也。不在多言,勉旃是望!

三

示教日用工夫甚善。尊兄气质忠厚,得于天者加人数等。但向来累外处多,得日剥落之,以全吾天,则吾道幸甚。所谓"心诚求之,虽不中,不远矣"。平居不与事接时,切须鞭策得炯然,不可昧没对越上帝,则遇事时自省力矣。

与吴子嗣 讳元子,临川人,登庆元二年进士,至象山筑室受业

"丧礼,与其哀不足而礼有余也,不若礼不足而哀有余也。"此圣人之格言。非天子不议礼,礼亦未可轻议也。欲去其不经鄙俗之甚者而略近于古,则有先文正公《书仪》在,何必他求。

二

不以前所复书为罪,又下问之,不肯苟徇流俗,孜孜礼法以求依据,吾子之志善矣。然事有轻重本末,当知所先后。礼文隳阙,

其来久矣。滕文公所问,孟子所答,皆其大端。仪节之末,去其鄙俗不经者可也。

来书谓定之仆手,此尤未宜。吾子在衰绖之中,不得已,次序以授执事者可也,安可谓之定。柏人者,乃巫觋所为,不经甚矣,吾家未尝用也。祝称卜葬虞,子与夫异辞,观二孤之过,可以类见。丧祭当论所主,不可言同也。仪中除此三节,诸皆无害。

三

往岁蒙致书见问以丧礼。如生年少,能不徇流俗,求古制。又其文用字造语皆慕奇异,不肯碌碌。以为穷乡下邑乃有后生能如此,亦不易得。故生之书辞不合律度者虽多,皆不暇责,独答所以问之要,务诱掖之,庶几其进。既而闻生诡异其服,为巫觋事,深用骇怛!亦颇悔初不知生,而遽相对答,有失言之罪。兹奉书乃有悔过自讼之辞,人谁无过,过而不改,是为过矣,过能改,善莫大焉。今生诚能幡然自新,何幸如之!虽然,生家相距百里而近,乃有不亟于求见长者,而徒数以书来,则改过之言亦未敢深信。然吾今犹云云若此者,望于生厚矣,生其谨思之。

四

文字之及,条理粲然,弗畔于道,尤以为庆!第当勉致其实,毋倚于文辞。"不言而信,存乎德行。"有德者必有言,诚有其实,必有其文。实者,本也;文者,末也。今人之习所重在末,岂惟丧本,终将并其末而失之矣。

陈教授旧亦曾略相从,惟其无本,故其学日谬。书末所纠三条属意精切。但前所取数语亦皆非是。学无端绪,虽依放圣贤而为言,要其旨归实已悖戾,庞杂肤浅,何足为据?若所谓"致其誉闻,不泯泯碌碌"者,尤不可不辩。人有实德,则知"疾没世而名不称"

者,非疾无名,疾无德也;"令闻广誉施于身"者,实德之发,固如是也;"庶几夙夜,以永终誉"者,欲其德之常久而不已也。彼未尝深致自克之功,私意自为主宰,方懵于知德,则斯言殆适以附益其好名求胜之习耳。此尤不可不辩。

五

前书"致其闻誉"之说乃后世学者大病。不能深知此病,力改敞习,则古人实学未易言也。吾友更当深于此处观省,使举动云为判然与曩者异辙,则吾道有望矣。复前书时,亦欲相勉,未须与陈教授往复,后偶忘之,至今不满。

近归自象山,诸事冗扰,文字亦不曾将归。且晚亦须便登山,傥能一来,诸当面尽。

六

录示大郡首篇策问大旨[1],窃所未谕。新君即位曾未期月,而遽曰"责成无效",何课效之速如此哉?以夫子之圣,不过曰"三年有成"。唐虞之朝虽三载考绩,必三考而后黜陟幽明。羽山之殛,盖在九载之后。伯禹作司空,犹八年于外。兖州之赋,作十有三载乃同。古今难易纵有不同,亦安有于半年之间而遽责其成效之理哉?

又古所谓责成者,谓人君委任之道当专一不疑贰,而后其臣得以展布四体以任君之事,悉其心力,尽其才智,而无不以之怨。人主高拱于上,不参以己意,不间以小人,不维制之以区区之绳约,使其臣无掣肘之患,然后可以责其成功。故既已任之,则不苛察其所为,但责其成耳。此古人用"责成"二字之本旨也。今泛课功效而

---

[1] "大",成化本、正德本、嘉靖本、万历本、《四库》本作"仙"。

用此二字,则用字亦未惬当。

且古所谓赏罚者,亦非为欲人趋事赴功而设也。"天命有德,五服五章哉;天讨有罪,五刑五用哉。"其赏罚皆天理,所以纳斯民于大中,跻斯世于大和者也。此与后世功利之习燕越异乡矣。何时登山,当究其说。

明日欲登云台,瞰鬼谷,究南山之所自来,却扁舟浮梅潭,沿醨口以归,度旬日而后可反山房也。

七

承已登山结茅,深用嘉叹。近得周元忠书,谓幹伯、伯珍诸人有意遣舆夫相迎,且问期日,吾答以霁日丽景、晴云绚文即吾就道时也。是日正春分,明日即大开彻,舆夫至今未来,岂其俟后土之干,又窘阴雨故耶?昨日光风颇还旧观,乃今祁云漫天,寒飙先雨,又复凄然似秋矣。遐想云台,领袖诸峰,储英育秀,以相料理,老子于此兴复不浅。行止久速,在天与人而已。若此雨未止,能冒之一来,尤见嗜学。

八

此理充塞宇宙,天地鬼神且不能违异,况于人乎?诚知此理,当无彼己之私。善之在人,犹在己也。故"人之有善,若己有之。人之彦圣,其心好之,不啻若自其口出","胥训告,胥保惠,胥教诲",此人之情也,理之所当然也,亦何嫌何疑?"诚者,非自成己而已也,所以成物也。成己,仁也;成物,智也。性之德也,合内外之道也",顾恐未能成己耳。若"私淑"二字则出于《孟子》,当深明其旨,不当轻用于此。此用字之疵,不足以达理,而能为理之累。

《五代史》政须点对,来本极佳。草庐在二池之间,欲名以濯缨,须来此,当为书之。

与傅季鲁 讳子云,号琴山,同邑人,成童登文安公门

二十四日发敝庐,晚宿资国。二十五日观半山瀑,由新蹊抵方丈,已亭午。李注:日在午,曰亭午。山木益稠,蝉声益清,白云高屯,叠嶂毕露,疏雨递洒,清风潦然,李注:潦,音聊,清也。不知其为夏也。何时来此共之?

适欲《国纪》点对一事,或未能来,可先遣至。

与陈宰

伐松之盗,仰见严明,不容逭戮。比至山间,具伏其罪,祈免穷究。论其初心,乖戾殊甚,至以雀角之词,烦渎官府,牵率县僚,喧动邻里,重费贤大夫之神明,此岂可贷?然斯人素狙恶习,久为乡里之害,今兹适逢令尹之贤,乃肯悔过效顺,幡然改图,亦有可喜。来此自诉,其悔艾迁改之意甚力,倪其自此回心易虑以归于善,谅于岂弟之怀亦必喜之。前日亦以周处之事反复勉之矣。斯人有公状首伏,未敢自前,并用封纳。

二

无似之踪,屏处是适,诸公过听,录其姓名,遽叨乘障之命,进退惟谷。荆门在重湖之北,有道院之号,事力优衍,异时造物所以处贵游者,尤非枯槁之所宜得。然蒙泉之与飞雪,金莲之与玉芝,未知孰愈?同志之士,方此盍簪,绅绎简编,商略终古,粗有可乐。虽品质不齐,昏明异趣,未能纯一,而开发之验、变化之证亦不可谓无其涯也。倪得久于是山,以既厥事,是所愿幸。弥缝其阙而终惠抚之,则惟贤大夫是望!

与李宰

教以学记所施，足认不鄙。然此文之作岂为陈君设，比之墓铭，不有间乎？贵溪、安仁、金溪三邑最为比邻，十余年间不闻有贤令尹。吏胥猖獗，奸民以嚚讼射利者与吏相表里，公为交斗，肆行无忌，柔良不得安迹。陈宰所为固多未满人意，至其使此辈缩首屏迹，柔良阴受其惠，则亦其所长也。三邑十余年间诚未见有此。视前政则优，视比县则优，似未为过许。尝蒙渠见访，一闻大义，诚有愧恧自失之实。使此心不泯灭，复遇箴药，亦安知其不能幡然也？在门下尤宜略于录其罪，而详于求其长。恃高明与契爱之厚，不敢有隐，谅不督过也。

二

来教谓："容心立异，不若平心任理。"其说固美矣。然"容心"二字不经见，独《列子》有"吾何容心哉"之言。"平心"二字亦不经见，其原出于《庄子》："平者，水停之盛也，其可以为法也，内保之而外不荡也。"其说虽托之孔子，实非夫子之言也。彼固自谓寓言十九。其书道夫子言行者，往往以致其靳侮之意；不然，则借尊其师；不然，则因以达其说。皆非事实，后人据之者陋矣！又韩昌黎与李翱论文书，有曰："平心而察之。"自韩文盛行后，学士大夫言语文章间用"平心"字浸多。究极其理，二说皆非至言。

"吾何容心"之说，即无心之说也，故"无心"二字亦不经见。人非木石，安得无心？心于五官最尊大。《洪范》曰："思曰睿，睿作圣。"《孟子》曰："心之官则思，思则得之，不思则不得也。"又曰："存乎人者，岂无仁义之心哉？"又曰："至于心，独无所同然乎？"又曰："君子之所以异于人者，以其存心也。"又曰："非独贤者有是心也，人皆有之，贤者能勿丧耳。"又曰："人之所以异于禽兽者几希，庶民去之,君子存之。"去之者,去此心也,故曰:"此之谓失其本心";存之者,存其心也,故曰:"大人者,不失其赤子之心。"四端者,即此心也;天之所以与我者,即此心也。人皆有是心,心皆具是理,心即理也。故曰:"理义之悦我心,犹刍豢之悦我口。"所贵乎学者,为其欲穷此理,尽此心也。有所蒙蔽,有所移夺,有所陷溺,则此心为之不灵,此理为之不明。是谓不得其正,其见乃邪见,其说乃邪说。一溺于此,不由讲学,无自而复。故心当论邪正,不可无也。以为吾无心,此即邪说矣。若愚不肖之不及,固未得其正,贤者智者之过失,亦未得其正。溺于声色货利,狃于谲诈奸宄,牿于末节细行,流于高论浮说,其智愚贤不肖固有间矣,若是心之未得其正,蔽于其私,而使此道之不明不行,则其为病一也。

周道之衰,文貌日胜。良心正理日就芜没。其为吾道害者,岂特声色货利而已哉?杨、墨皆当世之英,人所称贤,孟子之所排斥拒绝者,其为力劳于斥仪、衍辈多矣。所自许以承三圣者,盖在杨、墨,而不在衍、仪也。故正理在人心,乃所谓固有。易而易知,简而易从,初非甚高难行之事,然自失正者言之,必由正学以克其私,而后可言也。此心未正,此理未明,而曰平心,不知所平者何心也?《大学》言:"欲正其心者,先诚其意。欲诚其意者,先致其知。致知在格物。"物果已格,则知自至,所知既至,则意自诚,意诚则心自正。必然之势,非强致也。孟子曰:"我亦欲正人心,息邪说,距诐行,放淫辞,以承三圣者。"当是时,天下之言者不归杨则归墨,杨朱、墨翟之言盈天下,自孟子出后,天下方指杨、墨为异端。然孟子既没,其道不传。天下之尊信者,抑尊信其名耳,不知其实也。指杨、墨为异端者,亦指其名耳,不知其实也。往往口辟杨、墨,而身为其道者众矣。自周衰,此道不行;孟子没,此道不明。今天下之士皆溺于科举之习,观其言,往往称道《诗》《书》《论》《孟》;综其实,特借以为科举之文耳。谁实为真知其道者?口诵孔、孟之言,身蹈杨、墨之行者,盖其高者也。其下则往往为杨、墨之罪人,尚何言哉?孟子没,此道不传,斯言不可忽也。李评:按此辨甚力,真有功于孟子。

诸人交口称道门下之贤,不觉吐露至此。病方起,不暇隐括其辞,亦惟通人有以亮之。傥有未相孚信处,当迟后便。

与赵景昭 名贯未详,问学弟子

新除极为赞喜!邦之司直,非兄其谁〔与〕归〔1〕。刑官古人所重,皋陶尸陈谟论道之任,而舜命作士。今司直之名犹在大理,又适为贤者进用之阶,殊令人增慕古之怀。今日法制,有未容人遽实其名耳。然珠藏渊媚,兄其必有以处之矣。

与王顺伯

某祠秩之满,初欲复丐之。适一二士友邮致诸公之意,来促此文,谓欲因是图所以相处。自度屏弃之人,岂宜上累当涂,遂绝此念,且甘贫馁以逃罪戾。不谓竟蒙荆门之除,官闲境胜,事力自赡,无匮乏之忧,又假以迟次,使得既泉石之事,究问学之乐,为幸多矣!非出推毂之素,余论之助,何以逮兹?敢不知自?

教以"罢屯田,收羡铸"之详,可谓恩威并立,调度有方,健羡,健羡!然在尊兄分上,直余事耳。旦暮赐环,入仪禁掖,雍容密勿,以究忠嘉,使至理昭明,阴氛澄廓,群疑消释,众善敷荣,在位在职,莫不协力同心,以终大义,此岂非长者之任而君子之所欲乎?

来教谓:"若要稍展所学,为国为民,日见难如一日。"此固已然之成势,然所以致此者,亦人为之耳。能救此者,将不在人乎?孟子曰:"责难于君谓之恭。"吾人平日所以自励,与朋友所以相勉者,素由斯道,而后能责难于君。大禹所谓"后克艰厥后,臣克艰厥

---

〔1〕"与",原无,据《陆子学谱》补。

臣",夫子所谓"为君难,为臣不易"者,皆欲思其艰以图其易耳,非惧其难而不为,与知其难而谓其必不可为也。天下固有不可为之时矣,而君子之心、君子之论,则未尝必之以不可为。春秋、战国,何如时也,而夫子则曰:"如有用我者,吾其为东周乎?"又曰:"如有用我者,期月而已可也,三年有成。"孟子则曰:"以齐王,犹反手也。"又曰:"饥者易为食,渴者易为饮,故事半古之人,功必倍之,惟此时为然。"曰:"王犹足用为善。王如用予,则岂徒齐民安,天下之民举安。王庶几改之,予日望之!"曰:"千里而见王,是予所欲也,不遇故去,岂予所欲哉?"人之遇不遇,道之行不行,固有天命,而难易之论非所以施于此也。

曩者尸位之人,固为朝廷之大祟,群小之根柢,而往年天去之,今年天杀之,则天之所以爱吾君而相斯人者,为力宏矣。有官君子,岂可不永肩一心,相与励翼以助佐吾君,仰承天意乎?人之才智各有分限,当官守职,惟力是视。商之三仁,亦人自献于先王,不容一概,至于此心此德,则不容有不同耳。沮、溺、接舆岂是庸人凡士?然所以异乎圣人者,未免自私耳。

来教谓:"既非以此要官职,只是利国利民处随力为之,不敢必朝廷之从与事功之成。"此真长者之本心也。诚能廓而充之,推而广之,则高明广大,谁得而御?由前之说,将自昭白,有不待区区之言者矣。

二

使节在淮间时,尝复书荐区区,几有万一之助。后包敏道自浙归,乃知其时方得启观,蒙复书谓为至论。今三复来贶,与所传闻议论,乃知实未蒙省察。畴昔相与,非徒亲戚,理有未安,义不容默。

尊兄清修寡欲,与物不竞,与人处似不能言者,人莫不爱之,独有志之士往往有不快于尊兄。向来永嘉诸人甚敬尊兄政绩，而又议其严酷，无儒者气象。此固是谬论，某尝深排之矣，是不足道。又其间却有疑尊兄所为不免流俗，或谓是乡原之类。尊兄以抗志古人为非，有何以是嘐嘐之意，此一论则近是。向来伯兄因与尊兄论及监司之职，见尊兄说："不应求事，但当因其至前而处之。"退甚不说，以为如此作监司，民亦何赖。某亦尝稍辩之，然众咸谓未免俗。元晦又谓尊兄坏人已成之功，以奉执政，此乃复书未及与辩。

以某观之，尊兄天资极有过人处，而大志不立，未免同乎污世，合乎流俗，独其质刚而内明，故有从善服义之长。向来家庭议论，与尊兄初至西百官宅时，穷冬逾月之集，火炉中剧谈，皆始疑而终释，始辩而终息，始之所甚不可而终乃有切当之称，此必有以当尊兄之心，而以为切事合理，故疑释辩息而称之。尊兄必非苟从而见谀者。自为奏邸，居虽相迩，而尊兄之情已浸异于前日。盖相聚剧谈时少，切磋往复研核之工不继，尊兄之心复归于毫矣。况今相疏如是之久，固宜不相亮之甚。日与游处议论者，岂能启尊兄之意，其庸陋无知，牵引尊兄相与沦胥，则有之矣。

如谓"辍育英才之真乐，亲朱墨之尘冗，想非所好"。此是话作两截，好与不好，此在某之心，不可诬也。尊兄政如老氏所讥夫子所谓："明乎礼义，而陋于知人心。"又引陈君举之在福唐、晦翁之在浙东以相警。至谓："亲家尤更诚实，不以小人待人。"尊兄昧于知人，一至于此哉？某平日诚不以小人待人，但非如尊兄所谓。盖人受天地之中以生，其本心无有不善，吾未尝不以其本心望之，乃孟子"人皆可以为尧舜"、"齐王可以保民"之义，即非以为其人所为已往者皆君子也。至其见人之肺肝，能曲尽其情，则自谓有一日之长。向来火炉中与尊兄论人物，所以得切当之称者以此。别后三生作国王来，总忘之也。冯传之至今未相符合，然所以相敬服者，多在论人物处。盖其人与传之甚稔,而与某甚生,或不相识,而但见其言论事节,便能知其心曲,传之以此相敬。近福建一士人在此,因言其乡人事行,某屡折之,其人始力辩之,而终屈服。今其人于吾道虽未甚有得,而决其相从之意者,实在此也。此人亦晦翁处学者。某平时所望于尊兄者甚厚,若以此扞格,则是无复可言矣。

义不应只如此,姑以此为请教之端。未即合并,更惟节抑以遂扬名之孝。

与尤延之

违远三席,出入五年,其为倾依,何可云喻?退然耇儒,久滞朝著,当人之难,晋掌奉常,处事之变,独裁大典,缅怀畴昔,只增慨叹!越自寿皇种椿重华,圣上揽图丹极,而西掖北门,高文大册,允属椽笔。山林之人,矫首盛事,欲赞一辞,何可得哉?讲读论思,固已甚晚,有识之士咸谓未足以究其蕴[1],且迟柄用[2],拔茅连茹,使野无遗贤,为吾君立太平之基。而琐琐者自以薰莸之不同,辄肆媒孽,使人重为骇叹。兹焉偃藩近甸,公道其复信乎?

某曩者之归,得山房于龙虎山之上游,泉石之胜,云山之奇,平生所鲜见。其略亦屡见于朋旧书中,尚欲稍记其详,亦以探讨未遍,犹未及也。

荆门之除,良出望表,岂推毂之赐有以致之耶?幸尚迟次,犹可毕草堂之役耳。第私门祸故重仍,五年之间,尊幼之丧多于年数。妻家亦复多事,妻母甫及大祥,昨日又闻妻弟之讣,乃乡年至都下相见乞铭者。茕然之躯殆无以堪!长侄焕之径往求见,将过浙东迎先兄教授、家嫂与侄女归,成吴正字婚礼,诸事当能面禀。

---

[1] "其",成化本、正德本、嘉靖本、万历本、《四库》本作"盛"。
[2] "且",成化本、正德本、嘉靖本、万历本、《四库》本作"日"。

与丰宅之 讳有俊,处州庆元人,从学甚久

比年山居,颇有泉石之趣、朋来之乐,每恨不得与吾宅之共此。承需鄙文,乏笔吏,不能多录,谩往数篇,亦足以知山野况味。游仙岩题壁之末二侄,其一名㮦者,乃梭山兄之子,赋质纯雅,少赞家政,事上使下,真无间言;又博通经史,射御、笔札皆绝出等夷,琴尤高,平时业此者皆在下风。今年二十有六,春末无疾,一夕谈笑间奄然长逝,极为痛心!亦恐欲知。使人到山间,又值持之疾作,老夫亦苦头痛。登山未久,友朋踵至,应酬殊役役,作复,莫究所怀。

卷十二

书

与赵然道 讳师雍,台州黄岩人,淳熙十四年进士,与弟咏道师事最久

某惊蛰前乘晴登山,寻复积雨,二十四日少霁,始得一访风练、飞雪之状。方念不得与贤昆仲共之,是晚来书适至,喜可知也!去非从善,勇决如此,沛然之壮在胸中矣,又何以观瀑为哉?

狂圣之相去远矣,而罔念、克念之端顷刻而分,人心之危岂不甚可畏哉?有虞之朝,克艰之说、从逆之戒,伯禹进之;警戒无虞之说、逸乐怠荒之戒,伯益又进之。明明穆穆,聚精会神,其切磋琢磨之功如此。若已汩于利欲,蔽于异端,逞志遂非,往而不反,虽复鸡鸣而起,夜分乃寐,其为害益深,而去道愈远矣,奚足以言此哉?今然道方耻利欲之习,知异端之非,愿益致扩充之功,则吾道幸甚!

二

兹阅来书,知此志不替有加。

"夫道,一而已。"相去千里,相后千岁者,犹若合符节,况其近者乎?然古人所以汲汲于师友,博学、审问、谨思[1]、明辨之者,深

---

〔1〕"谨思",各本同,《中庸》作"慎思",此系陆九渊避宋孝宗赵昚之讳改。以下"谨思"同。

惧此道不明耳。于其大端大旨,知其邪正是非,形有相近而实有相远,则知精微之处亦犹是也。夫子十五而志学,则既得其端绪矣,然必三十而立,四十而不惑,五十而后曰知天命,及其老也,犹曰"我学不厌"。今学者诚知端绪,则亹亹翼翼,自致日新之效者,其能自已乎?秋凉过我,当究是言。

时事第可永叹,良难言也!王参恐未至如传者之言,回书不见情实,此其常态。其所以不如古人者,盖在于此。然道之言可谓切中其病矣。

三

黄循中不无尊师重道之诚〔1〕,而家庭牵制,不克自遂。其质固自通爽,而殊乏刚强,深惧其汩没于世习而不能以自立,故前书稍振翼之耳。

富贵利达之不足慕,此非难知者。仙佛之徒、拘曲之士亦往往优于断弃,而弗顾视之。彼既自有所溺,一切断弃亦有何难?但一切断弃则非道矣。知道之士自不溺于此耳,初未尝断弃之也。故曰:"素富贵行乎富贵,素贫贱行乎贫贱,素夷狄行乎夷狄,素患难行乎患难,君子无入而不自得焉。"所谓自得者,得其道也。夫子曰:"富与贵是人之所欲也,不以其道得之,不处也。"然则以其道而得焉,君子处之矣,曷尝断弃之哉?孟子之答彭更,亦曰:"非其道,则一箪食不可受于人;如其道,则舜受尧之天下不以为泰,子以为泰乎?"君子亦惟其道而已矣。所谓"居天下之广居,立天下之正位,行天下之大道,得志与民由之,不得志独行其道。富贵不能淫,贫贱不能移,威武不能屈",非虚言也。学者所造纵未及此,苟志于

---

〔1〕"黄循中",成化本、正德本、嘉靖本、万历本、《四库》本作"昔循中",亦可通。按:黄循中为陆九渊弟子。

道，便当与俗趣燕越矣。志乡一立，即无二事。此首重则彼尾轻，其势然也。作意立说以排遣外物者，吾知其非真志于道义者矣。"所欲有甚于生，所恶有甚于死"，死生大矣，而不足以易此，况富贵乎？富贵之足慕不足慕，岂足多较于学者之前哉？前与循中书所以云云者，惧其弱植孤立于横流之中，而此志不能以自拔耳。

虽然，姬周之衰，此道不行；孟子之没，此道不明。千有五百余年之间，格言至训熟烂于浮文外饰，功利之习泛滥于天下。气质之美、天常之厚者，固知病其末流矣，而莫知病其源。立言制行之间，抱薪救火、扬汤止沸者多矣。当今之世，谁实为有志之士也？求真实学者于斯世亦诚难哉！非道之难知也，非人之难得也，其势则然也。有志之士其肯自恕于此，而弗求其志哉！今粗有其志，而实不能以自拔，则所谓讲学者，遂为空言以滋伪习，岂唯无益，其害又大矣。若其善利之间，尝知抉择，大端已明，大志已立，而日用践履未能常于清明刚健，一有缓懈，旧习乘之，捷于影响。应答之际，念虑之间，阴流密陷，不自省觉，益积益深，或遇箴药，胜心持之，反加文饰，因不能以自还者有矣，甚可畏也。况其大端未尝实明，大志未尝实立，有外强中干之证，而无心广体胖之乐者，可不深致其思，以省其过，求其实乎？略此不察，而苟为大言以盖谬习，偷以自便，嚚以自胜，岂惟不足以欺人，平居静虑亦宁能以自欺乎？至是而又自欺其心，则所谓下愚不移者矣。诚能于此深切著明，则自成自道，自求多福者，权在我矣。前言往训，真先得我心之所同然耳。引翼勉励，惟日不足，何暇与章句儒谆谆，玩愒岁月于无用之空言哉？

别纸所问，多是古人悯怜后学，详为注释以晓告之，可谓昭若日星，焕然无少蒙蔽。但当从容绅绎，以滋其涵养鞭策之实，岂宜复为蛇画足，重为赘疣乎？

四

吾心苟无所陷溺,无所蒙蔽,则舒惨之变当如四序之推迁,自适其宜。《记》之所谓"亡于礼者之礼也,其动也中",盖近之矣。夫子所谓"克己复礼为仁",诚能无毫发己私之累,则自复于礼矣。礼者,理也。此理岂不在我?使此志不替,则日明日著,如川日增,如木日茂矣。必求外铄,则是自湮其源,自伐其根也。侍旁千万致意,适旅应酬之冗,不及拜书。

与赵咏道 讳师箴

"至当归一,精义无二。"诚得精当,则若网在纲,有条而不紊。故自本诸身,征诸庶民,至于百世俟圣人而不惑者,诚精当之不容贰也。

令兄谓诸公伤于著书,而其心反有所蔽。此理甚不精,此言甚不当矣。彼学不至道,其心不能无蔽,故其言支离。彼惟不自知其学不至道,不自以为蔽,故敢于著书耳。岂可言由其著书而反有所蔽!当言其心有蔽,故其言亦蔽,则可也。故亲师友于当世,固当论其学。求师往圣,尚友方册,亦当论其学。

二

为学有讲明,有践履。《大学》致知、格物,《中庸》博学、审问、谨思、明辨,《孟子》"始条理者智之事",此讲明也。《大学》修身、正心,《中庸》"笃行之",《孟子》"终条理者圣之事",此践履也。"物有本末,事有终始,知所先后,则近道矣。""欲修其身者,先正其心;欲正其心者,先诚其意;欲诚其意者,先致其知;致知在格物。"自《大学》言之,固先乎讲明矣。自《中庸》言之,学之弗能,问之弗知,思之弗得,辨之弗明,则亦何所行哉?未尝学、问、思、辨,而曰吾唯笃行之而已,是冥行者也。自《孟子》言之,则事盖未有无始而有终者。讲明之未至,而徒恃其能力行,是犹射者不习于教法之巧,而徒恃其力,谓吾能至于百步之外,而不计其未尝中也。故曰:"其至,尔力也;其中,非尔力也。"讲明有所未至,则虽材质之卓异,践行之纯笃,如伊尹之任、伯夷之清、柳下惠之和,不思不勉,从容而然,可以谓之圣矣,而孟子顾有所不愿学。拘儒瞽生又安可以其硁硁之必为,而傲知学之士哉?然必一意实学,不事空言,然后可以谓之讲明。若谓口耳之学为讲明,则又非圣人之徒矣。李评:陆子先讲明而后践履,未尝不先知后行,惟不以穷至天下事物之理为致知耳。

三

奉此月十日书,方知有叔氏之戚,抚纸惊叹,怛焉痛心,不能已已。向见此令弟,气质淳美,志向专笃,听言之次殊无凝滞,深用慰喜!胡为遽有斯疾,竟弃斯世,哀哉!有如贤伯仲情义之笃,信不易堪也。天命既如此,亦无可奈何!况在庆侍之侧,只得宽释以安庭闱之心,此即理也。

秋试失利,亦兰菊有时耳。咏道之才,一第岂足为道,此尤不足置怀。学力不究此等,真正画春冰耳。"迨天之未阴雨,彻彼桑土,绸缪牖户,今此下民,或敢侮予?""事豫则立,不豫则废。"故《书》曰:"致治于未乱,保邦于未危。"古人所以造次必于是,颠沛必于是,无有师保,如临父母,战战兢兢,如临深渊,如履薄冰。若平居一有缓懈,一有凝滞,则精神立见凌夺,事至物来,固宜有困败之忧。虽然,到此若能深省痛鞭,何困之有?夫子曰:"仁远乎哉?我欲仁,斯仁至矣。"又曰:"为仁由己,而由人乎哉?"孟子曰:"人病不求耳。"又曰:"亦为之而已矣。"于此用力,而又不能使圣贤之言如符契,则是平日之言皆妄言,平日之意皆妄意矣。果如是,故不可自欺,却当力加省察,必使不待傅会,而沛然有以信圣贤为先得我心之所同然，而后可也。

四

塞宇宙一理耳，学者之所以学，欲明此理耳。此理之大，岂有限量？程明道所谓有憾于天地，则大于天地者矣，谓此理也。

三极皆同此理，而天为尊。故曰"惟天为大，惟尧则之"。五典乃天叙，五礼乃天秩，五服所彰乃天命，五刑所用乃天讨。今学者能尽心知性则是知天，存心养性则是事天。人乃天之所生，性乃天之所命。自理而言，而曰大于天地，犹之可也；自人而言，则岂可言大于天地？

乾坤同一理也，孔子于乾曰"大哉乾元"，于坤则曰"至哉坤元"。尧舜同一理也，孔子于尧曰"大哉尧之为君"，于舜则曰"君哉舜也"。此乃尊卑自然之序，如子不可同父之席，弟不可先兄而行，非人私意可差排杜撰也。

与陈正己 讳刚，建昌之欧江人，从学文安公

开岁得报书，切承体中尚未脱然，比日不审调护如何？亦已平复否？

足下不独体病，亦有心病。足下之体病亦心病有以重之。足下近日谓所学与曩者异，直去辽入蓟耳。向在都下，见足下行步瞻视若忘若遗，夜卧多寐语，肢体屈伸不常，皆由足下才气迈往而学失其道，凡所经营驰骛者，皆适以病其心耳。古之学者以养心，今之学者以病心。古之学者以成事，今之学者以败事。足下尝言："事外无道，道外无事。"足下今日智虑非知此者，特习闻其说，附会其私意耳。如此读书，殆将食蟛蜞矣。李注：蟛，音朋。蜞，音奇。似蟹而小，不可食。前言往行所当博识，古今兴亡治乱、是非得失亦所当广览而详究之。顾其心苟病，则于此等事业，奚啻聋者之想钟鼓，盲

者之测日月,耗气劳体,丧其本心,非徒无益,所伤实多。他日败人事,如房琯之车战、荆公之均输者,可胜既乎?向言排遣,排遣亦安能有济?

足下固大丈夫,今责足下以大丈夫事。足下之过非一节一事之小过,乃平日害心之大过。天地之闭,日月之蚀,其他尚复何言?足下性本孝弟,惟病此过,故迁徙展转,所存无复真纯。此董生所谓以善为之,而不知其义者也。能顿弃勇改,无复回翔恋恋于故意旧习,则本心之善乃始著明。营营驰骛之私,忧思抑郁之意,当冰释雾晴矣。喜进参苓等药,补助气血,俟体力强健,乃博观前言往行,详考古今兴亡治乱、是非得失,苟不懈怠,自当循循以进,不至左见背驰矣。

某后日即东上,辄布此少见。切磋之诚,养心成事之效,是所望于足下!

二

近闻与淳叟同为疏山之行,想甚得意。二公前日颇有不相能之病,比来道同志合,相与羽翼。光初隙末,昔贤犹或蹈之,今二公亦加于人一等矣。虽儒者好辟释氏,绝不与交谈,亦未为全是。假令其说邪妄,亦必能洞照底蕴,知其所蔽,然后可得而绝之。今于其说漫不知其涯涘,而徒以名斥之,固未为儒者之善,第不知其与栖栖乞怜于其门者,其优劣又如何耶?虽然,诚使能大进其道,出得阴界,犹为常人之私利不细,政恐阴界亦未易出耳。如淳叟、正己辈,恐时僧牢笼诱掖,来作渠法门外护耳。若著实理会,虽渠亦未必不知其非,所敢望于公等也。与正己相处之久,不敢不直言。

与张诚子 讳明之,贵溪人,世居龙虎山,从学文安公

泰之出所惠字,知书剑已东,踌躅仙岩之下而不得进,亦为子

不满。传闻锁院如许之亟,殆未必然,第从容以进,当无不及也。友朋自仙乡来者[1],龂龂不可光禄勋[2],何耶?李注:龂,音银,辨争貌,又忿疾意。吾尝谓是非之决,于其明,不于其暗,众寡非所决也。夫子有栖栖伥伥之疑,而乡原无所往而不为原人,杨朱、墨翟之言至盈天下。诚内省不疚,无恶于志,则亦何必乡人皆称原人也?然诚子气质之偏、云为之过,多在于迫切纠急。以此为学,安能坏积私之植,以底荡荡平平之地?狷忿潜为厉阶,虽加鞭勉,益伤宇宙之和矣。

与张辅之 见前

此理塞宇宙,古先圣贤常在目前,盖他不曾用私智。"不识不知,顺帝之则。"此理岂容识知哉?"吾有知乎哉?"此理岂容有知哉?吾书此,非敢以赠辅之,亦聊以自警耳。

与饶寿翁 里居无考,文安公弟子,疑亦金溪近地人

是心有不得其正,想不知耳,知之斯正矣。"为仁由己,而由人乎哉?""物有本末,事有终始,知所先后,则近道矣。"是心诚得其正,斯知之矣。

"存乎人者,莫良于眸子。眸子不能掩其恶。胸中正则眸子了焉,胸中不正则眸子眊焉。"所谓不正者,不必有邪僻之念,凡有系累蒙蔽,使吾不能自昭自达者,皆不得其正也。比来诸侄见寿翁状貌,深叹其尘俗昏弱,是乃心有不得其正之明验也。宜深省痛鞭,无迟回以自取湮没。

---

[1] "仙乡",原作"仁乡",据成化本、正德本、嘉靖本、《四库》本改。
[2] "龂龂",他本均作"断断"。按,此语出自《汉书》卷三十六《刘向传》,作"龂龂"是。龂龂,忿嫉之意。

二

一种恣情纵欲之人，血气盛强，精力赡敏，淫朋丑徒狎比成势。其逞志快意之时，目睛有光，筋力越劲，步趋举动莫不便利，此时视之，岂有眊然之验。及其见君子，闻正言，见正事，无淫朋之助，而孤立于正人之中，神褫气夺，情有所格，势有所禁，则眊然之说时或有证。若夫徒言之人，不能自明自达，有所抑压，有所蒙蔽，有所滞碍，至于颠踬而不能自起，昏弱而不能自奋，沉溺而不能自拔，困惫而不能自持，疑惑而不能自解，此时乃眊然之明验也。此心之精明，湮没沉沦一至于此，岂不甚可怜哉？李评：尝体验孟夫子眸子之论，以之观人，未能确定，读此书乃始豁然。先生视饶寿翁眸子而知其心，已明其理。盖如此耳。即此一端，亦足验陆子之直接孟子为不诬也。

行不失其居，居不违其道，是故经纶酬酢，变通不穷，无须臾或离其位也。此吾新得。试参之。

三

寿翁日对云山，坐拥书史，造物者时铺张琼瑶以照映，宜其胸襟明快，气宇轩豁，翰墨余事，岳耸川增耳。昨于儿侄处窃览诗什简尺，鄙习尘言时刺人眼，殊未厌所望。岂离群索居，纲弛栋挠，市井群儿之态复得为祟于吾象山之巅耶？幸深省痛鞭，毋贻云台羞也。

四

德固、寿翁二友居山，想至可乐也。李注：德固姓刘，金溪人，师事文安公。寿翁气质自佳，而比来学力未知其进。此理未能昭彻，外累围绕，殊无摧锋陷陈之功，而有蓄缩巽懦之态，昏昏默默，为苟免之计，此亦安能自免哉？但其智不明，不能自勉耳。德固颇闻是非明白，幸为我断之。

五

得信承居山安适，甚慰！近诗尤佳，真有陶、韦气韵，可见所学之进。

来书"著察磨砺"四字不可连用。若云"磨砺不敢懈，日有著察之验"则可。盖"著察"二字是效验。"察"字尚有两用：如"省察""加察""熟察"，则是我致察于事理人物。若"事母孝，故事地察"，舜"察于人伦"，《易》言"察于民之故"，史言"其境关之政尽察"，此皆是言其智识之明察，物无能逃者，非是言我致察于彼也。《孟子》之"行矣而不著焉，习矣而不察焉"，此乃"著察"字出处，其义尤分明。若同"著"字使，则其为效验明甚，此用字之疵也。德固不别纸。本末先后之序切不可使倒置也。

六

阅人之多，益知人材之难。蕃侄平日一家赖之，_{李注：櫹之公，字伯蕃，梭山公子。}事无巨细，皆经其心手，而闲雅沉静，琴书之致，深造自得。比一二月间，所整葺事务至多，间翻选粹《晋书》，皆尽帙无遗，材力优赡，诚难其辈。诗文下笔皆非泛泛所到，而其涵泳储蓄，不肯轻发。理道精明，见于事上使下，处事御物，可谓有证矣。而甚不自足，若射之有志，不中不止。凡此皆其有以自处，非或使之然也。此其为难得也至矣，天何夺之遽耶？痛哉冤乎！乡党邻里莫不伤怛，况吾寿翁乎？_{李注：饶寿翁疑是东漕饶孺人兄弟之子孙，与櫹之公为姑表之戚。}今已为立嗣子，名曰绍孙，乃百九侄第五子也。见择葬地，未有葬期。恐欲知之耳。

七

近见与持之书及诗文，其间粗存大旨，虽不及详看，要亦不必详看。诗似有一篇稍佳,余无足采。大抵文理未通,散文字句窒碍极多[1]。吾少时学文未尝如此。此等可以立晓。比见后生作文,多有此患,窃所未喻。居山必须有暇读书,何为未能晓此?其文既如此,则安能知古人文字工拙?乡来见此等,皆归之大体不振,精神昏弱,故观书下笔皆不得力。比数书又粗存大旨。或恐所谓粗存者,但习闻之熟,姑存故事,非胸襟流出之辞决矣。

与倪九成 名贯未详,文安公弟子[2]

春间承访,恨不及款。其时见九成精神意向皆已泯没,追念向时从游之意,无复仿佛矣。遂献愚衷,或冀自此幡然,为益不细。来书乃有"但说病状,未说病源"之疑。此乃俗见胶固,俗习深重,虽闻正言,未肯顿舍,自以曲折之意为曲折之说,亦其势然也。譬如小儿懒读书,多说懒方,未肯便入书院耳。要知病源即此是也。以九成之质直,诚能深思俗见俗习之可恶,能埋没性灵[3],蒙蔽正理。思之既明,幡然而改,奋然而兴,如出陷阱,如决网罗,如去荆棘,而舞蹈乎康庄,翱翔乎青冥,岂不快哉?岂不伟哉?尚谁得而御之哉?诚能于此自决,则名方乃在九成肘后,良剂乃在九成囊中,反而求之,沛然甚足,尚何事观我朵颐云哉?李评:孟子所谓"归而求之有余师"也。

与张季悦 讳[衎][4],官阶里居未详,或云南城人[5],师事最久

盛仆凌云致书,发缄快读,辞旨焕然,深见进学之验,何慰如之?

---

[1] "窒",原作"害",据嘉靖本改。
[2] 据(同治)《贵溪县志》卷八《人物》,此人讳若韶,贵溪县上清镇人。
[3] "性",成化本、正德本、嘉靖本、万历本、《四库》本作"人"。
[4] 此字底本漫漶,据(同治)《贵溪县志》卷八《人物》补。
[5] 据(同治)《贵溪县志》,此人系贵溪县上清镇上磜源人。

比来三日乃济登滋。雨意未怠,而登车辄霁,独垂至而值雨。至此逾四日矣,白云缱绻,日相周旋,犹未即安。云台仅一再见,南山亦时至于玉田中,缥缈呈露数峰。风练诸瀑,淙淙自振,犹未及一顾之也。

应、朱二公书未及即治,更三四日,可遣盛仆来取。盛亲贤德如此,此所乐为二公言者。

传来之文诚如雅谕,宜不逃所见。观其首尾,皆窃用山翁平日言辞,独其旨趣乖违缪陋,览之深有假寇兵、资盗粮之愧。然《六艺》圣人作也,小人犹假之以文奸言。天下无小人异类则已,诚未能绝去小人异类,何言而不可假也。惟此道之明,善人之众,彼无所施,则自熄绝矣。

城狐社鼠托夜以神其奸,使遇正人,自无所施。惑之者,必其心之素邪,所谓物各从其类也。虽然,彼其心之本然岂其然哉?惟其陷溺而不能以自还,故至于此。要当开其改过之门,恳恻而开导之。凡陷溺之未深,而自以其声气相求应者,尤当恳恻而开导之。发明剖析,使是非邪正判〔然〕无所疑〔1〕,则小人异类、妖狐孽鼠无所逃其形,而陷溺之未深者,安知不幡然回心而乡道哉?李评:孟子所谓"归斯受之而已"。昔大禹既平水土,贡金九牧,铸鼎象物,百物而为之备,使民知神奸,以入山林川泽,魑魅魍魉,莫能逢之。古人所贵于博学、审问、谨思、明辨者,政欲究知人情物理,使之通达而无所蒙蔽窒碍,小人异类无所窜其奸,于其言论施设如见肺肝,则彼亦安得而不熄绝乎?

季悦所到,其于大概可谓明矣。政当益尽精微,使蒙蔽者有所赖,是所望也。

---

〔1〕 "然",原无,据正德本、《四库》本补。

二

承谕新工,但觉健羡。第流俗凡鄙之习、谬妄之说正可哀怜伤悼[1],当有开导扶掖、摧陷廓清之功,乃为进学之验。若视之如仇方敌国,苟以不为所摇为吾效验,恐未可也。

与刘伯协 讳恭,建昌南城人,绍熙庚戌进士,师事文安公

区区之志,素愿扶持此理。窃谓"理势"二字当辨宾主。天下何尝无势,势出于理,则理为之主,势为之宾。天下如此则为有道之世,国如此则为有道之国,家如此则为有道之家,人如此则为有道之人,反是则为无道。当无道时,小人在位,君子在野,小人志得意满,君子厄穷祸患,甚者在囹圄,伏刀锯,投荒裔。当此之时,则势专为主。群小炽然,但论势不论理,故平昔深恶论势之人。今门下诚肯相与扶持此理,洗濯流俗之习,以理处心,以理论事,何幸如之!敬虚心以俟教。李评:即《孟子》"天下有道"章意。

二

人家之兴替,在义理不在富贵。假令贵为公相,富等崇、恺,而人无义理,正为家替。若箪食瓢饮,肘见缨绝,而人有义理,正为家兴。吾人为身谋,为子孙谋,为亲戚谋,皆当如此,然后为忠;其自谋者或不然,亦是不忠于吾身矣。某向来区区之志,素有不在利害间之语,正为此耳。

来示所谓轻犯名分之语,甚未当理。名分之说自先儒尚未能穷究,某素欲著论以明之。流及近时,为弊益甚。至有郡守贪黩庸缪,为厉民之事,县令以义理争之,郡守辄以犯名分劾令,朝廷肉食

---

[1] "正",嘉靖本作"止"。

者不能明辨其事,令竟以罪去,此何理也!理之所在,匹夫不可犯也。犯理之人虽穷富极贵,世莫能难,当受《春秋》之诛矣。当此道不明不行之时,群小席势以从事,亦何尝不假借道理以为说,顾不知彼之所言道理者,皆非道理也。傥不以斯言为罪,敢倾倒以毕其说。

某之说,正吾人大趋向、大旨归,所当先辩者。此之不辩,而规规然以声音笑貌为道,真"放饭流歠而问无齿决","养其一指而失其肩背",孟子所谓"不知务"、"不知类"。

与黄循中 里居未详,或云临川人,即绍熙元年进士名荅讷者,师事文安公

某山居讲习,粗适素怀,荆门之命固出庙朝不忘之意,然雅未有为吏之兴。幸尚迟次,可徐决去就耳。

人之不可以不学,犹鱼之不可以无水,而世至视若赘疣,岂不甚可叹哉?穹壤间,窃取富贵者何限,惟庸人鄙夫羡之耳。识者视之,方深怜甚悯,伤其赋人之形,而不求尽人之道,至与蚁虫同其饱适好恶,虚生浪死。其在高位者,适足以播恶遗臭,贻君子监戒而已。此固循中所宜深晓。第居今之世,不得不申言之,谅亦不厌于此也。

二

江德功质本庸暗,加以所学之缪,岂复有可论者。所惜吾友为其所引,辩于其不足辩耳。

古书有明理之言,有教人用工之言,如《中庸》首章惟"戒谨不睹,恐惧不闻"及"谨其独"是用工处[1],次章惟"致中和"是用工处,他辞皆明理之言。推此可类见。

与晦翁往复书录往,伯珍、舜辅,会次幸示之。

---

[1] "谨其独",各本同,《中庸》作"慎其独",此系陆九渊避宋孝宗赵眘之讳改。以下"谨其独"同。

卷十三

书

与郭邦逸 _{里贯无考,问学弟子}

专介奉书,细视缄题,如揖盛德。亟发读之,慰浣良剧,教以大对一本,尤深降叹!凿凿精实,非泛泛场屋之文也。君子义以为质,得义则重,失义则轻,由义为荣,背义为辱。轻重荣辱,惟义与否,科甲名位,何加损于我,岂足言哉?吾人所学固如此。然世俗之所谓荣辱轻重者,则异于是。薰染其间,小有不辨,则此义为不精矣。当使日著日察,炯然不可浑乱则善矣。

垂示晦翁问答,良所未喻。圣人与我同类,此心此理谁能异之。孟子曰"人皆可以为尧舜",又曰"至于心,独无所同然乎",又曰"人之有是四端而自谓不能者,自贼者也;谓其君不能者,贼其君者也"。今谓人不能,非贼其人乎?"居仁由义,大人之事备矣。""吾身不能居仁由义,则谓之自弃。"圣人于此理,不勉而中,不思而得。贤如颜子,犹未至于不思不勉。曰"三月不违",则犹有时而违也;曰"有不善未尝不知,知之未尝复行",则言其不远而复也。然则虽未至于不思不勉,而思勉之工益微矣。气禀益下,其工益劳,此圣人、贤人、众人之辨也。《语》曰颜子"三月不违仁,其余则日月至焉而已矣"。"日月至""三月不违"与"至诚无息"则有间矣。若其所至、所不违、所无息者,岂容有二理哉?古人惟见得此理,故曰

"予何人也,舜何人也,有为者亦若是","道也者,不可须臾离也,可离非道也。是故君子戒谨乎其所不睹,恐惧乎其所不闻"。学者必已闻道,然后知其不可须臾离。知其不可须臾离,然后能"戒谨不睹,恐惧不闻"。元晦好理会文义,"是故"二字也不曾理会得,不知指何为圣贤地位,又如何为留意。此等语皆是胸襟不明,故撰得如此意见,非唯自惑,亦且惑人。

盛价至此,偶有侄妇之丧,又贱体中暑,连日不得占复。山间朋友云集,亦不可久孤其望,势当一往。又县宰终满,与之为别。诸事纷扰,亟取纸作复,遽甚,不能伦理。近有复元晦书,录往一观,及有史评一首,又有书二本,宜章学、王文公祠二记并录呈。得暇精观之,亦可见统纪也。

与郭邦瑞 邦逸之兄

前此辱令弟邦逸遣人临存,复书中托拜意。近亦尝得家问否?今为况如何?

新天子登极,海内属目,而风宪之地升黜殊乖物望,非细故也。山林之人但以草野舆议言之耳。未知修身之内其议论又何如也?

良心正性人所均有,不失其心,不乖其性,谁非正人。纵有乖戾〔1〕,思而复之,何远之有?不然,是自昧其心,自误其身耳。及处华要而不知改,是又将误国矣。有能明目张胆而纠正之者乎?有能恻怛岂弟以感悟之者乎?区区周爰之心犹不能无望于左右。别后迁除,未足为门下言也。

侄孙濬处太学,家书戒令求见。此子近亦少进于学,幸与进,以子弟视之可也。

---

〔1〕"乖戾",成化本、正德本、嘉靖本作"乖失"。

与李信仲 讳复,临川人。其父讳肃,字重钦,登淳熙八年进士。祖讳浩,字德远,登绍兴十三年乙科。信仲父子从事文安公

两遣府中书,皆不及拜丈丈书,李注:丈,长老之称。但托邵机宜、赵通判道意,至今欿然!前者蒙丈丈教以病中所得,听之洒然。今兹书中不及寓区区之意,有一说烦吾友侍下达之。

大抵为学不必追寻旧见。此心此理昭然宇宙之间,诚能得其端绪,所谓"一日克己复礼,天下归仁焉",又非畴昔意见所可比拟。此真吾所固有,非由外铄,正不必以旧见为固有也。千万以此纸禀之。所与邵机宜书本末备矣,幸复熟之。

与潘文叔 讳友文,浙江金华人,从学文安公

文叔慈祥恳恻,一意师慕善人,服行善事,友朋间所共推重,与一辈依凭假托以济其骄矜者,不可同年而语矣。然恐惧忧惊每每过分,亦由讲之未明,未闻君子之大道,与《虞书》所谓"儆戒无虞",《周书》所谓"克自抑畏",《中庸》所谓"戒谨乎其所不睹,恐惧乎其所不闻"者,亦不可同年而语也。盖所谓儆戒、抑畏、戒谨、恐惧者,粹然一出于正,与曲肱陋巷之乐、舞雩咏归之志不相悖违。若凋零穷蹙,弗协于极,名虽为善,未得其正,未离其私耳。不志于学,虽高才美质,博物洽闻,终亦累于其私,况下才乎?尹师鲁气质固自不凡,其所植立可谓表表。然如文叔所举答韩资政书辞,盖不免乎其私者也。"观于海者难为水,游于圣人之门者难为言",文叔第未得游圣人之门耳。

今日风俗已积坏,人才已积衰,公储民力皆已积耗,惟新之政亦良难哉!某方此治登山,悾偬占复,莫究所怀。何时合并,以遂倾倒。

与朱子渊

五月间,拜诲札之辱,备承入夏动息,尤用慰沃!教以调度详细,贶以上尊兼乘,仰佩眷勤,感戢之至!

某浮食周行,侵寻五六载,不能为有无,日负愧惕。畴昔所闻,颇有本末,向来面对,粗陈大略,明主不以为狂。而条贯靡竟,统纪未终,所以低回之久者,思欲再望清光,少自竭尽,以致臣子之义耳。

往年之冬,去对班才数日,忽有匠丞之除,遂为东省所逐,患失之人素怀疑畏[1],而又属有憸狡设辞以嗾之,故冒昧出此,亦可怜已。然吾人之遇不遇,道之行不行,固有天命,是区区者安能使予不遇哉?

宽恩畀祠,归伏田亩,日得与家庭尊幼、乡里俊彦翻古书,讲古道,舞雩咏归,不敢多逊。然此心之灵,此理之明,周嫠之忧益所不能忘也。何时合并以请教,临楮不胜驰情。

二

稍不讯记曹,日益驰乡!庐陵积弊之余,仍以旱歉,调度有方,无异丰岁,惟窃健羡!李评:"健羡"二字本《司马迁传》。健,强也。羡,慕也。

某属方登山,同志亦稍稍合集。兹山之胜前书尝概言之。此来益发其秘,殆生平所未见,终焉之计于是决矣。唐僧有所谓马祖者尝庐于其阴,乡人因呼"禅师山"。元丰间,又有僧莹者为寺其阳,号曰"应天"。乃今吾人居之。每恶山名出于异教,思所以易之而未得。从容数日,得兹山之要,乃向来僧辈所未识也。去冬所为堂在寺故址,未惬人意。方于要处草创一堂,顾盼山形,宛然巨象,

---

[1]"怀",成化本、正德本、嘉靖本、万历本、《四库》本作"积"。

因名"象山",辄自号"象山居士"。山面东南,叠嶂骈罗,近者数十里,远者数百里,缥缈磊落,争奇竞秀,飞舞于檐间,朝暮雨旸、云烟出没之变不可穷极。上憩层巅,东望灵山、龟峰,特起如画。玉山之水盖四百里而出于龟峰之下,略贵溪以经兹山之左。西望貌姑、石鼓、琵琶群峰,嶙崪逼人,从天而下。溪之源于光泽者,萦纡泓澄,间见山麓,如青玉版。北视龙虎、仙岩、台山,仅如培塿。东西二溪窈窕如带,二溪合处百里而近,然地势卑下夷旷,非甚清彻,目不能辨,常没于苍茫烟霭中矣。下沿清流,石涧曲折,分合万状。悬注数里,苍林阴翳,巨石错落,盛夏不知有暑。挟册其间,可以终日,造物之遗予多矣。

执事方书外庸,伫观大用以究厥志。异时厌饫绿野,倘有意从吾游乎?

世昌山阳之行,钱君礼之甚厚。仆夫探囊以窜,搏手来归,甚哉其穷也!此公趋尚甚奇,天其或者竟以是成之耶?今已息肩,共耕学于此矣。因其遣还借兵,草草寓此问讯。

三

去冬远辱记存,寻已具复,駃哉青阳[1],行既厥事,矫首南山,岂胜驰溯!区区之迹无异前日。去腊以敝庐迫隘,不得已增葺数椽,然其事尽付之犹子,了不相关。所困者,独书问宾客亦无暇日耳。用是欲嗣致尺纸,因循迄今。

一春积雨,近清明始得至山房。古松千章,环布错立,白云往来其间,递为隐见,弥旬未解,颇尽奇变。前峰蕴秀深藏,时于白银世界中微见一二。乃知退之所谓"横云时平凝,点点露数岫。天宇浮修眉,浓绿画新就",盖得于亲目,非臆想也。数日始见根底,朝

---

[1] "駃",嘉靖本作"驶"。

阳丽景，明若图画，暮烧联光，烂若绮绣。楮氏更端，停毫注目，天君已复缥缈于薄云疏雨间矣。相望数千里，凭彭泽诸君发舒及此，庶几无异于合堂同席也。

与薛象先

阅邸报，得诚心公道之章，深切降叹！然爱莫助之，奈何？近得旧同官书，唯刘志甫差强人意，郑溥之似不及前，然亦难得矣。冯传之气质恢杰，吾甚爱之，恨向来相聚日浅，不能发其大端。若只如此，恐终不甚济事也，每惋惜之！足下尚能有方略及此乎？

某居山虽未久，亦颇得英才。临川、南城气象蔚然其兴。善为刀剑者亦须好铁，吾虽屏居，未必不为足下出山炉也。祠禄之满，傥复畀之，似亦未为空餐也。旧与冯传之一书，谩录往。

比见太学夏季私试策题，异哉！学之不明，人心之失其正一至于是。山房朋友多有拟答第二篇者，就中二三人之文最胜。令小儿录往，试览之如何？《语》曰："不知言，无以知人也。"孟子亦曰："我知言。"人之言论，岂可不察。岂惟观人，善观国者亦必于此决之矣。

荆公之学未得其正，而才宏志笃，适足以败天下，《祠堂记》中论之详矣，自谓圣人复起，不易吾言。当时诸贤盖未有能及此者。

"尚同"一说最为浅陋。天下之理但当论是非，岂当论同异。况异端之说出于孔子，今人卤莽，专指佛老为异端，不知孔子时固未见佛老，虽有老子，其说亦未甚彰著。夫子之恶乡原，《论》《孟》中皆见之，独未见排其老氏，则所谓异端者非指佛老明矣。"异"字与"同"字为对，有同而后有异。孟子曰："耳有同听，目有同美，口有同嗜，心有同然。"又曰："若合符节。"又曰："其揆一也。"此理所在，岂容不同。不同此理则为异端矣。熙宁排荆公者固多，"尚同"之说裕陵固尝以诘荆公，公对以"道德一、风俗同"之说，裕陵乃不直排者,然则荆公之说行,岂独荆公之罪哉？近见台评复尾"尚同"之说。以胡君之淳悫无他,议论犹如此,他尚何望！

与罗春伯 讳点,谥文恭,抚州崇仁人,登淳熙三年进士,文安公弟子

适闻晋贰奉常,乡于柄用,深为吾道庆。大蠹之去,四方属目,惟新之政貌未有所闻。乡来相聚不为不久,不能有以相发,每用自愧。属阅来示,尤为惕然。

宇宙无际,天地开辟,本只一家。往圣之生,地之相去,千有余里,世之相后,千有余岁,得志行乎中国,若合符节,盖一家也。来书乃谓"自家屋里人",不亦陋乎？来书言朱、林之事,谓"自家屋里人,自相矛盾",不知孰为他家？古人但问是非邪正,不问自家他家。君子之心未尝不欲其去非而就是,舍邪而适正,至其怙终不悛,则当为《夬》之上六矣。舜于四凶,孔子于少正卯,亦治其家人耳。妄分俦党,反使玉石俱焚,此乃学不知至,自用其私者之通病,非直一人之过,一言之失也。

近见台端逐林之辞,亦重叹其陋。群儿聚戏,杂以猥狡,尚何所望？非国之福,恐在此而不在彼也。

与郑溥之 讳湜,福建闽县人,乾道进士,列伪学禁中,文安公弟子,谥文肃

赵仲声归,奉书,慰浣之剧！窃知晋丞大府,此亦未足以处贤者,今当复有清切之除矣,屏居者未之闻耳。

往年山间粗成次第,便有西山之游,相继有事役,残岁遂不得一登。比来朋友复相会集。后月朔,除一小功报服,即登山为久驻之计。

去冬与邵机宜一书,颇究为学本末,今往一观。游仙岩题新兴寺壁数语,颇足以见居山之适。腊月得元晦复论《太极图说》书,寻以一书复之,今并往。此老才气英特,平生志向不没于利欲,当今

诚难其辈。第其讲学之差,蔽而不解,甚可念也。士论方伸,诚得此老大进此学,岂不可庆?"诚者,非自成己而已也,所以成物也。"此心之灵苟无壅蔽昧没,则痛痒无不知者。国之治忽,民之休戚,彝伦之叙斁,士大夫学问之是非,心术之邪正,接于耳目而冥于其心,则此心之灵必有壅蔽昧没者矣。在物者,亦在己之验也,何往而不可以致吾反求之功。此所愿与同志日切磋而不舍者。文藻特溥之余事,比来议论节操,凛凛近古。愿加不息之诚,日致充长之功,则吾道幸甚!道之行不行,固有天命,吾人之学安得而不自致哉!

某向尝妄论,贤者封事不逮奏篇,盖愚意以为但当因天变疏陈缺失,以助主上修省之实,不必曲推事验,如后世言灾异者。尝见元祐三年吕益柔廷对,有曰:"昔之言灾异者多矣,如刘向、董仲舒、李寻〔1〕、京房、翼奉之徒皆通乎阴阳之理,而陈于当时者非一事矣。然君子无取焉者,为其著事应之说也。孔子书灾异于《春秋》,以为后王戒。而君子有取焉者,为其不著事应故也。夫旁引物情,曲指事类,不能无偶然而合者。然一有不合,人君将忽焉而不惧。孔子于《春秋》著灾异,不著事应者,实欲人君无所不谨,以答天戒而已。"其言虽未精尽,大概可谓得矣。如乍警乍纵,不能纯一之言,可谓切当。至以云将族而复散,雨将下而复止,为天意象类而然,则愚以为不必如此言也。又如证以仁祖露立事,亦恐于本指未相应,更愿精思之。

格君心之非,引之于当道,安得不用其极。此责难所以为恭,而不以舜之所以事尧事君者,所以为不敬其君也。思虑审精,每及一事,既举纲领,又详其条目,使立可施行,此溥之所长也。然其本

---

〔1〕"李寻",正德本、嘉靖本、万历本作"季寻"。按:李寻,字子长,西汉人,善言阴阳,传见《汉书》卷七十五《眭两夏侯京翼李传》。

末偏重,实未一贯,故言根原处虽若精纯,终篇读之,却觉浑乱,无统临运率之势。"万物并育而不相害,道并行而不相悖,小德川流,大德敦化",必纲举领挈,然后能及此也。"行百里者半九十",愿着鞭焉。

与冯传之 名未详,或云即杨慈湖妹婿名象先者,文安公弟子

春末在郡城阅邸报,窃知已遂改秩,自此进用,吾道之幸,敢不赞喜!

吾人仕进自有大义,所贵乎学者,以明此义耳。不学者固不足道。号为学者而又牵于俗论私说,则是义犹未明,私犹未彻耳。来教谓不可为外面扰动,是矣。若昈昈然顾流俗之议论,则安在其为知道明义也?计利害,计毁誉,二者之为私均也。"大哉!圣人之道。洋洋乎发育万物,峻极于天,优优大哉。"天之所以为天者,是道也。故曰"唯天为大"。天降衷于人,人受中以生,是道固在人矣。孟子曰"从其大体",从此者也。又曰"养其大体",养此者也。又曰"养而无害",无害乎此者也。又曰"先立乎其大者",立乎此者也。居之谓之广居,立之谓之正位,行之谓之大道。非居广居,立正位,行大道,则何以为大丈夫?传之气质恢乎似道,顾恐不志其大,而临深为高,加少为多耳。愿益勉旃,无苟自画,则吾道幸甚!

与朱元晦

朝廷以旱暵之故,复屈长者以使节,倘肯俯就,江西之民一何幸也!

冬初许氏子来,始得五月八日书,且闻令小娘竟不起,谅惟伤悼。前月来,又得五月二日书,开慰之剧!

某不肖,祸衅之深。仲兄子仪中夏一疾不起,前月末,甫得襄事。七月末,丧一幼稚,三岁,乃拟为先教授兄后者。比又丧一侄

孙女。侄婿张辅之抱病累月，亦以先兄襄事之后长往。痛哉！祸故重仍，未有甚于此者。触绪悲摧，殆所不堪。某旧有血疾，二三年浸剧，近又转而成痔，良以为苦，数日方少瘳矣。

傅子渊前月到此间，闻其举动言论类多狂肆。渠自云闻某之归，此疾顿瘳。比至此，亦不甚得切磋之。渠自谓刊落益至，友朋视之，亦谓其然。其长子自一二年来，乡人皆称其敦笃循理过于子渊，子渊亦甚誉其子。比日不知何疾，一夕奄然而逝。

刘定夫气禀屈强恣睢，朋侪鲜比。比来退然方知自讼。大抵学者病痛须得其实，徒以臆想，称引先训，文致其罪，斯人必不心服。纵其不能辩白，势力不相当，强勉诬服，亦何益之有？岂其无益，亦以害之，则有之矣。

二

外台之除岂所以处耆德，殆新政起贤之兆耳。当今肺石，平时亦有物望，不应徒呼唱于内庭外衢而已，岂抑自此有意推贤耶？

金陵虎踞江上，中原在目。朝廷不忘《春秋》之义，固当自此发迹。今得大贤，暂将使旨，则轺车何啻九鼎？中外倚重，当增高衡霍，斯人瞻仰为之一新矣。窃料辞免之章必未俞允。愿尊兄勉致医药，俯慰舆情。纵筋力未强，但力疾卧护，则精神折冲者亦不细矣。若乃江东吏民，善良有养，奸恶知畏，而行县之余或能检校山房，一顾泉石，此尤区区之私愿也。

王顺伯在淮间，宣力甚勤，然不能无莫助之患。倘得长者一照映之，为益又不细矣。

卷十四

书

与包详道 显道兄

宇宙间自有实理,所贵乎学者,为能明此理耳。此理苟明,则自有实行,有实事。实行之人,所谓不言而信,与近时一种事唇吻、闲图度者,天渊不侔,燕越异向。事唇吻、闲图度之人本于质之不美,识之不明,重以相习而成风,反不如随世习者,其过恶易于整救。图度不已,其失心愈甚。省后看来,真登龙断之贱丈夫,实可惭耻!若能猛省勇改,则天之所以予我者,非由外铄,不俟他求。能敬保谨养,学问、思辨而笃行之,谁得而御?

与包敏道 显道弟

为学无他谬巧,但要理明义精,动皆听于义理,不任己私耳。此理诚明,践履不替,则气质不美者,无不变化。此乃至理,不言而信。《诗》曰"奏假无言,时靡有争",此之谓也。来书所述未能臻此,平时气质复浮溢于纸笔间矣。幸益勉之!至望!二贤兄比来皆非复吴下阿蒙矣。

二

私意与公理,利欲与道义,其势不两立。从其大体与从其小体,亦在人耳。勉旃,勉旃,毋多谈。"潜虽伏矣,亦孔之昭",不可掩也,不可诬也。二贤兄亦不及答书,意不殊此。

大人之事,至公,至正,至广大,至平直。剖蠡管之见,荡其私曲,则天自大,地自广,日月自昭明。人之生也本直,岂不快哉!岂不乐哉!若诸公所可喜者,皆是专于向道,与溺私欲不同耳。固是各有病痛,须索商量。但比之足下则相悬耳。如幾先所谓"万事随缘"者,正所谓习气使然也。吾人居广居,立正位,行大道,得志与民由之,不得志独行其道,岂肯作此等语也。不及答诸公书,幸以此示之。

与严泰伯 讳滋,临川人,从文安公学

学之不讲久矣。吾人相与扶持于熟烂之余,何敢以戏论参之。古人谓"戒谨乎其所不睹,恐惧乎其所不闻","十目所视,十手所指",庸敢有戏论乎?勉思而谨之,是愿是望!

二

宋无悔来,李注:宋无悔,讳复,临川人,文安公弟子。得书,知彼时消息,甚慰。答君玉书极佳,足见新功,度今又当日进。文范必数得往还,此公明白可喜,未易得也。宋秀才志向可喜,李注:秀才,称无悔。而气习中多病。今虽小愈,要未必能一成平复。针药盖已备尝,亦在其自晓了耳。若善自思者,亦有何难,但恐缪习深重,每每反用以滋其缪耳。真不徇名慕外,好夸求胜,道实不难知也。"君子之道,淡而不厌,简而文,温而理",又何必大声色也。但人不知非,则不能安乎此耳。

今岁科举,相从者既多,恐难离城。某初有入城之意,今亦以山上朋友之多,不欲久旷,遂止其行。未得相见,千万为此道勉旃。

三

道理无奇特,乃人心所固有,天下所共由,岂难知哉?但俗习缪见,不能痛省勇改,则为隔碍耳。古人所谓:"一惭之不忍,忍终身惭乎?"此乃实事,非戏论也。

古人不求名声,不较胜负,不恃才智,不矜功能,通身纯是道义。

平日议论、平日行业皆同儿戏,不足复置胸臆。天降之衷在我久矣,特达自立,谁得而御?勉自奋拔,不必他求。来早得暇见过,以观新功。

与傅子渊 见前

比来居山,良有日新之证,惜不得与子渊共之。以朋友讲习而说,有朋自远方来而乐,不可以泛观料想而解,当有事实。吾人不幸生于后世,不得亲见圣人而师承之,故气血向衰而后至此。虽然,朝闻道,夕死可矣。今能至此,其被圣人之泽岂不厚,而为幸岂不大哉?何时一来,快此倾倒。

与罗章夫 讳献,南丰人,庆元丙辰进士,早岁师事文安公

著是去非,改过迁善,此经语也。非不去,安能著是?过不改,安能迁善?不知其非,安能去非?不知其过,安能改过?自谓知非而不能去非,是不知非也;自谓知过而不能改过,是不知过也。真知非则无不能去,真知过则无不能改。人之患,在不知其非、不知其过而已。所贵乎学者,在致其知、改其过也。

与廖幼卿 疑亦建昌南城人,与兄懋卿并师事文安公

适闻傅仲昭语及懋卿坐间假寐,仲昭以为此必未能自拔,此殆

不然。李注：傅仲昭，系子渊族人。仲昭未知此理。非但仲昭未知此理，料幼卿亦未知此理。人未知学，其精神心术之运皆与此道背驰。一旦闻正言而知非，则向来蹊径为之杜绝。若勇于惟新，固当精神筋力皆胜其旧。然如此者难得，但得不安其旧，虽未有日新，亦胜顽然不知与主张旧习者远矣。今懋卿虽未有日新之功，若其困睡，则是已知旧见旧习之非，不复就其上主张运用，故如此耳。此不为深害，但少俟之，徐观其幡然，则大善矣。朋友间不深知此理，迫之太甚，罪之太切，则又反为害矣。李评：入其笠又招之，孟子所以戒辨杨墨者。

与傅齐贤 傅子渊之族人

义理未尝不广大，能惟义理之归，则尚何窠穴之私哉？心苟不蔽于物欲，则义理其固有也，亦何为而茫然哉？蔽不真彻，则区区之意殆虚设也。幸勉旃！毋久自屈。

与胥必先 讳训，从学文安公，又连襟，疑临川人

刘德固须尚留山间。前此未得与渠同读书，但说得《比》卦稍详。书亦政不必遽尔多读，读书最以精熟为贵。李评：朱子晚年教人读书，俱与此二语合。烦喻德固，且熟读《比》卦为佳。德固前此于文义间多未通晓。近所以开发之者非在文义，每为德固解说，必令文义明畅，欲不劳其思索，不起其疑惑，使末不害本，文不妨实。常令文义轻而事实重，于事实则不可须臾离，于文义则晓不晓不足为重轻，此吾解说文义之妙旨，必先亦不可不知也。然此亦岂可强为之哉？非明实理、有实事实行之人，往往汩没于文义间，为蛆虫识见以自喜而已。安能任重道远，自立于圣贤之门墙哉？

二

得书甚有奋拔之意，良以为庆。然譬诸田畴，荒秽之久，虽粗

加垦辟,若畲耨不继,则茅立塞之矣。用工深切至到,则通畅茂悦,当又与今不侔。

愿勉旃毋忽。何以聚粮为？肯来是幸。

三

蒲稍绿耳,尚可想见,驽骀伤吻弊策而不进于行,诚可厌也。马之精神骨干得之于天,不可损益。今为人而坐使古人"虽愚必明,虽柔必强"之言弃而不验,岂不甚可痛哉！

与薛公辩[1] 名贯未详,文安公弟子。《目录》作"蔡公辩",未知孰是。

所录诸书已逐一点对。末后复赵然道书甚多脱误,可子细将所录本添改,庶可读也。书字画甚无法度,如"傅"字须向上著一点,不著点便成"傳"字。古刻"傳"字,"專"中不著"厶"字,但以不著点与"傅"字为别。所录书,其前尚稍可看,向后数篇甚刺人眼。结字既不端正,画之长短皆颠倒失宜。向来盖尝说及此等处,何为都不省记？

来书辞语病痛极多,读之甚不满人意。用助字不当律令,尤为缺典。老夫平时最检点后生言辞书尺文字,要令入规矩。如吾儿持之甚懒读书,绝不曾作文,然观其不得已书尺与为场屋之文,其助字未尝有病,造语亦劲健,不至冗长,此亦是稍闻老夫平日语,故能然。且今观吾子之文,乃如未尝登吾门者,即此便可自省。

安详沉静,心神自应日灵,轻浮驰骛则自难省觉。心灵则事事有长进。不自省觉,即所为动皆乖缪,适足以贻羞取诮而已。

---

[1] "薛",成化本、嘉靖本作"蔡",道光本目录亦作"蔡"。

与张德清 上清龙虎山人，时为天师

积年闻季悦、元忠诸友称道盛德。比岁屡得款集，益有以信诸贤之言。又闻非久有退居自养之举，尤切叹仰！近者忽又闻有不肖道士以淫侈不轨之事诱引小子健讼以相诬毁，深用不平。然在左右，正宜高举以遂初志，何必与此辈较胜负于流俗之中哉？流俗之所谓胜者，岂足为胜？流俗之所谓负者，岂足为负？左右平时与诸贤交游，当问道之胜负，不当问流俗之胜负。又闻季悦言德清其初浩然有引退之文，且欲别求贤者以嗣其事。而盛族乃有"茅不可试火"之语，此可谓不胜俗陋鄙猥之言，切不宜以此等语亏损盛德。更愿深思，追还素志。他日同来象山顶头共谈大道，此乃真天师，非俗天师也。

与高应朝 讳宗商，浙江人，师事文安公

前月并收两书，备知近况，慰浣良剧。山房比年况味，想尽得之帅、漕书中矣。

春尾以犹子之讣出山房，至今未得复登。此乃梭山之子，文行皆高，家庭所赖。年未及壮，无疾而逝，所以伤之者，又不止骨肉之情也。聚族既广，患故如此类多。今日方除一侄女之服。所幸诸兄皆能安之以命，不至过伤也。

此理日明，乡里朋友浸有能共此者。每思应朝、应之，未尝不兴怀。应之一跌不复，中间见其祭吕郎中文，迷缪之甚。急于旧书问中寻得其向时书数纸封之，题曰"石应之公案"，拟相聚时发此以启之。后在临安廨舍中相会，见其事役匆匆，神志不定，不欲出示，却语及之。渠力索观，略出示之。渠欲持去，吾曰："不可。观足下神思，今不能办此。此书非吾亲自与汝剖决，亦长物耳。"观其容貌言论，与曩者判然如二人，使人不忍视之。今遂居台阁，益令人怜

之耳。

阅应朝二书、《茸斋记》,亦甚念足下有茅塞之患。帅、漕处皆有吾文一编,此乃韩将领亲张氏、朱氏所录,闻亦有一编在韩将领处,想必从韩处见之矣。第帅、漕处本却经山间友朋点对,无错误,可从帅处借本点对,却精观熟考,当有所发也。

与侄孙濬

家间递至汝三信[1],甚念。汝文字意旨皆不长进。如所谓"士论翕然宗之",所谓"尽公乐善,人无间言",斯世何幸乃有斯人耶?此人么麽奸宄,谄事权贵,阴为诐慝,媒孽善类。自吾在朝时,物论固已籍籍。往者擢为少司成,又进而为大,负乘之丑,海内羞之。今贤关之论乃复如彼,何耶?岂汝所交之士皆不足以为士,而所见之人皆非其人耶?

"沈鸷"二字,史家多以称人之长,关雎亦鸷,非恶辞也。向来家书中亦时有此等旨趣,此非特辞语之病,甚可畏也。其他用字下语差错不安者甚多,已令汝尊后便逐一告汝。场屋得失有命,不足计。后生作文却要是当。若只如此,未可便道时文不难办,安得不勤厥尊之虑也?

新政虽未甚满人意,且得辅道储君者得人,甚有方略,诚如是,国本立矣。实宗社无疆之休,何幸如之!

人心至灵,惟受蔽者失其灵耳。群儿聚戏,袖少果实与之;见樵牧而与为礼;见市井不逞与村农输纳者,邀入酒肆犒之,则称颂赞美,士大夫即据此以为评裁,可乎?"云从龙,风从虎","水流湿,火就燥",物各从其类也。天下曷尝无人,况贤关乎?在所以召之者如何耳。

---

[1] "间",原作"问",据成化本、正德本、嘉靖本、《四库》本改。

二

吾春末归自象山，瓶无储粟，囊无留钱，不能复入山。近诸生聚粮除道，益发泉石，遣舆夫相迎，始复为一登。兹山废久，田莱垦未及半。今食之者甚众，作之者甚寡。结庐之人事力有限，频岁供役，赖其相向之笃，无倦志耳。傥得久于是山，何乐如之？未知造物者卒能相之乎。

梭山所与汝言，真至言也，第致之当有道耳。此道之不明久矣，群小则固背驰，君子于此往往亦未得平土而居之，所报时事又如此，此皆不可易言之也。纷纷之说但可怜悯，岂复有可商校者。近阅旧稿中有一段文字，汝可精观。相识见问，但出此书及此文可也。

三

学者之不能知至久矣！非其志其识能度越千有五佰余年间名世之士，则《诗》《书》《易》《春秋》《论语》《孟子》《中庸》《大学》之篇正为陆沉，真柳子厚所谓"独遗好事者藻绘，以矜世取誉"而已。尧、舜、禹、汤、文、武、周公、孔子、孟子之心，将谁使属之。夫子曰："三人行，必有我师焉，择其善者而从之，其不善者而改之。"又曰："见贤思齐焉，见不贤而内自省。"诚得斯言之旨，则凡悠悠泛泛者皆吾师也。

汝气质外柔弱而中实不弱，自向者旨趣未得其正时，固已有隐然不可摇挠之势矣。能于此深思痛省，大决其私，毅然特立，直以古圣贤为的，必居广居，立正位，行大道，则谁能御之？于此不具大勇，却放过一着，姑欲庶几于常人，则非吾之所知也，真孟子所谓"终亦必亡而已矣"。仁者先难后获。夫道岂难知哉？所谓难者，乃己私难克，习俗难度越耳。吾所谓深思痛省者，正欲思其艰以图其易耳。仁者必有勇,颜子闻"一日克己复礼"之言,而遽能"请问其目",可谓大勇矣。汝能以其隐然不可摇挠之势用力于此,则仁、智、勇三德皆备于我。当知"为仁由己,而由人乎哉"之言不我欺也。

"国家闲暇,及是时,明其政刑,虽大国必畏之矣。"岂独为国为然哉?为家为身一也。"逮天之未阴雨,彻彼桑土,绸缪牖户,今此下民,或敢侮予。"汝其念之。人臣之于国犹其家也,于君犹其亲也,虽不吾以,而问安寝门之心所不能忘也。黜陟施设,时欲闻之,便信毋略乎此。见罗中舍致吾意。

四

人非木石,不能无好恶。然好恶须得其正,乃始无咎。故曰"惟仁者能好人,能恶人"。恶之得其正,则不至于忿嫉。夫子曰:"我未见好仁者、恶不仁者。"盖好人者,非好其人也,好其仁也;恶人者,非恶其人也,恶其不仁也。惟好仁,故欲人之皆仁;惟恶不仁,故必有以药人之不仁。"中也养不中,才也养不才",岂但是贤父兄之心?贤子弟之心亦岂得异于其父兄哉?故凡弃人绝物之心皆不仁也。"比,吉也;比,辅也",此乃仁也,人道也。吾非斯人之徒与而谁与?"泽上有地,临。君子以教思无穷,容保民无疆。"后生晚进苟无异趣,当与先生长者同心同德。先生长者亦须贤子弟为先后疏附。吾尝谓唐虞盛时,田亩之民竭力耕田,出什一以供其上者[1],亦是与尧、舜、皋、夔同心同德。故曰"比屋可封"。此和气之所以充塞宇宙,谓之"于变时雍"。处末世弊俗,当使怜悯扶持,救药之心胜其憎嫉嫌恶,乃为近正。汝当以此言深思,毋忽其为已晓,则当有进益。

---

[1] "其上",成化本、正德本、嘉靖本、万历本、《四库》本作"公上"。

有书与胡学录,问曾尽见去年吾所与汝书否。若有未见,汝当尽以示之。虽汝亦当时一阅之,毋谓已尽知之矣。观汝前一书,亦未深解吾说。若有疑,不妨吐露,当尽为汝剖白也。

卷十五

书

与陶赞仲 或云南城人,即庆元五年进士陶述。或云嘉泰二年进士陶述尧也。从学文安公

某承乏将十阅月,未有善状。冬春久晴,种不入土。春季尝一致祷于山川之神,其应如响,山溪涨溢,田亩充足。然自是又无大雨,地土以积干易涸[1]。今既逾月,又以旱告矣,势甚可畏。昨日复致祷,诣坛之时,雨亦随下,然竟不能成泽。今早复叩之,亦以疏雨见应,未蒙需然之赐。幸酝酿未解,犹有可望。不然,定当投劾,以谢斯民也。

《太极图说》乃梭山兄辩其非是,大抵言"无极而太极"是老氏之学,与周子《通书》不类。《通书》中[言]太极[2],不言无极,《易大传》亦只言太极不言无极。若于太极上加"无极"二字,乃是蔽于老氏之学。又其《图说》本见于朱子发附录。朱子发明言陈希夷《太极图》传在周茂叔,遂以传二程,则其来历为老氏之学明矣。周子《通书》与二程言论绝不见"无极"二字,以此知三公盖已皆知无

---

[1] "土",嘉靖本作"上"。
[2] "中",嘉靖本无。"言",原无,据正德本、嘉靖本、《四库》本补。

极之说为非矣。梭山曾与晦翁面言,继又以书言之,晦翁大不谓然。某素是梭山之说。以梭山谓晦翁好胜,不肯与辩。某以为人之所见偶有未通处,其说固以己为是,以他人为非,且当与之辩白[1],未可便以好胜绝之,遂尾其说以与晦翁辩白,有两书甚详,曾见之否?以晦翁之高明,犹不能无蔽,道听途说之人亦何足与言此哉?

"仁义忠信,乐善不倦。"此夫妇之愚不肖可以与知能行。圣贤所以为圣贤,亦不过充此而已。学者之事当以此为根本。李评:赞仲似溺于数学者,故此下专就数言之。若夫天文、地理、象数之精微,非有绝识,加以积学,未易言也。某欲作一撲著说,稍发易数之大端,以排异说,晓后学。坐事夺,未克成就。早晚就草[2],当奉纳一本。何时合并,以究此怀。

"德成而上,艺成而下。行成而先,事成而后。"《论语》曰"入则孝,出则弟,谨而信,泛爱众,而亲仁",曰"言忠信,行笃敬"。孟子曰"仁义礼智根于心,其生色也,睟然见于面,盎于背,施于四体,四体不言而喻",曰"仁义忠信,乐善不倦"。此等皆德行事,为尊为贵,为上为先。乐师辨乎声诗,祝史辨乎宗庙之礼,与凡射、御、书、数等事,皆艺也,为卑为贱,为下为后。古人右能左贤,自有定序。夫子曰:"君子多乎哉?不多也。"曾子曰:"笾豆之事,则有司存。"凡所谓艺者,其发明开创皆出于古之圣人。故曰:"百工之事,皆圣人之作也。"然圣人初不尚此,其能之也,每以教人,不以加人。若德行中庸,固无加人之理。世衰道微,德行浅薄,小人之有精力者,始以其艺加人,珍其事,秘其说,以增其价,真所谓市道。故风俗日以不美,流传之久,艺之实益不精,而眩鹜之风反更张大。学者不

---

[1]"且",嘉靖本作"耳",为上句末语助词。
[2]"就草",原作"就章",成化本、万历本同,据嘉靖本、正德本、《四库》本改。

辨本末，不知高下，未有不为此辈所眩者。

吾观近时谈数学者，陋日益甚，妄日益炽。未尝涉其门户，得其师传，安能辨其是非？但以前尊卑、贵贱、上下、先后之义推之，则自知所抉择，谲妄之情状，大概亦可见矣。作书毕，恐赞仲不能不惑于妄人庸夫之说，故复书此，以助抉择。

二

《荆公祠堂记》与元晦三书并往，可精观熟读，此数文皆明道之文，非止一时辩论之文也。元晦书偶无本在此，要亦不必看，若看亦无理会处。吾文条析甚明，所举晦翁书辞皆写其全文，不增损一字。看晦翁书，但见糊涂，没理会；观吾书，坦然明白。吾所明之理乃天下之正理、实理、常理、公理，所谓"本诸身，证诸庶民〔1〕，考诸三王而不缪，建诸天地而不悖，质诸鬼神而无疑，百世以俟圣人而不惑"者也。学者正要穷此理，明此理。今之言穷理者皆凡庸之人，不遇真实师友，妄以异端邪说更相欺诳，非独欺人诳人，亦自欺自诳，谓之缪妄，谓之蒙暗，何理之明，何理之穷哉？

赞仲为人质实，学虽未至，且守质朴，随分检省，虽未必尽是，却尽胜诳妄之人。为学只要睹是，不要与人较胜负。今学失其道者，不过习邪说，更相欺诳，以滋养其胜心而已。

古人所谓异端者，不专指佛老。"异端"二字出《论语》，是孔子之言。孔子之时，中国不闻有佛，虽有老氏，其说未炽。孔子亦不曾辟老氏，异端岂专指老氏哉？天下正理不容有二。若明此理，天地不能异此，鬼神不能异此，千古圣贤不能异此。若不明此理，私

---

〔1〕"证诸庶民"，各本同，《中庸》作"征诸庶民"，此系陆九渊避宋仁宗赵祯讳而改。

有端绪,即是异端,何止佛老哉?近世言穷理者亦不到佛老地位,若借佛老为说,亦是妄说。其言辟佛老者亦是妄说。今时却有一种天资忠厚、行事谨悫者,虽不谈学问,却可为朋友[1]。惟是谈学而无师承,与师承之不正者,最为害道。与之居处,与之言论,只渐染得谬妄之说,他时难于洗濯。不如且据见在朴实头自作工夫,今虽未是,后遇明师友,却易整顿也。理须是穷,但今时却无穷理之人。何时得一来,以究此义。

与孙季和 讳应时,号烛湖,浙江余姚人,师事文安公。明孙燧死宸濠之难,乃其后也

兹以书至,发读,知已溯江而西,既喜闻动静之详,又恨不得一见。男子生而以桑弧蓬矢射天地四方,示有四方之志,此其父母教之望之第一义也。令尊大人既许其行[2],又有二令兄在侍下,岂得便谓失养?颜子之家一箪食、一瓢饮,人不堪其忧之地,而其子乃从其师周游天下,履宋、卫、陈、蔡之厄而不以为悔,此岂俚俗之人、拘曲之士所能知其义哉?孟子曰:"仁,人心也;义,人路也。舍其路而弗由,放其心而不知求,哀哉!"又曰:"今有无名之指,屈而不信,非疾痛害事也,如有能信之者,则不远秦楚之路,为指之不若人也。指不若人则知恶之,心不若人则不知恶,此之谓不知类也。"诚使此心无所放失,无所陷溺,全天之所与而无伤焉,则千万里之远,无异于亲膝下。不然,虽日用三牲之养,犹为不孝也。

学不至道,而日以规规小智穿凿傅会,如蛆蠹,如蟊贼,以自适,由君子观之,政可怜悼耳!"山径之蹊间,介然用之而成路。为

---
[1] "为",原作"谓",据成化本、正德本、嘉靖本、《四库》本改。
[2] "大人",原作"夫人",各本同,据《陆子学谱》及文义改。

间不用,则茅塞之矣。"往年石应之骎骎有成路之兴,复迷于异说,至今茅塞,每为悼叹!"知及之,仁不能守之,虽得之,必失之。"季和乡时所得尚未能及应之,临安再相聚时已无初相聚时气象。是后书问与传闻言论行事,皆不能满人意,谓之茅塞,不为过也。苟以其私偷誉斯世,固不难也,但非先哲所望于后学,其所赏不足以当所惜之万一耳。幸谨思而勉行之。

是间为况,要非纸笔所能宣达,季和能着鞭,则自相孚矣。总卿之疑不必论可矣。

与唐司法

鄙文纳去数篇,第今时人偏党甚众,未必乐听斯言。总卿从朱丈游,尤不愿闻者。今时师匠尚不肯受言,何况其徒苟私门户者。学者求理,当唯理之是从,岂可苟私门户!理乃天下之公理,心乃天下之同心,圣贤之所以为圣贤者,不容私而已。颜、曾传夫子之道,不私孔子之门户,孔子亦无私门户与人为私商也。薄遽占复,草草。

与傅克明 傅子渊族人

见所与毛君书及《颜渊善言德行论》,知为学不懈,大旨不畔,尤以为慰。然学不亲师友,则斯文未昭著处,诚难责于常才。独力私意未能泯绝,当责大志。今时士人读书,其志在于学场屋之文以取科第,安能有大志?其间好事者因书册见前辈议论,起为学之志者,亦岂能专纯?不专心致志,则所谓乡学者未免悠悠一出一入。私意是举世所溺,平生所习岂容以悠悠一出一入之学而知之哉?必有大疑大惧,深思痛省,决去世俗之习,如弃秽恶,如避寇仇,则此心之灵自有其仁,自有其智,自有其勇,私意俗习如见晛之雪,虽欲存之而不可得,此乃谓之知至,乃谓之先立乎其大者。何时合并，以究此怀。

与章茂献 临江人，宁宗庆元二年作《贵溪象山祠堂记》，讳颖

某承乏于此，懔焉朝夕，祈于斯民，渺若航海。闾巷熙恬，讼争衰息，相安相向，不替有加。同官协力，举无异志，职事过从，无非讲习。或有指是以为效绩，区区之怀方有大惧。兵家言射，谓镞不至指，同于无矢。今学射者求镞之至指，良不易致。孟子曰："掘井九仞而不及泉，犹为弃井。"古语曰："行百里者半九十。"言末路之难也。知不至，虽弗畔不足赖也；治不至，虽不乱不足传也。流湿就燥，物以类从，心所同然，捷于影响，固不可诬也。而其浅深、多寡、厚薄、精粗之辨，情伪、名实、盛衰、消长之变，亦不可诬也。服膺典训，何敢贰心？至其绵薄，弗克自致，若蹈虎尾，涉于春冰，亦何敢狃饥渴之饮食，苟以自恕。教其不知，图其不逮，力提而申策之，是所望于同志，幸勿遐弃！

与罗春伯 见前

某夏中拜之任之命，适感寒伏枕，几至于殆。月余少苏，又苦肠痔。七月四日始得离家，九月三日抵二泉，即日交割。是间素号闲静，至此未尝有一字揭示〔1〕，每事益去其烦，事至随手决之，似颇不忤于人心。士民相敬向，吏辈亦肃肃就职。狱中但有向来二大囚，一已奏未报，一已报而宪台未来审覆，除此牢户可阒寂矣。自外视之，真太平官府。然府藏困于连年接送，实亦匮乏，簿书所当整顿，庐舍所当修葺，道路当治，田莱当辟，城郭当立，武备当修者不少。朝夕潜究密考，略无少暇，外人盖不知也。真所谓心独苦耳。

---

〔1〕 "尝"，原作"常"，据成化本、正德本、嘉靖本、万历本、《四库》本改。

今时仕宦书问常礼，与朝夕非职事应接者，费日力过半。比来于此等固不敢简忽，第亦不敢以此等先职事。拙钝之质，乃今尚有缺典。如台谏侍从，当有启札，今皆未办。所恃群贤必不以此督过。万一致简慢之疑，更赖故人有以调护之。职事间有当控诉者，续得尽情。

春伯资望日隆，宜在两地优矣。濡笔以待庆牍。向寒，为国保爱。

与薛象先 讳叔似，时为漕使

此月三日抵二泉，即日交割，公文谅久已彻视。诸事皆仍旧贯，到此并无一字揭示，无随行人，一榜亦吏呈旧比从之，户庭颇无壅塞，事至随手决之，颇无忤于人心。是间元少讼诉，今至于无。其血脉盖有在号令刑政之表者，兄能谅之。然事当料理者甚众，潜究密稽，日不暇给，外殊不见其形也。

财计亦以连三年接送，占压颇多，卒未有还补之策。考其实，与言者殊不相应。元章交割时，公库缗钱万八千有奇，今所存仅五千缗耳。岁入倚浆肆，所以为来岁资者，又当取诸其中，军资库尤为匮乏。其势未至于不可为，然不为樽节，则日蹙矣。

监司、郡守数易，诚今日之大弊。比阅邸报，知兄未得请，亦不独属郡之幸，幸少安以惠重湖之民。

乍到，首遣两司迎接，兵卒各有借请，义勇又适秋阅，见迓兵卒，又有未请衣赐。会庆圣节，吏以仪式诸物弊坏，举陈当修，所不敢忽。子城砖工费日取于军资。又创东岳庙，工才半。诸库日支率多于所入。会计之事不容不精详而为之所。

荆门岁输马草二千缗，分作四季起发，赴使台都钱物库交纳。春夏已纳足，今正当输秋季钱。前此系三分输纳铜钱，本军比年系行使铁钱地分，令禁日严，无得铜钱输纳。每是将会子到鄂渚兑换铜钱，所费颇多。今欲乞只以会子输纳，望特达允从为幸！

此间形势，正宜积粟聚兵，前此诸人乃未及讲求。张帅有意为城于此。元善闻有分成之意，前日相聚时乃不及此。到应城见刘宰，言元善有此意。二公慨然如此，岂亦天时耶？幸有以相之。子城次第，秋阅毕便发手为之，俟见端绪，当一一具闻也。

二

某到此询访民间疾苦，但得二事：其一是税钱役钱等，令民户分纳铜钱。比年铜钱之禁日严，此地已为铁钱地分，民户艰得铜钱为苦。官或出铜钱以易会子，收三分之息，而吏胥辈收其赢，故民以重困。其一事是坊场买名钱，须纳银买名，人户亦困于此。

然买名银须闻于朝与仓台乃可，又所困者非农民。至如税钱役钱纳铜钱，乃州郡与胥吏得其利，故断然因民之请而尽罢之。盖以铁钱地分，其铜钱之禁严，民不敢有此，义不当责之输于公。

今岁计方窘，平时所借者商税。比以边郡榷禁严甚，商旅为之萧条。此两月税课之损几及千缗。若令民户输铜钱，于郡计亦有补。然不敢计此，以为制事以义，乃当然耳。故敢求免贴陌于使台。前书未蒙垂允，无乃执事未之深察。更望断之以义，赐化笔免之，不胜幸甚！湖北系铁钱地分无几，决无他处援例之患。且在使台亦何闻此。李注："何"字疑误。不然，异时官吏或挟此以扰百姓，谁执其咎？切幸痛察。力疾布此，未暇他及。

与朱子渊

某才短智拙，不习为吏，作此乘障，真如面墙。初闻是间素有储积，今稽其实，亦仅足耳。年来库藏占压颇多，所入有限，未易还补。元章初交割时，公库缗钱万八千有奇，今才五千耳。盖元章桩留万缗，为修子城计。略会其费，曾未十一，是役固未易举。而军资常平占压之数未知所偿。

读所惠三记,不胜厚颜!驽骥之分,其在此矣。乍到,一番常礼,乃今甫定,簿书未及深究。更须旬月,当稍自竭,稽其本末,详以求教。刀圭一粒,想无吝也。便风能豫以其凡先施,尤所望也!

某居常深念,人不可以自弃,义不可以少忘。虽其驽骞,每自策励,庶几十驾。其于当世贤才,每怀邻富之愿。有如执事,岂宜久于南服。比来纷纷,多所未喻,何止教民兵一事。伯骏得衢,固可喜,然此公自亦伤弓,恐设施处未必能尽其材也。元德直节已报行矣。时事不知竟如何?天下一家,痛痒未尝不相关也。发明此理,不无望于执事,愿涵养以需之。明主可为忠言,便当拭目。

与刘漕

计南浦之集,行将四换岁矣。伏自使华之东,尺纸问讯亦复阔绝。怀仰盛德,我劳如何?杏山崔嵬,蒙泉清澈,金莲在底,华叶可数,民愿士淳,易于开导,作奸为崇者,姓名可记,藏拙之地,孰便于此?第斗垒事力有限,频岁送迎,浸尔空竭。榷酤商征,今日所仰。比来并边法禁日密,行旅为之萧条,场务日入,顿以亏损。迂愚临此,未知所以善后,长者何以振之?

吴仲权得武冈,尚迟次。傅子渊在衡阳,士人归之,太守亦甚礼之,但向来有一二同官不相乐,颇有违言,然子渊处之裕如也。邓文范为丞德化,_{李注:德化是九江县名。}政声甚美,常摄两邑,皆整其弊坏,民之戴之,不愧于史册所书。皆向来会中客,恐欲知之。何时复如曩集,以快此怀。

与吴斗南 _{湖广黄州罗田县宰,来书论杨子《太玄》,故复此书}

《易古经》为贶,喜知雅志,第剧中未暇周览。

塞宇宙一理耳。上古圣人先觉此理,故其王天下也,仰则观象于天,俯则观法于地,观鸟兽之文与地之宜,近取诸身,远取诸物,于是始作八卦,以通神明之德,类万物之情。于是有辞、有变、有象、有占,以觉斯民。后世圣人,虽累千百载,其所知所觉不容有异。曰"若合符节",曰"其揆一也",非真知此理者,不能为此言也。所知必至乎此,而后可言通天下之志,定天下之业,断天下之疑。自此道之衰,学者溺于所闻,梏于所见,不能自昭明德。己之志不能自辨,安能通天下之志,定天下之业,断天下之疑哉?

今世所传揲蓍之法,皆袭扬子云之谬,而千有余年莫有一人能知之者。子云之《太玄》,错乱蓍卦,乖逆阴阳,所谓君不君,臣不臣,父不父,子不子。由汉以来,胡虏强盛以至于今,尚未反正。而世之儒者犹依《玄》以言《易》[1],重可叹也。何时合并,以究此理。

适值数日纷冗拨置,占复草草,必有以亮之。

---

[1] "玄",原作"彼",据成化本、正德本、嘉靖本、万历本、《四库》本改。

卷十六

书

与章德茂 讳森,为荆南府帅,以文安公荆门政绩上荐,故与书

此月两拜手翰,如奉谈麈,慰浣之剧！伯兄以老病不获进谒为恨,重蒙致礼之勤,岂胜感戢！小儿持之获侍尊俎,所以待遇者皆过其分,尤切悚愧。如闻属有手足之戚,谅深追悼,后时修慰不专,尚幸裁恕。小儿颇能道余教万一,警策多矣。

荆州逃卒视州郡为逆旅,周流自如,莫知禁戢。平日若此,缓急安能防闲？比方稍修其籍,革顶名之弊,图致请于大府,丐与邻郡为约,以绝逃逸之患。适得公移,甚惬下意,即已行下巡尉义勇等,严其迹捕。近有襄阳逃卒投募在此,捕者寻至,即令擒去矣。敝邑自某入境,逃卒亦不少,有未获者,恐在府下。径差人迹捕,或恐此辈群党欲丐移文兵官、巡尉、义勇等,为之应援。倘蒙捕获,亦可惩后也。干冒威尊,不胜惶恐！

二

某备数属垒,倏阅半祀。名虽北鄙,实带严城。光润所蒙,最为亲切。粗谨职守,未至瘝败,无非大府之赐。尺笺阙焉,不干记史。是犹陟嵩、华而忘山,泳江湖而忘水,揆之常情,宜获罪戾。比得邸吏别报,乃知姓名首尘荐剡,所以奖借之辞宠甚,闻之惕然,弗

称是惧。治古公道还于盛世，前辈典刑蔚乎斯在，敢不益励素志，勉竭驽朽，蕲无负斯言。世俗私谢之礼则不敢以累门下。伏冀高明，必垂洞察。职事所当控闻者，虽有公状，亦合更具禀札。虑勤听览，且恃照临之密迩，皆缺弗致。今受知之深乃如此，尤不容以言谢。

三

奉十八日手诲，爱民闵雨之诚，尚贤戢奸之旨，可谓两尽而兼著，岂胜叹仰！公道之任归门下久矣，非适今日。某区区之志，粗知所择，雷同苟合，窃亦所耻，同官相与，当何求哉？事惟其宜，理惟其当，议论设施，不必在己，相期相勉，大抵以此。平居论事，始有未合，各献其宜，侃然自竭，反复之久，是非已明，伏义如响，人得所欲，殆莫知初说为谁主之也。仰视灭私之训，妄谓或庶几焉。

核实之命不容不以情报。今兹旱势，可畏殊甚！襄鄂之间，泝汉之舟鳞积滩底，旷旬淹月而不得进。汉上雨旸可见于此矣。江流增减，大府具知之。濒淮并江诸郡属尝具禀，续加询访，举亡异辞。敝邑初六日致祷，虽未即得需泽，坛壝之所，朝暮致敬，祠官未常不沾湿也。惟望日终日晴彻，四无纤云。既望之朝，率郡官迎致上泉，复冒雨而归。自是日及今，阴雨无旷日。境内独襄水西乡先得大雨。七日八日之夕，自城上望，雨色如黛，震霆为之达旦。十二、三间，襄水东乡如独山等处亦得大雨。至十七、八间，沿江乡及与安乐东乡往往得大雨矣。比日郡城乃始霡霂。南乡最旱处亦且得雨，雨意至今未息。当阳亦十七、八以来雨始加大。

江东西田土，较之此间相去甚远。江东西无旷土，此间旷土甚多。江东西田分早晚，早田者种占早禾，晚田种晚大禾。此间田不分早晚，但分水陆。陆田者只种麦豆麻粟，或莳蔬栽桑，不复种禾；水田乃种禾。此间陆田若在江东西，十八九为早田矣。水田者，大率仰泉,在两山之间,谓之浴田,实"谷"字俗书从水。江东西谓之源田,潴水处曰堰,仰溪流者亦谓之浴,盖为多在低下,其港陂亦谓之堰。江东西陂水多及高平处,此间则不能,盖其为陂,不能如江东西之多且善也。惟南乡去山既远且近江,高平之地多,又迩大府,居民差众,故多不仰泉石之田。此田最下,岁入甚多。白杨一乡,此田居十五以上。梨陂、柘陂等乡不下十二。惟西北东乡分,则无此田矣。然所谓水田者,不善治堰,则并高处亦与平田相类矣。少者不十一,多者不十三,通之不过十二。

上泉距郡城几三十里。迎泉之日,迂视其田,计其龟坼者十一二,外此皆尚有水,然堰中已干,而不继,必大败,今得雨,可无害也。惟白杨乡等处高平田全未种者,见施行令种晚谷及可助食者。今岁亦幸有湖北平时水浸有不可种禾者,民皆种禾。若复无水患,又得时雨,或者可补未种之田耳。

小儿归就试,经从大府,辄布此令进谒,窃惟轸忧斯民之深,所欲亟闻,故详及之,伏幸台察。

四

属奉手诲,益深佩服。小子持之再望道德之光,蒙接遇之宠,为幸厚矣。家问中备述余教,尤深感激。

传闻民有姓易者〔1〕,为乏食户,强以钱取去仓粟。或云在长林境中,及物色之,_{李注:物色,犹云辨别也。凡畜牲皆以毛色别。}乃无此事。又云在当阳境内,方此询究,尚未报也。俟得其实,续当布闻。

比来雨泽无不沾足,但次第有过多之患。十三日偶天阴,与金判、教授、知县,人以一马数卒,行视田间,苗甚秀发,水皆盈溢,向曾龟坼者今得水茂畅,过于不缺水者。高坡未插秧者,今插已过

---

〔1〕"传"后原衍一"有"字,据文义删。

半。秧田甚多,尚往往成群插秧。问何以能备此秧,则曰年例如此。若其不修陂池,不事耘耨,则皆枯死。此地惰习,未易空言劝之。今冬欲措置革此习,又未知果能革否?陆地耕种粟豆者却多,中稔为有余矣。前书所谓湖田者,虽未及物色,势不能不病水耳。襄阳唯南漳、宜城间得雨,外此皆久无雨。是间舟泊襄水滩下者,初七、八间得信,犹言水涩不能前进。初七日有微雨,不成水。十二、三间,自北来者却云襄阳得雨成水,但未通洽,未知此后如何?

久传北界旱甚,河之南北至相食,初未敢信。今东自承、楚,西自均、房来者,其言若一,恐或有是。窃惟长者爱民之心,追配禹、稷,无间于远迩内外。独恨华夷首足之分,未克大正,皇朝德施仁风,犹有限隔。君子之忧未容遽释。旦晚召还两地,以究设施,则乐民之乐为有日矣。

春间赵路分良弼来阅禁旅,介然如古节士。寻有孟正将通、成统领和,因事相继过此。适值同官习射,率然延至其间,以观其技。驰射精熟,议论慷慨,异时所见武弁,不多其比。陶冶下风者,人材如此,推而广之,何事不可为哉?

长林汪宰初甚不堪奸民之讼,既见某薄治其吏,亦不能无疑。因晓以吾人无他,于此辈行法以防微,不得不尔,即遂释然。奸民肆其欺罔,以快私忿,真大蠹也。长林具析申状,皆是事实。并用备申,伏幸过目。

昨日得公移,闻二县以酒折铺兵粮。长林断无此矣。长林铺兵皆在军仓请米,军库请钱,皆是一色白米好钱,未尝有折支也。当阳方此询之。然以理揆之,沈宰处事极有理,〔必〕不至如所闻[1]。或恐有疑似,又当有曲折,须其报即具申也。

近日以所获劫盗中,有二人是攫客,稍以榜约束之。兼闻此辈

---

[1]"必",原无,据正德本、《四库》本补。

群党扰寺观与乡村民户颇甚,故不得不裁之,亦不敢以禀闻也。

西蜀之饥,淮、浙之蝗,皆令人不能置怀。处州豪民为盗,尤可怜也!此土虽雨泽粗足,尚用懔懔。日俟教诲,以免罪戾,伏幸终惠!

五

稍疏记室之询,徒积倾仰。今岁之旱,诸乡皆有少损,而南乡颇甚。初拟濒江湖下乡常岁所不种者,今岁可种,谓可以补。近两月间,江汉之流无雨而涨溢者凡三,所种之田与蔬茄麻粟皆为乌有。同官赴试与被檄而出者皆亲目其事,归言其状,为之怛然!比已分委同官,四出检视,前数日方归,所得尤详。旱涝之余,米谷自少,而诸处籴米之舟皆麟次岸下,如都统司至使人于乡村拦截载负米者。本军今岁以民艰食,逐时发常平以赈之,所籴几二千石,见桩籴过常平钱二千缗。仓台公移踵至,催以此钱趁时籴米,以备来年赈济。虽分差人于熟乡收籴,而来籴者绝少。比数日以来[1],米不出市,民复艰食,见出常平赈籴。

近来屡谋出赏榜,禁米舟下河,而吏辈辄以恐有遏籴之嫌为言,初以其有理,亦与同官熟论而从之。近日事势尤逼。又见郢州以百千之赏禁米舟下河。此间新发举人亲戚之家犯其禁,用朱漕之言免其罪,竟纳赏钱。试以问吏,吏复为遏籴之说。昨日同官相聚,复有议泄米之禁,因评吏言果出于公乎?抑有私意乎?同官皆谓此辈必有亲故厚善之人商贩米者,故以此为地耳,岂有公心哉?疑未决间,忽被使台公牒。深怪事未施行,已蒙止绝,殆所谓止邪于未形,绝恶于未萌。虽然,此事乃如吏辈之意,敝邑元无是事,不知谁敢致此说于大府,疑必有交斗其间者,有不可不察也。

---

[1]"比",原作"此",据嘉靖本改。

某平时不能饰说,况在门下,尤不敢不用其情。乡来襄阳遏米价,米舟至者,皆困不能前。然卒以赂津吏,有夜窃过者。常谓法禁往往不足恃。比年场务益艰,商旅多行私路,私路旧微小,少所知者,今皆坦途通行。北境连年不熟,今岁尤甚。近闻米过唐、邓间多不以舟。小民趋目前之急,不暇为后日计,况肯为乡曲计、为州县计乎?使米粟有余,无禁其泄可也。今方甚不足,以坐视其泄,恐亦未宜。敝邑褊小,今岁才数旬不雨,市辄无米。乡民素无盖藏,同官出入村坞者,皆谓未尝见囷仓,人家多茅茨,其室庐不能深奥,大率可窥,其有者,乃担石之储耳。风俗所自来非一日,今日不为之计,后将益弊。今所谓泄米,非泄于南之患,泄于北之患也。已若有余,或能粗给,则推以与人,乃所愿也。此方有旦暮之忧,而不为后日计者,方累累举所恃以泄,恐不容坐视。薄遽亟此布禀,丐察言者之奸,续容商议所以处之之宜。别当具禀,伏幸台察。

与张元善 讳体仁,时为总卿

漕台数有便邮,其发多值冗,不克附问,累托象先致意,会次当必及之。

严山盖仓,其说未善。若谓以舟致之襄阳,则江汉湍浅,旷日持久,当涨溢时,风涛险悍,类不可行。陆运则自严山至班竹,号六十五里,山路阻隘崎岖,其实不止此数。又类有水隔,春夏之间,每用阻绝。本军至班竹八十五里,乃坦途。又严山非市井去处,人烟疏阔,储草则可,储粟则难于看守。莫若茸军仓以储粟,今子城既固,如在枕上矣。长林巡视小路,常亲历其地,叙说甚详,已备在公状中,幸裁之。

九江德化丞邓约礼字文范,阶为文林,今冬当代。其家世建昌,乃临川李侍郎德远之婿。其居旧遭回禄,未赴德化时,寓居李氏。今其妻兄官满归临川，邓丞欲及未代前，一归建昌营居舍，愿丐使台一檄。若蒙垂允，但付此间，旦晚即附往也。亦尝托象先转浼，谅必无阻。此公乡里之秀，端悫纯正，甚有宦业。比年摄两邑，当事之难，拯其敝坏，更使为佳地。民之戴之，不忍其去，无愧史册所书，异时真可备药笼中物。韩昌黎《守戒》以"在得人"卒章，要哉言乎。

敝邑两令皆贤，教官时有裨补，自签以下皆悉心营职，无有异志。唯税官颇谬，近得一指使佐之，其职顿举。拙者不过扶持劝勉，使其善意不替有加，庶几蒙成以免戾。今农贾安帖，吏卒抑畏，盗贼衰息，作则辄获，讼牒之少乃至旷旬，械笞尘委，五刑植立，试用希阔，用必聚观，此岂迂拙所能坐致？窃自幸者，亦同官适逢其人耳。方至此时，积讼颇多，非其俗恶，乃不能无败群者耳。此辈遨游城市，持吏长短，无理致争，期于必胜。敌不能甘，遂成长讼，诸司不止，乃至台部。初既精求案牍，辩其曲直，既又晓以义理，使得自新，能自伏义，愿改者固十八九。至于怙终之人，虽稍柔服于一时，尚图复逞于他日，同恶亦视此为消长。所大幸者，诸司皆贤明，此辈无所复逞。今讼之日少，俗之日厚，亦正以此。

向来得书，谓未识张监。张监趋向甚正，议论有典刑，到任以来，文移条理，每每可服。张宪在九江时，假道识之，蒙渠约饭，亦自道其政，大抵亦有家法。闻到常德多病，少见宾客，公文亦多传入宅书押，若无所孰何引大体卧护，<small>李注：此行疑字有错。</small>政亦何伤？虽曰"德星聚"可也。稽之事实，乃有大谬不然者。今败群之人皆走宪台。此辈不之他司，而之宪台，殆必有侮而动。今不问宜可，动辄索案。案之往也，又不知所处，动辄可怪。闻宪台之吏最无礼，而又能，观其文移行遣，似皆出吏辈。敝邑亦有数事，他郡可推而知之。未欲尽述其本末，若欲知之，后便禀闻也。闻象先与之相善，不知能有道以已之乎？奸吏猾民托以扰郡县，害良民，伤政败俗亦不细矣。官之不可非其人如此哉！久不奉问，引笔辄累累如此，可一笑也。

二

并启三函，良佩谦眷，备承作止，足慰倾驰。事皆得请，尤用感服。

近日得雨稍大，境内颇周遍，惟傍江陵界上多未种，此恐无及耳。和籴一事，得不及敝邑，可谓大惠。属者不雨，曾未逾月，民已艰食，亟发常平之粟，四散赈之，仅免狼狈。继此雨泽沾足，倘得中下熟，敝邑欲自措置，私籴少米，贮之乡间，以为异时之备。此谋或遂，皆门下之赐也。

修城会子，甚济空乏。余会若便得乃幸，望示其期。交纳银纲处，免苛留之患，皆借余庇。兑换会子二万贯，其数甚少。闻之去年换会子时，官府行之灭裂，细民又不善观揭示，误认下文立限三月之内，有不及之数，并仍旧流转交易买卖，遂收不损坏者，不赴场换易，及至限满，既行使不得，悔之无及。今此惩前日之害，丛凑来换，官吏见发到会子不多，遂人限其数，日限其人，来者颇以为病。前日令其限数日换三四千缗，来者原原，后又将不止。又以商人以会子难得，滞留于此，所积或三四百千，或七八百千。官吏见其数多，又是商旅，又限其数，不肯换与。来诉淹留折阅之状，势不容不换与之。所发会子，不供数日耳。公移再求五万，势恐未止此数，若觉未足，又当上浼。

前日得新漕台复书，见其辞气温厚，有前辈典刑，甚为之喜。第前此不相识，未欲遽以片纸输腹心。象先书中屡言林幹之贤，欲通书，偶亦未及。漕台会次，得借一言之重，使获区区牧养之志，不胜幸甚！郡县非得使家相知闻，相假借，则吏文之能掣肘者多矣，切幸介念。

汪长林真爱民如子,近有奸民杨汝翼、方九成者,嗾其党类十余人拥帅庭,诉其虐民。词中有云:"欲诉本军,又恐知军删定太慈;若只送县,愈起仇民之意。"某在此,初未常以姑息从事,猾吏奸民为柔良害者,屡绳治之矣。单辞虚伪,或不待两造而得其情。寻问根本,与之反覆,顷刻之间有奸露辞屈,伏罪而去者。区区于此,自谓有一日之长。讼争之少、盗贼之衰殆亦以此。愚民但见械笞尘委,试用希阔,往往有慈仁之说。其奸黠驵侩者实有所惮,且恶其不便于己,他未有可以中伤,且倡和其间,加大慈等语,以为媒孽之地。帅庭之讼,此其验也。帅方祷雨未应,此辈乘时投辞。帅旧知长林,方得书,称叹其美,见规某不能拈出,此牒寻至,亦不能不疑。观其判辞,不止于疑,遂至盛怒。章丈贤甚〔1〕,某即以书解之,涣若冰释,此等尤令人敬服。王谦仲在隆兴时,曾传闻一事,即以书告之,政与此相类,谩录往一观,此等亦不可不知也。后见谦仲报书云果有是事,但所判甚平,却不至于长奸也。

此间号民淳,但细民淳耳,至其豪猾,则尤陆梁于江浙也。因笔,不觉切切。

─────────────

〔1〕 "丈",成化本、嘉靖本、万历本作"文"。

卷十七

书

与张监

某效职如昨,皆依大庇。子城土工岁前毕事,包砌东北一隅犹未周浃,见砖已尽。乡蒙台旨,令自致买名银之请,今方图之,俟得消息,当逐一禀闻也。通庙堂朝士书,更望一言之赐。此事之就,可壮边城之势,常平仓库如在枕上矣,计必蒙垂念也。

去冬少雨,此间幸得雪颇大。麦今甚秀。正月尾又得薄雪。比来殊未有雨意,园蔬甚渴,高田亦需水而耕,不无可虑者。去冬得家书,谓江东西秋获,稻皆虚耗,民多流移,此间却无是患,目今皆熙熙。但和籴与租米亦皆不如常岁,以此知米谷不能无耗折,但人不觉耳。商税榷酤皆亏于往时,稍询旁郡,往往皆如此。

凡事自十数年来细校之,大抵益难。《易》曰"穷则变,变则通,通则久",是以"自天佑之,吉无不利"。所谓变而通之者,必有其道。断愿承教,不敢为累牍之礼以溷记史,当蒙亮恕。

二

属承手翰,风谊凛然,三复之余,益深降叹。鲁欲使乐正子为政,孟子曰:"吾闻之,喜而不寐。"孟子所喜,亦曰君将蒙其益,民将被其泽,道将行于时而已。某前日赞喜之牍,窃自附于此。固知外物不足为贤者轻重也。

归正人伊信者,常至庭,备谕以贤监司宣布圣朝恩德之意,见其衣服蓝缕,因薄赒之,今不复叫呼矣。其类有二三人相次陈乞,计次第关闻也。

使华过此,时有一陈状者,乃长林系官画匠[1]。后自知理曲,复藏避,不欲迫追,以开其自新之路。近方出头,喻之以理,令下当阳,与其嫂行踏田界,旦晚即申闻其详。

簿书捐绝,官府通弊,是间僻左,忽略尤甚,公私文书类难稽考。乡来郡中公案只寄收军资库中,间常置架阁库,元无成规,殆为虚说。近方令诸案就军资库,各检寻本案文字,收附架阁库,随在亡登诸其籍[2],庶有稽考。若去秋以来文案全不容漏脱矣。

使台所索屈彦诚公案,申发已久。续索所毁公据断由,以不曾启县封,不知在不。寻呼县吏问之,果不在其中,责令搜求,累日不得。即追薛谅、刘习问之。薛谅老病,扶杖出头,势必抬舆而后可前。刘习自陈初不与事,薛谅亦云省忆追屈氏公据断由时,里正是吴文海,非是刘习。后追到吴文海,果无异辞,然谓当时已追到官。薛谅亦云:"省忆得当时二文公据断由,皆已附案,今若不在,乃是案中漏失。"长林见其事如此,重于发人,亲监县吏,倒架搜寻,得断由一截,然情理尚可考,公据则竟不在。今且发断由去。三人皆知责俟命[3],若不妨裁断,得免解其人,尤幸!

比来讼牒益寡,有无以旬计,终月计之,不过二三纸。第积年之讼,尚有六七事未竟。此数事日已决三事,势不复起矣。如蕲荣、屈彦诚二事,旦暮必决。余二事亦皆谕之以理,使自和解,未知能从否?要亦在旬日当决。

---

[1]"画",原作"尽",据成化本、正德本、嘉靖本、万历本、《四库》本改。
[2]"登",原作"证",据成化本、正德本、嘉靖本、《四库》本改。
[3]"三人",原作"一二人",据成化本、正德本、《四库》本改。

过社节来,屡得雨,高田皆可耕。每多夜雨,农者之占以为必稔,未知果验否?

此间平时多盗,今乃绝无,有则立获。前政有二盗未获,今巡尉亦皆是后任者。宪台督责常文,久已因循,近乃押至,其辞加峻。此盗在当时即已远逃,今固无可得之理。当时巡尉已逃责罢去久矣。今巡尉一人且将满,一人且书考矣,一旦责以前任不可得之贼,行移如此,似亦非宜。此间平时为害之盗,今尽捕获。能为盗之人与常停盗之家皆已密籍在此,苟有盗,亦不容不获也。平时剽夺于道路者,近获二人,已断配一人,一人见在狱。乡来禀闻当阳界内,有六七辈打夺人钱物,缚之于深林中而去者,皆已断配。今日之无盗,大抵以此。宪台辄驳下此案,令检断去,析其所驳之说无道理。比间检断官具析之文〔1〕,条理粲然,谩令录呈,得一过目,幸甚!

又有大囚,其犯乃在某未到任时。到此未久,即见一人来投牒,乃被杀之家,讼当阳勘囚情节未尽。观其辞,即知其为健讼者。已而闻之,果无状之人,以好讼不已,常遭徒刑矣。即判送当阳县,令从公尽情根勘,不得稍有卤莽。沈宰亦在郡,某亦常摘其词中所讼与相反覆。沈宰谓大囚在狱,只得尽情,出入皆不可,其事皆亲自研勘,不在吏手。观沈宰序说本末,果皆不苟。及其解本军,军院犹研究有节目未尽者,竟追县吏断遣,今奏案上矣。健讼之人自宪使之至即投牒于宪台,计其投牒之日,乃在此间奏上之后。宪台遂索案,比既奏,又先申宪矣。然既索案,只合发往。前月方得牒改送司理院,且言已专人发案下。然其案逮今未至,司理院亦无从照勘。本军相寻有两奏案,一后奏者下已久矣,此案独未下,岂宪

---

〔1〕"比",原作"此",据成化本、嘉靖本改。"具",原作"吏",据成化本、正德本、嘉靖本、《四库》本改。

台致疑于其间，以上闻也。此事本末甚详，当时宪台但以其词与所疑令本军具析，则其事涣然矣。刑狱淹延，亦宪台之任。其囚已于绞刑上定断，独以杀人无证，法当奏裁。纵令别勘，其情与其刑皆不能有所加。

张丈老成前辈，近自乡里过九江时亦尝侍尊俎，未必有心相困。近物色之，乃今宪台法司黄亮者，乃此间人吏。郑守窦王守之时，此人多不用事。今闻自孔目已下，多与之有隙。或谓其人为此以报私怨。万一出此，所签厅官与检法官亦唯黄亮是听而已。张丈前辈，某本欲作书，又恐不暇省录，敢借一言之重以调护之，幸甚！

乡来张丈有公札问人材，某常以两县宰与教官为对。以沈为宰，某备员守臣，莫不至甚有冤滥也。张丈尊年，诸事未可直致，恐反致疑也。干官检法者不知何等人品〔1〕？幸有以调护之。恃契爱浼渎，伏幸恕察。

与丰叔贾〔2〕讳谊，为湖南漕

某迂疏，置之泉石间甚宜，一行作吏，强其所劣，欲罢不能。前者所闻荆门郡计不至窘束，至此大异所闻。蕞尔小垒，频岁迎送，势不能堪。疆土虽稍广阔，然山童田芜，人踵稀少，户口不能当江浙小县。始至，妄意创筑子城，今幸向毕。春间廨舍适有回禄之灾，不容不新之。在官亭宇，以数政皆不久〔3〕，积坏几不可支吾，李注：与"枝梧"同。只得随宜修葺。不习于吏，当此匮乏，重以百役。今岁汉江、岷江皆无雨暴溢，濒水下地，所伤甚多。分委同官，四出检视，从实与之蠲租，常赋殆亏其半，凛焉未知所以善后，倘有以督

---

〔1〕"干官"，原作"韩宫"，据成化本、嘉靖本改。
〔2〕"贾"，原作"宝"，据成化本、正德本、嘉靖本、万历本、《四库》本改。
〔3〕"政"，原作"改"，据嘉靖本改。

而振掖之，是所望于长者，唯无爱是幸！

与邓文范 见前

某在此，士民日相安，所为不至龃龉。第二月九日之夜，宅堂有回禄之灾，大屋十余间顷刻成烬，私居行李几为一空，幸不曾延烧官府，文书印记等无毫发损失。骨肉间一时不至甚惊恐，过后循省，乃生惊怖，旬日乃定。然比之常人之情相去亦远。持、循二子与侄孙濬当火起时颇见力量，他日或可望，第目今二子终未肯进学耳。

近以田间缺水，登蒙泉山顶祷雨，灵应甚著，三祝文薛漕处有之。

是间民益相安，士人亦有向学者。郡无逃卒，境内盗贼绝少，有则立获，讼牒有无以旬计。然太守自无暇，此间有积年之讼，皆盘错。外郡之讼，诸司亦时遣至此。又有筑城造屋之役，适连年送迎之后，计财匮乏，颇费调度。近以商税亏额之甚，遂自料理，顿有增羡，乃知事无不可为者。始至即修烟火保伍，贼盗之少，多赖其力。近忽有劫盗九人，劫南境村中软堰寺长生库，迟明为烟火队所捕。敌杀一人，生擒九人，皆勇悍之盗。义勇之外，烟火队今亦可恃。凡事薛漕必能言之。凌遽遣此，更须续致。

与致政兄

某拙钝不敏，岂不自知。然物莫不各有所长，各有所短。若其深思力考，究事理之精详，造于昭然而不可昧，确然而不可移，则窃自信其有一日之长。家信中详言事为者，非是矜夸，政欲以情实达于长上耳。

某常谓三代而下有唐虞三代遗风者，唯汉赵充国一人而已。宣帝问曰："谁可使者？"则曰："无逾老臣。"其客劝其归功朝廷与诸臣,则曰:"兵之利害,当为后世法,老臣岂嫌伐一时事以欺明主哉?"皋陶曰:"朕言惠可底行。"禹曰:"予暨益播庶鲜食艰食,蒸民乃粒,万邦作乂。"又曰:"予决九川,距四海,浚畎浍距川。"又曰:"予创若时,娶于涂山,辛壬癸甲,启呱呱而泣,予弗子,惟荒度土功。"夔曰:"予击石拊石,百兽率舞,庶尹允谐。"此等皆非矜夸其功能,但直言其事,以著其事理之当然。故君子所为,不问其在人在己,当为而为,当言而言,人言之与吾言一也。后世为不情之词者,其实不能不自恃。古之君臣朋友之间犹无饰辞,况父兄间乎?唐虞三代盛时,言论行事洞然无彼己之间。至其叔末德衰,然后有:"尔有嘉谋嘉猷,入告尔后于内,尔乃顺之于外,曰'斯谋斯猷,惟我后之德'。"前辈之论,以为太甲卒为商太宗,追配成汤〔1〕,无愧而有光,以其善恶是非灼然明白,非成王比也。成王卒为中才之主,以流言疑周公,此难以言智。自此而降,周德不竞矣。入告出顺之言,德不竞之验也。后世儒者之论不足以著大公,昭至信,适足以附人之私,增人陷溺耳。铢铢而称之,至石必缪;寸寸而度之,至丈必差。石称丈量,径而寡失。后世人君亦未尝不欲辨君子小人,然卒以君子为小人,以小人为君子者,寸寸而度,铢铢而称之过也。以铢称寸量之法绳古圣贤,则皆有不可胜诛之罪,况今人乎?今同官皆尽心力相助,人莫不有才,至其良心固有,更不待言。但人之见理不明,自为蒙蔽,自为艰难,亦蒙蔽他人,艰难他人,善端不得通畅,人心不亨,人材不得自达。阻碍隔塞处多,但增尤怨,非所以致和消异。今时人〔臣〕〔2〕,逢君之恶,长君之恶,则有之矣,所谓格君心之非,引君当道,邈乎远哉!重可叹哉!

---

〔1〕"追配",原作"近配",据成化本、正德本、嘉靖本改。
〔2〕"臣",原无,据《四库》本补。

与张伯信

属者伏承使华临贲,侍坐陪吟,日饱德义,慰喜可知。至如风露凄清,星河错落,月在林杪,泉鸣石间,薰炉前引,茶鼎后殿,方池为鉴,回溪为佩,冰玉明莹,雪霜腾耀,则喷玉新亭,真蓬壶、瀛洲已。方士徒尔幻怪,安知真仙在此而不在彼也。奇石悉已如教置之[1],作者屹立瀑间,濑池四辈,耸然相望,如五老后有三峰,跬步之间便使人应接不暇。如闻玉泉,亦蒙点化,光价十倍其初,此邦何幸。自此天下名胜皆有望于门下矣。

与似清

九月八日,蒙泉守陆某书复明珠庵清长老禅师侍者:自从临安一别,直至如今,谈咏高风,便同觌面。去年百八侄归自南岳,得书,又承惠药,足慰别怀。道人家信缘信脚,到处为家可也。明珠庵幸有诸贵人贤士相爱,得住且住。若是名山大刹,更尚有缘,顶笠便行,亦且无碍。不须拟议,不劳擘划,在在处处皆是道场,何处转不得法轮?何人续不得慧命?

事忙,来人索书,草草奉此,想蒙道照。

与沈宰

回禄之灾,独中居室,此某不德之谴也。慰唁勤至,益重悚恻。
臧、张二孽初欲以闻上,而终治者,以其有自新之意,姑从末减,小示惩戒,恐欲知之。
筑室之役,豫蒙轸念,尤佩厚意。长林艰得竹材[2],不免以累

---
[1] "教",原作"数",据成化本、嘉靖本改。
[2] "材",成化本、正德本、嘉靖本、《四库》本作"木"。

治下。旋令纳去百缗,烦令计费,续当奉偿。郡中以子城之役,殊觉空竭,更赖调护之方,振翼而成就之,是愿是幸!承欲一来,诸迟面既。

二

荐领诗文,皆豪健有力,健羡,健羡!

某乡有复程帅惠江西诗派书,曾见之否?其间颇述诗之源流,非一时之说,愚见大概如此。《国风》《雅》《颂》固已本于道。《风》之变也,亦皆发乎情,止乎礼义,此所以与后世异。若乃后世之诗,则亦有当代之英,气禀识趣不同凡流,故其模写物态,陶冶情性,或清或壮,或婉或严,品类不一,而皆条然各成一家,不可与众作浑乱。字句音节之间皆有律吕,皆诗家所以自异者。曾子固文章如此,而见谓不能诗。其人品高者又借义理以自胜,此不能不与古异。今若但以古诗为师,一意于道,则后之作者又当左次矣。何时合并,以究此理。

卷十八

奏　表

删定官轮对札子 李注：札，斩入声。非表非状，谓之札子

臣读典谟大训，见其君臣之间，都俞吁咈，相与论辩，各极其意，了无忌讳嫌疑。于是知事君之义当无所不用其情。唐太宗即位，魏徵为尚书右丞，或毁徵以阿党亲戚者。太宗使温彦博按讯，非是。彦博言："徵为人臣，不能着形迹，远嫌疑，心虽无私，亦有可责。"太宗使彦博责徵，且曰："自今宜存形迹。"徵入见曰："臣闻君臣同德，是谓一体，宜相与尽诚，若上下但存形迹[1]，则邦之兴衰未可知也。"太宗瞿然曰："吾已悔之。"数年之后，蛮夷君长带刀宿卫，外户不闭，商旅野宿，非偶然也。唐太宗固未足为陛下道，然其君臣之间一能如此，即著成效。

陛下天锡智勇，隆宽尽下，远追尧舜，诚不为难。而临御二十余年，未有太宗数年之效。版图未归，仇耻未复，生聚教训之实可为寒心。执事者方雍雍于于，以文书期会之隙，与造请乞怜之人俯仰酬酢而不倦，道雨旸时若，有咏颂太平之意，臣窃惑之。臣诚恐因循玩习之久，薰蒸浸渍之深，虽陛下之刚健，亦不能不消蚀也。

────────

〔1〕"上"，原作"陛"，据成化本、正德本、嘉靖本、《四库》本及《资治通鉴》卷第一百九十二《唐纪》八改。

鸾凤之所以能高飞者,在六翮。臣愿陛下毋以今日所进为如是足矣,而博求天下之俊杰,相与举论道经邦之职。将见无愧于唐虞之朝,而唐之太宗诚不足为陛下道矣。取进止。

二

臣读汉武策贤良诏,至所谓"任大而守重",常窃叹曰:"汉武亦安知所谓任大而守重者。"自秦而降,言治者称汉唐。汉唐之治,虽其贤君亦不过因陋就简,无卓然志于道者。因陋就简,何大何重之有?

今陛下独卓然有志于道,真所谓"任大而守重"。道在天下,固不可磨灭,然"人能洪道,非道洪人"〔1〕。今陛下羽翼未成,则臣恐陛下此心亦不能以自遂。陛下此志不遂,则宜其治功之不立,日月逾迈,而骎骎然反出汉唐贤君之下也。神龙弃沧海,释风云,而与鲵鳅校技于尺泽,理必不如。臣愿陛下益致尊德乐道之诚,以遂初志,则岂惟今天下之幸,千古有光矣。取进止。

三

臣尝谓事之至难,莫如知人;事之至大,亦莫如知人。人主诚能知人,则天下无余事矣。管仲常三战三北,三见逐于君,鲍叔何所见而遽使小白置弯弓之怨〔2〕,释囚拘而相之?韩信家贫无行,不得推择为吏,不能自业,见厌于人,寄食于漂母,受辱于胯下,萧相国何所见而必使汉王拔于亡卒之中,斋戒设坛而拜之?陆逊,吴中年少书生耳,吕蒙何所见而必使孙仲谋度越诸老将而用之?诸葛孔明,南阳耕夫,偃蹇为大者耳,徐庶何所见而必欲屈蜀先主枉

〔1〕 二"洪"字,据《论语》应作"弘",此系陆九渊避赵弘殷之讳改。
〔2〕 "弓",成化本、嘉靖本、万历本作"刀"。

驾顾之？此四人者，自其已成之效观之，童子知其非常士也。当其困穷未遇之时，臣谓常人之识，必无能知之理。李评：按大禹言："知人则哲，能官人。"周公言文武克知灼见，又曰："立政勿以憸人，其惟吉士。"先生以当时贤奸并用，莫知深辨，故切言之。

人之知识若登梯然，进一级则所见愈广。上者能兼下之所见，下者必不能如上之所见。陛下诚能坐进此道，使古今人品了然于心目，则四子之事又岂足为陛下道哉？若犹屈凤翼于鸡鹜之群，日与琐琐者共事，信其俗耳庸目，以是非古今，臧否人物，则非臣之所敢知也。取进止。

四

臣尝谓天下之事有可立致者[1]，有当驯致者。旨趣之差，议论之失，是惟不悟，悟则可以立改。故定趋向、立规模不待悠久，此则所谓可立致者。至如救宿弊之风俗，正久隳之法度，虽大舜、周公复生，亦不能一旦尽如其意。惟其趋向既定，规模既立，徐图渐治，磨以岁月，乃可望其丕变，此则所谓当驯致之者。日至之时，阳气即应，此立致之验也。大冬不能一日而为大夏，此驯致之验也。

凡事不合天理、不当人心者，必害天下，效验之著，无愚智皆知其非。然或智不烛理，量不容物，一旦不胜其忿，骤为变更，其祸败往往甚于前日。后人惩之，乃谓无可变更之理，真所谓惩羹吹齑、因噎废食者也。自秦汉以来，治道庞杂，而甘心怀愧于前古者，病正坐此。

岁在壬辰，臣省试对策首篇，大抵言古事是非初不难论，但论于今日多类空言，事体辽绝，形势隔塞，无可施行。末章有云："然则三代之政其终不复矣乎？合抱之木，萌蘖之生长也；大夏之暑，

――――――
[1]"立致"，成化本、正德本、嘉靖本、万历本、《四库》本作"立至"。下"立致"同。

大冬之推移也。三代之政岂终不可复哉？顾当为之以渐而不可骤耳。有包荒之量，有冯河之勇，有不遐遗之明，有朋亡之公，于复三代乎何有？"臣乃今日请复为陛下诵之。取进止。

五

臣闻人主不亲细事，故皋陶赓歌，致丛脞之戒；周公作《立政》，称"文王罔攸兼于庶言、庶狱、庶事"〔1〕。唐德宗亲择吏宰畿邑，柳浑曰："陛下当择臣辈以辅圣德，臣当选京兆尹以承大化，尹当求令长以亲细事。代尹择令，非陛下所宜。"此言诚得皋陶、周公之旨。今天下米盐靡密之务往往皆上累宸听。臣谓陛下虽得皋陶、周公，亦何暇与之论道经邦哉？

荀卿子曰："主好要则百事详，主好详则百事荒。"臣观今日之事，有宜责之令者，令则曰"我不得自行其事"；有宜责之守者，守亦曰"我不得自行其事"。推而上之，莫不皆然。文移回复，互相牵制，其说曰"所以防私"。而行私者方借是以藏奸伏慝，使人不可致诘。惟尽忠竭力之人欲举其职，则苦于隔绝而不得以遂志。以陛下之英明，焦劳于上，而事实之在天下者，皆不能如陛下之志，则岂非好详之过耶？此臣所谓旨趣之差，议论之失，而可以立变者也。臣谓必深惩此失，然后能遂求道之志，致知人之明。陛下虽垂拱无为，而百事详矣。臣不胜拳拳！取进止。

荆门到任谢表

起之祠馆，畀以边城，来见吏民，祗承光宠。伏念臣才由拙短，学以朴专，必古道之可求，竭愚衷而自信，用情所惬，载伪是羞。顷

---

〔1〕"庶事"，各本同，《尚书·立政》作"庶慎"，此系陆九渊避宋孝宗赵昚之讳而改。

玷末科,未更烦使,荐尘荐刿,邃忝周行。初纠正于成均,继编摩于书局,坐阅五年之久,惭无一策之奇。赐对祥曦,误蒙圣奖,啧烦东省,反冒优恩。仰丽日之重明,伏下风而增忾。固愿鞭其绵力,以自效于昌时。

基玉维州,沮、漳在境,拥江带汉,控蜀抚淮,岂惟古争战之场,实在今攻守之要[1]。政须英杰,以佐规恢,敢谓疲驽,滥膺委寄。兹盖伏遇皇帝陛下,道同舜禹,德配汤文,灼三俊之心,迪九德之行,精微得于亲授,广大蔚乎天成,以搜访储材,以试用责实,肆令凡下,亦被甄收。臣敢不益励素心,庶几尺寸,上裨远略,附近涓尘。臣无任。

与庙堂乞筑城札子

某僭有白事:《书》曰"有备无患",《记》曰"事豫则立"。荆门在江汉之间,为四集之地,南捍江陵,北援襄阳,东护随郢之胁,西当光化、夷陵之冲。荆门固则四邻有所恃,否则有背胁腹心之虞。由唐之湖阳以趋山,则其涉汉之处已在荆门之胁。由邓之邓城以涉汉,则其趋山之处已在荆门之腹。自此之外,间道之可驰,汉津之可涉,坡陀不能以限马,滩濑不能以濡轨者,尚多有之。自我出奇制胜,徼敌兵之腹胁者亦正在此。善制事者,常令其利在我,其患在彼,不善者反之。《法》曰:"先为不可胜,以待敌之可胜。"又曰:"无恃其不来,恃吾有以待之;无恃其不攻,恃吾有所不可攻。"谓能销患致利,备豫不虞也。荆门虽四山环合,易于备御,义勇四千,强壮可用,而素无城壁,仓廪府库之间,麋鹿可至。累政欲修筑子城,畏惮其费,不敢轻举。某窃谓郡无城郭,使在内地尚且不可,况其在边?平居形势不立,扃钥不固,无以系民心,待暴客。脱有

---

[1] "攻",原作"政",据成化本、嘉靖本改。

缓急，区区仓库之储适足以启戎召寇，患害之致，何啻丘山。权今费役，曾不毫末。惜毫末之费，忽丘山之害，难以言智。一旦有警，谁执其咎？

某去冬妄意闻于帅府，请就此役。寻得帅檄，令委官置局，径自修筑。欲趁冬土坚密，庶几可久。已于十二月初四日发手，亦幸天气晴霁，人心齐一，腊前两旬土工毕事，规模稍壮，邦人慰满。小垒绵薄，仍岁送迎，事力殚竭，累政之积，仅足办此。会计用砖包砌，立门施楼，其费尚多。目今见已包城十丈，砌角台一所，建敌楼一座。以此计之，犹当用缗钱三万。本军有买名银一万七千余两，隶在常平，稽之专条，不可擅用。欲乞钧慈，特为敷奏，于数内拨支银五千两，应副包砌支用。使城壁一新，形势益壮，奸宄沮谋，民心有赖，实为无穷之利。伏想钧怀，垂念边城，不异墙屏，思患豫防，久有庙算。择狂听愚，当不待辞之毕也。

卷十九

记

敬斋记

古之人自其身达之家国天下而无愧焉者,不失其本心而已。凡今为县者,岂顾其心有不若是乎哉?然或者遏于势而狃于习,则是心殆不可考。吏纵弗肃,则曰事倚以办;民困弗苏,则曰公取以足。贵势富强,虽奸弗治;贫赢孤弱,虽直弗信,习为故常。天子有勤恤之诏,迎宜拜伏,不为动心,曰奚独我责?吏纵弗肃,民困弗苏,奸弗治而直勿信,天子勤恤之意不宣于民,是岂其本心也哉?势或使之然也。

方其流之未远,平居静虑,或有感触,岂能不忸怩于其心?至其同利相挺,同波相激,视己所行为天下达道,讪侮正言,仇雠正士,则是心或几乎泯矣。"人之所以异于禽兽几希。庶民去之,君子存之。"是心或几乎泯,吾为惧矣!天地鬼神不可诬也,愚夫愚妇不可欺也,是心或几乎泯,吾为惧矣!黄钟大吕施宣于内,能生之物莫不萌芽。奏以大簇,助以夹钟,则虽瓦石所压,重屋所蔽,犹将必达。是心之存苟得其养,势岂能遏之哉?

贵溪,信之大县,绵地过百里,民繁务剧。暨阳吴公为宰于兹。吏肃矣,而事未始不办;民苏矣,而公未始不足。奸治直信,民莫不说。而惴惴焉惟恐不能宣天子勤恤之意,是其本心之所发,而不遏于其势者耶？然公之始至，则修学校，延师儒，致礼甚恭。余屡辱其礼，不敢受。今为斋于其治之东偏，名之以"敬"。请记于余文，至于再三，望道之重若不可及者。

某闻诸父兄师友，道未有外乎其心者。自可欲之善至于大而化之之圣，圣而不可知之神，皆吾心也。心之所为，犹之能生之物得黄钟大吕之气，能养之至于必达，使瓦石有所不能压，重屋有所不能蔽。则自有诸己至于大而化之者，敬其本也。岂独为县而已。虽然，不可以不知其害也。是心之稂莠萌于交物之初，有滋而无芟，根固于怠忽，末蔓于驰骛，深蒙密覆，良苗为之不殖。实著者易拔，形潜者难察，从事于敬者尤不可不致其辨，公其谨之。某虽不敏，它日周旋函丈，愿有所请。

公名博古，字敏叔。

淳熙二年十有二月望日，迪功郎新隆兴府靖安县主簿陆某记。

宜章县学记

大训有之："天聪明，自我民聪明；天明畏，自我民明威。"盖斯民之衷，惟上帝实降之。作之君师，惟其承助上帝，故曰"天子"。内建朝廷，由公卿至于百司庶府；外部邦邑，由牧伯至于子男附庸，则亦惟天子是承是助。故周公以徽言告成王曰："克知三有宅心，灼见三有俊心，以敬事上帝，立民长伯。"成王之诰康叔，诞陈民常，且曰："外庶子训人正人，至于小臣诸节，皆所以使之分别乎此而播敷之，以造民大誉。"汉董生曰："今之郡守县令，民之师帅，所使承流而宣化也。"是故任斯民之责于天者，君也；分君之责者，吏也。民之弗率，吏之责也；吏之不良，君之责也。《书》曰："万方有罪，罪在朕躬。"又曰："百姓有过，在予一人。"此君任其责者也。可以为吏而不任其责乎？

今为吏而相与言曰："某土之民不可治也；某土之俗不可化

也。"呜呼！弗思甚矣。夷狄之国，正朔所不加，民俗各系其君长，无天子之吏在焉，宜其有不可治化者矣。然或病九夷之陋，而夫子曰："君子居之，何陋之有？"况非夷狄，未尝不有天子之吏在焉，而谓民不可治，俗不可化，是将谁欺？春秋之时，去成周未远也，曾子且曰："上失其道，民散久矣。如得其情，则哀矜而弗喜。"春秋而来，至于今几年矣。睹民之罪，视俗之恶，顾不于其上之人而致其责，而惟民是尤，则斯人之为吏可知也。孟子曰："饥者易为食，渴者易为饮。"孔子曰："德之流行，速于置邮而传命。"吾于其所谓不可治者，有以知其甚易治也；于其所谓不可化者，有以知其甚易化也。

郴据岭，为荆湖南徼，宜章又郴之南徼，远于衣冠商贾之都会，其民宜淳愿忠朴，颛蒙悍劲，而不能为诈欺。不才之吏不能教训拊循其民，又重侵渔之。民不堪命，则应之以不肖，其势然也。夫淳愿忠朴，颛蒙悍劲，而不能为诈欺，此侵渔者之易以逞志；而其积之已甚，有所不堪，则不肖之心勇发而无所还忌，亦其势然也。不数十年间，盗孽屡起，宜章以是负恶声，有自来矣。

淳熙十有二年，吴侯镒抵行都，诸公贵人倒屣迎之，咸称其才，将有论荐。于是宜章阙宰，顾吏之视仕宜章若蹈豺虎之区，无敢往者。帅府嗜吴侯之贤，辟书东驰。吴侯欣然就之，至则务去民之所恶而致其所欲，勉之使为学，以雪恶声。大葺学宫，补弟子员。淳熙五年，始建今学。八年，朝廷殊其令，优其数，以奖诱入学之士。部使者各求其所隶闲田以廪之。士之廪于学者五十人，自食而学于其间者又数十人。句读训诂，旨义辞章，少长分曹，皆经讲授，士劝其业。岂惟学官？异时斗争敚攘，李注：敚，同"夺"。惰力侈费之习，廓然为变；忠敬辑睦，尊君亲上之风，蔼然为兴。牒诉希阔，岸狱屡空，旦昼为求簿书期会之事，仅费数刻。吴侯策勋文史，优于里居，闲则益发泉石之秘，徜徉咏歌以致其适，自谓兹土之乐，中州殆不如也。方其始至，解除烦苛，布宣天子德意，为条教以晓其父兄，兴学校以育其子弟。而其民鼓舞踊跃，回心异乡，惟恐居后，曾不淹久而效见明著。暇裕若此，然则致治施化，诚莫易于此矣！

虽然，周道之行，群黎好德。武夫之节，优于干城。游女之操，竦于乔木。忠厚纯积，洽于庶类。"敦彼行苇，牛羊勿践履"。当此之时，民日迁善远罪而不知为之者，如雍容康庄而忘其夷，优游厦屋而忘其安也。及道之衰，王泽浸竭，纲弛伦敦，狱讼滋而干戈起，民坠涂炭。由是霸图迭兴，异端并作，徼其困极窘至而归之，若出荆棘而蹈邪蹊，脱涂淖而栖茇舍。喜幸之浮，康庄厦屋，平居缓带，所无有也。至于会载籍以自藩饰，害义崇私，不知纪极，则其为荆棘涂淖抑益深矣。"旷安宅而弗居，舍正路而弗由"，岂得罪彼民哉？吴侯其亦有忧于是乎？

仆夫效驾，必命所之，千里虽远，首途发轫，燕越可辨。此学之兴，敢问所向？为辞章从事场屋，今所未免。苟志于道，是安能害之哉？"所欲有甚于生，所恶有甚于死"，是心之存，上帝临女，先民垂训，昭若日星。呻其佔毕，覆用敝之，责有在矣。夫不远千里属记于予，而岂徒哉？三晋分国，齐、秦图帝，衍、仪伏轼，说士蜂起，兵强国富，是为良臣。功利之习入于骨髓，杨朱、墨翟、告子、许行之徒又各以其说从而诬之，帝降之衷茅塞甚矣。自暴者既不足与有言，而自弃者又曰："吾身不能居仁由义"，故孟子道性善，发四端，曰："人之有是而自谓不能者，自贼者也；谓其君不能者，贼其君者也。"唐韩愈谓郴当中州清淑之气[1]，蜿蟺扶舆，磅礴而郁积，李注：扶舆，气积貌。蜿音宛，蟺音蝉，盘曲貌。磅礴，混同貌，又广被也，充塞也。必有魁奇忠信材德之民生其间。而今而后，吾有望于宜章矣。

淳熙十有四年十有一月甲子，临川陆某记。

---

[1] "郴"，他本均作"柳"。按此语出韩愈《送廖道士序》，作"郴"是。

荆国王文公祠堂记

唐虞三代之时,道行乎天下。夏商叔叶,去治未远,公卿之间犹有典刑。伊尹适夏,三仁在商,此道之所存也。周历之季,迹熄泽竭,人私其身,士私其学,横议蜂起。老氏以善成其私,长雄于百家,窃其遗意者犹皆逞于天下。至汉而其术益行,子房之师实维黄石,曹参避堂以舍盖公。高、惠收其成绩,波及文、景者,二公之余也。自夫子之皇皇,沮、溺、接舆之徒固已窃议其后。孟子言必称尧舜,听者为之藐然。不绝如线,未足以喻斯道之微也。陵夷数千百载,而卓然复见斯义,顾不伟哉?

裕陵之得公,问:"唐太宗何如主?"公对曰:"陛下每事当以尧舜为法,太宗所知不远,所为未尽合法度。"裕陵曰:"卿可谓责难于君,然朕自视眇然,恐无以副此意,卿宜悉意辅朕,庶同济此道。"自是君臣议论未尝不以尧舜相期,及委之以政,则曰:"有以助朕,勿惜尽言。"又曰:"须督责朕,使大有为。"又曰:"天生俊明之才,可以覆庇生民,义当与之戮力,若虚捐岁月,是自弃也。"秦汉而下,南面之君亦尝有知斯义者乎?后之好议论者之闻斯言也,亦尝隐之于心以揆斯志乎?曾鲁公曰:"圣知如此,安石杀身以报,亦其宜也。"公曰:"君臣相与,各欲致其义耳。为君则欲自尽君道〔1〕,为臣则欲自尽臣道,非相为赐也。"秦汉而下,当涂之士亦尝有知斯义者乎?后之好议论者之闻斯言也,亦尝隐之于心以揆斯志乎?惜哉!公之学不足以遂斯志,而卒以负斯志;不足以究斯义,而卒以蔽斯义也。

昭陵之日,使还献书,指陈时事,剖析弊端,枝叶扶疏,往往切

---

〔1〕 "欲自尽",成化本、嘉靖本、万历本、《四库》本作"自欲尽"。

当,然核其纲领[1],则曰:"当今之法度不合乎先王之法度。"公之不能究斯义,而卒以自蔽者,固见于此矣。其告裕陵,盖无异旨。勉其君以法尧舜是也。而谓每事当以为法,此岂足以法尧舜者乎?谓太宗不足法,可也。而谓其所为未尽合法度,此岂足以度越太宗者乎?"不知言,无以知人也。"公畴昔之学问,熙宁之事业,举不遁乎使还之书。而排公者,或谓容悦,或谓迎合,或谓变其所守,或谓乖其所学[2],是尚得为知公者乎?气之相迕而不相悦,则必有相訾之言,此人之私也。公之未用,固有素訾公如张公安道、吕公献可、苏公明允者。夫三公者之不悦于公,盖生于其气之所迕。公之所蔽则有之矣,何至如三公之言哉?英特迈往,不屑于流俗,声色利达之习介然无毫毛得以入于其心,洁白之操寒于冰霜,公之质也;扫俗学之凡陋,振弊法之因循,道术必为孔孟,勋绩必为伊周,公之志也。不薪人之知,而声光赫奕[3],一时巨公名贤为之左次,公之得此,岂偶然哉?用逢其时,君不世出,学焉而后臣之,无愧成汤、高宗。君或致疑,谢病求去,君为责躬,始复视事,公之得君可谓专矣。

新法之议,举朝谨哗,行之未几,天下恟恟。公方秉执《周礼》,精白言之,自信所学,确乎不疑。君子力争,继之以去,小人投机,密赞其决,忠朴屏伏,憸狡得志,曾不为悟,公之蔽也。典礼爵刑,莫非天理,《洪范》九畴,帝实锡之,古所谓宪章、法度、典则者,皆此理也。公之所谓法度者,岂其然乎?献纳未几,裕陵出谏院疏与公评之,至简易之说,曰:"今未可为简易,修立法度乃所以简易也。"熙宁之政,粹于是矣。释此弗论,尚何以费辞于其建置之末哉?

---

[1]"核",原作"覆",据成化本、正德本、嘉靖本、万历本、《四库》本改。
[2]"学",原作"守",据成化本、正德本、嘉靖本、万历本、《四库》本改。
[3]"赫奕",成化本、正德本、嘉靖本、万历本作"烨奕"。

"为政在人,取人以身,修身以道,修道以仁。""仁,人心也。"人者,政之本也;身者,人之本也;心者,身之本也。不造其本而从事其末,末不可得而治矣。大学不传,古道榛塞,其来已久。随世而就功名者,渊源又类出于老氏。世之君子,天常之厚,师尊载籍,以辅其质者,行于天下,随其分量,有所补益,然而不究其义,不能大有所为。其于当时之弊有不能正,则依违其间,稍加润饰,以幸无祸。公方耻斯世不为唐虞,其肯安于是乎?蔽于其末而不究其义,世之君子未始不与公同,而犯害则异者,彼依违其间,而公取必焉故也。熙宁排公者,大抵极诋訾之言,而不折之以至理,平者未一二,而激者居八九,上不足以取信于裕陵,下不足以解公之蔽,反以固其意,成其事。新法之罪,诸君子固分之矣。李评:按程明道先生尝言:"新法之行乃吾党激成之,岂可独罪安石。"陆子所见正与之合。

元祐大臣,一切更张,岂所谓无偏无党者哉?所贵乎玉者,瑕瑜不相掩也。古之信史直书其事,是非善恶靡不毕见,劝惩鉴戒,后世所赖。抑扬损益,以附己好恶,用失情实,小人得以借口而激怒,岂所望于君子哉?绍圣之变,宁得而独委罪于公乎?熙宁之初,公固逆知己说之行,人所不乐,既指为流俗,又斥以小人。及诸贤排公,已甚之辞,亦复称是。两下相激,事愈戾而理益不明。元祐诸公,可易辙矣,又益甚之。六艺之正,可文奸言。小人附托,何所不至。绍圣用事之人,如彼其杰,新法不作,岂将遂无所窜其巧以逞其志乎?李注:蔡京是也。温公变更新法,京奉行最力。反复其手,以导崇宁之奸者,实元祐三馆之储。元丰之末,附丽匪人,自为定策,至造诈以诬首相,则畴昔从容问学,慷慨陈义,而诸君子之所深与者也。李注:邢恕是也。绍圣之事,恕实主之。荆公立法则用吕,温公变法则用蔡,故曰其致一也。格君之学,克知灼见之道,不知自勉,而戛戛于事为之末,以分异人为快,使小人得间,顺投逆逞,其致一也。近世学者,雷同一律,发言盈庭,岂善学前辈者哉?

公世居临川，罢政徙于金陵。宣和间，故庐丘墟，乡贵人属县立祠其上。绍兴初，常加葺焉。逮今余四十年，隳圮已甚，过者咨叹。今怪力之祠绵绵不绝，而公以盖世之英，绝俗之操，山川炳灵，殆不世有，其庙貌弗严，邦人无所致敬，无乃议论之不公，人心之畏疑，使至是耶？郡侯钱公，期月政成，人用辑和。缮学之既，慨然彻而新之，视旧加壮，为之管钥，掌于学官，以时祠焉。余初闻之，窃所敬叹！既又嘱记于余，余固悼此学之不讲，士心不明，随声是非，无所折衷。公为使时，舍人曾公复书切磋，有曰："足下于今，最能取于人以为善，而比闻有相晓者，足下皆不足之，必其理未有以夺足下之见也。"窃不自揆，得从郡侯，敬以所闻荐于祠下，必公之所乐闻也。

淳熙十有五年，岁次戊申，正月初吉，邦人陆某记。

经德堂记 为饶州安仁县石痕里作

堂名取诸孟子："经德不回，非以干禄也。"经也者，常也；德也者，人之得于天者也；不回者，是德之固不回挠也。无是则无以为人。为人臣而无是则无以事其君，为人子而无是则无以事其父。禹之疏凿，稷之播种，契之敷教，皋陶之明刑，益驱禽兽，垂备器用，伯夷典礼，后夔典乐，龙出纳帝言，尹自耕莘相成汤，说由筑岩佐武丁，太公以磻溪钓渔为文武师，皆是德也。关龙逄诛死；王子比干剖心；箕子为囚奴；孔子削迹伐木，穷于陈、蔡，毁于叔孙，贻讥于微生亩、楚狂接舆、晨门、耦耕、负蒉、植杖之流；孟子见沮于臧仓，受嗤于优髡，见疑于尹士、充虞者，同是德也。武王缵太王、王季、文王之绪，以有天下；周公成文武之业，追王太王、王季，宗祀文王于明堂，尽继述之善，为天下达孝；曾子受经于仲尼，以孝闻天下而名后世，皆是德也。舜小杖则受，大杖则走，妻帝二女，不待瞽瞍之命，缮廪而焚，捍笠以下，浚井而掩，凿旁以出；太伯、虞仲将致位乎季历,断发文身,逃之荆蛮;太子申生使人辞于狐突,再拜稽首而死,同是德也。

治古盛时,黎民于变,比屋可封,汉上游女如彼乔木,中林武夫可为腹心。"所欲有甚于生,所恶有甚于死",证验之著在于涂巷,况士大夫乎?逮德下衰,此心不竞,豪杰不兴,皇极不建,贤智迷于会归,庶民无所归命,学者文烦,讼者辞胜,文公实私,宾义主利,陵夷不救,横流不隄。天常民彝所不可泯绝者,如汉献在许,听命于蛾操而已。旧章先典,格言至训,椟存珠亡,转为藻缋,邪释缪解,正漫真渝,又转而给寇兵,充盗粮矣。疽溃蛆肆,贼民猖獗,狷狂之士方不胜愤闷,矛义介节,出婴其锋,犹或凭天藉圣,因其不遂泯绝者,足为且吾以耸观听,然如孤豚之咋虎者常十八九。总其实,火不啻一车薪,而水未必盈杯也。信乎!终亦必亡而已矣。

夫子生于周季,当极文之弊,王者之迹熄,《书》讫《诗》亡,亦已久矣。载贽之舆方羊海、岱、江、淮、河、济之间,莫能用者。归而讲道洙泗,贤颜氏之乐,大林放之问,叹曾点之志,称重南宫适"禹、稷躬稼"之言,眷眷于柴、参之愚鲁,而终不能使予、赐、偃、商、由、求之徒进于知德,先入之难拔,积习之锢人,乃至于此。夫子既没,百家并兴,儒名者亦皆曰自孔氏。颜渊之死,无疑于夫子之道者,仅有曾子,自子夏、子游、子张,犹欲强之以事有若,他何言哉?章甫其冠,逢掖其衣,以《诗》《书》《礼》《乐》之辞为口实者,其果真为自孔氏者乎?老聃、蒙庄之徒,恣睢其间,摹写其短,以靳病周、孔,_{李注:靳,耻而恶之也。}蹢躅诗礼,其势然也。战国、嬴秦,无足复道。汉高帝锄项籍,其要领在为义帝发丧一事,天常民彝莫大于此。新城三老盖深于老氏者也,彼知取天下之大计在此耳,岂有"匹夫匹妇不与被尧舜之泽,若己推而纳诸沟中"之心哉?庄子讥田常盗仁义以窃国,乃不知其学自有盗仁义以窃天下之计也。虽然,君子反经而已矣。经正则庶民兴,庶民兴斯无邪慝矣。

云锦吴生绍古而来从余游[1]，李注：吴生，安仁人，见李仲公先生《题经德堂诗卷后》。求名其读书之堂，余既名而书之，且为其说，使归而求之。孟子曰："古之人修其天爵，而人爵从之。今之人修其天爵以要人爵，既得人爵而弃其天爵，则惑之甚者也。"后世发策决科而高第可以文艺取，积资累考而大官可以岁月致，则又有不必修其天爵者矣。生其早辨而谨思之。

绍熙元年五月望日，象山翁记。

贵溪重修县学记

风俗之所由来，非一日也，或睹其坏而欲齐诸其末，禁诸其外，此后世政刑之所以益弊。至无如之何，则浸而归于苟且，玩岁月，习掩著，便文饰说，以规责偷誉，谓理不过如是。其视书传所记治古之俗，若必不可复至，以为未必然者，有矣。"孩提之童，无不知爱其亲。及其长也，无不知敬其兄。"先王之时，庠序之教，抑申斯义以致其知，使不失其本心而已。李评：此语盖阳明先生"致良知"之说所自出。尧舜之道不过如此。此非有甚高难行之事，何至辽视古俗，自绝于圣贤哉？物之所蔽，说之所迷，欲之所制，意之所羁，独不可研极考竟，图所以去之，而顾安之乎？

取士之科，久渝古制，驯致其弊，于今已剧。稍有识者必知患之。然不徇流俗而正学以言者，岂皆有司之所弃，天命之所遗！先达之士由场屋而进者，既有大证矣。李注：周、程、朱、陆，并由制科。是固制时御俗者之责，为士而托焉以自恕，安在其为士也？二帝三王之书，先圣先师之训，炳如日星。传注益繁，论说益多，无能发挥，而只以为蔽。家藏其帙，人诵其言，而所汲汲者顾非其事，父兄之所

---

[1] "而"，原作"远"，据成化本、正德本、嘉靖本、万历本、《四库》本改。据李绂注，吴绍古为安仁人，而陆九渊作此文时在贵溪县象山，两地相距甚近，作"远"似不确。

愿欲，师友之所期向，实背而驰焉。而举世不以为非，顾以为常。士而有识，是可以察其故，得其情，而知所去就矣。退不溺其俗而有以自立，进不负所学而有以自达，使千载之弊一旦而反诸其正，此岂非明时所宜有，圣君所愿得，而为士者所当然乎？何所悼惧，何所维萦，而顾不择所安，决所乡哉？

福唐陈君显公之为贵溪，视前政则优焉，视比县则优焉。民言士论固已胥辑，而陈君自视欿然，乡学问道之诚如恐不及，此其所以为民师帅者大矣。县学久不葺，于是撤讲堂直舍而新之，祠屋士庐，门庑庖湢，缮治加壮。创表其坊，扁曰"申义"。遣学职事致请记于予。陈君所乡明著如此，斯邑之士可不自拔于流俗，而勉所以立、所以达者，以无负陈君之意哉？

绍熙元年，岁次庚戌，八月二十有六日戊申，象山陆某记。

武陵县学记

彝伦在人，维天所命。良知之端，形于爱敬。扩而充之，圣哲之所以为圣哲也。李评：一起即是致良知之说，按"扩充"二字有多少学问在！先知者，知此而已；先觉者，觉此而已。气有所蒙，物有所蔽，势有所迁，习有所移，往而不返，迷而不解，于是为愚不肖。彝伦于是而斁，天命于是而悖，此君师之所以作，政事之所以立。是故先王之时，风教之流行，典刑之昭著，无非所以宠绥四方，左右斯民，使之若有常性，克安其道者也。是故乡举里选，月书季考，三年而大比，以兴贤能，盖所以陶成髦俊，将与共斯政，同斯事也。学校庠序之间，所谓切磋讲明者，何以舍是而他求哉？所谓格物致知者，格此物致此知也，故能明明德于天下。《易》之穷理，穷此理也，故能尽性至命。《孟子》之尽心，尽此心也，故能知性知天。学者诚知所先后，则如木有根，如水有源，增加驯积，月异而岁不同，谁得而御之？若迷其端绪，易物之本末，谬事之终始，杂施而不逊，是谓异端，是谓邪说，非以致明，只以累明，非以去蔽，只以为蔽。后世之士有志于古，不肯甘心流俗，然而苦心劳身，穷年卒岁，不为之日休，而为之日拙者，非学之罪也。学绝道丧，不遇先觉，迷其端绪，操末为本，其所从事者非古人之学也。古人之学，其时习必悦，其朋来必乐，其理易知，其事易从。不惑于异说[1]，不牵于私欲，造次于是，颠沛于是，则其久大可必。孟子曰："原泉混混，不舍昼夜，盈科而后进，放乎四海。"此古人之学也。

武陵旧无县学。县傍有胜地，地有故筑基，盖往时有欲迁府学于是而不遂者。今县宰林君梦英出故基于芜秽之中而创学焉，士民之有力者皆争出财以相其役。林君不事官府之威，凡学之百役，无异民家之为者。既成，规模宏丽，气象雄伟，遂为武陵壮观。先是，仓台薛公伯宣助成讲堂，今宪台丁公逢、仓台赵公不迂、郡侯蒋公行简，皆助钱买田以养士林。君之创兹学，而上下翕然助成其美如此，则林君之政可知矣。余于是敬诵所闻以记之。

绍熙二年，岁次辛亥，六月上浣，象山陆某记。

本斋记

唐虞之朝，禹治水，皋陶明刑，稷降播种，契敷五教，益作虞，垂作工，伯夷典礼，夔典乐，龙作纳言，各共其职，各敦其功，以成雍熙之治。夫岂尝试为之者哉？盖其所以自信与人之所以信之者，皆在其畴昔之所学。后世之为士者，卤莽泛滥，口耳之间无不涉猎，其实未尝有一事之知其至者。人才之不足为天下用，固无足怪。

虽然，是又未可以泛责于天下。"天之生斯民也，以先知觉后知，先觉觉后觉"，要当有任其责者。《大学》曰："物有本末，事有终始，知所先后，则近道矣。""原泉混混，不舍昼夜，盈科而后进，放乎

---

[1] "惑"，成化本、正德本、嘉靖本、万历本、《四库》本作"贰"。

四海,有本者如是。"孟子之言乃知所先后之验。成都郭震醇仁以"本"名斋,求言于余。余嘉其志,告以所闻,后日当有以观其验。

临川簿厅壁记

壁记书前任人姓名,尚矣!然今官府不皆有,亦视官府事力,其人志尚才具与所遭之时如何,不可一概论也。

临川簿厅旧无壁记。鄱阳张瀛季海莅事既久,谓不可缺。于是搜求前任姓名,至今制置四川京公,其上不复可考。余尝至簿厅,见其廨宇乃京所置。新令张君所考,适首于京,异哉!

张君春秋鼎盛,而老练忠谨,临事不苟,摄县宰,摄郡幕,皆举其职,今又摄宰金溪,百姓安焉。是记乃未摄金溪时诿余,既诺之矣。余迫荆门之役,且抱拙疾,念不可食言,力疾记之。

卷二十

序　赠

送毛元善序 或云名文炳,建昌南城人,终身受业文安公

无常产而有常心者,惟士为能。古之时,士无科举之累,朝夕所讲皆吾身吾心之事而达之天下者也。夫是以不丧其常心。后世弊于科举,所乡日陋,疾其驱于利欲之涂,吾身吾心之事漫不复讲,旷安宅而弗居,舍正路而弗由,于是有常心者不可以责士。非豪杰特立,虽其质之仅美者,盖往往波荡于流俗,而不知其所归,斯可哀也!

南城毛君惠然访余,余未之前识也。贽余以文。余视其貌,温然儒人也;观其文,则从事于场屋者也;问其聚族,则有父兄在;问其赀产,则有负郭之田;问其室庐,则不至绳甓之陋;视其衣裳冠履,则皆楚楚鲜明,非所谓缨绝肘见者也;诘其所以来之志,则悼科举之不偶,耻甘旨之不充,将变其业以游于四方者也。且决去就于余。余观毛君虽朴直淳厚,而辞旨趋乡大概庞杂,岂所谓质之仅美,而波荡于流俗,而不知其所归者耶?于是申前之说,与之言义命之归,固穷之道。毛君色动情变,瞿然谢余曰:"乃今廓然如发蒙,请从此归矣。"余固美其质,又甚贤其改过之敏,因勉之曰:"君归矣!古人事亲,贫则啜菽饮水尽其欢。君父兄皆儒冠,赀业又足以自养,归而共讲先王之道,以全复其常心,居广居,由正路,此其所得,视疾其驱

于利欲之途者何如耶？"毛君甚然余言，于其行，遂书以赠。

送宜黄何尉序

民甚宜其尉，甚不宜其令；吏甚宜其令，甚不宜其尉，是令、尉之贤否不难知也。尉以是不善于其令，令以是不善于其尉，是令、尉之曲直不难知也。

东阳何君坦尉宜黄，与其令臧氏子不相善，其贤否曲直盖不难知者。二人之争至于有司，有司不置白黑于其间，遂以俱罢。县之士民谓臧之罪不止于罢，而幸其去；谓何之过不至于罢，而惜其去。臧贪而富，且自知得罪于民，式遄其归矣；何廉而贫，无以振其行李，县之士民哀其穷而为之橐囊以饯之，思其贤而为之歌诗以送之，何之归亦荣矣！比干剖心，恶来知政；子胥鸱夷，宰嚭谋国，爵刑舛施，德业倒植，若此者，班班见于书传。今有司所以处臧、何之贤否曲直者，虽未当乎人心，然揆之舛施倒植之事，岂不远哉？况其民心士论，有以慰荐扶持如此其盛者乎？何君尚何憾！

鲁士师如柳下惠，楚令尹如子文，其平狱治理之善，当不可胜纪，三黜三已之间，其为曲直多矣！而《语》《孟》所称独在于遗逸不怨，厄穷不悯，仕无喜色，已无愠色。况今天子重明丽正，光辉日新。大臣如德星，御阴辅阳，以却氛祲。下邑一尉，悉力卫其民以迕墨令，<small>李注：迕，音五，逆也。</small>适用吏文，与令俱罢，是岂终遗逸厄穷而已者乎？何君尚何憾！

虽然，何君誉处若此其盛者，臧氏子实为之也。何君之志，何君之学，遽可如是而已乎？何君是举亦勇矣！诚率是勇以志乎道，进乎学，必居广居，立正位，行大道，使富贵不能淫，贫贱不能移，威武不能屈，此吾所望于何君者。不然，何君固无憾，吾将有憾于何君矣！

送彭子寿序

临江彭君子寿来行都,当改秩,有司以苛文滞留之,辄欲弃去,朋旧慰勉,乃肯留。有司以名上,又以疑似之嫌欲弃去,朋旧又相与解释而留之。既改秩,欲便亲养,奉祠而归。人皆称彭君恬于进取如此,余谓此未足为彭君言也。

彭君当官无不尽力,政有不便于民未尝不尽意为上官言之,虽见挫抑,不为衰止。此人所难,然亦未足为彭君言也。

余与彭君同为江西人,闻其贤久矣。比来始识其面,直谅之气固可得之眉宇间。以彭君之贤,畴昔择交必善士,取舍向背,不畔于善恶是非之大归,不必过求,自可不失为今世贤士大夫。然自视歉然,若有所甚不足者。尝相与讲求古圣贤格物致知之说,自谓不能无疑于此,而不肯自安于其所已知者,此吾所以奇彭君而有望于彭君者也。于其归,书以赠之。

送杨通老 讳楫,福建长溪人,问学文安公

学所以开人之蔽而致其知,学而不知其方,则反以滋其蔽。诸子百家往往以仁义道德为说,然而卒为异端而畔于皇极者,以其不能无蔽焉耳。

长溪杨楫通老,忠实恳到,有志于学,相见虽未久,而其切磋于此甚力。于其归,书以勉之。

赠吴叔有 文安公妻弟

人生天地间,抱五常之性,为庶类之最灵者。汩其灵则有罪,全其灵则适其分耳。诚全其灵,则为人子尽子道,为人臣尽臣道,岂曰无营乎哉?蔡邕之说,是殆"饥甘食,渴甘饮,未得饮食之正也"。孟子尝勉人以"求在我者",诚能求在我者,则"无营"之说不

足道矣。

赠俞文学

吾观俞君大篆,用笔劲快,而体致闲雅,与和气浃洽。听其论当世字画,必推及气质,岂其所自得者在此耶？至其考订偏旁,参稽模范,有根据来历,殊不苟也。自谓少所赏识,及观其所得澹庵诗,则盖有识之者。又问其得官获罪本末,异哉！其言之也。余于是所感益深。

俞君跋履南北,历历能谈其山川风俗,余所叩未十二三,然已多矣。惜其遂将东上,余未有以留之,因书以赠。李评：短篇亦似昌黎。

赠二赵 疑即然道、咏道

书契既造,文字日多；《六经》既作,传注日繁,其势然也。苟得其实,本末始终,较然甚明。知所先后,则是非邪正知所择矣。虽多且繁,非以为病,只以为益。不得其实而蔽于其末,则非以为益,只以为病。二昆其谨所以致其实哉！

赠僧允怀

子弟之于家,士大夫之于国,其于父兄君上之事,所谓无所逃于天地之间者,顾乃不能竭力致身以供其职,甚者至为蠹害。

怀上人,学佛者也,尊其法教,崇其门庭,建藏之役,精诚勤苦,经营未几,骎骎乡乎有成,何其能哉！使家之子弟、国之士大夫举能如此,则父兄君上可以不诏而仰成,岂不美乎？

怀本陆出。是役也,过余。余于是有感,因书以赠。

二

隆冬盛寒,冰霜严厉,民之病涉,威于搒掠。上能择吏,吏能陈力,则徒杠舆梁可以观政。兹事之不论久矣。

杨林溪者,贵溪之要津,他日溺焉者众矣。乡之善士以允怀勤诚,使为石桥,以便行者。怀,陆出而学佛,余尝因其所为有所感矣,今于是役,又重嘉之。怀勉之哉!

赠曾友文 里居未详,文安公爱其才,勉令为学,卒为善士

"德成而上,艺成而下。"生占辞论理,称道经史,未见牴牾,乃独业相人之术艺。艺虽精,下矣!生书又能自悼畴昔之颠顿,称引孟子"无以小害大,无以贱害贵"之言,年又尚少,则舍其旧而新是图,此其时也。生其勉之!

赠汪坚老

五行书,以人始生年、月、日、时所值日辰,推贵贱、贫富、夭寿、祸福详矣,乃独略于智愚、贤不肖。曰纯粹清明,则归之贵、富、寿、福;曰驳杂浊晦,则归之贱、贫、夭、祸。关龙逢诛死,比干剖心,箕子囚奴,夷、齐为饥夫,仲尼羁旅,绝粮于陈,卒穷死于其家,颜、冉夭疾,又皆贫贱,孟子亦老于奔走,圣贤所遭若此者众。阘茸委琐,朋比以致尊显,负君之责,孤民之望,怀禄耽宠,恶直丑正,尸肆逸愿〔1〕,莫知纪极。又或寿老死箦,立阀阅,蒙爵谥,以厚累世。道术之纯驳,气禀之清浊,识鉴之明晦,将安归乎?《易》有《否》《泰》,君子小人之道迭相消长,各有盛衰。纯驳、清浊、明晦之辨不在盛衰,而在君子小人。今顾略于智愚、贤不肖,而必以纯粹清明归之贵、富、寿、福,驳杂浊晦归之贱、贫、夭、祸,则吾于五行书诚有所不解。生盍为我言之。

---

〔1〕 "尸",原作"口",据成化本、正德本、嘉靖本、万历本、《四库》本改。

赠丁润父

"道之将行也与？命也。道之将废也与？命也。公伯寮其如命何！""吾之不遇鲁侯，天也。臧氏之子焉能使予不遇哉？"圣贤之知命如此。今之知命者，幸其知贫贱、富贵之有定数也，而无为小人以害其心，斯可矣。

虽然，吾所谓心，天之所予我者也。彼其险诐颇侧，悉精毕力以遂其私，而不肯以入尧舜之道，岂亦天之所予我者乎？

吾尝有说以赠汪坚老，而未及于此，子既见之矣。今子所游，又多贤士大夫，盍兼为我言之。

赠黄舜咨

陈正己以书导黄舜咨见吾家阿咸，甚誉其命术。

吾尝闻当世巨公言命，余答之曰："道之将行也与？命也。道之将废也与？命也。"巨公瞿然曰："足下所言者，大命也；吾所言，小命耳。此其说出于蒙庄。"余因叹巨公博洽，出言有稽据如此。小命之术其来久矣，于今尤盛。

余又闻近时府第呼召术士，有一日之间而使人旁午于道者。舜咨术既精，何为不导之于彼？陈广文非忠于黄舜咨者也。

赠汪彦常

番阳汪君彦常，挟太乙数游诸公间，实有奇验。然汪君本知书，一旦以老人之言废其业，从受此术，今又以其效验自喜。吾观汪君精神，有不宜止于是者。后日过我，当与汪君究其说。

赠陈晋卿 讳绾，福建福唐人，文安公弟子，时为抚州学官

君子所不可及者，其唯人之所不见乎？古人之所以大过人者，

无他焉,善推其所为而已。人所不见,此心昭然。善推所为,充是心而已。

绍熙辛亥立秋后二日,临川陆某子静,为福唐陈绾晋卿书。

示象山学者

道不远人,顾人离道耳。古人谓"宿道乡方",二三君子毋徒宿吾方丈,日乡群山,得无愧于"宿道乡方"之言,斯可矣。吾方以此自省,因书此以奉警。艺之进不进亦各视其才,虽无损益于其道,然至于有弃日,有遗力,与未知其方而不能问于知者,则其道亦可知矣。幸勉旃毋忽!

五月朔,某白象山诸同志足下。

赠金溪砌街者

为善为公,心之正也;为恶为私,心之邪也。为善为公,则有和协辑睦之风,是之谓福;为恶为私,则有乖争陵犯之风,是之谓祸。和协辑睦,人所愿也;乖争陵犯,人所恶也。吾邑街道不治久矣,行者疾之,乃有肯出心力,捐货财,辛勤而为之者,此真为善为公而出于其心之正者也。有是心者,岂得不翕然相应而助成之乎?将见和协辑睦之风兴,而乖争陵犯之事息,履是街者,皆唐、虞、成周之人也。诸君勉之!

赠汤谟举

清江汤谟举往年见过,占辞甚文,为礼甚恭,而挟地理之术,登象山,图其形,殊不失实。相从之久,温然慈祥,不少异其初。比来又以启事见余,多经史全句,首尾详整,类从事场屋间者。问之,则曰:"旧亦应举,屡不中,乃舍之。地理乃先世之传,姑业之以为生。"又出谢中丞诗,诗得谟举素怀。既别,求余言,因核书以赠。

赠陆唐卿

贵溪醽口陆尧臣唐卿,今徙居望姑,世其家医学,传之二子。又曰:"吾所传大方脉也,吾于小方脉虽尝学之,而不能精。郭中有精于此者,在浮屠氏。今老矣,吾将使少子学焉。"若陆君者,可谓不自用矣。学必有师,岂唯医哉?因其求言,遂书以勉之。

赠疏山益侍者

淳熙己酉孟秋,中气在月之初,填星复顺入龙氏,直二大星之间,比下星如心大星之于前星。二日之夕,微出其西。三日之夕,微出其东。四日,益东。如朔之在西,则其正隐于三日之朝矣。

古羲和之官甚重,《尧典》独详其职。后世星翁历官为贱有司,人庸识暗,安能举其职哉?因循废弛,莫董正之。是等或有所记,后有治其事者,不无所助。

是月也,余将视吾外姑之宅兆于东漕之龙冈。朔之夕,发象山,三日而抵余家。四日之夕发余家,次夕抵大原观,六日抵龙冈。事既,遂抵疏山,与同行昭武吴大年、里中胥必先言曰:"五纬次舍,有经宿可准如此者,得之于所见,不可不记之。治历须积候以稽合否。官之不宿其业为日久矣,是亦可以备其搜访也。"越翼日,因益侍者出此纸求余言甚力,且曰:"当宝藏之。"余于是得所托矣。他日拈出,当有赏音。

七夕月下,象山翁书。

赠刘季蒙 名贯未详,文安公知荆门时来问学者

明德在我,何必他求?方士禅伯,真为大祟。无世俗之陷溺,

无二崇之迷惑,所谓"无偏无党,王道荡荡",浩然宇宙之间,其乐孰可量也。

壬子月日,蒙泉守陆某书赠刘季蒙。

题新兴寺壁

木在龙氏,金先填于亢,著雍涒滩,月望东壁。李注:太岁在戊曰著雍,在申曰涒滩。出《尔雅》。时雨新霁,西风增凉,闲云未归,悠然垂阴,黍粒登场,稻花盈畴,菽粟粲然,桑麻沃然。象山翁观瀑半山,登舟水南,宿上清,信龙虎,次于新兴。究仙岩之胜,石濑激雪,澄潭渍蓝,鹭翘凫飞,恍若图画。疏松、翠筱、苍苔、茂草之间,石萱呈黄,金橙舒红,被崖缘坡,烂若锦绣。轻舟危樯,笑歌相闻,聚如鱼鳞,列如雁行。至其寻幽探奇,更泊互进,迭为后先,有若偶然而相从。老者苍颜皓髯,语高领深,少者整襟肃容,视微听冲,莫不各适其适。予亦不知夫小大、精粗、刚柔、缓急之不齐也,乃俾犹子谦之、櫄之、子持之分书同游者七十有八人邑姓名字于左方。

题翠云寺壁

淳熙己酉长至后二日,余寓许昌朝家,约游翠云。明日,刘伯协戒余朝餐,许昌朝、胡无相与焉。伯协又夸翠云泉石,谓不减庐阜。饭余乘兴一行,不期而会者盈翠云之堂。翠云五题始于王文公父子,六咏增于吾家庸斋、梭山二兄之游,乃今始得亲目。

昔年尝东游会稽,探禹穴;西登五老,窥玉渊。比岁又开象山于龙虎之上游,启半山、碌潭、风练、飞雪、冰帘、栀子诸瀑。今秋之杪,登云台,瞰鬼谷,穷石人之龙湫,观千寻之玉带,乃独未睹跃马、鸣玉之奇,可谓道在近而求之远。然则斯游之得亦已多矣!

盛冬水泉既缩,又值久晴,长老敏公俾畦丁决田间蓄水,大作水供,陈师渊作饭供,胡无相作茶供,成此一段奇事。

在会长少为善之意，如川方增，不可不纪。会者姓字具列于后，童子书名。

象山翁书。

朱氏子更名字说 临川人，从学文安公

淳熙丁未，暮春之初，予抵城闉，后生学子来从余游者日以益众。余与之悼时俗之通病，启人心之固有，莫不惕然以惩，跃然以兴。前辈长者往往辱临教之，举无异辞。余于是益信此心此理充塞宇宙，谁能间之？

一日，朱伯虎进而请曰："《虞书》有朱虎。伯虎幼未知学，盖不知其名之不可。得侍函丈，乃始自觉，背若负芒。愿赐更之。"余于是名以元瑜，字以忠甫，取诸"瑕不掩瑜，瑜不掩瑕，忠也"。夫玉之瑕终瑕，瑜终瑜，人则不然，学则瑕者瑜，不学则瑜者瑕。天之所予我者固皆瑜也，惟不思而蔽于物，而后瑜者瑕。今子既觉之，则瑕者瑜矣。故曰"元瑜"。

能觉而更，是谓不掩，不掩之谓忠。气禀之所蒙，习尚之所梏，岂遽能尽免于瑕哉？继是而不替其忠，则信乎其为元瑜也。故曰"忠甫"。

余始名字之，未及告之以其说。余留逾月，而后东还吾庐，朱子又箧书旅于吾庐之傍以求讲益。秋七月朔，归觐其亲，始书以遗之。

二张名字说

番阳张季海见二子求名，名其一曰槐卿，冠之曰，宜告宾，字以清父；其二曰樾卿，字以宏父。暑气之清莫如槐，字槐卿曰清父，取清暑也。夏日之荫莫如樾，字樾卿曰宏父，取宏荫也。时六月中浣，予方有行役，因以是祝云。

格矫斋说

格,至也,与穷字、究字同义,皆研磨考索以求其至耳。学者孰不曰"我将求至理",顾未知其所知果至与否耳。所当辨、所当察者,此也。

"强哉矫",古注以为"矫"亦强貌,甚当。若以为"矫揉",则章旨文义皆不通。"和而不流"、"中立而不倚",岂矫揉所能?居广居,立正位,行大道,乃能和而不流,中立而不倚,此天下之至强也。故曰"强哉矫"。

跋资国寺雄石镇帖

象山西址濒溪,溪有渡曰石龟,夹溪之山曰西山,西山之北有山峭峙,与西山同出,曰征君山。故老相传:"古有隐者在其上,累征不就,人号征君,因以名山。"山麓有寺曰资国,犹藏其立寺时帖,乃雄石镇帖也。字体结密,行笔有法,非今时吏书所及。年曰"龙纪元年",李注:龙纪,唐昭宗年号。仍书"岁次己酉",亦不类今时文移。官曰"镇遏使侍御史",签书者曰"押衙兼副将",印曰"信州雄石镇",本末记文乃正篆,不缪叠。

今其地属贵溪,史传所记,故老所传,皆未尝知有雄石镇。乡人常言永泰二年置贵溪。考之《唐史》,贵溪之建在永泰元年,而次年为大历元年。李注:永泰、大历俱唐代宗年号。然大历改号在长至日,是永泰尝有二年矣。建议至已立,涉两年,亦事势之常。置县之年尚传至今,龙纪后永泰百余年,而人不复知有雄石镇,何也?《唐六典》:"镇有镇将、镇副,掌镇捍防守。"兵部条中又曰:"凡镇皆有使一人、副使一人。"今曰"镇遏使",曰"副将",盖互见矣。又曰:"凡诸军镇,五百人置押官一人。"今曰"押衙"者,岂几是欤?施其地者曰周丞邺,丞邺之官曰押衙兼都监,似亦镇官。然则此镇有两押衙,又有都监。《唐百官志》本《六典》,《六典》乃明皇所撰。史臣固曰:"永泰后,诸镇官颇增减。"开元之旧制,固宜不可尽考。丞邺称镇长曰"中丞",而其官实侍御史。唐供奉官,御史中丞与侍御史联班,此尤足以知非后人所能伪也。其地则曰"丞邺宅西面东坑征山脚",初无"君"字。然山上有井,其深无底,旱时祷雨率多灵应,谓之望井。水流出为石坑,谓之君坑,实析"征君"二字云耳。

寺僧海琼乃周氏子,丞邺之后也。好文学诗,惧此帖之磨灭,将刊诸石,求予为跋。予观唐于今为近,其季尤近。龙纪之元距今才三百有三年。史传所述,故老所传,已不复知雄石镇之仿佛,则是帖之传亦足为考古者之监,故备论而书之。

记祚德庙始末 _{甲辰春,为初献官,书于祠下}

元丰中,皇嗣未育,吴处厚上书言:"宜祠程婴、公孙杵臼。"于是下诏搜访遗迹,得其冢于绛州太平县赵村,立庙祠之,曰祚德庙。封婴为诚信侯,杵臼为忠智侯。擢处厚将作监丞。徽庙朝,又封韩厥为义成侯。

绍兴十三年,建州王朝倚上封事,乞祠三侯于行都。其后诏立行庙,加谥四字,婴为忠勇诚信侯,杵臼为通勇忠智侯,厥为忠定义成侯。初立庙在棘寺基上,后建棘寺,徙于元真观。

二十二年,臣寮上言:"庙在委巷中,湫隘卑陋,郡岁遣从事草具酒脯祠之,弗虔。宜崇其庙貌,超六字八字侯,加封二字公,升为中祠。"于是婴封为强济公、杵臼为英略公[1]、厥为启佑公。徙庙于青莲寺侧,秩于祀典,掌于太常。岁差官行事,作乐祠之,庙貌始严肃,封告寺僧主之。

---

〔1〕"英略公",正德本、嘉靖本、万历本、《四库》本作"英累公"。据《宋史》卷一〇五《礼志》八:"后改封……杵臼英略公。"则知作"英略公"是。

邓文苑求言往中都 讳远,南城人,文范之群从,因受业于门

义理所在,人心同然,纵有蒙蔽移夺,岂能终泯,患人之不能反求深思耳。此心苟存,则修身、齐家、治国、平天下一也,处贫贱、富贵、死生、祸福亦一也。故君子素其位而行,不愿乎其外。

唐虞之时,黎民于变[1],比屋可封之人,此心存也。周道之行,人皆有士君子之行,《兔罝》"可以干城""可以好仇""可以腹心"者,此心存也。自战国以降,权谋功利之说盛行者,先王之泽竭,此心放失陷溺而然也。当今圣明天子在上,所愿上而王公大人,下而奔走服役之人,皆不失其本心,以信大义,成大业,则吾人可以灌畦耕田,为唐、虞、成周之民,不亦乐乎?又何必挈挈而东哉?

邓君远告予以有行,予敬书是,以劝其返而求之。

---

[1]"民",原作"明",据成化本、正德本、嘉靖本、万历本、《四库》本改。

卷二十一

杂　著

易说

此理塞宇宙,谁能逃之,顺之则吉,逆之则凶。其蒙蔽则为昏愚,通彻则为明智。昏愚者不见是理,故多逆以致凶。明智者见是理,故能顺以致吉。

说《易》者谓阳贵而阴贱,刚明而柔暗,是固然矣。今《晋》之为卦,上离,六五一阴,为明之主;下坤,以三阴顺从于离明,是以致吉。二阳爻反皆不善。盖离之所以为明者,明是理也。坤之三阴能顺从其明,宜其吉无不利,此以明理顺理而善,则其不尽然者,亦宜其不尽善也。不明此理,而泥于爻画名言之末,岂可与言《易》哉?阳贵、阴贱、刚明、柔暗之说,有时而不可泥也。

"雷在天上,大壮,君子以非礼弗履。"非礼弗履,人孰不以为美?亦孰不欲其然?然善意之微、正气之弱,虽或欲之而未必能也。今四阳方长,雷在天上,正大之壮如此,以是而从事于非礼弗履,优为之矣。此颜子"请事斯语"时也。

《泰》之九二言包荒,包荒者,包含荒秽也。当泰之时,宜无荒秽。盖物极则反,上极则下,盈极则亏,人情安肆则怠忽随之,故荒秽之事常在于积安之后也。

"《易》之为书也不可远,其为道也屡迁。变动不居,周流六虚,上下无常,刚柔相易,不可为典要,唯变所适。"临深履冰,参前倚衡,儆戒无虞,小心翼翼,道不可须臾离也。五典天叙,五礼天秩,《洪范》九畴,帝用锡禹,传在箕子,武王访之,三代攸兴,"罔不克敬典"。不有斯人,孰足以语不可远之书,而论屡迁之道也。

易数 为张权叔书

一得五合而为六,"天一生水,地六成之",故一得六合而成水。二得五合而为七,"地二生火,天七成之",故二得七合而成火。三得五合而为八,"天三生木,地八成之",故三得八合而成木。四得五合而为九,"地四生金,天九成之",故四得九合而成金。五得五合而成十,"天五生土,地十成之",故五得十合而成土。论五行生成:水合在一六,火合在二七,木合在三八,金合在四九,土合在五十。

数至四而五在其中矣。一与四自为五,二与三自为五。二与三,少阴、少阳之里也。一与四,老阳、老阴之表也。五数既见,二得五为七,三得五为八,故七为少阳,八为少阴。一得五为六,四得五为九,故六为老阴,九为老阳。故七与八合,其数十五,六与九合,其数亦十五。少阴、少阳、老阴、老阳,是谓四象。论四象,则阴阳之少合在七八,阴阳之老合在九六。四象成列,七八在里,九六在表。阴阳之分,先里后表,故七八为少,九六为老。四七二十八,故二十八者,少阳之策;四八三十二,故三十二者,少阴之策也。

"《易》之为书也不可远,其为道也屡迁。变动不居,周流六虚,上下无常,刚柔相易,不可为典要,唯变所适。"吾尝言天下有不易之理,是理有不穷之变。诚得其理,则变之不穷者,皆理之不易者也。

水生数一,成数六,其卦为坎,坎阳里而阴表。水形柔弱,盖阴表也,然本生于阳,故道家谓水阴根阳。火生数二,成数七,其卦为离,离阴里而阳表。火形刚烈,盖阳表也,然本生于阴,故道家谓火阳根阴。自水火之成数而言,则水六也,火七也,水则为阴,火则为阳。自水火之卦而言之,水坎也,火离也,坎则阳卦,离则阴卦。自坎离之卦而言之,则坎月也,离日也。拘儒于此将如何而言阴阳哉?五行相得而各有合,盖不止乎前二合而已。

又 为连叔广书

三奇者,四四四也;三偶者,八八八也。此老阴、老阳也,即乾坤之象,故不容有二。若少阴、少阳则各有三变,此六子之象也。两偶一奇,则四八八为震之象,八四八为坎之象,八八四为艮之象;两奇一偶,则八四四为巽之象,四八四为离之象,四四八为兑之象。四象生八卦,亦可见于此。

三奇四　为老阳 变

三偶八　为老阴 变

两偶八、一奇四　为少阳 不变

两奇四、一偶八　为少阴 不变

一二三四五,五行生数。六七八九十,五行成数。

"天一生水,地六成之。地二生火,天七成之。天三生木,地八成之。地四生金,天九成之。天五生土,地十成之。"生而未成不可用,故用其成数。

三者,变之始;五者,变之终。故数至于五,而变化具矣。天地之数,五十有五,莫非五也。天数五,一、三、五、七、九也;地数五,二、四、六、八、十也;生数五,一、二、三、四、五也;成数五,六、七、八、九、十也。三象著于三才。五象上著五星,下著五岳,总为五方。

五方之形,正分之亦四,隅分之亦四,五无分界,故天有四时,春木、夏火、秋金、冬水，而土寄旺四季。孟子言四端，不言信；孔子尝独言信，曰："自古皆有死，民无信不立。"又曰："人而无信，不知其可也。"又屡言"主忠信"。医家言六脉皆有胃脉，人无胃脉则死，亦此理也。故四为数之大纪，五在其中矣。四营成《易》，亦此义也。

"《易》有太极，是生两仪，两仪生四象，四象生八卦。"四象者，阴阳有老少，谓老阳、少阳、老阴、少阴也。或曰"六、七、八、九为四象"，即是老阳、少阳、老阴、少阴也。四者一体，七八为里。阴阳之分自里始，故七为少阳，八为少阴。六九为表，里常少，表常老，故六为老阴，九为老阳。

四者其本数也。以四积之，则乾坤之策见矣。四六二十四，每爻二十四策，六爻积之，则百四十有四，故坤之策百四十有四。四九三十六，每爻为三十六策，六爻积之，则二百一十有六，故乾之策二百一十有六。

一、三、五、七、九，则天之五奇也，而其中为五，故五为天中数。二、四、六、八、十，此则地之五偶也，而其中为六，故六为地中数。十日者，阳也，乃二五之数。十二辰者，阴也，乃二六之数。天中数为十日，地中数为十二辰。五音六律亦由是也。十日十二辰相配，至六十而周，故甲子六十。四六二十四，四九三十六，二十四是老阴之策，三十六是老阳之策，老阴、老阳相配而为六十。四七二十八是少阳之策，四八三十二是少阴之策，二十八与三十二相配，亦得六十者，阴阳相配之数也。

三五以变错综其数

数偶则齐，数奇则不齐，惟不齐而后有变，故主变者奇也。一、三、五、七、九，数之奇也。一者，数之始，未可以言变。自一而三，自三而五，而其变不可胜穷矣。故三五者，数之所以为变者也。

有一物，必有上下，有左右，有前后，有首尾，有背面，有内外，有表里，故有一必有二，故曰"一生二"。有上下、左右、首尾、前后、表里，则必有中，中与两端则为三矣，故曰"二生三"。故太极不得不判为两仪。两仪之分，天地既位，则人在其中矣。三极之道岂作《易》者所能自为之哉？错之则一、二、三、四、五，总之则为数十五。三居其中，以三纪之，则三五十五。三其十五，则为《洛书》九章四十有五之数。九章奠位，纵横数之，皆十五。此可见三五者，数之所以为变者也。

九章自一至九而无十。然一与九为十，三与七为十，二与八为十，四与六为十，则所谓十者，固在一、二、三、四、五、六、七、八、九之间矣。虽无十，而十固在其间。所谓十五者，五即土之生数，十即土之成数。然则九章之数虽四十有五，而其天地五十有五之数已在其中矣。由是观之，三五之变可胜穷哉？

天地人为三才，日月星为三辰，卦三画而成，鼎三足而立。为老氏之说者，亦曰："一生二，二生三，三生万物。"盖三者，变之始也。天有五行，地有五方，一、二、三、四、五则五行生数，六、七、八、九、十则五行成数，一、三、五、七、九为天数，二、四、六、八、十为地数。《易·大传》曰："天数五，地数五。五位相得而各有合。"一与六为合，盖一与五为六，故一六为合。二与七为合，盖二与五为七，故二七为合。三与八，四与九，五与十皆然。故天地之数五十有五，而五为小衍，五十为大衍。盖五者，变之终也。参五以变，而天下之数不能外乎此矣。

天地既位，人居其中，乡明而立，则左右前后为四方。天以气运而为春夏秋冬，地以形处而为东西南北，四数于是乎见矣。然后有四方。中与四方，于是为五。故一生水而水居北，二生火而火居南，三生木而木居东，四生金而金居西，而五生土而土居中央。

学说

古者十五入大学。《大学》曰:"大学之道,在明明德,在新民,在止于至善。"此言大学指归。欲明明德于天下是入大学标的。格物致知是下手处。《中庸》言博学、审问、谨思、明辨,是格物之方。读书亲师友是学,思则在己,问与辨皆须在人。

自古圣人亦因往哲之言、师友之言乃能有进。况非圣人,岂有自任私知而能进学者?然往哲之言因时乘理,其指不一。方册所载又有正伪纯疵,若不能择,则是泛观。欲取决于师友,师友之言亦不一,又有是非当否,若不能择,则是泛从。泛观泛从,何所至止?"如彼作室于道,是用不溃于成。"欲取其一而从之,则又安知非私意偏说。子莫执中,孟子尚以为执一废百。执一废百,岂为善学?后之学者顾何以处此。

论语说

苟志于仁矣,无恶也。

恶与过不同,恶可以遽免,过不可以遽免。贤如蘧伯玉,欲寡其过而未能。圣如夫子,犹曰:"加我数年,五十而学《易》,可以无大过矣。"况于学者岂可遽责其无过哉?至于邪恶所在,则君子之所甚疾,是不可毫发存而斯须犯者也。苟一旦而志于仁,斯无是矣。

志于道,据于德,依于仁,游于艺。

道者,天下万世之公理,而斯人之所共由者也。君有君道,臣有臣道,父有父道,子有子道,莫不有道。惟圣人惟能备道,故为君尽君道,为臣尽臣道,为父尽父道,为子尽子道,无所处而不尽其道。常人固不能备道,亦岂能尽亡其道?夫子曰:"谁能出不由户,何莫由斯道也。"田野陇亩之人未尝无尊君爱亲之心,亦未尝无尊君爱亲之事,臣子之道[1],其端在是矣。然上无教,下无学,非独不能推其所为以至于全备,物蔽欲汩,推移之极,则所谓不能尽亡者,殆有时而亡矣。弑父与君,乃尽亡之时也。民之于道,系乎上之教;士之于道,由乎己之学。然无志则不能学,不学则不知道。故所以致道者在乎学,所以为学者在乎志。夫子曰:"吾十有五而志于学。"又曰:"士志于道,而耻恶衣恶食者,未足与议也。"孟子曰"士尚志",与"志于道"一也。

"小德川流,大德敦化",此圣人之全德也。《皋陶谟》之九德,"日严祗敬六德",则可以有邦;"日宣三德",则可以有家。德之在人,固不可皆责其全,下焉又不必其三,苟有一焉,即德也。一德之中亦不必其全,苟其性质之中有微善小美之可取而近于一者,亦其德也。苟能据之而不失,亦必日积日进,日著日盛,日广日大矣。惟其不能据也,故其所有者亦且日失日丧矣。尚何望其日积日进,日著日盛,日广日大哉?士志于道,岂能无其德,故夫子诲之以"据于德"。

"仁,人心也。""从心所欲不逾矩",此圣人之尽仁。孔门高弟如子路、冉有之徒,夫子皆曰"不知其仁",必如颜渊、仲弓,然后许之以仁。常人固未可望之以仁,然亦岂皆顽然而不仁?圣人之所为,常人固不能尽为,然亦有为之者。圣人之所不为,常人固不能皆不为,然亦有不为者。于其为圣人之所为与不为圣人之所不为者观之,则皆受天地之中,根一心之灵,而不能泯灭者也。使能于其所不能泯灭者而充之,则仁岂远乎哉?仁之在人,固不能泯然而尽亡,惟其不能依乎此以进于仁,而常违乎此而没于不仁之地,故亦有顽然而不仁者耳。士志于道,岂能无其仁?故夫子诲之以"依

---

[1] "道",原作"义",据成化本、正德本、嘉靖本改。

于仁"。

艺者,天下之所用,人之所不能不习者也。游于其间,固无害其志道、据德、依仁,而其道、其德、其仁亦于是而有可见者矣。故曰:"游于艺。"

孟子说

"志壹动气",此不待论,独"气壹动志"未能使人无疑。孟子复以蹶趋动心明之,则可以无疑矣。壹者,专一也。志固为气之帅,然至于气之专壹,则亦能动志。故不但言"持其志",又戒之以"无暴其气"也。居处饮食适节宣之宜,视听言动严邪正之辨,皆无暴其气之工也。"必有事焉而勿正心"是一句,"勿忘,勿助长也"是一句,下句是解上句。李注:必有事焉,勿忘也;勿正心,勿助长也。《孟子》中有两"正"字同义:"必有事焉而勿正心",一也;"言语必信,非以正行也",二也。"勿正"字下有"心"字,则辞不亏;"勿忘"字上无"心"字,则辞不赘。此但工于文者亦能知之。"必有事焉"字义与"小心翼翼,昭事上帝""事"字义同。

《孟子》"知言"一段,后人既不明其道,因不晓其文,强将诐、淫、邪、遁于杨、墨、佛、老上差排,曰何者是诐辞,何者是淫辞,何者是邪辞,何者是遁辞。不知此四字不可分。诸子百家所字乃是分诸子百家处。蔽、陷、离、穷是其实,诐、淫、邪、遁是其名。有其实而后有其名。若欲晓诐、淫、邪、遁之名,须先晓蔽、陷、离、穷之实。蔽、陷、离、穷是终始浅深之辨,非是四家。学有所蔽,则非其正,故曰诐辞。〔蔽而不解〕[1],必深陷其中,其说必淫,故曰淫辞。受蔽之初,其言犹附着于正,其实非正,故深陷之后,其言不能不离于其所附着,故曰邪辞。离则必穷,穷则必宛转逃遁而为言,故曰遁辞。

---

[1] "蔽而不解",原无,据正德本、嘉靖本、《四库》本补。

故蔽而不解必陷,陷而不已必离,离则必穷,穷而不反于正,则不复可救药矣。孟子之辟杨墨,但泛言"息邪说,距诐行,放淫辞",初不向杨墨上分孰为诐,孰为淫,孰为邪。所以《论语》有"六言六蔽",论后世学者之蔽,岂止六而已哉?所以贵于知其所蔽也。总而论之,一"蔽"字可尽之矣。《荀子·解蔽》篇却通"蔽"字之义。观《论语》"六言六蔽"与《荀子·解蔽》篇,便可见当于所字上分诸子百家。

　　皓皓,洁白也。濯以江汉,暴以秋阳,其洁白不复可加矣。李注:曾子所谓秋阳,就周正言之,盖夏正之五、六、七月也。言夫子之道如此,非有若私智杜撰者所可糊涂也。

卷二十二

杂 著

武帝谓汲黯无学

汲黯进积薪之言,武帝为之默然,是必有所中矣。已而曰:"人果不可以无学,观黯之言也,日益甚。"人将求胜乎人以自信,何患无辞,谓黯无学未必不可,武帝亦安取学而议人哉?

太史氏推原其故,谓"黯褊心,不能无少望",果足以知黯之心乎?始迁荥阳令[1],病归田里。后拜淮阳太守,伏谢不受印。及召见,则曰:"臣愿为中郎,出入禁闼,补过拾遗。"卒不得请,过李息曰:"黯弃居郡,不得与朝廷议。"勉息早言张汤。后之人谁实为知黯者,必信褊心之言,此与儿童之见何异?

使视东越相攻,不至而还,曰:"不足以辱天子之使。"使视河内失火,曰:"家人失火,比屋延烧,不足忧。河南贫民伤水旱,便宜持节发粟以赈之。请归节,伏矫制之罪。"天子招文学儒者,告廷臣以所欲为,则对曰:"陛下内多欲而外施仁义,奈何欲效唐虞之治乎?"上默然怒,变色而罢朝。群臣或数黯,黯曰:"天子置公卿辅弼之臣,宁令从谀承意,陷主于不义乎?且已在其位,纵爱身,奈辱朝廷

---

[1] "荥",成化本、嘉靖本、《四库》本作"荣"。据《史记》卷一百二十《汲郑列传》,作"荥"是。

何?"浑邪降汉,汉发车二千乘,从民贳马。民匿马,马不具,欲斩长安令,则争之。浑邪至,贾人与市者坐当死五百人,则争之。"弊中国以事夷狄,庇其叶而伤其枝"之言,谁能易之。谓公孙洪徒怀诈饰智,以阿人主取容。谓张汤深文巧诋,陷人于罪,使不得反其真,以胜为功。淮南谋反,说公孙洪等如发蒙振落耳,独惮黯好直谏,守节死义,难惑以非,卒以不敢。若黯,虽曰未学,吾必谓之学矣。

虽然,张汤更定律令可斥也,何必曰高皇帝约束为哉?武帝之事四夷非也,何必曰与胡和亲为哉?此等皆黄老言误之也。学绝道丧,老氏之说盛行于汉,黯不幸生乎其时,亦没于是。虽然,学老氏者多矣,如黯之质,固自有老氏所不能没者,惜哉!其生弗逢时也。"放饭流歠,而问无齿决,是之谓不知务。"末哉!

武帝之所以求胜于黯者乎!帝自为太子时,固已惮其严矣。即位既久,大将军青侍中,帝踞厕而视之;丞相洪燕见,或时不冠;至黯见,不冠不见也。尝坐武帐不冠,黯奏事,避而使人可之。庄助为黯请告,论黯之长,帝然之,且曰:"古有社稷臣,黯近之矣。"为中大夫,固以切谏不得久留,出守东海,大治,帝闻而召之,列于九卿。汤败,帝闻黯与息言,则抵息罪,令以诸侯相秩居淮阳。其卒也,官其弟至九卿,官其子至诸侯相。武帝之不能自克,不乐于黯之切直,固也,然其心之灵不能掩没,有以知黯者未必不愈于后世吠声之人也。及其遂非而求胜,则是心之灵或几乎熄矣,此孟子所谓"终亦必亡而已"者也。然则生弗逢时者,岂不大可惜?过而求胜者,岂不大可畏哉?

张释之谓"今法如是"

张廷尉当渭桥下惊乘舆马者以罚金,文帝怒,张廷尉争以为不可更重,是也。然谓"法者,天子所与天下公共也。今法如是而更重之,是法不信于民也。方其时,上使立诛之则已。今既下廷尉,廷尉，天下平也，一倾，天下用法皆为轻重"，则非也。

廷尉固天下平也，天子独不可平乎？法固所与天下公共也，苟法有不当，为廷尉者岂可不请之天子而修之，而独曰"今法如是"，可乎？《虞书》曰："宥过无大。"《周书》曰："乃有大罪，非终，乃惟眚灾[1]，适尔，既道极厥辜，时乃不可杀。"县人闻跸匿桥下久，谓乘舆已过而出，至于惊马，假令有败伤，亦所谓"有大罪，非终，乃惟眚灾，适尔"，是固不可杀。释之不能推明此义，以祛文帝之惑，乃徒曰"法如是"。此后世所以有任法之弊，而三代政刑所从而亡也。

李评：能执法亦自难得，能推明立法之意，则引经断狱，以儒术饰吏治者也。

杂说

皇极之建，彝伦之叙，反是则非，终古不易。是极是彝，根乎人心而塞乎天地。"居其室，出其言善，则千里之外应之。出其言不善，则千里之外违之。"是非之致，其可诬哉？

虽然，苗民之弗用灵，当尧之时则然矣。逮舜受终而未有格心，乃窜之于三危。又数十载而禹始受命，爰有徂征之师。夫以尧舜之圣，相继而临天下，可谓盛矣。"《箫韶》九成，凤凰来仪"，而蠢兹有苗，侮慢自若。不要诸舞干七旬之后，而论于其不恭自贤之日，则违应之理殆无证于此矣。周自后稷积仁修德，其来远矣，武王缵太王、王季、文王之绪以有天下，而商之顽民乃至三世而弗化。天之所以与人者，岂独缺于是乎？苗顽之于唐虞，商顽之于成周，可诿曰寡。乡原，夫子所恶也，而人皆悦之。杨墨，孟子所辟也，而言者归之。夫子受徒久矣，而颜渊独为好学。其后无疑于夫子之道者，仅有曾子。夫子没，而子夏、子游、子张乃欲强之以事有若。自夫子不能喻之于其徒，曾子不能喻之于其友，则道之所存亦孤

─────
[1] "惟"，原作"为"，据正德本、《四库》本及《尚书·康诰》改。下"乃惟眚灾"同。

矣。呜呼！是非之决，于其明，不于其暗，众寡非所决也。苗民之未格，商民之未化，乡原之未知其非，杨墨之未归于儒，子夏、子游、子张之徒未能克己而复礼，彼其私说诐论可胜听哉？揆之至理，则是所谓不善者也，是所谓不明者也，是其所以为非者也。苗民之格，商民之化，乡原而知其非，杨墨而归于儒，子夏、子游、子张之徒一日克己而复礼，则是非之辨判然明矣。是理之在天下，无间然也。然非先知先觉为之开导，则人固未免于暗。故惟至明而后可以言理，学未至于明而臆决天下之是非，多见其不知量也。纯乎其善，纯乎其不善，夫人而能知之也。人非至圣至愚，时非至泰至否，固有所不纯。有所不纯，则其大小、本末、轻重、多寡、表里、隐显、始卒、久近、剧易、幸不幸之变，非至明谁能辨之？有善于此，至大至重，宜在所师，宜在所尊，而以其有不善焉，而其善不遂，其事不济，举世莫辨，而反以为非，反以为惩，岂不甚可叹哉？

念虑之正不正，在顷刻之间。念虑之不正者，顷刻而知之，即可以正；念虑之正者，顷刻而失之，即是不正。此事皆在其心。《书》曰："惟圣罔念作狂，惟狂克念作圣。"然心念之过有可以形迹指者，有不可以形迹指者。今人有慢侮人之心，则有慢侮之容、慢侮之色、慢侮之言，此可以形迹指者也。又有慢侮人之心，而伪为恭敬，容色言语反若庄重，此则不可以形迹指者也。深情厚貌，色厉而内荏者是也。可以形迹指者，其浅者也；不可以形迹指者，其深者也。必以形迹观人，则不足以知人；必以形迹绳人，则不足以救人。非惟念虑之不正者，有着于形迹，有不着于形迹。虽念虑之正者，亦有着有不着。亦有事理之变而不可以形迹观者，亦有善不善杂出者。如比干之忠则可见，如箕子佯狂，微子适周，不可谓之不忠；如曾子之孝则可见，如舜不告而娶，不可谓之不孝。此是事理之变，而不可以形迹观者。如匡章之得罪于其父，乃在于责善，此是善不善杂出者。通国皆称不孝，则便见匡章不得。孟子乃见得他善不善处分明，故与之游，又从而礼貌之。常人不能知此等处，又未足论。世固有两贤相值而不相知者，亦是此处，如老泉之于王临川，东坡之于伊川先生是也。李评：朱子于陆子亦然。

尧、舜、文王、孔子四圣人，圣之盛者也。二《典》之形容尧、舜，《诗》《书》之形容文王，《论语》《中庸》之形容孔子，辞各不同。诚使圣人者并时而生，同堂而学，同朝而用，其气禀德性、所造所养亦岂能尽同？至其同者，则禹、益、汤、武亦同也。夫子之门，惟颜、曾得其传。以颜子之贤，夫子犹曰"未见其止"，孟子曰"具体而微"。曾子则又不敢望颜子。然颜、曾之道固与圣人同也。非特颜、曾与圣人同，虽其他门弟子亦固有与圣人同者。不独当时之门弟子，虽后世之贤固有与圣人同者。非独士大夫之明有与圣人同者，虽田亩之人良心之不泯，发见于事亲从兄、应事接物之际，亦固有与圣人同者。指其同者而言之，则不容强异。然道之广大悉备，悠久不息，而人之得于道者，有多寡久暂之殊，而长短之代胜，得失之互居，此小大、广狭、浅深、高卑、优劣之所从分，而流辈等级之所由辨也。

《书疏》云："周天三百六十五度四分度之一，天体圆如弹丸，北高南下，北极出地上三十六度，南极入地下三十六度。南极去北极直径一百八十二度强〔1〕。天体隆曲，正当天之中央，南北二极中等之处，谓之赤道，去南北极各九十一度。春分日行赤道，从此渐北，夏至行赤道之北二十四度，去北极六十七度，去南极一百一十五度。从夏至以后，日渐南至。秋分还行赤道，与春分同。冬至行赤道之南二十四度，去南极六十七度，去北极一百一十五度，其日之行处谓之黄道。又有月行之道与日相近，交路而过，半在日道

---

〔1〕"一百八十二度强"，今本《尚书·洪范》孔颖达疏作"一百二十二度弱"。按：本段文字与孔颖达疏颇有异同，不一一出校。

之里,半在日道之表。其当交则两道相合,去极远处两道相去六度。此其日月行道之大略也。"黄道者,日所行也。冬至在斗,出赤道南二十四度。夏至在井,出赤道北二十四度。秋分交于角,春分交于奎。月有九道,其出入黄道不过六度,当交则合,故曰交蚀。交蚀者,月道与黄道交也。[1]

苟无所蔽,必无所穷。苟有所蔽,必有所穷。学必无所蔽而后可。

学不亲师友,则《太玄》可使胜《易》。

主于道则欲消而艺亦可进。主于艺则欲炽而道亡,艺亦不进。"以道制欲,则乐而不厌;以欲忘道,则惑而不乐。"

有有志,有无志,有同志,有异志。观鸡与鹙,可以辨志;縶猿槛虎,可以论志。谨微不务小,志大坚强有力,沉重善思。

"四方上下曰宇,往古来今曰宙。"宇宙便是吾心,吾心即是宇宙。李注:宇宙是理所充塞,吾心亦是理所充塞。宇宙间此理,吾心中亦此理。故曰:"宇宙便是吾心,吾心便是宇宙。"千万世之前有圣人出焉,同此心,同此理也;千万世之后有圣人出焉,同此心,同此理也;东南西北海有圣人出焉,同此心,同此理也。近世尚同之说甚非。理之所在,安得不同?古之圣贤道同志合,咸有一德,乃可共事。然所不同者,以理之所在,有不能尽见。虽夫子之圣,而曰"回非助我","启予者商",又曰"我学不厌"。舜曰:"予违汝弼。"其称尧曰:"舍己从人,惟帝时克。"故不惟都俞而有吁咈。诚君子也,不能,不害为君子;诚小人也,虽能,不失为小人。

宇宙内事是己分内事,己分内事是宇宙内事。

人心至灵,此理至明,人皆有是心,心皆具是理。

---

[1] "黄道者"以下,底本中为独立的一条,且在下文"人心至灵"一条之后。兹据嘉靖本移至此。

圣人固言仁矣，天下之言仁者，每不类圣人之言仁；圣人固言义矣，天下之言义者，每不类圣人之言义。圣人之言，知道之言也；天下之言，不知道之言也。知道之言，无所陷溺；不知道之言，斯陷溺矣。

右贤而左能。德成而上，艺成而下。

道行道明，则耻尚得所，不行不明，则耻尚失所。耻得所者，本心也；耻失所者，非本心也。圣贤所贵乎耻者，得所耻者也。耻存则心存，耻忘则心忘。干宝《晋论》有"耻尚失所"之说。

求处情，求处厚，求下贤，欲行浮于名，耻名浮于行。〔先生〕因读《表记》书此语[1]。

邪正纯杂系念虑，清浊强弱系血气。

朱、均、管、蔡，志不变也，非质不可变也。苗格、崇降，圣人有以变其志也。

后世知有事而不知有政，知责详于法而不知责详于人。

学者规模多系其闻见。孩提之童未有传习，岂能有是规模？是故所习不可不谨。处乎其中而能自拔者，非豪杰不能。劫于事势而为之趋向者，多不得其正，亦理之常也。

道譬则水，人之于道，譬则蹄涔、污沱、百川、江海也。李注：牛、马迹中水曰蹄涔。海至大矣，而四海之广狭深浅不必齐也。至其为水，则蹄涔亦水也。

常人所欲在富，君子所贵在德。士庶人有德，能保其身；卿大夫有德，能保其家；诸侯有德，能保其国；天子有德，能保其天下。无德而富，徒增其过恶，重后日之祸患，今日虽富，岂能长保？又况天生民而立之君，使司牧之。故君者，所以为民也。《书》曰："德惟善政，政在养民。"行仁政者所以养民。君不行仁政，而反为之聚敛

---

[1] "先生"，原无，据成化本、正德本、嘉靖本、万历本、《四库》本补。

以富之，是助君虐民也，宜为君子之所弃绝。当战国之时，皆矜富国强兵以相侵伐，争城以战，杀人盈城，争地以战，杀人盈野。故孟子推明孔子之言，以为率土地而食人肉，罪不容于死。推论既明，又断之曰："人臣善战者服上刑，连诸侯者次之，辟草莱任土地者次之。"孟子在当时所陈者皆尧舜之道，勉其君修德行仁，劝之以闲暇之时明其政刑。自谓以齐王犹反手耳。使孟子得用，必能使天下仕者皆欲立于其朝，耕者皆欲耕于其野，商贾皆欲藏于其市，行旅皆欲出于其涂，天下之民尽归之，则无敌于天下矣。此理甚明，效可必至。当时之君，徇俗自安，不能听用其说，乃反谓之迂阔，可谓不明之甚也。

卷二十三

讲　义

白鹿洞书院讲义

某虽少服父兄师友之训,不敢自弃,而顽钝疏拙,学不加进,每怀愧惕,恐卒负其初心。方将求针砭镌磨于四方师友,冀获开发以免罪戾。比来得从郡侯秘书至白鹿书堂,群贤毕集,瞻睹盛观,窃自庆幸!秘书先生、教授先生不察其愚,令登讲席,以吐所闻。顾惟庸虚,何敢当此?辞避再三,不得所请。取《论语》中一章,陈平日之所感,以应嘉命,亦幸有以教之。

子曰:"君子喻于义,小人喻于利。"

此章以义利判君子小人,辞旨晓白,然读之者苟不切己观省,亦恐未能有益也。某平日读此,不无所感。窃谓学者于此当辨其志。人之所喻由其所习,所习由其所志。志乎义,则所习者必在于义。所习在义,斯喻于义矣。志乎利,则所习者必在于利。所习在利,斯喻于利矣。故学者之志不可不辨也。

科举取士久矣,名儒巨公皆由此出。今为士者固不能免此。然场屋之得失,顾其技与有司好恶如何耳,非所以为君子小人之辨也。而今世以此相尚,使汩没于此而不能自拔,则终日从事者虽曰圣贤之书,而要其志之所乡,则有与圣贤背而驰者矣。推而上之,则又惟官资崇卑、禄廪厚薄是计。岂能悉心力于国事民隐,以无负于任使之者哉?从事其间,更历之多,讲习之熟,安得不有所喻?顾恐不在于义耳。诚能深思是身,不可使之为小人之归,其于利欲之习,怛焉为之痛心疾首,专志乎义而日勉焉,博学、审问、慎思、明辨而笃行之。由是而进于场屋,其文必皆道其平日之学、胸中之蕴,而不诡于圣人。由是而仕,必皆共其职,勤其事,心乎国,心乎民,而不为身计,其得不谓之君子乎。

秘书先生起废以新斯堂,其意笃矣。凡至斯堂者,必不殊志。愿与诸君勉之,以毋负其志。

淳熙辛丑春二月,陆兄子静来自金溪,其徒朱克家、陆麟之、周清叟、熊鉴、路谦亨、胥训实从。十日丁亥,熹率僚友诸生与俱至于白鹿书院,请得一言以警学者。子静既不鄙而惠许之,至其所以发明敷畅,则又恳到明白,而皆有以切中学者隐微深痼之病,盖听者莫不悚然动心焉。熹犹惧其久而或忘之也,复请子静笔之于简,受而藏之[1]。凡我同志于此反身而深察之,则庶乎其可不迷于入德之方矣。新安朱熹识。

大学春秋讲义 淳熙九年八月十七日

楚人灭舒蓼

圣人贵中国,贱夷狄,非私中国也。中国得天地中和之气,固礼义之所在。贵中国者,非贵中国也,贵礼义也。虽更衰乱,先王之典刑犹存,流风遗俗未尽泯然也。夷狄盛强,吞并小国,将乘其气力以凭陵诸夏,是礼义将无所措矣,此圣人之大忧也。楚人灭弦、灭黄、灭江、灭六、灭庸,至是又灭舒蓼,圣人悉书不置,其所以望中国者切矣!

---

[1] "受而",原作"而受",据《四库》本及《陆子学谱》改。

秋七月甲子,日有食之,既。

《春秋》日食三十六,而食之既者二。日之食与食之深浅皆历家所能知。是盖有数,疑若不为变也。然天人之际实相感通,虽有其数亦有其道,昔之圣人未尝不因天变以自治。"洊雷,震。君子以恐惧修省。""君子无终食之间违仁,造次必于是,颠沛必于是。"所以修其身者素矣。然洊震之时〔1〕,必因以恐惧修省,此君子之所以无失德而尽事天之道也。况日月之眚见于上乎。"遇灾而惧,侧身修行",欲销去之,此宣王之所以中兴也。知天灾有可销去之理,则无疑于天人之际而知所以自求多福矣。日者,阳也。阳为君、为父、为夫、为中国,苟有食之,斯为变矣。食至于既,变又大矣。言日不言朔,食不在朔也。日之食必在朔,食不在朔,历差也。

冬十月己丑,葬我小君敬嬴。

襄仲杀太子恶,敬嬴为之也。敬嬴非嫡,而薨以夫人,葬以小君,鲁君臣之责深矣。《春秋》作而乱臣贼子惧,盖为是也。

雨不克葬,庚寅日中而克葬。

葬不为雨止,以其有雨备也。雨不克葬,是无雨备。潦车载蓑笠,士丧礼也。诸侯葬其母而无雨备,岂礼也哉?

城平阳

平阳,鲁邑也。冬,使民时也。然宣公葬母不能为雨备,不易时而遽兴土工,罪不可逃矣。

---

〔1〕"洊",原作"雷",据嘉靖本、万历本改。

楚师伐陈

前年,晋、卫侵陈,以其即楚之故。至是楚始伐之,是楚未能尽得志于陈也。楚子陆浑之役,观兵周疆,问鼎轻重。是年疆舒蓼,及于滑、汭,盟吴、越而还,其疆至矣,然尤未尽得志于陈、郑之间。当是时,使中国之君臣能恐惧自治,明其政令,何遽不能遏其锋哉?

又 十年二月七日

九年春,王正月,公如齐。公至自齐。夏,仲孙蔑如京师。

古者,诸侯之于天子,比年一小聘,三年一大聘,五年一朝。天子五年一巡狩。周制,六年五服一朝,又六年,王乃时巡,考制度于四岳,诸侯各朝于方岳,所以考制度、尊天子也。故曰:"天子无事与诸侯相见曰朝,考礼、正刑、一德,以尊天子。"穀梁子以为"天子无事,诸侯相朝",误矣。《礼》所谓"两君相见"者,不能无是事耳,非定制也。比年小聘,三年大聘,诸侯交相聘问,则有定制矣。故曰:"朝觐之礼,所以明君臣之义也。聘问之礼,所以使诸侯相尊敬也。"是故一不朝则贬其爵,再不朝则削其地,三不朝则六师移之,三王之通制也。义之所在,非由外铄,根诸人心,达之天下,先王为之节文,著为典训,苟不狂惑,其谁能渝之?宣公即位九年,两朝于齐,乃一使其大夫聘于周室。王迹既熄,纲常沦致,逆施倒置,恬不为异。《春秋》之作,其得已哉?直书于策,比而读之而无惧心者,吾不知矣。

齐侯伐莱

莱,微国也。三年之间两勤兵于莱,齐侯之志可见于此矣。

秋取根牟

鲁侯之志,犹齐侯也。

八月,滕子卒。
名不登载书简牍,则不名。

九月,晋侯、宋公、卫侯、郑伯、曹伯会于扈,晋荀林父帅师伐陈。
晋自灵公不君之后,浸不竞于楚。楚之政令日修,兵力日强。然圣人之情常拳拳有望于晋,非私之也,华夷之辨当如是也。前年,陈受楚伐,势必向楚。扈之会,乃为陈也。陈不即晋,荀林父能并将诸侯之师以伐陈,《春秋》盖善之。

辛酉,晋侯黑臀卒于扈,冬十月癸酉,卫侯郑卒。
书地,不卒于国都也。不书葬,鲁不会也。

宋人围滕
滕虽小国,围之则非,将卑师少也。滕子卒未数月,兴兵围之,书人之为贬明矣。

楚子伐郑,晋郤缺帅师救郑。
伐陈救郑,晋之诸臣犹未忘文公之霸业,《春秋》盖善之。

陈杀其大夫泄冶
称国以杀,罪累上也。泄冶以直谏见杀,名之,陈罪著矣。

又 七月十七日

六月,宋师伐滕。
宋,大国也;滕,小国也。滕安能害宋?宋之伐滕,陵蔑小弱以逞所欲耳。左氏谓滕人恃晋而不事宋,然晋之伯业方不竞,滕固微国，何恃之有？或者事晋之故，而有阙于宋故欤？宋亦何义而责滕之事已？大当字小，恤其不及焉可也。去年因其丧而围之，今年又兴师而伐之，其为陵蔑小弱以逞所欲明矣。陈常弑其君，孔子朝鲁侯而请讨之。前月，陈方以弑君告，宋为邻邦，不知此何时耶，而牟牟焉兴师伐滕以逞所欲，尚得为有人心者乎？

公孙归父如齐，葬齐惠公。

宣公为弑君者所立，惧齐见讨，故事齐以求免。齐悦其事已，而定其位。自是齐、鲁之交厚，而鲁之事齐甚谨。齐侯之卒，宣公既身奔其丧，及其葬也，又使其贵卿往会。直书于策，乱臣贼子得无惧乎？归父，仲遂之子，贵而有宠。弑君者，仲遂也。

晋人、宋人、卫人、曹人伐郑

左氏谓郑及楚平，诸侯伐郑，取成而还。诸侯伐郑而称人，贬也。晋、楚争郑为日久矣。《春秋》常欲晋之得郑，而不欲楚之得郑，与郑之从晋，而不与郑之从楚，是贵晋而贱楚也。晋之所以可贵者，以其为中国也。中国之所以可贵者，以其有礼义也。郑介居二大国之间，而从于强令，亦其势然也。今晋不能庇郑，致其从楚。陈又有弑君之贼，晋不能告之天王，声罪致讨，而乃汲汲于争郑，是所谓礼义者灭矣，其罪可胜诛哉？书人以贬，圣人于是绝晋望矣。

秋，天王使王季子来聘。

宣公即位十年，屡朝于齐，而未尝一朝于周；能奔诸侯之丧，而不能奔天王之丧；能使其贵卿会齐侯之葬，而不能使人会天王之葬。如是而天王犹使王季子来聘，则冠履倒置，君臣之伦汩丧殆尽矣。

公孙归父帅师伐邾，取绎。

鲁之伐邾，无以异于宋之伐滕，特书取绎，罪益重矣。

又 十一月二十二日

大水

太极判而为阴阳，阴阳播而为五行。天一生水，地六成之；地二生火，天七成之；天三生木，地八成之；地四生金，天九成之；天五生土，地十成之。五奇天数，阳也；五偶地数，阴也。阴阳奇偶相与配合而五行生成备矣。故太极判而为阴阳，阴阳即太极也。阴阳播而为五行，五行即阴阳也。塞宇宙之间，何往而非五行？水火金木土谷，谓之六府。土爱稼穑，谷即土也，以其民命所系，别为一府。总之则五行也。《洪范》九章"初一曰五行"，此其在天之本也。"次二曰敬用五事，次三曰农用八政，次四曰协用五纪，次五曰建用皇极，次六曰义用三德，次七曰明用稽疑，次八曰念用庶征，次九曰向用五福，威用六极"者，此其在人之用，而所以燮理阴阳者也。日月五纬，谓之七政，四时行焉，历数兴焉。人君代天理物，历数在躬，财成辅相，参赞燮理之任，于是乎在。故尧命羲和，舜在璇玑，皆二典大政。

夫金穰、水毁、木饥、火旱，天之行也。尧有九年之水，则曰洚水警予，盖以为己责也。昔之圣人小心翼翼，临深履冰，参前倚衡，畴昔之所以事天敬天畏天者，盖无所不用其极，而灾变之来，亦未尝不以为己之责。周道之衰，王迹既熄，诸侯放肆，代天之任，其谁尸之？《春秋》之书灾异，非明乎《易》之太极，书之《洪范》者，孰足以知夫子之心哉？汉儒专门之学，流为术数，推类求验，旁引曲取，徇流忘源，古道榛塞。后人觉其附会之失，反滋怠忽之过。董仲舒、刘向犹不能免。吁！可叹哉！是年之水，仲舒以为伐邾之故，而向则以为杀子赤之咎，是奚足以知天道而见圣人之心哉？

季孙行父如齐。冬，公孙归父如齐。齐侯使国佐来聘。

宣公是年身如齐者二，使其臣如齐者三。闻天王使王季子来聘矣，未闻身如京师，与使其臣如京师也。不待详考其事，而罪已著矣。

左氏载行父出莒仆之事，陈谊甚高。且曰："先大夫臧文仲教行父事君之礼，行父奉以周旋，弗敢失坠。"齐惠公之卒，公既亲奔其丧矣。王季子之聘鲁未易时，而行父仆仆往聘于齐，知事君之礼而奉以周旋者，果如是乎？

归父之往，则以取绎之故。齐惠公卒未逾年，而国佐实来，徇私弃礼，见利而不顾义，安然行之，不畏于天，不愧于人。人心之泯灭一至于此。吁！可畏哉！

饥

作之君师，所以助上帝宠绥四方。故君者所以为民也。书曰："天视自我民视，天听自我民听。"孟子曰："民为贵，社稷次之，君为轻。"岁之饥穰，百姓之命系焉，天下之事孰重于此！《春秋》书饥盖始于是。圣人之意，岂特以责鲁之君哉？

楚子伐郑

当是时，晋伯不复可望，齐、鲁之间熟烂如此，楚子之肆行，其谁遏之？伐郑之书，圣人所伤深矣！左氏所载士会逐楚师于颍北，不见于经。纵或有之，亦不足为轻重也。

荆门军上元设厅讲义

五，皇极：皇建其有极，敛时五福，用敷锡厥庶民，惟时厥庶民于汝极，锡汝保极。

皇，大也；极，中也。《洪范》九畴，五居其中，故谓之极。是极之大,充塞宇宙,天地以此而位,万物以此而育。

古先圣王皇建其极,故能参天地,赞化育。当此之时,凡厥庶民皆能保极。比屋可封,人人有士君子之行,叶气嘉生,薰为太平,向用五福,此之谓也。"皇建其有极",即是敛此五福以锡庶民。舍极而言福,是虚言也,是妄言也,是不明理也。"惟皇上帝,降衷于下民",衷即极也。凡民之生均有是极,但其气禀有清浊,智识有开塞。"天之生斯民也,使先知觉后知,先觉觉后觉。"古先圣贤与民同类,所谓天民之先觉者也。以斯道觉斯民者,即"皇建其有极"也,即"敛时五福,用敷锡厥庶民"也。

今圣天子重明于上,代天理物,承天从事,皇建其极,"是彝是训,于帝其训",无非敛此五福以锡尔庶民。郡守县令承流宣化,即是承宣此福,为圣天子以锡尔庶民也。凡尔庶民,知爱其亲,知敬其兄者,即惟皇上帝所降之衷,今圣天子所锡之福也。若能保有是心,即为保极,宜得其寿,宜得其福〔1〕,宜得康宁,是谓攸好德,是谓考终命。凡尔庶民知有君臣,知有上下,知有中国夷狄,知有善恶,知有是非,父知慈,子知孝,兄知友,弟知恭,夫义妇顺,朋友有信,即惟皇上帝所降之衷,今圣天子所锡之福也。身或不寿,此心实寿,家或不富,此心实富,纵有患难,心实康宁。或为国死事,杀身成仁,亦为考终命。

实论五福,但当论人一心。此心若正,无不是福;此心若邪,无不是祸。世俗不晓,只将目前富贵为福,目前患难为祸。不知富贵之人,其心若邪,其事恶,是逆天地,逆鬼神,悖圣贤之训,畔君师之教,天地鬼神所不宥,圣贤君师所不与,忝辱父祖,自害其身。静时回思,亦有不可自欺自瞒者,若于此时,更复自欺自瞒,是直欲自绝灭其本心也。纵是目前富贵,正人观之,无异在囹圄粪秽之中也。

---

〔1〕 "福",原作"富",据成化本、嘉靖本、万历本及文义改。

患难之人,其心若正,其事若善,是不逆天地,不逆鬼神,不悖圣贤之训,不畔君师之教,天地鬼神所当佑,圣贤君师所当与,不辱父祖,不负其身,仰无所愧,俯无所怍,虽在贫贱患难中,心自亨通。正人达者观之即是福德。"作善,降之百祥;作不善,降之百殃。""积善之家,必有余庆。"但自考其心,则知福祥殃咎之至,如影随形,如响应声,必然之理也。愚人不能迁善远罪,但贪求富贵,却祈神佛以求福,不知神佛在何处,何缘得福以与不善之人也。

皇极在《洪范》九畴之中,乃《洪范》根本。经曰:"天乃锡禹《洪范》九畴。"圣天子建用皇极,亦是受天所锡,敛时五福,锡尔庶民。即是以此心敷于教化政事,以发明尔庶民天降之衷,不令陷溺。尔庶民能保全此心,不陷邪恶,即为保极,可以报圣天子教育之恩,长享五福,更不必别求神佛也。《洪范》一篇著在《尚书》,今人多读,未必能晓大义。若其心正,其事善,虽不曾识字,亦自有读书之功;其心不正,其事不善,虽多读书,有何所用?用之不善,反增罪恶耳。

常岁以是日建醮于设厅,为民祈福。窃惟圣天子建用皇极以临天下,郡县之吏所宜与尔庶民惟皇之极,以近天子之光。谨发明《洪范》敛福锡民一章,以代醮事,亦庶几承流宣化之万一,仍略书九畴次叙,图其象数于后,恐不曾读书者欲知大概,亦助为善求福之心。《诗》曰"自求多福",正谓此也。

《易》有太极,是生两仪,两仪生四象,四象生八卦。乾为天,坤为地,震为雷,巽为风,坎为水,离为火,艮为山,兑为泽。

乾三连,坤六断,震仰盂,艮覆碗,兑上缺,巽下短,离中虚,坎中满。

四	九	二
三	五	七
八	一	六

《洪范》九畴:"初一曰五行,次二曰敬用五事,次三曰农用八政,次四曰协用五纪,次五曰建用皇极,次六曰乂用三德,次七曰明用稽疑,次八曰念用庶征,次九曰向用五福,威用六极。"

戴九履一[1],左三右七,二四为肩,六八为足。纵横数之皆十五。

---

[1]"戴",成化本、嘉靖本作"载"。

卷二十四

策　问

问：语有之曰："人之相去如九牛毛。"或者疑其言之过。晋人有解之者曰[1]："巢、许逊天下，而市道小人争半钱之利，此其相去何啻九牛毛哉？"其言诚辩矣，然尝病其意之未广。先儒论人之量曰："有天地之量，有江海之量，有钟鼎之量，有斗筲之量。"其意广矣，而尝叹乎言之难备。生乎天地之间，具人之形体，均之为人也，品类差等，何其若是之相辽绝哉？今夫天下之俗，固不可以言古，然蒙被先王之泽，士之求尧、舜、孔子之道者日众，而儒宫学馆之间有父兄之所教，有师友之所讲磨，而考其所向，则有常人之所耻者。此其与求尧、舜、孔子之道而期于必至，何啻九牛毛哉？二三子各悉究其日履之所乡，尝试相与共评斯语，毋徒为场屋课试之文。试言人之所以相去若是辽绝者何故？己之气质，己之趋乡，当在何地？今日之用心，今日之致力者，其实何如？将有所考焉。

问：齐欲称东帝，邹、鲁之臣妾肯死而不肯从之；秦欲称西帝，鲁仲连肯死而不肯从之。夫以齐、秦之强，力足以帝天下，而卒沮

---

[1]　"晋"，原作"昔"，据成化本、正德本、嘉靖本、万历本、《四库》本改。按：据《晋书》卷五十二《华谭传》，此语出晋人华谭，作"晋"较是。

于匹夫之一辞。"固国不以山溪之险,威天下不以兵革之利",孟子之言于是信矣。西汉不崇礼义,好言时宜。叔孙通、陆贾之徒号称以儒见用,综其实,殆未有以殊于奇谋秘计之士也。高祖宽大长者之称见于起兵之日。惟恐沛公不为秦王,则长安之民所以爱戴之者,亦可谓深且素矣。继之以文、景之仁爱,武、宣之政令,所以维持之者,亦后世所鲜俪,元、成、哀、平虽浸以微弱,亦非有暴鸷淫虐之行。然区区新莽,举汉鼎而移之,若振槁叶,天下慑然莫之敢争。东都之兴,光武之度不洪于高祖,明帝之察慧有愧于文、景多矣,章帝之仁柔殆伯仲于元、成之间,自是而降,无足讥矣。然绵祀垞于西汉,以曹操之强,其所自致者不后于高、光,然终其身不敢去臣位。视天下有孔北海,如孺子之有严师傅,凛然于几席之上而不敢肆也。推其所自,则尊礼卓茂以为太傅,投戈讲艺,息马论道,讲论经理,夜分乃寐,殆未可以文具而厚非之也。于身、于家、于国、于天下,初不可以二理观,二三子盍自其身而观之,以及于家、于国、于天下,而备论夫"固国不以山溪之险,威天下不以兵革之利"之道。有道之世,士传言,庶人谤于道,商旅议于市,皆朝廷之所乐闻而非所禁也。有能究唐虞三代之政,论两汉之得失,以及乎当世之务者,其悉书之毋隐。

问:异端之说自周以前不见于传记。后世所同信其为夫子之言而无疑者,惟《春秋》《十翼》《论语》《孝经》与《戴记》《中庸》《大学》等篇。《论语》有"攻乎异端,斯害也已"之说,然不知所谓异端者果何所指。至《孟子》乃始辟杨墨,辟许行,辟告子。后人指杨墨等为异端,孟子之书亦不目以异端。不知夫子所谓异端者果何等耶?《论语》有曰:"乡原,德之贼也。"《孟子》亦屡言乡原之害。若乡原者,岂夫子所谓异端耶?果谓此等,则非止乡原而已也,其他亦有可得而推知者乎?孟子之后,以儒称于当世者,荀卿、杨雄、王通、韩愈四子最著。《荀子》有《非十二子》篇,子思、孟轲与焉。荀子去孟子未远，观其言，甚尊孔子，严王霸之辨，隆师隆礼，则其学必有所传，亦必自孔氏者也。而乃甚非子思、孟轲，何耶？至言子夏、子游、子张，又皆斥以贱儒。则其所师者果何人？而所传者果何道耶？其所以排子思、孟轲、子夏、子游、子张者，果皆出其私意私说，而举无足稽耶？抑亦有当考而论之者耶？老、庄盖后世所谓异端者。传记所载，老子盖出于夫子之前，然不闻夫子有辟之之说。孟子亦不辟老子，独杨朱之学，考其源流，则出于老氏，然亦不知孟子之辞略不及于老氏何耶？至杨子始言"老子槌提仁义，绝灭礼学[1]，吾无取焉耳"，然又有取于其言道德。韩愈作《原道》，始力排老子之言道德。佛入中国，在杨子之后。其事与其书入中国始于汉，其道之行乎中国始于梁，至唐而盛。韩愈辟之甚力而不能胜，王通则又浑三家之学而无所讥贬。浮屠、老氏之教遂与儒学鼎列于天下，天下奔走而乡之者盖在彼而不在此也。愚民以祸福归乡之者，则佛、老等。以其道而收罗天下之英杰者，则又不在于老而在于佛。故近世大儒有曰"昔之入人也，因其迷暗；今之入人也，因其高明"，谓佛氏之学也。百家满天下，人者主之，出者奴之；入者附之，出者污之。此庄子所以有彼是相非之说也。要知天下之理唯一是而已[2]。彼其所以交攻相非而莫之统一者，无乃未至于一是之地而然耶？抑亦是非固自有定而惑者不可必其解，蔽者不可必其开，而道之行不行亦有时与命而然耶？道固非初学之所敢轻议，而标的所在、志愿所向，则亦不可不早辨而素定之也。故愿与诸君熟论而深订之。

问：夫子生于周末，自谓："文王既没，文不在兹乎？"当时从之游者三千门人，高弟如宰我、子贡、有若之徒所以推尊之者，至谓

---

[1] "学"，原作"乐"，据成化本、正德本、《四库》本及《法言·问道》改。
[2] "知"，嘉靖本作"之"。

"贤于尧舜",谓"自生民以来未之有",谓"百世之后,等百世之王,莫之能违也"。千载之后未有以其言为过者。古圣人固多,至推以为斯道主,则惟夫子。苟有志于斯道者,孰不愿学?夫子删《诗》、定《书》、系《周易》、作《春秋》,传曾子则有《孝经》,子思所传则有《中庸》,门人所记则有《论语》。简编虽出煨烬,而西都搜求参校之详犹足传信。凡此固夫子所以诏教后世,而后世所以学夫子者,亦未有舍此而能得其门者也。《论语》载当时问答与畴昔训词,既不得亲炙于当时,则视其所载亦可以如亲闻于当时也。然学必有业,不知当时在夫子之门者,业果安在?由治千乘之赋,求宰百乘之家,赤可使与宾客言,二三子盖自谓其能,而夫子亦以是许之。不识其在夫子之门独以是为业乎?抑亦所学于夫子者又不在是也?他日独立,伯鱼过庭,乃使学《诗》。既学矣,他日乃使之学《礼》。不识伯鱼之未学《诗》也,亦有所学乎无也?既学《礼》矣,亦有所学乎无也?"小子何莫学夫《诗》",又曰"兴于《诗》",夫子盖屡教人以学《诗》,不识凡居夫子之门者,举皆以学《诗》为业乎?陈亢固在弟子列,乃问伯鱼而后闻《诗》、闻《礼》,无乃先是未知其说乎?"子以四教:文、行、忠、信。"此固门弟子纪述之辞,然亦必有所据而言。所谓"文、行、忠、信"者,果何如而以为教也?三千之中,独荐颜渊为好学,而称之则曰"终日不违如愚",曰"三月不违仁",曰"不改其乐",曰"不迁怒,不贰过",不识亦有可得而知者乎?读《论语》者,固当求所以为学之方,日肄之业,故愿与诸君论其所疑。夫子之所以教人与当时门弟子之所以学于夫子者,苟不在是,而今日学者之所患亦不在是,则亦愿与诸君备论而索言之,毋略。

问:圣人备物制用,立成器以为天下利。是故网罟、耒耜、杵臼作,而民不艰于食;上栋下宇以待风雨,而民不病于居;服牛乘马,剡舟剡楫,而民得以济险;弦弧剡矢,重门击柝,而民得以御暴。凡圣人之所为,无非以利天下也。二《典》载尧舜之事,而命羲和授民时，禹平水土，稷降播种，为当时首政急务。梁惠王问"何以利吾国"，未有它过，而孟子何遽辟之峻，辩之力？夫子亦曰"君子喻于义，小人喻于利"，樊迟欲学圃，亦斥以为小人，何也？孟子曰："我能为君约与国，战必克，今之所谓良臣，古之所谓民贼也。"辟土地，充府库，约与国，战必克，此其为国之利固亦不细，而孟子顾以为民贼，何也？岂儒者之道将坐视土地之荒芜，府库之空竭，邻国之侵陵，而不为之计，而徒以仁义自解，如徐偃王、宋襄公者为然耶？不然，则孟子之说亦不可以卤莽观，而世俗之蔽亦不可以不深究而明辨之也。世以儒者为无用，仁义为空言。不深究其实，则无用之讥，空言之诮，殆未可以苟逃也。愿与诸君论之。

　　问：古不以科举取士，天下之从事者不专于文。至汉始射策决科，然仕进者不一途，习其业者，未始专且重也。绵延以至于唐，进士为重选，习其文者殆遍天下，至于今不变，文宜益工于古。然《六经》之文、先秦古书，自汉而视之已不可及。由汉以降，视汉之文又不可及矣。唐三百年，文章宗伯惟韩退之，其次柳子厚，而二人皆服膺西汉之文章，恨悼当世鲜有能共兴者，何耶？夫文一也，岂科举之文与古之文固殊而不可同耶？何其习之者益专且众而益不如也？言而不文，行之不远，子以四教，文与居一焉，文固圣人所不废也。然夫子四科，善言德行者不在言语之科，而言语又不与文学。自小子应对至于会同之相、四方之使，言语之用亦重矣，而反不与文学，则所谓文学者果何所习而何所用耶？科举取士未遽可变，而诸公于科举之习亦未能遽免，方将朝夕从事于文，其所以为文者，可不深知乎？愿与诸君论之。

　　问："尽信《书》，不如无《书》"，理固然也。然自《书》出煨烬，千有余年，其更贤知多矣，则所同尊而信之者，固不可概以《书》不可尽信而不之信也。然亦不可以人之所同信而苟信之而弗之思也。观古人之书，泛然而不得其实，则如弗观而已矣。孔子恶乡原，

《语》《孟》载之详矣。夫"居之似忠信,行之似廉洁,自以为是,人皆悦之",此乡原之行也。夫苟自以为是,而人皆悦之,则必以为真忠信、真廉洁者矣,独自孟子言之,则以为似耳。"至于心,独无所同然乎?"此孟子之言也。今乡原者,人皆悦之,而夫子恶之,人皆以为忠信廉洁,而孟子独以为似之,此人之所同然者,而夫子、孟子乃不与之同,何也?"居斯世也,为斯世也,善斯可矣。"夫居斯世为斯世而善,果有不可者乎?"何以是嘐嘐也?言不顾行,行不顾言,则曰:'古之人,古之人。'行何为踽踽凉凉?"夫言不顾行,行不顾言,诚足病也,而又不谓是何耶?孟子辟杨墨,盖自比于禹之治洪水,周公之驱虎豹[1]。夫杨朱、墨翟皆当时贤者,自孟子视之,则为先进。孟子之后,人犹曰孔、曾、墨子之贤,墨子之贤盖比于孔、曾。杨朱之道,能使舍者避席,炀者避灶,犹以为未也,进而至于争席争灶,则其所得岂浅浅者哉?而孟子辟之,至曰"无父无君,是禽兽也",又曰"天下之言不归杨则归墨"。夫兼爱之无父,为我之无君,由孟子之言而辨释之,虽五尺童子粗习书数者,立谈之顷亦可解了。岂有以大贤如杨朱、墨翟,其操履言论足以倾天下之士,而曾不知此,必待孟子之深言力辟,贻好辩之讥,而犹未得以尽白于天下而熄其说,何耶?若曰此皆圣贤之事,后学未敢妄措其说,则孟子固曰"能言距杨墨者,圣人之徒",必不敢少置其思,措其议,是不得为圣人之徒矣,亦何以学为?且《书》称"为学逊志",《记》称"学不躐等",而颜子则曰:"舜何人也?予何人也?有为者亦若是。"成覸曰:"彼丈夫也,我丈夫也,吾何畏彼哉?"公明仪曰:"文王,我师也,周公岂欺我哉?"必如颜子、成覸、公明仪之言,无乃与逊志不躐等之说悖乎?苟以为必颜子、成覸、公明仪而后敢为此言,则滕文公好驰马试剑,未尝学问,而孟子亦遽勉之以是,何也?愿与诸君

---

[1]"周公",成化本、正德本、嘉靖本、《四库》本作"益"。

并论其说,毋爱词。

问:欲学耕必问诸农,欲学斫必问诸工,天下之事非可以浪为之也。业是事而不知本末,则浪为之而已。唐、虞、商、周之佐起于隐钓而登宰辅,其道前定,其业既修,固矣。陈平、韩信佐高祖取天下,其将相之业皆素定于困穷之时,此岂偶然而成者耶?又如诸葛孔明抱膝长啸,祖逖之闻鸡起舞,虽其功业不能大酬其志,而人皆信其始志之不妄也。后世豪杰之士各以其才自见于当时,虽未可责以古人之学,而观其规模先定,则与泛泛浪为者殊也。今诸君求讲古圣贤之书,从事于古圣贤之学,不识规模果有先定如古人者乎?夫子之门,如由治千乘之赋,求宰百乘之家,二人皆以此自许,夫子亦以是许之。不识诸君自知其才而人信之有如此者乎?曾子铿尔舍瑟而言志,不知其所志果何事?而其志果何如?夫子喟然叹而与之,果何所取而然耶?夫子称颜子"终日不违如愚,退而省其私,亦足以发。回也不愚"。夫终日如愚可知者也,而所谓终日不违者果何道?而亦足以发者果何事也?古人虽不可妄议,然读其书,为其事,可不知其说乎?不然,亦愿闻诸君之志。

问:知人古所难,以尧之圣,其知鲧盖审,及四岳请试之,犹不敢必。汉高祖亡命崛起,亦不知书,其得天下殆有天命,初非尽出其智谋,然其于知人亦异矣。张良授书老父,为他人言不省,而帝能听之。陈平、韩信,楚不能用,而帝用之。至告吕后以后日将相之任,掇挤其才能,殆若权度,虽善论人物者,未必逮此。世见其言之符契,遂谓其得异书前知其事者,非也。顾不知高祖果何以能之耶?文帝世称贤君,儒者之论往往以为优于七制。贾生慷慨言事,帝抑不用,世以为非不知生,独以其壮锐不更涉,姑少抑之以老其才耳。贾生姑不论,当时之才岂独止生耶?然匈奴大侵边数四,帝不能堪,至御鞍讲武,拊髀求将,远想廉颇、李牧,乃为冯唐所惭,则平日所以收罗人才者,可知矣。武帝号雄才大略,然终其身无一名宰相。快心胡越，取前世红腐之粟、贯朽之钱而空之，至于海内虚耗，户口减半。轮台之诏终亦自悔悼而已。未闻有一人能开悟之者，岂当世独无其人耶？是又不可以厚诬也。知人固所难，而为天下以人为本，使终于不能知，则天下亦终不可为矣。尧以不得舜为己忧，舜以不得禹、皋陶为己忧。皋陶曰"在知人"，又曰"知人则哲，能官人"，岂可以终不知之耶？知人则必有道矣，愿并与汉三君论之。

问：逄蒙杀羿，孟子曰："是亦羿有罪焉。"庾公之斯追子濯孺子，子濯孺子知其获免，曰："尹公之他，端人也，其取友必端矣。"论学取友，必入学七年而后可责。然自其一年辨志，则所辨者即其事也，取友之事亦有不得不论者矣。自非圣人，安能每事尽善。人谁无过？如以其行之有过，事之不善，而遂绝之，则是天下皆无可教之人矣。逄蒙思天下惟羿为愈己，然后萌杀羿之心，将何以使羿能逆知之而不教之耶？必以为不可知，则子濯孺子未尝识庾公之斯，而能知其端人，何也？所谓端人，果何如其端？而知之者，果何如其知之也？二三子其详言其本末而备论之，亦群居之大益也。

问：《书》称尧、舜、禹、皋陶皆曰"若稽古"。《记》称仲尼"祖述尧舜，宪章文武"。傅说告高宗曰"事不师古，以克永世，匪说攸闻"。所贵乎圣人者，以其宽洪博大，无自用自私之心，其所施设必有稽考祖述，理固然也。然所谓稽考祖述者，果独取其无自用自私之心而然耶？亦其事之施设，必于古有所考而后能有所济也？如曰事必于古有所考而后能有济，则如网罟、耒耜、杵臼、弧矢、舟楫、栋宇、棺椁、书契皆上世所无有，而后世圣人创之而皆能有济，何耶？若曰是事之小者，因时而创制，至其大者，则必有所师法而后可，则如尧传天下不与子，不与在朝之大臣，举舜于匹夫而授之，果何所师法耶？尧传舜，舜传禹，禹独与子而传以世，此又何耶？汤以诸侯有天下，孔子匹夫而作《春秋》，此事之莫大焉者，而皆若此，无乃与稽古之说戾乎？且均之为事，亦安有大小之间哉？今之天下所谓古者,有尧舜,有三代,自秦而降,历代固多,而其昭昭者曰汉、曰唐,其君之贤者甚众,事之施设盖有不胜其异。今朝廷有祖宗故事,祖宗故事尚且不一。今欲建一事而必师古,则将安所适从?如必择其事之与吾意合者而师之,无乃有师古之名而居自用之实乎?若曰吾择其当于理者而师之,则亦惟理之是从而已,师古之说无乃亦持其虚说而已乎?二三子其详考而备论之。

问:《中庸》称"隐恶",而《尚书》载其受终巡狩之后,独汲汲于明刑,自四罪而放之、流之、窜之、殛之,无乃与隐恶之意异耶?孔子自言"为政以德",又曰"道之以德,齐之以礼",又曰"政者正也"。季康子问:"杀无道以就有道,何如?"对曰:"子为政,焉用杀?子欲善,而民善矣。"宜不尚刑也,而其为鲁司寇七日,必诛少正卯于两观之下,而后足以风动乎人,此又何也?夫子曰:"德之流行,速于置邮而传命。"汤德足以及禽兽,而不行于葛伯,必举兵征之。又东征西征不已,必十一征而天下服。周世世修德,莫若文王,而不行于崇,必再驾而后降。至伐阮、共,伐密须,伐猃狁,伐昆夷,盖未始不以兵,何耶?七国用兵争强,攻城取地如恐不及,而孟子乃游于其间,言"深耕易耨,修其孝弟忠信"之事,曰"仁义而已",曰"仁者无敌",曰"强为善而已矣",曰"可使制梃以挞秦楚之坚甲利兵",曰"齐王犹反手耳",曰"天下莫不与也",其说傥可信乎?愿究其说而悉言之,毋略。

问:高宗得傅说以梦,文王得吕望以卜,置相重事,而梦卜是信,可乎?《洪范》稽疑,自乃心、卿、士、庶人,而后及卜筮。大舜命禹,必曰:"朕志先定,询谋佥同,鬼神其依,龟筮协从。"梦卜似非圣贤所宜专信者,高宗之知傅说,文王之知吕望,其必有不止于梦卜者矣,傥可得而考乎?鲍叔言管仲,齐威公用之〔1〕;徐庶言诸葛孔

―――――――
〔1〕"齐威公",指齐桓公,此系陆九渊避宋真宗赵恒之讳而改。以下"威公"同。

明,蜀先主用之。威公、先主,岂惟人言是信耶?管仲与威公,仇也,而至于"一则仲父,二则仲父"。先主既见孔明,虽关、张之爱将不能间,至曰:"孤之有孔明,犹鱼之有水也。"观此则二君二臣之所以相知者,果不苟矣。其相知之处果安在耶?诸君其并言之,将以观其所蕴。

问:古者八岁入小学,十五岁入大学。小学教之射御书数,大学之道则归乎明明德于天下者。今教童稚,不过使之习字画、读书,稍长则教之属文。读书则自《孝经》《论语》以及《六经》、子史,属文则自诗、对至于所谓经义、词赋、论策者,不识能有古者小学、大学之遗意乎?若曰今之教人者不必如古,惟使之能为文,应有司程度,可以取科第而已,则窃有疑焉。幼所诵书,长必知其意义,及其作文,则所谓题目者又皆出于古书,则必能言其义,而后文可成也。如《孝经》首章所谓"立身行道",《论语》首章言"学而时习之",《孟子》首章言"何必曰利,亦有仁义而已"。不知果何如而立身?何如而行道?所学所习果何道、何业?利与仁义何如而辨?若此等类,今之为文者果有不必知之者乎?若曰今之教人者与古大异,言之于口,笔之于纸,施之于场屋者,不必有其实,巧与勤者斯可矣,然亦不废仁义忠信之道,两者并行不相悖。不识有是理乎?夫仁义忠信之道,古人汲汲学之,犹惧有间[1]。今悉力从事者初不在是而曰自能不废,则是今人才质过古人远矣。不然,则是父语其子,兄语其弟,友朋之群居相与从事者,皆为欺为伪,相驱入于罟擭陷阱也,而可安乎?诸君幸详考备究而精言之,当得其实而后可。

问:夫子讲道洙泗,《论语》所载,问仁者不一。又曰"子罕言仁",如陈文子、令尹子文之所为皆世所难得,而不许以仁;如子贡、

---

[1] "间",成化本、嘉靖本、万历本作"阙"。

子路、冉有之徒[1]，皆不许以仁。岂仁之为道大，而非常人所能遽及耶？审如是，则所谓罕言者是圣人之教人常秘其大者，而姑以其小者语之也。且以子路、子贡、冉有皆圣门之高弟，其所自立者皆足以师表百世。令尹子文、陈文子皆列国之贤大夫，非独当时所难得，人品如此，盖亦古今天下之所难得也。然而犹皆不足以与于仁，则今日之学者宜皆绝意于仁，不当复有所拟议矣。今世读书者未有不先《论语》，自童子而已诵习之矣。不识学者每读至言仁处，果可置而不思乎？亦可试思而不必其遂知之也？今世又以科举取士，苟其题之言仁者，又将累累而言之，其为诬欺无乃已甚乎？诸生方将从事于圣人之学，近世言仁者亦众，而持罕言之说以排言仁者亦众，故愿与诸生论之。

问：天之生物，自足以供一世之用，天之生才亦犹是也。古之兴王未尝借才于异代，而后世常患人才之不足。或者归咎于科举，以为教之以课试之文章，非独不足以成天下之材，反从而困苦毁坏之。科举固非古，然观其课试之文章，则圣人之经、前代之史、道德仁义之宗、治乱兴亡得丧之故皆粹然于其中，则其与古之所谓"学古入官""学而优则仕"者何异？困苦毁坏之说，其信然乎不也？人才之不如古，其故安在？抑果未尝无才，而独上之所以取而用之者未至耶？愿有以究其说。

---

[1] "子贡"，原作"子夏"，据成化本、正德本、嘉靖本、《四库》本改。本段下文复以子贡、子路、冉有并举，故知作"子贡"是。

卷二十五

诗

少时作

从来胆大胸膈宽,虎豹亿万虬龙千,从头收拾一口吞。有时此辈未妥帖,哮吼大嚼无毫全。朝饮渤澥水,暮宿昆仑巅。连山以为琴,长河为之弦。万古不传音,吾当为君宣。

闻莺

百喙吟春不暂停,长疑春意未丁宁。数声绿树黄鹂晓,始笑从前着意听。

莺 六言

巧啭风台急管,清逾石涧回溪。好去枝枝惊梦,无人心到辽西。李评：前人语翻来得妙。

晚春出箭溪 二首

晴云冉冉薄斜晖,春静衡门半掩扉。风入墙头丹杏晚,高枝频飐乱花飞。

又

长蹊窈窕晴沙暖,绿树交加细草香。归去不缘吾兴尽,月明应得更寒裳。

子规 六言

柳院竹斋茅店,云芜风树烟溪。听彻残阳晓月,不论巴蜀东西。

蝉

风露枯肠里,宫商两翼头。壮号森木晚,清啸茂林秋。

赠化主

学佛居山林,往往仪状野。道人翩然来,礼节何尔雅。职事方惽惽,言论翻洒洒。安得冠其颠,公材岂云寡。

疏山道中

村静蛙声幽,林芳鸟语警。山樊纷皓葩,陇麦摇青颖。离怀付西江,归心薄东岭。忽忘饥歉忧,翻令发深省。

鹅湖和教授兄韵

墟墓兴哀宗庙钦,斯人千古不磨心。涓流积至沧溟水,拳石崇成泰华岑。易简工夫终久大,支离事业竟浮沉。欲知自下升高处,真伪先须辩只今。

挽石子重

古重百里长,寄命谋托孤。今以京秩授,縻至无贤愚。李注:縻,与"群"同。《左传》:"求诸侯而縻至。"州家督版帐,殿最视所输。况乃积弊久,宿负堆文符。老奸乘仓皇,阴拱为师模。民穷敛愈急,吏饱官自癯。天子为焦劳,宵旰思良图。高选部使者,庶使德意敷。石君在荐剡,闻者皆欢愉。不知何方民,凋瘵迟君苏。君丞同安日,岁旱当蠲租。县白如故事,守怒劳睢盱。<small>李注:睢,音挥。盱,音吁,仰视也。小人喜悦貌。</small>赖君争之力,意得所请俞。揭数授里正,俾后不可渝。又尝宰尤溪,吏辈初窥闟。首以财匮告,欲辟侵民途。君乃治税籍,弊蠹穷根株。简易以便民,上下交相孚。民自不忍负,岂复烦催驱。关征且损数,孰谓儒术迂?使家得此人,黄屋何忧虞。惜哉不及用,重使吾嗟吁!

挽张正应

海门昼夜吼奔雷,却立吴山亦壮哉!前殿神仙三岛邃,正阳闾阖九天开。玉阶恭授太官赐,象简亲承御墨回。多少箪瓢蓬甕士,输君留宿两宫来。

和黄司业喜雪

畴昔诗囊未破悭,琼瑰益自倍枒然。才华甘落诸公后,诚实徒居野老前。腊雪晚成春雪早,梅花静对雪花妍。从今长作丰登瑞,廪庾家家赡九年。

游湖分韵得西字

命驾不辞春径泥,少蓬高会帝城西。物非我辈终无赖[1],书笑蒙庄只强齐[2]。天入湖光随广狭,山藏云气互高低。谁怜极目荛刍里,隐隐苍龙卧古堤。

---

[1] "物",原作"书",据成化本、正德本、嘉靖本、万历本、《四库》本改。
[2] "书",原作"物",据成化本、正德本、嘉靖本、万历本、《四库》本改。

和杨廷秀送行

学粗知方耻为人，敢崇文貌蚀诚真？义难阿世非忘世，志不谋身岂误身？逐遇宽恩犹得禄，归冲腊雪自生春。君诗正似清风快，及我征帆故起蘋。

送德麟监院归天童和杨廷秀韵 二首

尽道吾庐登陟难，上人得得到相看。莫言无物堪延待，也有茶浇舌本干。

又

闻说淮民未免饥，春头已掘草根归。羡君稇载还山去，更挟星郎大字诗。李评：民饥而游惰者富。

送勾熙载赴浙西盐

平分浙江流，东境浮海角。其民仰鱼盐，久已困征榷。麦禾与桑麻，耕锄到硗确。往岁比不登，场圃几濯濯。荒政劳庙谋，赈廪闻数数。饥羸不待饱，共感君泽渥！仁哉覆育恩，所恶吏龌龊。教诏弥谆谆，听受只藐藐。何知国与民，足己肆贪浊。流离且未还，已复事椎剥。按察殊未曾，圣主独先觉。重贻宵旰忧，顾盼求卓荦。君固岷峨英，怀抱富荆璞。迩来奏对语，朝阳鸣鷟鷟。锵然历帝聪，简记谅已确。外台适虚席，妙选出亲擢。此节岂轻授，委寄重山岳。除音九天下，众论靡瑕驳。揽辔首越山，青萍方在握。送君无杂言，当不负所学。

题慧照寺

春日重来慧照山，经年诗债不曾还。请君细数题名客，更有何人似我顽?

赠画梅王文显

子作寒梢已逼真,不须向上更称神。由来绝艺知音少,只恐今人过古人。

简朱干叔诸友

利名风浪日相催,青眼难于世上开。何事诸君冒艰险,杖藜来入白云堆。

书刘定夫诗轴

人生不更涉,何由知险艰?观君一巨轴,奚啻百庐山。

玉芝歌

灵华兮英英,芝质兮兰形。琼葩兮瑶实,冰叶兮雪茎。石室兮宛宛,苔茵兮菁菁。荫长松之偃蹇,带飞瀑之琤琤。实青端而黄表,眇中藏而不矜。匪自昭其明德,羌无愧兮畴能。

淳熙戊申,余居是山。夏初,与二三子相羊瀑流间,得芝草,三偶相比如卦画。成华如兰,玉明冰莹,洞彻照眼,乃悟芝兰者非二物也。己酉上巳,复睹瑶芽,迫归拜扫,不及见其华。是日访风练、飞雪,始得一华。方掇至案间时,云庵僧适至,且求余言为乡道。余方作是歌,因谓之曰:"当为子书之,第持此以往,会当有赏音者。"绍熙元年三月二十六日[1],象山翁书。

---

[1]"二十六日",原作"二十八日",据成化本、正德本、嘉靖本、万历本、《四库》本改。

卷二十六

祭　　文

祭吕伯恭文

〔维皇宋淳熙八年,岁次辛丑,十有一月癸酉朔,六日戊寅,迪功郎、新建宁府崇安县主簿陆九渊,谨以清酌庶羞之奠,致祭于故主管直阁郎中吕公先生之灵。〕[1]

玉在山辉,珠存川媚,邦家之光,繄人是寄。惟公之生,度越流辈,前作见之,靡不异待。外朴如愚,中敏鲜俪,晦尝致侮,彰或招忌。纤芥不怀,惟以自治,侮者终敬,忌者终愧。远识宏量,英才伟器,孤骞无朋,独立谁配。属思纡徐,摛辞绮丽,少日文章,固其余事。颜、曾其学,伊、吕其志,久而益专,穷而益厉。约偏持平,弃疵养粹,玩心黄中,处身白贲,停澄衍溢,不见涯涘。岂伊人豪,无乃国瑞。

往年之疾,人已愕眙,逮其向瘥,全安是冀。《诗传》之集,《大事》之记,先儒是裨,《麟经》是嗣。杜门养痾,素业不废。讣音一驰,闻者陨涕!主盟斯文,在数君子,累累夺之,天乎何意?荆州云亡,吾兄既逝,曾未期年,公又弃世。死者何限,人有巨细,斯人之

---

〔1〕 各本均无此段文字,据《东莱吕太史文集》"附录"卷第二所收此文补。见黄灵庚主编:《吕祖谦全集》,浙江古籍出版社,二〇〇八年,第一册,页七六七。

亡,匪躬之瘁。呜呼天乎!胡不是计?竭川夷陵,忍不少俟。辛卯之冬,行都幸会,仅一往复,揖让而退。既而以公,将与考试,不获朝夕,以吐肝肺。公素与我,不交一字,糊名誊书,几千万纸。一见吾文,知非他士,公之藻镜,斯已奇矣。公遭大故,余忝末第,迫归觐亲,徒以书慰。甲午之夏,公尚居里,余自钱塘,溯江以诣。值公适衢,浃日至止,一见欢然,如获大利。我坐狂愚,幅尺殊侈,言不知权,或以取戾。虽讼其非,每不自制,公赐良箴,始痛惩艾。问我如倾,告我如秘,教之以身,抑又有此。惟其不肖,往往失坠,竟勤公忧,抱以没地。鹅湖之集,已后一岁,辄复妄发,宛尔故态。公虽未言,意已独至,方将优游,以受砭剂。潢池之兵,警及郡界,亟还亲庭,志不克遂。

先兄复斋,比一二岁,两获从欵,言符心契。冉疾颜夭,古有是比,呜呼天乎,胡啬于是!复斋之葬,不可无纪,幽镵之重,岂敢他委?道同志合,惟公不二,拜书乞铭,公即挥赐。琅琅之音,河奔岳峙,呜呼斯文,何千万祀。我固罢驽,重以奔蹶,惟不自休,强勉希骥。比年以来,日觉少异,更尝差多,观省加细。追惟曩昔,粗心浮气,徒致参辰,岂足酬义?期此秋冬,以亲讲肆,庶几十驾,可以近理。有疑未决,有怀未既,讣音东来,心裂神碎。与二三子,恸哭萧寺,即拜一书,以慰令弟。惟是窀穸,祈厝未殚,继闻其期,不后日至。蹑屩担簦,宵不能寐,所痛其来,棺藏帏蔽。谁谓及门,绋翣已迈,足跰涂泥[1],追之不逮。矫首苍茫,涕零如霈,不敏不武,将以谁罪?及其既虞,几筵进拜,觞酒豆肉,哀辞以载。闻乎不闻?神其如在!〔呜呼哀哉!伏维尚飨。〕[2]

---

[1]"足跰",原作"足迹",据成化本、嘉靖本改。
[2]各本均无"呜呼哀哉伏维尚飨"八字,据《东莱吕太史文集》"附录"卷第二所收此文补。

代致政祭侄櫄之文

吾年七十有六,阖门且将千指,田仅充数月之粮。卒岁之计,每用凛凛。汝在同行十余人之下,独能任吾事以纾吾忧,弥缝补苴于缺绝迫窄之中,如需然者,不动声色,而中外巨细靡不整办,使吾有以安之。然吾念汝独劳久矣,顾难于代汝者耳。去年虽令诸子与汝轮干,以遂汝学问之志,而事之本末繄汝是赖。篱落之未葺,春揄之未便,皆在隐处,汝死之日,犹悉为吾治之。吾平日见为人臣而不恤君之民,不任君之事者,每窃愤之,有尽瘁者,必喜而爱之,况汝在子弟之中而服勤于至难之事,若此者乎?如汝之贤,或寿而死,人犹伤之,况于未壮而亡乎?而天遽夺乎汝,汝其有以知我之哀也。命也奈何!莫非命也。吾既以绍孙、环孙为汝后,高选之山,真佳城也,吾见之矣。翌日维吉,汝其行乎!

代教授祭神文

孔子曰:"非其鬼而祭之,谄也。"《礼》曰:"非所祭而祭之,名曰淫祀。"惟尔神,稽诸礼典,非士庶所当祭于家者。乡者因循旧俗,未适厥正。夫聪明正直之谓神。非所当祭而祭之,固非所以祀神。非所以当祭而欲人之祭之,亦非所以为神。今将革旧俗之失,以尔神之祀而归诸正,惟尔有神鉴之。

石湾祷雨文

惟皇宋绍熙元年,岁次庚戌,六月甲申朔,十有三日丙申,奉议郎、新权发遣荆门军事兼管内劝农营田事陆某,谨以元酒、茗饮、蓬莱之香、清陂之莲,就所居青田石湾山顶除地为坛,昭告于是乡五方山川神祇:

盖闻天子祭天地,诸侯祭其境内名山大川,雩禜祭水旱,李注:

禜,音咏,祭名。山林川谷丘陵,能出云为风雨则祭之。国有常典,掌在有司,非其职守,谁敢奸焉。然辅相不任燮调,以吏事为责;守令无暇抚字,以催科为政;论道经邦,承流宣化,徒为空言;簿书期会,狱讼财计,斯为实事,为日久矣。况今日舆图未归,东南事力有限,而朝廷、百官、有司、城郭、宫室、郊社、宗庙诸费,事大体重,未易损削。东西被边殆几万里,养兵之费乃十八九。公卿大臣,宽厚有体,日以靖恭谨重相告诫,方重改作,恶纷更,服膺仍旧贯之旨,则民力日屈,郡县日困,守令救过不给,其势然也。旱雩水禜,虽欲竭精尽诚,而本职常务,所分过半矣。故祈祷散在庶民,遍满天下,久以为常。法有其文,官无其禁,亦其势然也。李评:非守土之官,不任祈祷之责。先生推原所以祷祀之由,出于不得已,神而有灵,安得不应? 而文气古奥庄重,直与西京相近。盖有德之言不同如此。

今不雨弥月,龟坼已深,水泉顿缩,陂池乡涸。车声塞耳而浸不终亩,忧色在面而叹不成声,民心自危,日加一日。客有病某者曰:"居是乡者,莫不忧一乡之事。今人所常行而法所不禁,乃独守区区古说,坐视旱暵之灾,不一出心力,以祈神明,以辅郡县,以慰乡里,以分父兄之忧,无乃类刻舟求剑、嫂溺不援者乎?"某因念今天下一家,郡守再期,县令三期而易之矣。今日事体又有如前所陈者。某尝备员朝著之末列,今又分符荆垒,待次于家。郡县不鄙其愚,礼以上客,父兄子弟往往过而问以所长。诚无以分父兄之忧,慰子弟之望,则客之所病不为过矣。是用斋戒,以祈于尔有神。是乡之东有象山、云台、仙岩、龙虎、湖岭、豪岭、侯栋、仙鹤、中山,南有崖山、云林、白马、头陀、麻姑、军峰、余源、清江、南山、登高,西有大岭、崇岭、灵谷、何岭、明珠、观原、翁塘、火源、官山、箭溪、四集,北有柘冈[1]、金峰、禅岭、积烟、吉岭、万石塘、斗门、石濑、沙冈、三

---

〔1〕"冈",嘉靖本作"岗"。

牛[1]、桂枝,骈罗环绕,韬奇蕴秀,炳灵兆异,岁享乡民祷祈祭祀者多矣。旱魃如此,不为一出云为风雨,以杀其虐而惠斯民,则父兄子弟之责望恐不独在某也。惟尔有神裁之,尚飨。

谢雨文

维皇宋绍熙元年,岁次庚戌,六月甲申朔,十有六日己亥,具位陆某谨以元酒、茗饮、蓬香、莲花,登石湾之坛,致谢于是乡五方山川神祇。除坛之日,阴云交覆,致告之辰,凉雨递洒,旋而风雨四作,神祇参会,连日未已。诸乡周洽,灵应特达,惠泽优渥。惟神正直,尽道举职,以赞上帝,以苏下民,安肯论功望报?然感焉而应,祈焉而遂,在吾民之心岂其敢忘?用敢率兹前仪,以致虔谢。惟神其鉴之,以毋替德惠,尚飨。李评:求雨而雨立降,求雪而雪立降。所谓"至诚而不动者,未之有也"。于先生益信。

荆门祷雨文

荆门故楚国也。江、汉为疆,沮、漳在境,东有百顷,南有龟山,西有玉泉,北有上泉,中为蒙泉,皆炳灵效异,为此土之望。旱干水溢,实与守臣同其责。

往岁之冬,兹岁之春,霡泽殊啬。今既立夏矣,陂池涸绝,种未入土,斯民凛凛有无年之忧。守臣不德,当身受其咎,斯民何辜?谨卜日为坛于蒙泉山顶,刑鹅荐血,瘗于兹坛之右,庸敬告于尔有神,其尚鉴于兹。

望坛谢雨文

蠲吉为坛,以元酒、茗饮祷雨于是邦山川神祇。曾不崇朝,雷

---

[1]"牛",原作"峰",据成化本、正德本、嘉靖本、万历本、《四库》本改。

动云合，甘泽随降，霶霈浃洽，冬春所无。灵应响答，民情大慰。谨率官僚，望坛祗谢。惟兹积旸，陂池久涸，泉源未动，是安得无数？愿无爱威灵，尚终惠之，是用卒请。

又

属以是邦，经冬涉春，雨泽殊少。启蛰之后，雷震不作，已逾立夏，陂池尚涸。创兹为坛，用祈于尔有神。为坛之辰，油云四兴，疏雨为兆。致祷之日，先以震雷，从以膏雨，霶霈周浃，连日不息。灵应昭然，凡厥吏民，孰不感动？谨率郡寮，诣坛祗谢！继是雨旸时若，百谷顺成，民戴神惠，其有穷哉！

东山祷雨文

谨率阖郡官僚，以元酒、茗饮致告于山川之神。荆门为郡，大抵在江、汉之间。正南为江陵，而江实在焉。唯沮、漳由当阳以入江，在郡之西。正北为襄阳，而汉实略襄阳而后南折，为长林东境。故荆门之山发于嶓嶸，止于西山。蒙泉原其下，以在郡之西，故曰西山。其支山沿溪而东，以绕郡治，有峰峨峨然，曰东山，有浮图在其上，于西山为宾。

季春之月，以不雨之久，为坛西山之巅，以致其祷。灵应响答，沛然为霖。比日又以不雨申致其请，连三日皆诣坛致请。有云油然，有雨潇然，而竟未霶霈。正昼间开霁，二日三日之夕，西北境有雷雨甚久，电光密迩而不及郡城。东南土田至广，仰雨尤急，殊不沾及。

窃惟所以事神者未至。古之祠山川者，皆为坛望其所祠。今西山之坛既获灵应，不敢废也。然观东山，正为西山之宾，西望则山川之本原皆森列在前，宜为坛以致祷。是用于此申致前请，惟神其鉴之。李评：文气疏古，直逼子长。

东山刑鹅祷雨文

谨率阖郡官僚诣东山新坛,以望西山,敢告于兹土五方山川之神:自九月庚辰致祷之后,境内每有雨泽。凡诣坛之时,云气必变,雨泽虽未沾洽,可见灵应。然郡城至今未得大雨,诸乡亦未周遍。窃惧所以事神之礼未至。春季致祷西山之时,刑鹅荐血,瘗于坛侧,用著厥诚。兹月之祷,此礼未讲。惟神恕其不逮,而许其自新,其尚鉴兹诚。

上泉龙潭取水祷雨文

兹岁不雨之久。是月六日于蒙泉山顶为坛致祷,十有二日又于东山望坛申致厥请。自六日之朝,有云油然,有雨祈然〔1〕,由郡城以及诸乡。是故诸乡循环得雨,但未霶霈浃洽。虽蒙灵应,未终大惠。是用竭诚致请。敢敬以净瓶迎泉,归置郡治东荆岑亭上,朝夕致敬,以幸灵沛。尚飨。

---

〔1〕 "祈",原作"祁",据成化本、正德本、嘉靖本、万历本、《四库》本改。

卷二十七

行　状

全州教授陆先生行状

先生名九龄，字子寿。其先妫姓，田敬仲裔孙齐宣王少子通，封于平原般县陆乡，即陆终故地，因以为氏。通曾孙烈为吴令、豫章都尉，既卒，吴人思之，迎其丧葬于胥屏亭，子孙遂为吴郡吴县人。自烈三十九世，至唐末为希声，论著甚多。后仕不偶，去隐义兴。晚岁相昭宗，未几罢。邠、陇、华三叛兵犯京师，舆疾避难，卒，谥曰文。文公六子，次子崇，生德迁、德晟，以五代末避地于抚之金溪，解橐中装，买田治生，赀高闾里。德晟之后散徙不复可知。德迁遂为金溪陆氏之祖，六子。高祖有程为第四子，博学，于书无所不观，三子。曾祖演为第三子，能世其业，宽厚有容，四子。祖戬为第四子。再从兄弟盖四十人，先祖最幼。好释老言，不治生产，四子。先考居士君贺为次子，生有异禀，端重不伐，究心典籍，见于躬行，酌先儒冠、昏、丧、祭之礼，行之家，家道之整著闻州里，六子。

先生为第五子，生而颖异，能步趋则容止有法。五岁入学，同学年长逾倍者所为，尽能为之。读书因析义趣。十岁丁母忧，居丧哀毁如成人。十三应进士举，为文优赡有理致，老成叹异。年十六游郡庠，每课试必居上游。时方摈程氏学，先生独尊其说。郡博士徐君嘉言高年好修，留意学校，间日独行访诸斋。先生侍诸兄衣冠讲论,未尝懈弛,由是徐君雅相礼敬。明年,徐君物故。又明年,新博士将至,先生闻其嗜黄老言,脱略仪检,慨叹不乐,赋诗见志。归葺茅斋,从父兄读书讲古,间出见故老先达,所咨叩皆不苟。时居士君欲悉传家政,平日纪纲仪节更加隐括,使后可久,先生多与裁评。

弱冠,造吏部外郎许公忻。许公居闲久,故知少,见先生如旧相识。明年,许公守邵阳,欲先生来[1],居士君亦启其四方之志,先生于是游湖、湘,抵邵阳。久之而东至临江,郡守邓君予延先生于学,临江士人皆乐亲之。居半岁,乃归。越数年,郡博士苗君昌言复延先生于学,从游者益众。苗自谓平生所尊赏者不苟,至其所以礼先生者特异,人亦以是信之。其与先生启有云:"文辞近古,有退之、子厚之风;道学造微,得子思、孟轲之旨。"推尊盖如此。

先生览书无滞碍,翻阅百家,昼夜无倦,于阴阳、星历、五行、卜筮靡不通晓。性周谨,不肯苟简涉猎,所习必极精详。岁在己卯,始与举送。同郡官中都者,适有二人皆先进知名士,阅贡籍见先生姓名,相顾喜曰:"吾州今乃可谓得人。"庚辰,春官试不利。辛巳,补入太学。故端明汪公实为司业,月试辄居上游。场屋之文大抵追时好,拘程度,不复求至当。惟先生之文据经明理,未尝屈其意。尝有先进以是病之,先生曰:"是不可改。"先生宽裕平直,人皆乐亲,久愈敬爱,学校知名士无不师尊之。明年,丁居士君忧。乙酉,升补内舍。丙戌,为学录,学校纲纪日肃,弊无巨细皆次第革之,人不骇异。尝有小戾规矩者,先生以正绳之,无假借。后或以先生问其人,顾称先生之德,不以为怨。丁亥,升补上舍。

戊子,馆于婺女之张氏。先生授其子以《中庸》《大学》,其父老矣,每隅坐,拱手与听讲授,且曰:"不自意晚得闻此。"张君之死,其

---

[1]"来",原作"往",据成化本、正德本、嘉靖本、万历本、《四库》本改。

子丧以古礼,不用浮屠氏。

己丑,登进士第,授迪功郎、桂阳军军学教授。壬辰当赴,迓吏且至,时太孺人间亲药饵,先生以桂阳道远,风物不类江乡,难于迎侍,陈乞不赴。甲午,授兴国军军学教授[1]。

明年夏,湖之南有寇侵轶,将及郡境。先是,建炎虏寇之至,先生族子谔尝起义应募。是后寇攘相次犯州境,谔皆被檄保聚捍御,往往能却敌,州里赖焉。至是谔已死,旧部伍愿先生主之,以请于郡。时先生适在信之铅山,闻警报亟归。抵家,请者已盈门,却之不去,日益众。先生与兄弟门人论所以宜从之义甚悉。会郡符已下,先生将许之。或者不悦,谓先生曰:"先生海内儒宗,蹈履规矩,讲授经术,一旦乃欲为武夫所为。卫灵公问陈于孔子,孔子不答,今先生欲身为之乎?"先生曰:"男子生以弧矢,长不能射,则辞以疾。文事武备,初不可析。古者有征讨,公卿即为将帅[2],比闾之长则伍两之长也。卫灵公家国无道,三纲将沦。既见夫子,非哲人是尊、社稷是计,而猥至问陈[3],其颠荒甚矣,故夫子答以俎豆而遂行。夹谷之会、三都之堕、讨齐之请,夫子岂不知兵者?其为委吏、乘田,则会计当,牛羊茁壮长,使灵公舍战陈而问会计、牧养之事,则将遂言之乎?执此而谓夫子诚不知军旅之事,则亦难与言理矣。"或者又曰:"礼别嫌疑,事有宜称。使先生当方面,受边寄,谁复敢议此?闾里猥事何足以累先生?今乡党自好者不愿尸此,尸此者必豪侠武断者也。今先生尸之,人其谓何?"先生曰:"子之心殆未广也。使自好者不尸此,而豪侠武断者卒尸此,是时之不幸也。子亦将愿之乎?事之宜称,当观其实。假令寇终不至,郡县防虞之计亦不可已。是社之初,仓卒应募,非有成法令,备御文移,类

---

[1] 前一"授"字,成化本、正德本、嘉靖本、《四库》本作"受"。
[2] "为",成化本、嘉靖本作"与"。
[3] "陈",成化本、嘉靖本、万历本作"阵"。下"陈"字同。

以军兴从事,郡县欲事之集,势必假借,主者或非其人,乘是取必于闾里,何所不至?是其为惨,盖不必寇之来也。有如寇至,是等皆不可用,无补守御,因为剽劫,仁者忍视之哉?彼之所以必诿我者,为其有以易此也。吾固以许之为宜。"或者又曰:"曾子之在鲁,寇至则先去,寇退则曰'修我墙屋,我将反',为其为师也。今先生居于乡,有师儒之素,命于朝,为师儒之官,而又欲尸此,无乃与曾子异乎?"先生曰:"吾居乡讲授,自穷约之分〔1〕。吾求仕,为禄养。今之官乃吏按铨格而与之耳,异乎曾子之为师也。今又迟次居乡,老母年且八十,家累过百人。寇未至,先去,固今郡县所禁。比至而去,必不达,剽劫、践蹂、狼狈、流离之祸往往不可免。去固不可,藉令可去,扶八九十老者,从以千余指,去将焉之?子欲使吾自附于分位不同之曾子,而甘家之祸、忍乡之毒,缩手于所可得为之事,此奚啻嫂溺不援者哉?"或者乃谢不及。先生于是始报郡符许之。已而调度有方,备御有实,寇虽不至,而郡县倚以为重。

丙申夏四月到任,先生于事无大小,处之未尝不尽其诚;于人无众寡,待之未尝不尽其敬。富川单僻,李注:兴国州,号"富川"。弦诵希阔,士人在学校者无几。先生莅职,举措谨重,规模雅正,诚意孚达,士人莫不感动兴起。先生方将收拾茂异,而远近愿来亲依者日众。富川学廪素薄,而又负逋不输,岁入仅六百石,而比年不输者乃七八百石。民未必尽负,奸吏黠徒干没其间,簿书缘绝,莫可稽证。先生为核实催理受输之法,甚简而便,白郡行之。于是无文移之繁,无追督之扰,簿书以正,负者乐输,储廪充裕,士人至者日众。不满岁,丁太孺人忧,去职。在富川者莫不惋惜。

己亥四月,服阕,冬末到选。庚子春,授荆州州学教授。夏中得寒热之疾,继以脾泄,屡止屡作,竟不可疗,九月二十有九日卒,

―――――――――

〔1〕"自",原作"甘",据成化本、正德本、嘉靖本、万历本、《四库》本改。

享年四十有九。先生虽卧病,见宾客必衣冠,举动纤悉皆有节法。卒之日,晨兴,坐于床,问疾者必留与语,幼者人人有所训诲,谈笑欢如也。先生未尝不以天下学术人才为念,病中言论每每在此,是日言之尤详。夜稍久,则正卧,整衣衾,理须鬓,叠手腹间,不复言笑,又数刻而逝。先生道德之粹,系天下之望,曾未及施,一疾不起,识与不识,莫不痛惜!

先生少有大志,而深纯浩博,无涯涘可见。亲之者无智愚贤否,皆不觉敬爱慰释。称其善者往往各以所见,未尝同也。不区区抚摩,而蔼然慈祥恺悌之风,有以消争融隙。不断断刻画,而昭然修洁清白之实,足以澄污律慢。趣尚高古而能处俗,辨析精微而能容愚。一行之善,一言之得,虽在巫医卜祝、农圃臧获,亦加重敬珍爱。自少以圣贤为师,其于释老之学辩之严矣,然其徒苟有一善,亦所不废。故先生无弃人,而〔人〕于先生亦鲜有不获自尽者〔1〕。与人言未尝迫遽,从容敷析,本末洞彻,质疑请益者莫不得所欲而去。于人言行之失,度未可与语则不发。或者疑之,先生曰:"人之惑,固有难以口舌争者。言之激,适以固其意,少需之,未必不自悟也。扞格忤狠之气当消之,不当起之。责善固朋友之道,圣人犹曰'不可则止',况泛然之交者乎?又况有亲爱之情者乎?虽朋友商确,至不可必通处,非大害义理,与其求伸而伤交道,不若姑待以全交道。且事有轻重小大,吾惧所益者小,所伤者大,所争者轻,所丧者重故也。然有时而遽言之、尽言之、力言之者,盖权之以其事,权之以其人,权之以其时也。"

母饶氏,继母邓氏,淳熙三年,以庆寿恩封太孺人。娶王氏,魏公曾孙通州使君瑊之长女也。通州君亦以是年八月卒,先生卧病闻讣,制服成礼,速遣祭,纤悉皆自经画。子㞞之,年十三,女□人,

---

〔1〕"人",各本均无,据《陆子学谱》及文义补。

皆幼。

先生未及著书,若场屋之文与朋友往来论学之书,则传录者颇众,其余杂著、古律诗、墓志、书启、序跋等,门人方且编次。

将以十二月乙酉葬于乡之万石塘,谨书其行实之大概,以求志于当世之君子。

淳熙七年十一月既望,弟某状。

吴公行状

公讳渐,字德进,姓吴氏,旧名兴仁,字茂荣,以旧字行。其先自金陵徙家临川,今几百年矣。曾大父嗣宗。大父景章。父万石〔1〕,迪功郎致仕。兄弟三人,公居次。少随伯氏从学于江公汇。江为乡先生,从游多老成宿学,一时英异,如李公浩、曾公季狸皆在。公以童幼居其间,愿悫恭逊,得子弟礼。有所未解,人乐告之。年十有五,丧母高氏。服除,致仕公使之治生。公雅好文学,重违致仕公意,服勤数岁。一日从容言其志,致仕公大悦之,更使从学。未几,会新教官至,试补弟子员。郡之士大集,公居第一。自是每试辄居上游,人服其艺异。时同事江公者,与为执友。公每自挹损,事之如子弟。绍兴癸酉,始与举送,人谓公一第固可俯拾。明年省试不偶,公不以罪有司,曰:"吾殆业不精。"丙子再举,壬午三举,省试皆报罢,自是仕进之意衰矣。其后虽屡到省,皆以其子侄或门人与举送,愿公表率,亲旧敦勉以行。公往来超然,殊不以得失介意。或以特奏名留之,公曰:"吾来此聊复尔耳,不能久也。"谢之竟归。日率诸子读书,以自娱乐,其声洋洋,踵门者未及见,已为之起。淳熙十年六月朔,以疾卒,享年六十,乡间莫不惋惜!

公性孝,事亲左右无违。见老者,虽贱必敬。慈祥爱物,力所

---

〔1〕 "石",嘉靖本作"右",属下句,读为"父万,右迪功郎致仕"。

及者,蝼蚁蛙蚓之难亦必免之。其谦恭不竞,人皆以为不可及。至有不当其心,引义正色,坚勇亦不可夺。家甚贫,自奉甚薄,唯祭祀宾客则致其丰鲜。公在郡庠,以行艺推为前廊。居无何,辄逡巡辞去。乾道庚寅,许君及之、苏君总龟为教官,尤留意学校。闻公学行信于乡里,造庐敦请,至于再三,不得已就之。公雅为许所知。许方欲尽去宿弊,事无巨细,皆以委公。公为区处条画,如指诸掌。许每叹曰:"于是见君后日之施设矣。"事有绪,即辞去。其后合郡之士屡请延公入学,教官、郡守各致其礼,公皆固辞,不复出矣。乡里先达皆期公以有用,乃竟不三试而死,悲夫!

公娶黄氏。子五人,颙若、厚若、诚若皆世其业。厚尝与丁酉举送。女四人,长归某,次甫笄而死,次许胥训,次未许嫁。孙男女各一人,尚幼。

卒之年,秋九月壬申,葬于金溪县归德乡金石源祖茔之侧。葬之日,送车塞涂,祖奠于道者相望不绝,行过者莫不赍咨涕洟[1]。

某在童稚时为公所知,后又妻以其女,知公之平生可谓深且详矣。如公之德,不可不表显于后,谨核书以告当世之君子。
淳熙十一年九月既望,婿承奉郎、充详定一司敕令所删定官陆某状。

---

[1] "涕洟",原作"涕夷",据正德本、《四库》本改。

卷二十八

墓 志 铭

黄氏墓志铭 _{文安公岳母之妹也}

淳熙庚子三月八日，梁君世昌以书抵予，言继室黄氏将葬，以李君蟠状来乞铭。

余未尝铭墓，抑铭墓非古。惟孔悝鼎铭见《戴记》，则卫侯策书曰："予汝铭。"墓之有铭，柳子厚谓始于公室用碑以葬，其后子孙因铭德行。如此，则非公侯不得有是。然郭林宗不过尝给事县廷，其葬也，刻石立碑，蔡邕为之铭，是则东汉时铭墓已无限制。今人力能办者必铭其墓，余滋不悦。

然黄氏，余外姑之妹也，旧闻其贤，梁君亦惓惓于余。是春之初，余访梁君，梁君内顾，酒肴立具。梁君去年尝游庐阜，其谈山水之胜，诵高人逸士之文，亹亹不倦。余于是益知其在中馈者能安于梁君，而后梁君安于所好也。呜呼！乃不知余去数日而黄氏死矣。墓铭今世皆用，黄氏又贤，余又亲戚，前其死数日，余又适至其家，梁君又惓惓于余，是以重违其请。李注：违，犹依违，言两可也。

铭曰：

世居临川，其姓则黄。曰谓之女，少慧且良。谓殊爱之，择配至详。爰缓其归，继室于梁。岁时祭祀，洁躅盛湘，有亲有宾，饬具有常。抚其二子，成章、大章，与其一女，蔼然慈祥。梁赖其相，志愿毕偿。家用益肥,于前有光。庚子孟春,甲子遽亡,年止四十,寿胡不长?其穴伊何?灵台之乡,桐岭、梁源,舅姑茔傍。三月壬申,体魄以藏。后有兴者,是不可忘。

张公墓志 张诚子父

公讳琬,字禹锡,姓张,系出汉留侯,世居信之龙虎山。曾祖嗣宗,赐虚白先生。祖大方,赠武功郎。考念,承信郎。公生于元符二年十有一月五日癸酉,卒于淳熙八年三月十有四日庚申,享年八十有三。

公甫冠,应举不利,乃去入京师。宣和间,应募破方腊,补进义副尉。建炎初,自京师从冯獬等诣济南府,扈从至南京,转进武校尉。明年,以尝从使虏,转承信郎。倾侧扰攘汴、淮之间,所志不就,浩然归休。居家处乡,孝慈悌顺,无所违拂。留意吐纳,希踪乔、松。中年卜居,不用世俗阴阳地理等说,自得胜处。家既饶给,益自燕适。晚岁尊延礼法之士为子弟师,变其旧俗,轨范一新,乡里改观焉。寝疾且亟,召子孙申戒之,言讫而逝。

娶庄氏,早卒,继室周氏。子男四人:崇之、简之、安之、明之。女二人:长适章如璋,次适将仕郎倪安国。孙男八人,女七人,曾孙男一人。

卜以十月三日丙午葬于长湖,既得吉[1],子明之来求志其墓。公继室,余表姊也,明之又尝从予游,不可辞。

青田陆某志。

宋故陆公墓志

公姓陆氏,名九叙,字子仪,抚州金溪人。曾大父演,大父戬。

---

[1]"吉",成化本、正德本、嘉靖本、万历本、《四库》本作"卜"。

父贺,赠承事郎。母饶氏,赠孺人。继母邓氏,封太孺人。公生于宣和五年七月乙卯,卒于淳熙十四年五月癸亥,享年六十有五。以卒之年十月壬辰葬于临川县长寿乡罗首峰下。

公气禀恢廓,公正不事形迹。萃居族谈[1],公在其间,初若无与,至有疑议,或正色而断之以一言,或谈笑而解之以一说,往往为之涣然。家素贫,无田业,自先世为药肆以养生。兄弟六人,公居次。伯叔氏皆从事场屋,公独总药肆事,一家之衣食百用尽出于此。子弟仆役分役其间者甚众,公未尝屑屑于稽检伺察,而人莫有欺之者。商旅往来,咸得其欢心。不任权谲计数,而人各献其便利以相裨益,故能以此足其家而无匮乏。后虽稍有田亩,至今计所收,仅能供数月之粮。食指日众,其仰给药肆者日益重[2]。公周旋其间,如一日也。李评:理学不独士人也。农工商贾皆可行之,如公是也。

公娶余氏,先公十一年卒。余氏孝顺出于天性,娣姒皆以为莫及。当穷约时,公之子女衣服敝败特甚,余氏或时及之,公即正色呵止,必伯叔氏为之处,乃始得衣。李评:先行我心。虽公之衣服器用,亦往往如此。及伯季有四方游,虽至窘急,裹囊无不立具。

自公云亡,远方士友闻讣,慰唁诸孤与公之伯季,称公德美,悼痛伤惋无异辞。子男四人:望之、麟之、李注:麟之与周清叟、熊鉴俱见朱子《鹿洞讲义跋》。立之、尚之。女六人:长适乡贡进士张商佐,次适黄叔丰,次适危三畏,先公十七年卒,次适徐翔龙、周清叟、熊鉴。孙男三人,女五人,皆幼。

弟宣义郎、主管台州崇道观某谨志。

---

[1]"萃",成化本、正德本、嘉靖本、万历本、《四库》本作"群"。
[2]"重",原作"众",据成化本、正德本、嘉靖本、万历本、《四库》本改。

黄公墓志铭 讳文晟,建昌南丰彦文父也,常问学文安公

南丰黄世成少事场屋,再举不第,即弃去,益翻经史百家言,究穷其道理。结庐石仙岩,有终焉之意。其兄世永甫冠登科,所志颖脱以出。暇日憩石仙,与世成剧论时事,叹美其才,勉之使出,坚不可夺。世永益奇之,名其庐曰"壶隐"。其父南雄府君,官至正郎,泽及世成,世成推以与弟,泽再及,又推以与次弟。有季弟,泽不及,则推己田与之。或恶其背驰,议之曰"是非人情",曰"矫",曰"好名",世成处之泰然,议者浸以熄。久之,远近咸服,不称姓字,但曰"壶隐"。

在童稚时,尝为横浦张公赏识。及长,结交皆一时名流。虽绝意仕进,其于国之治忽、民之休戚未尝不关其心。故旧居职任事者,每赖以有闻。江西之救荒,湖广之弭盗,往往出其策。比年移书左司杨廷秀、谏议谢昌国,其言尤剀切深至。二公还书,推重嘉叹,然卒不能有所施行。

余不识世成,而得其为人至详。粹然其容,恳然其中,刓烦若易,处大若细,其施不匮,其守不渝。为文操笔立成,藻思赡蔚,统纪不紊,有苦心极力所不到者。得诸儒言论,必沉涵绅绎,颇复论著,订其真伪,然不自以为是也。比十数年,辱余以书无旷时,若所严事。学绝道丧,片善寸长,必自介恃,世成之所可挟者众矣,乃自视欿然,汲汲于求道,过人亦远矣。今其亡也,其子来请铭。以世成之贤,虽不吾属,犹将彰之,况请之勤邪?

世成讳文晟。曾祖履中,康州司理参军,妣叶氏。祖俯,左迪功郎,处州司理参军,赠左朝请大夫,妣太宜人吕氏、曾氏。父越,左朝奉大夫,知南雄州,妣宜人曾氏。娶曾氏。子男五人:长曰楫,先四年卒,次曰柟、曰槐、曰椿、曰棐。女三人:长适湛觉,次适曾林宗,幼在室。孙男二人:焘、勋。女一人。世成生于绍兴丁巳

二月己亥,卒于淳熙丁未十二月壬辰,享年五十有一。将以戊申十一月己酉葬于石仙岩之金鹅谷。铭曰:

匪屋之润于其身,匪爵之尊于其仁,无其责而有其言,非其位而及其民。孰曰余咎?孰曰余咎?呜呼壶隐,岂其隐沦?谁尚显之,在其后人。

象山陆某志。

黄夫人墓志铭 文安公岳母也

余少时见墓铭日多,往往缘称美之义,不复顾其实,侈言溢辞,使人无取信。窃念之曰:"苟如是,不如无铭。"及长,人或过听,俾为墓铭,辄终辞之,盖不独以才薄品卑也。岁在庚子,同郡梁君光远继室黄氏之亡,乞铭于余,于是铭之,且具志其故。然其原,大抵以其为吾外姑之妹,而有以信其贤也。昔者外舅吴君茂荣之葬,余状其行,乞铭于尤太史,不敢加一辞。如所谓阖郡之士愿以为领袖,谒诸郡博士,造庐延致,至于再三,乃始应命,则许君深父哀词言之尤详。深父乃当时郡博士,今年自右拾遗进贰奉常者也。余比岁又铭南丰、慈溪二君子之墓,海内名识谓无愧辞。今吾外姑之葬,虽微诸孤之请,吾敢无铭乎?

外姑逾笄,归予外舅,尊卑内外,姻戚邻里,僚友之家,下与仆妾,举无间言。自吾为婿,未尝见其喜怒,唯见其慈祥恭谨,为姑如妇。祭祀宾客,酒骰菹醢,靡不躬亲,涤濯致洁,调割致适,奉承荐献,致其诚敬。其勤劳中馈殆如一日,诸妇祈欲逸之而不可得。待子婿卑行,犹挚挚若有不及。然幽闲安详,不动声色,履之如素,亦使人有以安之。诗书传记所称妇德于是有证。呜呼贤哉!

享年六十有四。邑氏先讳,见乃妹铭章。子孙男女名数,具外舅行状与尤公之志。独子之幼,非外姑出,其气体稚弱,外姑慈抚,鞠育劬劳，有加于畴昔，莫辨其非己出也。其女之季，前一年卒。孙则增男一人，女四人。卒之日，维淳熙十有五年二月丁卯，明年十月己酉葬于金溪东漕之龙冈。铭曰：

龙冈之阡，云林之别。盱江陈前，浮霜涌雪。潆若鉴明，缭若冰洁。旁罗诸峰，麻姑就列。却负书山，屏隐巀嶭。灵谷后车，雷公并辙。维姑之贤，往训是垺。维姑之身，命服不设。天实酬之，窆以斯穴。余实知之，诗之斯碣。尚其子孙，自致阀阅。褒纶崇封，弈世不缺。

葬月之朔，婿宣义郎、新权发遣荆门军兼管内劝农营田事陆某书。

杨承奉墓碣 杨简先生父

年在耄耋而其学日进者，当今所识，四明杨公一人而已。公长不满五尺，苶然臞儒，而徇道之勇不可回夺。血气益衰而此志益厉，贲、育不足言也。

余获游甚晚，而知公特深。平生为学本末，无不为余言者。四方士友辱交于余，惟四明为多。自余未识公时，闻公行事言论详矣。

公为人恭谨精悍，不屑碌碌，视天下事无不可为者。其言有曰："畏夷狄，忧用财，此宰相非才之明验。"

少时盖常自视无过，视人则有过。一日，自念曰："岂其人则有过？"旋又得二三，已而纷然，乃大恐惧，痛惩力改，刻意为学。读书听言，必以自省，每见其过，内讼不置，程督精严，及于梦寐，怨艾深切，或至感泣。积时既久，其工益密。念虑之失，智识之差，毫厘之间，无苟自恕。嘉言善行，不旷耳目，书之盈室，著之累帙。尝曰："如有樵童牧子谓余曰'吾诲汝'，我亦当敬听之。"检身严而安其止，取善博而知所择，旧习日远，新功日著。自其子识事，未尝见公有过。所自责者，类非形见，公每发明，以示鉴戒。人患忿懥，公容物若虚；人患吝啬，公捐财若无。或叹其不可及，公曰："昔甚不然，吾改之耳。"

一夕被盗，翌日谕子孙曰："婢初告有盗，吾心止如此；张灯视箧，告所亡甚多，吾心止如此；今吾心亦止如此。"

四明士族多躬行有闻，公家尤盛，阖门雍雍，相养以道义。仲子简尤克肖，入太学，治《易》，冠诸生。既第，主富阳簿。访余于行都，余敬诵所闻，反复甚力。余既自竭，卒不能当其意，谓皆其儿时所晓，殆庸儒无足采者。此其腹心，初不以语人，后乃为余言如此。又一再见，始自失。久乃自知就实据正，无复他适。自谓不逮乃翁远甚，恨其未闻余言。

后简自以告公，公果大然之。于是尽焚所藏异教之书。每曰："人心至灵，迷者缪用。"又曰："动静语默，皆天性也。"又曰："颜回屡空，夫子所赏，必以所得填塞胸中，抑自苦耳。"又曰："今吾之乐，何可量也！"

余为国子正，公携二孙访余，留月余而去。后其子为浙西帅属，迎公以来，余更卜廨为邻，每侍函丈，属厌诲言。晚学庸虚，无能启助，负公所期，斯为愧耳。

公尝行步小跌，拱手自若，徐起翛然，殊不少害，从行异之。公曰："蹉跌未必遽伤，此心不存，或自惊扰，则致伤耳。"余闻之曰："所谓颠沛必于是。"

江浙相望，千里而遥。公既还第，余亦屏处，时想风采，如鞭其后。公之云亡，子简遣讣。余适西游，仆及余馆，余不知其为讣也，方喜见之。首问："公安否？"仆答曰："已下世。"余惊嗟再三，哭之为恸！简又以墓碣属余，于是次而铭之。

公讳庭显，字时发。其先居台之宁海黄坛，九世祖徙明之奉化，其子又徙鄞。绍兴末，北虏犯淮，又徙慈溪。曾祖伦、祖宗辅、父演皆隐德不仕。淳熙十一年，寿圣庆需，公以子官封承务郎。十三年，光尧庆霈，封承奉郎。十五年秋八月戊寅以疾卒，享年八十有二。卜以十一月庚申葬于县之石坛乡句余村孝顺里。娶庄氏，先公十四年卒，公盖合葬。子男六：筹、篆、简、权卿、箎、籍。篆尝与举送。简，宣教郎，新知绍兴府嵊县。权卿夭。女三：长适孙楷，次适冯象先，次适王洽。孙男十二：恬、恢、惟、悔、怿、怟、恪、憾、愉、憺、悝、懿。女九：长适颜衮，次适舒钺，余未许嫁。曾孙三：鏊、垕、圭。女一。

铭曰：

施之家，可移天下。海可竭，斯铭不灭。

契侄临川陆某撰并书。

葛致政志 葛逢时父

余稚齿在先君侍侧，见客有长大、面目方整、坐立耸直、揖逊恭谨者，心独异之。廉问左右，知为葛公德载，而未能详其为人。

及长，则闻葛才美有声学校。有业五行术者曰黄实，久游乡里，常往来吾家。每科诏下，问此举谁当荐名，实必曰葛才美，已而不验，人皆笑实曰："是独采有能名者耳。"才美竟以乾道戊子与其子同与举送。明年，才美登科。余闻实言时，实已老矣，不知此时犹在否也？才美，公仲子也。公平日待之甚严，其母尝乘间为才美泣曰："儿未尝有过，盍少假借之。"公曰："此非儿女子所知，吾如是，犹惧其业不进、德不修，可假借乎？是所以成之也，尔毋以为苦。"由是母亦喻其意。

才美未第时，余尝造郡庠，由东序以入，有二士并立西序，稍相睥睨。一士容色甚少，益自鬼崖，面焉以出；一士低回恭谨，翼翼趋庭间见，即乃才美也。才美齿出吾上远甚，而其恭如此，余由是益敬重之。已而闻其有严君焉，余然后知才美恭逊固天性，亦其教有以成之也。

才美与先兄复斋为同年进士，自是往来加密。余亦屡造公，公年耆行尊，过自谦抑，如见所畏，未获从容。比年客有过我，道公畴昔语，且及其行事，余窃有慕焉。因介客道意，欲求款晤，以究本末。因循未遂，而公下世矣。余往哭公柩，诸孤执丧甚哀，余亦不知涕泗之横集。既归，即束书入山房。公葬有日，才美徒行，匍匐登山，以铭为请。余雅不乐铭墓，异时所辞却者众矣，或破此意而为之者，皆迫有所感而不能自已者也。余于葛公所感深矣！遂次而铭之：

公讳赓，葛其姓，德载其字。其先五代间自番阳徙抚之金溪[1]。曾祖祈、祖丰、父思审皆不仕，世以力田殖其家。公为人刚决，临事无凝滞。年十三，区处家务如成人，父兄异之，于是付之以其政。时公父年未五十，为堂舍北以自燕适，如遗世者，凡三十余年而后即世。公有二兄，仲早卒，事伯兄，抚仲孤，敬爱饬尽，人无间言。遭时多故，县官倚办于民者几倍常赋。公调度有方，从容赡给。

建炎间，盗贼蜂起，所在为保伍以自卫。郡每被寇，必檄以捍御。临川为寇冲，虏骑侵轶亦尝及城下，皆赖乡社以免。公善用长戈，慷慨徇义，人所乐亲，所部皆勇敢，以是见推为前锋，摧坚陷阵，未尝有所避。虏骑既败退，王燮后军叛卒数千，寻至城下。他兵遇者辄不利，城中恟惧。金溪乡社既至，城中则大喜。城上呼曰："贼中有髯而骑者善战，宜谨备之。"既阵，果有髯而骑者奋刀驰突。公直前以长戈捣之，应手坠马，贼众惊溃，获其告身，官已正使。人皆曰："盍论功乎？"公曰："今日之事本为除贼。贼除，足矣，论功非吾事也。"有司亦不复有所省录。公仲子既仕，凡三遇庆霈，累封至承

---

[1]"番阳"，原作"番易"，据正德本、《四库》本改。按："番阳"为江西鄱阳县古称。

事郎,赐绯鱼袋。今上登极,加封宣义郎。公功不见录于有司,天则录之矣。

绍兴乙卯岁旱,明年民难籴米,斗逾十钱。富民方闭粜,时公先下价散其米,徒手来者,辄贷与之。公廪粟不多,而里中赖之宏矣。蔬圃蒔茶为用,余者以易所乏,农家往往有之。嚚猾持以权禁,愚民不知所辨,则可以得货。公有三贫族尝遭此厄,讼者亦公之族,被讼者愿赂入讼者万钱求已,而未能得钱,丐公为保,公欣然保之。已而讼者迫公索钱,凡三人,为钱三万。公度三家者贫甚,终不能得钱,即代偿之。公轻财类是,以是家无余财,然公处之裕如也。

柯山所客,庐山公所闻,皆愿从容者。李注:此三句难会。其子丞西安,令星子,皆适当公意。方其迎侍之官,访旧赏新,穷日不倦。及其兴尽而返,子亦不能留也。性喜饮酒,客至治具,随有无,饮必至醉。

公生无他疾,中年指间有赘,天阴或痛,久者弥日而后止,医者不能晓。自其子登科,痛乃浸杀,久而失之。年益高,饮食步履无异壮时。一日出门小跌,既归,如有微恙。后数日,从容就枕如平常,左右视之,公则逝矣。享年八十有四。卒之日,实绍熙改元五月庚午。

公娶杨氏,早卒,继室余氏,封宜人。子男六人:曰造、曰逢时,儒林郎,知南康星子县。曰述、先公五年卒。曰宗允、曰少良,尝从余游。曰亮。女四人:王通一、胡溥、余邦光、冯文载,其婿也。孙男十三人:俊卿即与其父同举者、玉卿、有光、有开、如霆、有为、祖蒙、宪卿、如江、冠卿,三人尚幼。女五人。曾孙男五人,女三人。卜十月己酉葬于池头鹤叩岭下。湖阴尉朱桴济道实状其行。铭曰:

捐财致身,纾难去害,其声则微,其功则大。象笏昂昂,朱银煌煌,公固不言,天其以章。

前葬十日，奉议郎、新权发遣荆门军兼管内劝农营田事陆某撰并书。

吴伯颙墓志

临川吴伯颙，余妻弟也。外舅五子[1]，伯颙为长。孝友谨饬，见于稚齿，姻族宾朋，每所叹赏。年十五，补入郡庠，岁选尝多。许深甫、苏待问为教官时，学校最盛。伯颙居上游，所为《生财有大道论》，深甫极赏之，谓后日当为世用。初为《诗》，后为《书》，为三《礼》，月试皆尝冠其伦，然竟不荐名，人为称屈。家甚贫，外舅既下世，变故仍出，岁益艰。伯颙处以义理，凛然不移，尤人所难。外姑之丧，将及大祥，以微疾卒。呜呼痛哉！

伯颙名颙若，世系先讳，具尤礼侍穆堂先生改为礼部侍郎尤延之。所为外舅茂荣之碑。生于绍兴戊辰闰八月丁巳，卒于绍熙庚戌十一月乙亥，以十有二月壬寅葬于金溪龙冈母茔之东。娶周氏，再娶亦其族，一女尚幼。既死，以族子为嗣，名继孙，生四岁矣。

前葬五日，奉议郎、新权发遣荆门军兼管内劝农营田事陆某志。

陆修职墓表

陆氏徙金溪，年余二百，嗣见九世。公居五世，讳九皋，字子昭。同胞六人，公为叔氏，子美其季也，次为子寿，次为某。子寿下世，今十有三年矣，某状其行，述世系为详。当是时，先君子未赠官。其后某志仲兄子仪之墓，不复具世次，独载先君子赠承事郎。今再赠宣教郎。去年秋，某迎侍伯兄子强来守荆门。伯兄至，甫一月既归，归未及家，公已下世。呜呼痛哉！

公少力于学，日课经子文集必成诵，夜阅史册，不尽帙不止。

---

[1] "五"，原作"三"，据成化本、正德本、嘉靖本、万历本、《四库》本改。据本书卷二十七《吴公行状》，陆九渊岳父吴渐"子五人"，故知作"五"是。

尝夜过分，先君子见公犹观书，勉使寝息。公后不能自已，为之障灯屏息，惧先君之复知之也。及长，补郡学弟子员，一试即居上游。郡博士徐君视公文行俱优，擢为斋长。公与二季尝正衣冠讲诵不懈，徐君每所咨赏。月试必联名占前列。徐君尝语于众曰："此其学皆有渊源，非私之也。"然公年过三十，始获荐名，又复不第，投老乃得一官，兹非命耶？

公持论根据经理，耻穿凿之习，虽蹭蹬场屋，而人所推尊不在利达者后。授经之士或以独步胶庠，或以擅场南省，而公之与否曾不以是，一视其言行如何耳。今其徒有忠信自将，退然里巷庠序之间，若将终焉，而进修不替者，公之教也。

先君子居约时，门户艰难之事，公所当，每以条理精密，济登平易。吾家素无田，蔬圃不盈十亩，而食指以千数，仰药寮以生。伯兄总家务，仲兄治药寮，公授徒家塾，以束脩之馈补其不足。先君晚岁用是得与族党宾客优游觞咏，从容琴弈，裕然无穷匮之忧。当是时，公于妻子裘葛未尝问也。杜子美《北征》诗谓："海图坼波涛〔1〕，旧绣移曲折。天吴及紫凤，颠倒在短褐。"公妻子无海图可坼，无天吴、紫凤可衣，然旧绣移曲折，颠倒在短褐，则有之矣。

先君子之丧既除，公不复御讲席，家塾教授属诸其季。过从之隙，时时杖策徜徉畦垄阡陌间，检校种刈，若无意斯世者，岂各以其时耶？

番阳许氏为书院桐岭，李注：从先生游者有许昌朝，见《翠云题壁》。延师其间，以处乡之学者，又自廪若干人，然其季子往往从学于外，亦尝来从余游，因得侍公函丈之末。公之余论遗风或者窃有所闻矣。一日，父子协谋，辟庐舍，储器用，广会集之堂，增自廪之员，介其乡之贤者，致礼以延公。公却之再三，请益固，公为一出。桐岭学者

---

〔1〕"坼"，原作"折"，据杜甫《北征》诗改。下"坼"字同。

于是变而乐义理之言，厌场屋之陋，士大夫闻风莫不愿与参席，自远至者，踵系不绝，兴起甚众。然公年益高，颇倦酬应，未几谢去。越数岁，安仁宰曾君，文清孙也，至则葺县学，增士廪，修礼仪，尊师道，愿公主之，公不复出矣。

淳熙丁未，江西岁旱，抚为甚，抚五邑，金溪为甚。仓台、郡守留意赈恤，别驾廖君实主之。廖知其说，莫善于乡得其人，莫不善于吏与其事。造庐问公计策，且屈公为乡官，于是乡之所得多忠信之士，而吏不得制其权以牟利。明年，赈粜行，出粟受粟，举无异时之弊。里闾熙熙，不知为歉岁，而俗更以善，公力为多。

公平居混然无异于人者，而智识浚深，遇事始见，又其晦明之变，人所不解。当其晦时，童子所了，隶人所知，公或不辨，然特间见于燕闲视听使令之间，未始害事。至事理之盘错，情伪之隐伏，贤识趑趄，或用蹉跌，惟公之明，如辨苍素。客有以名闻者，公探衣将见之矣，户间偶目其貌，退而却衣曰："吾不欲见斯人也。"已而果非佳士。凡此非独人所不解[1]，公亦有不能自知者。不以学自命，而就证者类有悁志；不以智自多，而就谋者类有瘪心。公之得于天者，如玉在山，如珠在渊，其可量哉？逆逊溺心，形似蔽实，微者过当，甚者易位，今之贤者未易免此。惟公之明，好恶不能乱，形似不能蔽。《大学》曰："好而知其恶，恶而知其美者，天下鲜矣。故谚有之曰：'人莫知其子之恶，莫知其苗之硕。'"公畴昔亟诵斯言，而屡叹其难。公之所以自致其力者深矣。是书之流行，近世特甚，然其灵足以造此者，求诸其杰，未见如公者焉。

公壮年以吕氏次序《大学》章句犹有未安，于是自为次序。今远方学者传录浸广，吾家独亡其稿。公之子，长者年将四十，乃不知父尝有是书，盖自其省事，惟见公正文讲授故也。

---

[1]"凡此"，成化本、嘉靖本、万历本作"况此"。

公见善未尝不喜,而称道不浮其实;见恶未尝不恶,而指摘不加其罪。两益之辞无所和,一切之论无所取,疑似之迹不轻实,流传之事不轻据。故人之所称,有所未许;人之所摈,有所不绝。众人所决,发言盈庭,公每低回以致裁抑。忧世之士或病公首鼠,不足以植风声,示惩劝,而公隐然持之自若。近年以文祭旧生徒刘尧夫,颂其平日之美,责其晚节之过,谓改之冥冥,尤足为贵。其辞深切著明,读者无不感动。理之所存,何间幽显,当疑而决,当决而疑,均为不明也。孰谓公首鼠哉?公尝名所居斋曰"庸",学者因号庸斋先生,然公未尝言其义,学者亦未尝有所请。公著述颇多,皆未编次。

生于宣和乙巳十有二月十有四日辛亥,卒于绍熙辛亥十月十日乙酉,享年六十有七。卒之前一夕,起旋小跌,自是倦乏,然就枕即熟睡。觉时医者视脉,家人进药,虽饮之,必曰:"吾不起矣!"十日之朝,侍疾者忽不闻鼻息,察公则已逝矣。娶吴氏。子四人:损之、益之、贲之、升之。女二人:长先公二年卒,未及许嫁,次许嫁贵溪张氏。孙男一人、女三人。卜以绍熙壬子七月十有二日葬于乡之长庆寺侧。公以淳熙甲辰寿圣庆恩,授迪功郎,监潭州南岳庙。十六年己酉,上登极,覃恩进修职郎。

某效官重湖,疾不侍药,敛不抚棺,葬不临穴,呜呼痛哉!敬次序公平生以表墓。某闻命之日,尝请迎侍,公曰:"子行矣,吾往时当自访子。"讣前数日,从公于梦,自是节朔必梦见公,呜呼痛哉!东望陨涕,为之铭曰:

如珠潜光,可以照夜,公之明也。如玉储润,可以贲山,公之德也。表公之坟,与斯铭其长存。

卷二十九

程　文

庸言之信，庸行之谨。闲邪存其诚，善世而不伐，德博而化 解试

知所以成己而无非僻之侵，则诚之在己者不期而自存；知所以成物而无骄盈之累，则德之及物者不期而自化。《乾》之九二，何其诚之至而德之博也！庸言之必信，庸行之必谨，是知所以成己矣。知所以成己，则诚岂有外乎此哉？又惧夫邪之为吾害而闲之也严，使无一毫非僻之习以侵之，则诚日益至，而在己者不期存而自存矣。反而诚其身，推以善斯世，是知所以成物矣。知所以成物，则德岂有外乎此哉？又惧夫伐之为吾病而去之也尽，使无一毫骄盈之气以累之，则德日益博而及物者不期化而自化矣。诚之在己者，不期存而自存，而其端特在于闲邪；德之及物者，不期化而自化，而其机特在于不伐。则天理人欲之相为消长，其间可谓不容发矣。"庸言之信，庸行之谨。闲邪存其诚，善世而不伐，德博而化。"此所以为君德欤？

《中庸》之言诚曰："非自成己而已也，所以成物也。"然则成己成物一出于诚，彼其所以成己者，乃其所以成物者也，非于成己之外复有所谓成物也。又曰："性之德也，合内外之道也。"然则曰诚、

曰德,一本乎性。彼其所谓诚者,乃其所以为德者也,非于诚之外复有所谓德也。明乎《中庸》之说,则《乾》九二之君德可得而议矣。言行之信谨,二之所以成己者也;善世而不伐,二之所以成物者也。彼其所谓信谨者,乃其所以不伐者也,舍言行而求其所以善世者则乖矣。闲邪存其诚,诚之存诸己者也;德博而化,德之及乎物者也。彼其所以闲而存者,乃其所以博而化者也。外乎诚之存,而求其所谓德之博,则惑矣。若夫朝谋夕访,求所以治乎人,而不知反求诸其身,安知夫大人正己而物正?而二之善世者,特在乎言行之间而已也。小惠小信,欲以为己之德,而不知诚之不可掩,安知夫明明德于天下者盖本于正心诚意?而二之德博者,由乎其诚之存也。

至矣哉!诚之在天下也。一言之细,一行之微,固常人之所忽,然言出乎身,加乎民,行发乎迩,见乎远。"言行,君子之所以动天地也。"君子喘言蠕动皆足法,<small>李注:喘言蠕动,本《荀子·劝学》篇,微言也,微动也。</small>造次颠沛必于是。庸言之信而莫不可以为天下则,庸行之谨而莫不可以为天下法,知至乎吾之诚,而不知夫言行之细也。然邪之与正,犹明魄之相为生死,阴阳之相为消长。非僻之习,一毫焉侵之,则言随以不信,而行随以不谨矣,尚何有于诚之至?故为冠以庄其首,为履以重其足,在车闻和鸾之音,行步闻佩玉之声,盘盂有铭,几杖有戒,所以防闲其邪,而使非僻无自而至者备矣。则凡见乎吾身而充乎天地者,何往而非诚哉,兹不曰不期而自存者乎?

大矣哉!德之见于天下也。推吾所有兼善天下,此固人之所甚欲。然有诸己而后求诸人,无诸己而后非诸人,所藏乎身不恕,而能喻诸人者,未之有也。故君子正身以正四方,修己以安百姓。且日丽必照物,云油必雨苗〔1〕,和顺积中,英华发外,极吾之善,斯

---

〔1〕"油",成化本、嘉靖本作"浓"。

足以善天下矣。然伐之害德犹木之有蠹，苗之有螟。骄盈之气一毫焉间之，则善随以丧，而害旋至矣，尚何有于德之博？故有焉而若无，实焉而若虚，功赞化育而不居，智协天地而若愚，消彼人欲而天焉与徒，谦冲不伐而使骄盈之气无自而作，则凡不言而信，不怒而威者乃所以为德也。兹不曰不期而自化者乎？

呜呼！由乎言行之细而至于善世，由乎己之诚存而至于民之化德。则经纶天下之大经者，信乎其在于至诚；而知至诚者，信乎非聪明睿知达天德者有不能也。以经考之，《乾》之六爻，隐而未见，行之未成者，初之潜也；贵而无位，高而无民者，上之亢也；三则以危而进德；四则以疑而自试；惟五以飞龙在天，而二以见龙在田，皆有利见大人之美。夫君位既已在五，则夫君德者，非人之龙德而正中，其孰足以当之？圣人于是发成己成物之道，存诚博德之要，使后之人君能明圣人之言，以全九二之德，则天下有不足为矣。

窃尝稽之于"舜好问而好察迩言，隐恶而扬善"，则庸言之信，庸行之谨为如何？纳伯益儆戒之辞，则罔有忌讳；详伯禹股肱之命，则使之弼违，闲邪存诚可见于此矣。巍巍乎有天下而不与，则善世不伐为如何？若禹稷之心〔1〕，则天下同戴；稽其民之俗，则比屋可封。德博而化，可见于此矣。九二之德，大舜其尽之矣。说《易》者以为九二之爻盖舜之田渔时也。今概以为帝之事，可乎？曰：以位而言，则田渔时也；以德而言，则夫子匹夫也，或曰"祖述尧舜"，或曰"贤于尧舜"，孰谓《乾》之九二而不足以言舜乎？不然，则何以谓之君德？

黄裳元吉　黄离元吉

用中者虽异其时，获吉者皆极其大。中之为德，言其无适而不

────────
〔1〕"若禹稷"，成化本、正德本、嘉靖本、万历本、《四库》本作"考其民"。

宜也。黄，中色也。《坤》中在五，而有黄裳之义。裳，下裳也。黄裳者，守中而居下也。在上者患不能降下，能守中而居下，安得而不大吉哉？《离》中在二，而有黄离之义。离，丽也。黄离者，所丽得中正也。附丽者患不得中正，如所丽之中正，安往而不大吉哉？位有二、五之殊，辞有裳、离之异，其居下附丽，虽因时而不同，而其为大吉则一而已。非中之为德，畴克尔哉？

《坤》之六五曰"黄裳元吉"，《离》之六二曰"黄离元吉"，尝谓中之为道大矣，世尝玩于其说而莫之省也。夫以尧舜禹三圣人相授受而同出于一辞，则道宜莫大于此矣，而不过曰"允执厥中"。故子思之书反复乎大中之说，丁宁乎时中之论。而世之喜事者不明乎中之说，欲为惊人可喜之行，是非独得罪于圣人，而其所以速戾取祸者，盖亦不旋踵矣。尝试告之以大吉之可愿，则莫不愿，至告之以大中之道，则又玩而不知省。呜呼！安知所愿者乃出于其所玩者欤？

然子思之言中，不独有大中之说，而又有时中之论。盖中而非其时，则乌在其为中也！时乎《坤》之六五，则疑乎阴之在上，疑乎其上，则居下之为中矣。守中而居下，则以贵而下贱，以尊而下卑，以能而下于不能，以多而下于寡。夫守中而居下如此，则天道之所益，地道之所流，人道之所好，鬼神之所福，其吉岂不亦大矣乎？"黄裳元吉"，《坤》之六五所以为中也。时乎《离》之六二，则以阴而丽于两阳之间。丽于两阳之间，则丽之中正者也。所丽者中正之道，所附者中正之人。以下而附乎上，则在上者中正也。以上而附乎下，则在下者中正也。夫所丽之中正如此，则上交不谄，下交不渎，建诸天地而不悖，质诸鬼神而无疑，其吉岂不亦大矣哉？"黄离元吉"，《离》之六二所以为中也。《坤》《离》之五、二，其居下附丽之义虽殊，而其获吉则咸底乎大，信乎无适而不宜也。

窃尝求之有周之臣,周公以叔父之亲、师保之任而握发吐哺,下于白屋之夫,终以周致太平,鲁疆以启。"黄裳元吉",周公以之。太公抱鹰扬之策,垂钓乎磻溪之涯,年且八十矣,一旦闻文王作,兴曰:"盍归乎来",终以大告武成,齐国以建。"黄离元吉",太公以之。

虽然,古之圣贤未有不中者。夫子之圣而卒于旅人,颜子之贤而终于陋巷,则所谓元吉者果安在哉?曰:孔颜万世称圣贤,吉孰大焉。若乃险贼而崇轩列鼎,吾见其益疾而已,未见其吉也。

使民宜之

民不可使知吾道之义,而可使享吾道之宜。使道而不宜于天下,则圣人亦乌取乎道哉?圣人出而有为于天下,变而通之,神而化之,而天下之民鼓舞踊跃,莫不以为宜而安之者,亦尽其道而已矣。《大传》曰"使民宜之",以此。夫子曰:"民可使由之,不可使知之。"非圣人固不使之知也,若道之义,则彼民之愚,盖有所不能知也。若乃其道之宜,则圣人固与天下之民共由而共享之。

方民未知佃渔也,圣人作为网罟,而民宜于网罟矣。方民未知耕稼也,圣人作为耒耜,而民宜于耒耜矣。以至舟楫、弧矢、杵臼,莫不皆宜于民。虽其以象以义取诸《离》《益》之诸卦,而其所以使民宜之者,盖无以异于黄帝、尧、舜之《乾》《坤》也。当黄帝、尧、舜氏之作,其备物制用,立成器以为天下利者,前圣已备之矣,故其使民由之者,独见于垂裳之治。黄帝之事于六艺无所考信。而尧舜之事则载之《典》《谟》,彰彰可考。如明五刑、典三礼、疏江河、驱虎豹,凡建法立制,都俞谘询,以宜其民者,盖不为少矣。而夫子特称其荡荡无名,无为而治,则其所以宜之者,一出于道而已。故曰"尧以是传之舜"。

圣人以此洗心，退藏于密，吉凶与民同患。神以知来，知以藏往 省试

涤人之妄，则复乎天者自尔微；尽己之心，则交乎物者无或累。蓍卦之德，六爻之义，圣人所以复乎天，交乎物者，何其至耶！以此洗心，则人为之妄涤之而无余。人妄既涤，天理自全，退藏于密微之地，复乎天而已。由是而吉凶之患与民同之，而己之心无不尽。心既尽，则事物之交，来以神知，往以知藏，复何累之有哉？妄涤而复乎天者自尔微，心尽而交乎物者无或累，则夫蓍卦六爻之用，又岂可以形迹滞？而神知之说，又岂可以荒唐窥也哉？"圣人以此洗心，退藏于密，吉凶与民同患。神以知来，知以藏往"，其意如此。

《中庸》言："君子之道费而隐，夫妇之愚可以与知焉，及其至也，虽圣人有所不知焉；夫妇之不肖，可以能行焉，及其至也，虽圣人有所不能焉。"夫圣人有所不知不能，则可谓隐密精微之地矣，而不外乎夫妇之所可知，所可能。盖道之费者未尝不隐，而隐者未尝不费。内外合，体用备，非人之所可毫末加而斯须去也。圣人洗心于蓍卦六爻之间，退藏于隐密精微之地，而同乎民，交乎物者，虽吉凶往来之纷纷，而吾之心未尝不退藏于密。此尧之所以无名，舜之所以无为，文王之所以不识不知，而《易》之书所以不可以象数泥而浮虚说也。

狎海上之鸥，游吕梁之水，可以谓之无心，不可以谓之道心，以是而洗心退藏，吾见其过焉而溺矣。济溱、洧之车，移河东之粟，可以谓之仁术，不可以谓之仁道，以是而同乎民，交乎物，吾见其浅焉而胶矣。

圣人惧夫道之不明也，举而揭之蓍卦六爻之间，反复而发明之，使知夫妄涤而复乎天者自微，心尽而交乎物者无累，夫其所以晓天下，亦云至矣。"大衍之数五十，其用四十有九"，则由衍以生

蓍。"四营而成《易》,十有八变而成卦",则由蓍以立卦。蓍生卦立,刚柔相推,吉凶以告,爻在其中矣。人为之妄,尚安得而与于其间哉?以此洗心,信乎其复于天矣。虽六七八九之错综无穷,乾坤六子之摩荡不息,而五十之数所谓不用之一者,实于是乎见之。则圣人退藏之地,岂所谓过而溺焉者哉?

得失之象形,悔吝之情著,则爻之所以为吉凶者,吾之所以与民同患者也。至诚如神,受命如响,事物之来,神以知之,无以异于蓍之圆也。物各付物,所过者化,事物之往,知以藏之,无以异于卦之方也。夫圣人之同乎民,交乎物者,亦异于不及而胶焉者矣。由是观之,蓍卦六爻之用,其诸以执其两端,用其中于民也欤?

尝考于《咸》之卦,而得圣人洗心之妙。于《咸》之《彖》,发天地万物之情。于《咸》之《象》,发以虚受人之义。此固可以涤人妄而复天理,观乎同民交物之道也。至于九四一爻,圣人以其当心之位,其言感通为尤至。曰"正吉悔亡"〔1〕,而《象》以为"未感害也"。盖未为私感所害,则心之本然,无适而不正,无感而不通。曰"憧憧往来,朋从尔思",而《象》以为"未光大也"。盖憧憧往来之私心,其所感必狭,从其思者独其私朋而已。圣人之洗心,其诸以涤去憧憧往来之私,而全其本然之正也欤?此所以"退藏于密"而能同乎民,交乎物,而不堕于溺焉胶焉之一偏者也。

或曰圣人生知安行,彼其心之酬酢万变者,盖不思而得,不勉而中,而何以洗为?盖不知尧舜不能忘危微之戒,而当时大臣有淫逸游乐之辞,有慢游傲虐之辞,君亦不以为轻己,且乐闻而愿听之。呜呼!此其所以为生知安行,不思不勉者欤?于洗心乎何疑?

〔1〕"正",各本同,据《周易》之《咸》卦应作"贞",此系陆九渊避宋仁宗赵祯之讳而改。

天地设位,圣人成能,人谋鬼谋,百姓与能

天地有待乎圣人,而天地为不可及;圣人有待乎天下,而圣人亦为不可及。大哉!天地圣人之不可及乎!

位乎上而能覆物者,天也;位乎下而能载物者,地也。天地能覆载万物,而成其能者则有待乎圣人。天地未尝专之也,而覆载之功卒归之天地,此天地之所以为不可及也。圣人参天地而立,成天地之能,其智能非天下之敌也。然人焉谋之卿士,鬼焉谋之蓍龟,虽百姓之愚且贱,亦不谓其不能而与之焉,则圣人之有待于天下者,亦云众矣。然成能之功卒归之圣人,此圣人之所以为不可及也。然则恃一己之智能,而谓人莫己若者,岂可与论天地圣人之事哉?"天地设位,圣人成能,人谋鬼谋,百姓与能",以此。尝观箕子为武王陈《洪范》,其七稽疑曰:"汝则有大疑,谋及乃心,谋及卿士,谋及庶人,谋及卜筮。"盖与《易》言圣人所以成天地之能者,异经同旨。天锡之《洪范》,出于温、洛之水,则天地之心于此甚白,而道之大原,吾于此而见之矣。大哉!天地圣人之所以为不可及者乎!

天之高也,日月星辰系焉,阴阳寒暑运焉,万物覆焉;地之厚也,载华岳而不重,振河海而不泄,万物载焉。天地之间,何物而非天地之为者,然而覆载万物之能犹有待于圣人。圣人之政,有以当天地之心,则诸福百祥以嘉庆之;有以失天地之心,则妖孽灾异以警惧之。彼其望于圣人以成其能者,何其至耶!无他,无私焉而极天下之大也。圣人膺裁成辅相之任,秉参赞燮理之权,道奚而可与天地殊?心奚而可与天地异?朝焉卿士,善责汝进,违责汝弼,余愆是绳,余缪是纠。庙焉蓍龟,揲枯钻朽,余不敢不敬,有行有疑,余不敢不问。人谋鬼谋,犹以为未也,惧夫百姓之能,吾不与谋焉。工诵箴谏,士传民语,庶人谤于道,商旅议于市,虽刍荛之贱,未尝不询焉,则圣人所以有待于天下者亦何其至耶!无他,无私焉,而

与天地同其大也。天地有待于圣人,而覆载之功归焉;圣人有待于天下,而成天地之能者归焉。呜呼!此天地圣人之所以为不可及也。

夫子颂尧曰"惟天为大,惟尧则之",而其所以为大者,民无能名焉。孟子颂舜曰"大舜有大焉",而其所以为大者,亦不过舍己从人,乐取诸人以为善。庙堂之上,都焉而吁,咈焉而俞,昆命之龟,协从之筮,罔有不敬,辟四门,明四目,而刍荛之贱咸得上达,吾于此见其所以成天地之能者欤!呜呼!"匹夫匹妇不获自尽,民主罔与成厥功。"君天下者,可不勉所以与天地相似者乎?

首出庶物,万国咸宁

圣人有兼覆之道,天下无难办之功。庶物之多,万国之众,圣人欲首出而使之咸宁,可谓难办之功矣。然圣人体兼覆之《乾》,以是首出庶物,则万国咸宁不足多也。

"首出庶物,万国咸宁",圣人所以得乾元之用固大矣,非天下之所可得而易言也。大而言之,何物而不备,何所而不该。然品物之形既流,洪纤高下,毫厘之间而各有所宜。六位之成,则潜、见、飞、跃,其道各异。欲体是道以首庶物而宁万国,非夫学之超乎天下之上,吾未见其能也。

方其潜也,隐而未见,行而未成,则学固不可以已也。及见而在田,则庸言之信,庸行之谨,闲邪存诚,是学果可以已乎?三之厉、四之疑,固进德修业不可懈也。至于五之与天地合德,上而知进退存亡而不失其正,非学果何以致之?"首出庶物",盖在于乘六龙,而圣人于《乾》之六位,莫不反复乎学。使其学能超乎天下之上,则天下有不足为,而万国咸宁,信乎其不足多也。

用九之辞曰"天德不可为首",而乃以首出庶物,何耶?呜呼!不为首,盖所以首出庶物,而愚所以谓不可以无学者也。

卷三十

程　文

孝文大功数十论

颂人之美者，必增重乎其人。颂人之美而不足以增重乎其人，则其非为无疑矣。立言之非者，必贻讥于后世，立言之非而不足以贻讥于后世，则其非又有大焉者矣。

孝文，汉之贤君也。晁错大廷之对，枚数其兴利除害变法易故之事，而凡之曰"大功数十"，其美亦已至矣，其言亦已夸矣。而后世称文帝之贤者，初不以斯言而增重。盖文帝以直言极谏求人，而错亦以直言极谏充诏，不闻条疏阙失，辅帝不逮，而猥用称述功烈，其辞谆复，骎骎乎佞誉诬谀之风，劳于附会粉饰，而无中情当理之实，其非无足疑矣。

然自昔公明通方之士，于错之对未尝深致意于斯言，非以为然而或取之也，盖以其言之非有大过于是者，而不必以斯言轻重之也。君子一言以为智，一言以为不智，此一言之失者也。若错之对，无非迁就牵合之说，如五帝、三王、五伯之说，一篇之襟领，而悖理尤甚，要其归，独欲以自亲事一说劝帝，而又大乖乎帝王之道。此"孝文大功数十"之说宜昔人之无讥焉耳。虽然，言，心声也。错以大廷对策，岂徒为是缪戾不根之说以塞诏而已耶？盖其刑名惨刻之学，深欲其君废放股肱之臣，身履丛脞之任，智怠力竭，欲已不可,欲进不能,则势必委之于我,而我之辩智得伸焉。其机如此,则亦不得不盛称其功烈能事,以耸动其欲为之心,激发其敢为之气,使之乐吾之说而不自知焉。然则"大功数十"之说岂可谓之不足轻重而置之乎?孟子曰:"长君之恶其罪小,逢君之恶其罪大。"错之斯言,其逢君之恶者矣。

为错解者曰:"将顺其美,亦事君之道,而何过之深乎?"呜呼!不知言,无以知人也。彼其终身之所学,平日之所存,发之于言者,虽欲掩匿蔽覆〔1〕,由君子观之,如见其肺肝。况其处心积虑,旁求曲取,以附致其邪说,而有所不知,则不可谓之知言者矣。说《春秋》者,以为言之重,辞之复,其中必有大美恶焉。圣人之情犹可以辞见。盖圣愚邪正虽异,而情见乎辞则同。目动言肆,惧我之情见矣;币重言甘,诱我之情见矣。错述文帝之功,其目数十。如躬亲本事,废去淫末,农民不租,亲耕节用,示民不奢,此五者特一事也;如绝秦之迹,除苛解娆,宽大爱人,肉刑不用,罪人不孥,诽谤不治,除去虐刑,此七者亦一事也。其余事同而条异者,亦又有之。号之以大功,凡之以数十,则其意亦可见矣。盖将以夸许耸动文帝之心,而作其自任之意,投之胶扰之地,阴拱以窥其困而乘其隙,以伸辩智焉。

肇端于文帝之日,而遂申于景帝之朝,卒然谨于七国之变,而山东几非汉有。袁盎从容一说,而要领竟分于东市。世莫不有谗忌之惜,而愚独喜其少足以正逢君之恶。

天地之性人为贵论

圣人所以晓天下者甚至,天下所以听圣人者甚藐。人生天地之间,禀阴阳之和,抱五行之秀,其为贵孰得而加焉!使能因其本然,全其固有,则所谓贵者固自有之,自知之,自享之,而奚以圣人

---

〔1〕"蔽",原作"盖",据成化本、正德本、嘉靖本、万历本、《四库》本改。

之言为？惟夫陷溺于物欲而不能自拔，则其所贵者类出于利欲，而良贵由是以浸微。圣人悯焉，告之以"天地之性人为贵"，则所以晓之者亦甚至矣。诵其书，听其言，乃类不能惕焉有所感发，独胶胶乎辞说议论之间，则其所以听之者不既藐矣乎？"天地之性人为贵"，吾甚感夫圣人所以晓人者至，李注：感，似当作憾。然以前后文求之，即作感亦可。而人之听之者藐也。孟子言"知天"，必曰"知其性，则知天矣"；言"事天"，必曰"养其性，所以事天也"。《中庸》言"赞天地之化育"，而必本之"能尽其性"。人之形体与天地甚藐，而《孟子》《中庸》则云然者，岂固为是阔诞以欺天下哉？诚以吾一性之外无余理，能尽其性者，虽欲自异于天地，有不可得也。自夫子告曾子以孝曰："事父孝，故事天明；事母孝，故事地察。"举所以事天地者，而必之于事父母之间，盖至此益切而益明，截然无辞说议论之蹊径。至因其有"无以加于孝乎"之问，又告之以"天地之性人为贵"。有笃敬之心、践履之实者，听斯言也，独不有感于心乎？于此而犹胶胶于辞说议论之间，亦奚啻不以三隅反者哉？

虽然，愚岂敢以是殚责天下，独以为古之性说约，而性之存焉者类多；后之性说费，而性之存焉者类寡。告子湍水之论，君子之所必辨；荀卿性恶之说，君子之所甚疾。然告子之不动心实先于孟子，荀卿之论由礼，由血气、智虑、容貌、态度之间，推而及于天下国家，其论甚美，要非有笃敬之心、践履之实者[1]，未易至乎此也。今而未有笃敬之心、践履之实，拾孟子性善之遗说，与夫近世先达之绪言，以盗名干泽者，岂可与二子同日道哉？李评：今童子甫完《急就》，即已侈口论性命，而俗儒粗通章句者，率逢人高谈性命，自矜为理学，不知皆先生之所诃也。故必有二子之质，而学失其道，此君子之所宜力辩深诋，挽将倾之辕于九折之坂，指迷途而示之归也。若夫未有笃敬之心、践

---

〔1〕"践"字前，成化本、正德本、嘉靖本、万历本、《四库》本多一"有"字。

履之实,而遽为之广性命之说,愚切以为病而已耳。

呜呼！循顶至踵皆父母之遗体,俯仰乎天地之间,惕然朝夕,求寡乎愧怍而惧弗能,傥可以庶几于孟子之"塞乎天地",而与闻吾夫子"人为贵"之说乎？

智者术之原论

实亡莫甚于名之尊,道弊莫甚于说之详。自学之不明,人争售其私术,而智之名益尊、说益详矣,且谁独无是非之心哉？圣人之智,非有乔桀卓异不可知者也,直先得人心之同然耳。其见于设施,则合物理,称事情,犂然当乎人心,夫妇之愚可以与知焉,奚名之尊？奚说之详哉？逮夫智失而私术兴,则向之良心日驰骛乎诡谲奸诈之场,实不足以欺天下也。将窃智者之名以售其诡,故名不得不尊。名不可以徒尊也,将文近似之说以实其名,故说不得不详。名尊说详,而智之实益亡、弊益甚矣,此则智之贼也。

汉公孙洪谓"智者术之原",其贼智之诛固不可逭,而愚又幸智之说由是而益明也。世之罪洪者,常以其饭脱粟,为布被,杀主父偃,徙董仲舒胶西,此虽其挟术之明验,而特一人之过,一时之害,而常情之所易知者。多诈不情,汲黯能诘其不忠；外宽内深,班固能知其意忌,盖有不足深诛者。至于窃智之名以售己之术,要之以利害之效,文之以近似之辞,使听之者诚以为治天下不可以无术,而圣人之智亦不过如此而已,此吾所谓智之贼而不可逭之诛也。

然墨之贼仁,杨之贼义,乡原之贼德,皆以近似之乱真,其罪正与洪之言智等耳。及孟子辞而辟之,而曰仁,曰义,曰德,由杨、墨、乡原而其说益明。有能因洪说而辟之,使天下晓然知夫私术之贼智,则洪之说亦智之幸也。

洪之说曰："擅杀生之柄,通壅塞之涂,权轻重之数,论得失之迹,使远近情伪毕见于上,谓之术。"此所谓要之以利害之效,文之以近似之辞，使听之者诚以为圣人之智亦不过如此而已也。

且圣人之智明彻洞达，无一毫私意芥蒂于其间。其于是非利害，不啻如权之于轻重，度之于长短，鉴之于妍丑，有不加思而得之者。故其处大疑，定大论，亦若饥食渴饮、夏葛冬裘焉已耳。虽酬酢万变，无非因其固然，行其所无事，有不加毫末于其间者。夫如是，可谓之术乎？果必若洪之说乎？铄金为刃，凝土为器，为网罟，为耒耜，为宫室、棺椁，为舟车、弧矢、杵臼之利，此皆上世之所无有，创物以教天下者也。而夫子则以为皆取诸《易》之卦画，是圣人之智见于创立者，犹皆因其固然而无容私焉。况于生杀、通塞、轻重、得失之常，而洪欲以其私术为之乎？《语》称"舜、禹之有天下而不与焉"，《诗》称文王"不识不知，顺帝之则"。夫生杀、通塞、轻重、得失之理，昔非有异于今也。必欲以私术为之，则舜、禹、文王诚不公孙氏若也。

自学之不明，而圣人之智不复见矣。世之人往往以谓凡所以经纶天下，创立法制，致利成顺，应变不穷者，皆圣人之所自为，而不知夫盖因其固然，行其所无事，而未尝加毫末于其间。彼役役者方且各以其私术求逞于天下，而曰此圣人之所谓智也。故老氏出于春秋而有弃智之说，孟子生于战国而有恶凿之言，是皆见夫逞私术之失也。然终至于纵横如仪、秦，刑名如鞅、斯者，杂然四出，而天下遂以分裂溃散，至秦则烬然也。公孙氏生于汉，而以儒名当世，此溺待拯、焚待救之时也，乃复尊智之名，详智之说，以售其私术。世之人虽欲闻先王之智，孰从而听之，故曰智之贼也。

孟子者，圣学之所由传也。故其言发明圣人之智，而指当时所谓智者以为凿。老氏者，得其一，不得其二，而圣学之异端也。故幸夫私术之失，因欲申己之学，而其言则曰"绝圣弃智"，又曰"以智治国国之贼"，是直泛举智而排之。世之君子常病其污吾道，而不知其皆售私术者之过也。使术之说破，则为老氏者将失其口实，而奔走吾门墙之不暇，其又何污焉？呜呼！观老氏之说、孟子之言，与仪、秦、鞅、斯之所为，则术之害智所从来久矣，非直至汉而然也。然昔之为私术者，名未甚尊，说未甚详，故辩之者不力，罪之者不深。若孟子者，不过曰行其所无事，恶夫凿而已。至于公孙，以黠中辩吻，发策人主之前，陈智之名益尊，而术之说甚详，非明于道者，有不能不为其疑似所惑，故辩之不得不力，罪之不得不深。辩之力，罪之深，而智之说不明者不也。故曰：洪之说亦智之幸。

房杜谋断如何论 _{李评：议论机权之文，推眉山三苏，若先生此文，峻厉卓越，有过之无不及，信乎有德者必有言也。}

事之要者无二机，计之得者无二说，然而得于积思者其意疑，得于忽悟者其意决，此谋之与断所以异任而同功，殊称而一致者也。天下之事，惟其要而难处也，于是乎有赖于谋。彼其以善谋称而不足与断者，岂无得于其机而尝试为之说也哉？顾特以其旁推曲考，原始要终，紬绎复熟而得之，则谨重之心胜，而刚决之意微，故不能不自疑其有所未善。至于善断者，因其谋而遂断之。其始之为谋，虽不出于己，而亦岂无得乎其心，而徒徇人之说，以勇于必行而已哉？盖其权奇倜傥，方郁于紬绎复熟之久，而闻言辄契，睹机忽悟，如雷蛰而忽惊，日曀而忽明，其势不能不决。然则谋之与断虽所任各异，所称各殊，而要其实，岂不同功而一致也哉？

唐房、杜佐太宗取天下，而史称玄龄善谋，如晦长于断，愚请以是而论之。甚哉！机事之可畏，而谋断之任不可以非其人也。尝观汉高祖听郦生之谋，刻印立六国后，高祖方食，以告张良，良借前箸筹之，高祖至辍饭吐哺怒骂，令趣销印。石勒去高祖五六百载，以奴虏之身据有中原，初不知书。一旦听读《汉史》，至刻印事，骇曰："此法当失，何以得天下？"及读至张良之筹，乃曰："赖有此人。"呜呼！使郦生佩印已行数舍之远，则高祖之天下几已去矣。知天下之机事率如是之可畏,而张良之筹、高祖之骂、石勒之骇皆机缄互发,如声响相应,非直偶然而已。则知凡所谓谋者断者皆不可以或非其人,而房、杜之才智可得而论之矣。

虽然,玄龄谋事帝所,必曰"非如晦莫与筹之",及如晦至,则卒用玄龄策。自常情观之,玄龄不失为谦抑谨重,而如晦则为无谋而因人成事者耳。呜呼!以此论房、杜,此与儿童之见何异?弈秋中枰而辍弈,李注:枰,音平,博局。少下于弈秋者,必不能以举其棋矣。王良中道而弭舆,少下于王良者,必不能以振其策矣。天下之机事,而可以非其人而与于其间哉?或谋、或断,必其机缄识略之相符者而后可也。韩信破赵之后,发使使燕,而燕人从风而靡。其策乃不出于韩信,而出于李左车,然天下不以韩信为不知兵。邹阳受梁之谢,入见王长君,而梁罪竟解。其计乃不出于邹阳,而出于王先生,然天下不以邹阳为非辩士。盖因其善而用之,与夫发悟于心者,实机缄识略之相符,而非苟从之者也。知此则知房、杜之谋断,如宫商之相应而同于成声,如斤斧之迭用而同于成器,初不可以差殊观而优劣论也。

抑尝言之,太宗以弓矢定天下,其智略之出于己者,班班见于纪传。大焉制胜千里之外,小焉决机两阵之间,超逸神变,不可穷极。及天下既定,谈治道,论政理,则老师宿儒诎其辩,此亦难乎其为臣矣。然而自渭北一见之初,秦府表留之后,谋必于房,断必于杜,则夫二公之才智岂浅浅者所可得而窥议哉?及考之传纪,则夫谋断之迹有不可得而见焉。呜呼!此二公之才智所以为不可及欤?史臣取柳芳之言曰:"帝定祸乱,而房、杜不言功;王、魏善谏,而房、杜逊其直;英、卫善兵,而房、杜济以文。"此真足以知房、杜谋断之本矣。若乃谋之不善,而强欲以辩屈人之异己,如徐湛之于沈庆者;又有嫉其谋之善,而必为沮格挠败之计,如牛僧孺之于李德裕者,其视房、杜之谋断,奚啻天渊之相辽哉?虽然,法律之书详,而望之以礼乐则缺；功利之意笃，而概之以道义则疏。此虽不足以是责之，而亦不能不使人叹息也。李评：收束仍归正论，所以为有道者之言。

刘晏知取予论

天下之事不两得，知其说者斯两得之矣。取予之说，事之不两得焉者也。民有余而取，国有余而予，此夫人而能知之者也。至于国之匮，方有待乎吾之取而济；民之困，方有待乎吾之与而苏。当是时，顾国之匮而取之乎？必不恤民焉而后可也；顾民之困而予之乎？必不恤国焉而后可也。事之不两得，孰有甚于此哉？使终于不两得，则终无一得焉尔矣。故取予之说不可谓易知也。取而伤民，非知取者也；予而伤国，非知予者也。操开阖敛散之权，总多寡盈缩之数，振弊举废，挹盈注虚，索之于人之所不见，图之于人之所不虑，取焉而不伤民，予焉而不伤国，岂夫人而能知之者哉？必有其才而后知其说也。非唐之刘晏，吾谁与归？史氏以知取予许之，真知晏者哉。

夫所病夫取予之难者，非一不足之难，而皆不足之难也。下有余而取之可也，彼方不足也，而何以取之？上有余而予之可也，此方不足也，而何以予之？天下有皆不足之病矣，而有皆不足之理乎？闻之曰"川竭而谷盈，丘夷而渊实"，天下盖未始皆不足也。方其上之不足也，不必求之下也，其可以足之者，固有存乎其上焉者矣。下之不足也，不必求之上也，其可以足之者，固有存乎其下焉者矣。将输之利害不明，则费广于舟车之徭；储藏之利害不悉，则公困于腐蠹之弊。李评：精语似经。物苦道远，则寻以输尺，斛以输斗；吏污法弊，则私良公害，私盈公虚，此所谓不必求之下焉者也。富贾乘急而腾息[1]，豪民困弱而兼并，贪胥旁公而侵渔，绳甕不立

---

〔1〕"贾"，原作"贵"，据成化本、嘉靖本、万历本改。

而连阡陌者犹未已也,糟糠不厌而余刍豢者犹争侈也,此所谓不必求之上焉者也。由是言之,有余不足之数可得而见,而取予之说可得而知也。

然狃于常者,变之则骇;便于私者,夺之则争;党繁势厚,则扞格而难胜;谋工计深,则诡秘而不可察。图利而害愈繁,趋省而费益广,则夫天下之才果不易得,而取予之说果不易知也。支左屈右,夫射者举知之也,至于中秋毫于百步之外,左右前后惟的之从,知之者惟后羿而已。揽辔执策,夫御者举知之也,至于致六马于千里之远,周旋曲折,惟意所适,知之者惟造父而已。国不足而取,民不足而予,夫人而能知之也,至于取不伤民,予不伤国,知之者惟晏而已。李评:按刘晏判度支,用法精密。初,岁入钱六十万缗,追后赋入计岁得一千二百万缗,而盐利居大半。其理财,置知院官,每旬月具雨雪丰歉之状以告,丰则贵籴,歉则贱粜。为转运使,立常平盐法,官获其利而民不乏盐。盖其才智有过人者也。

利病具于元载之书,而转漕之说详;鼓吹出于东渭之桥,而转漕之功著;补辟之选精也,干请者宁奉以廪入,故趋督倚办而功成;教令之出严也,数千里无异于目前,至嚬呻谐戏不敢隐;盐法密于第五琦,而地无遗人;鼓铸兴于淮、楚间,而货有余缗。彼其所以取之者,岂尽出乎下哉?是以取之而民不伤。驶足募,而商贾不得制物价之低昂;赈救行,而豪植不得乘细民之困溺;检核出内,李注:内,同纳。一委之士,而吏无所窜巧;督漕主驿,一出之官,而民得以息肩;无名之敛虽罢,而盐榷实行;米粟之赈虽出,而杂货则入。彼其所以予之者,岂尽出乎上哉?是以予之而国不乏。呜呼!创残之余,而向敌之甲未解也;饥疫之后,而馈军之输未艾也。上方宵旰,而民且嚣嚣,而晏也遑遑于其间,深计密画,推羡补阙,国不增役而民力纾,民不加赋而国用足,非夫知取予之说,妙取予之术,畴克济哉?

若夫头会箕敛,剥肤椎髓,疲民力而徼便漕之功于难成之渠,舍吏欺而责负逋之租于已输之民,竭下以益上,困民以悦君,此则韦坚、王鉷、杨国忠之伦,无耻败国,甘处乎晏之下,而人皆愤焉者也。至于谈仁义,述礼乐,既古人之文而不既古人之实,大言侈说而不适于用。如裴光庭之暴宇文融之恶,而不能任国用不足之责;房琯知恶第五琦,而不能对何所取财之问。此则不知尧舜孔孟之学,虽自处不在晏之下,而天下皆笑之者也。甘处乎下者如彼,欲出乎上者如此,则夫知取予者,非晏之与而谁与也。

虽然,论之以圣人之道,照之以君子之智,则坚、鉷、国忠虽晏所不为,而愚恐其有时而同科;琯、光庭虽不足以诋晏,而愚恐晏未免于可诋。何则?晏之取予出于才而不出于学,根乎术而不根乎道。出于才而根于术,则世主之忠臣而圣君之罪人也。上有道揆,而责以有司之事焉可也,人君悦而尊宠之,鲜有不弊焉者也。《易》之理财,《周官》之制国用,《孟子》之正经界,其取不伤民,予不伤国者,未始不与晏同,而纲条法度,使官有所守,民有所赖,致天下之大利,而人知有义而不知有利,此则与晏异。故曰:出于才而不出于学,根于术而不根于道。李评:按前文极其推服,此处归本于学与道,亦《春秋》责备贤者之意。

晏之治财未能过管、商氏。仲尼之门,五尺童子羞称管仲,曾西之不为,孟子之不愿。至于商君,则后世笃论,以为帝秦者商君也,而亡秦者亦商君也。今晏之所为,如茗橘珍贡常冠诸府,要官华使多出其门,畏权贵而禀其人,默其口而咻以利,为国家者,亦何利于此哉?使不死于杨炎之挤,则其污身败国者将不止此。人莫不以杨炎之挤为晏惜,而愚独以为晏之幸。故曰:论之以圣人之道,照之以君子之智,盖未免于可诋,亦未必不与坚、鉷、国忠等同科。

虽然,才之难也久矣。道不稽诸尧舜,学无窥于孔孟,毋徒为侈说以轻议焉可也。

卷三十

政之宽猛孰先论

君不可以有二心，政不可以有二本。君之心、政之本不可以有二，而后世二之者，不根之说有以病之也。宽猛之说，其论政之不根者欤！歧君之心，挠政之本，其害有不可胜言者，惜乎未之辨也。

唐宪宗问权德舆政之宽猛孰先。当时德舆之对似亦有得乎吾所谓"君之心，政之本"者矣，惜乎其不能伸之、长之，而宽猛之说未及辨也。

宽者，美辞也。猛者，恶辞也。宽猛可以美恶论，不可以先后言也。强弗友之世，至于顽嚚、疾狠、傲逆、不逊，不可以诲化怀服，则圣人亦必以刑而治之。然谓之刚克可也，谓之猛不可也。五刑之用谓之天讨，以其罪在所当讨，而不可以免于刑，而非圣人之刑之也，而可以猛云乎哉？"蛮夷猾夏，寇贼奸宄"，舜必命皋陶以明五刑。然其命之之辞曰"以弼五教，期于无刑"。皋陶受士师之任，固以诘奸慝、刑暴乱为事也，然其复于舜者，曰"御众以宽"，曰"罚弗及嗣"，曰"罪疑惟轻"，曰"与其杀不辜，宁失不经，好生之德洽于民心，兹用不犯于有司"。呜呼！此吾所谓君之心而政之本也，而可以猛云乎哉？

宽猛之说，古无有也，特出于《左氏》载子产告子太叔之辞，又有"宽以济猛，猛以济宽"之说，而托以为夫子之言。呜呼！是非孔子之言也。李评：自先生说破，然后确乎知非孔子之言。先生知言之学，直接孔孟，不徒知邪说而已也。且其辞曰："政宽则民慢，慢则纠之以猛，猛则民残，残则施之以宽。"使人君之为政，宽而猛，猛而宽，而其为之民者，慢而残，残而慢，则亦非人之所愿矣。呜呼！是非夫子之言也。《语》载夫子之形容，曰"威而不猛"。《书》数义、和之罪，曰"烈于猛火"。《记》载夫子之言，曰"苛政猛于虎也"。故曰：猛者恶辞也，非美辞也。是岂独非所先而已耶？是不可一日而有之者也。故曰：可以美恶论，不可以先后言也。左氏之传经，说《春秋》者病其失之诬，柳宗元非其《国语》，以为"用文锦覆陷阱"。彼其宽猛之说，其为诬而设陷阱也大矣。

左氏不足道也，吾观西汉董生三策，不能无恨。三策之辞大抵粹然有皋、夔、伊、傅、周、召之风，使人增敬加慕。其首篇有"王者宜求端于天，任德不任刑"之说，尤切时病。至武帝再策之，有所谓"商人执五刑以督奸，伤肌肤以惩恶"之说，且继以周秦之事为问。尝谓当时待诏者百有余人，至于此语，未必非仲舒"任德不任刑"之言有以激之也。此其说盖亦有所自来，而仲舒乃不之辩，特推周家刑措之效，以为由于教化之渐、仁义之流，非独伤肌肤之效也。殆若无以加答，而迁就其说者然。若夫周措刑之美，秦用刑之非，武帝固自言之矣。彼之所问者，特以"商人执五刑以督奸，伤肌肤以惩恶"，有异于周之措而秦之用，此则武帝之所据以遂其任法之意者也。此其说盖出于《戴记》"商人先罚后赏"之言。呜呼！"尽信《书》，不如无《书》。"战国之君，争城以战，杀人盈城，争地以战，杀人盈野。孟子必力辩"血流漂杵"之言，以为非是。《武成》，周书也；战国，周之世也；《书》者，又夫子所定，去孟子未久也。至其言有害理非实，而足以病人君之心术，亦必力辩而无嫌。武帝之时，经籍出于秦火灰烬之余，而记《礼》之书特传于二戴之口，其非圣人之全书明甚。其所谓"执五刑，伤肌肤"之说，又背理非实，亦彰彰明甚。仲舒胡不稽"克宽克仁"之言，"敷政优优"之言，"后来其苏""后来其无罚"之言以告之，且申《戴记》"先罚后赏"之说，明辨其是非，以祛武帝之惑，顾乃迁就其说而不之辩，亦异于吾孟子矣。张汤之徒竟以任职称意，公卿之间往往系狱具罪，知见之法兴，绣衣之使出，网密文峻〔1〕，而奸宄愈不胜，吾于仲舒之策不能无遗恨

---

〔1〕"网"，原作"罔"，据《四库》本改。

焉。至再传而为宣帝之杂霸,又转而为元帝之优柔,皆此说之不明也。

尝谓古先帝王未尝废刑,刑亦诚不可废于天下,特其非君之心,非政之本焉耳。夫惟于用刑之际而见其宽仁之心,此则古先帝王之所以为政者也。尧举舜,舜一起而诛四凶。鲁用孔子,孔子一起而诛少正卯。是二圣人者以至仁之心恭行天讨,致斯民无邪慝之害,恶惩善劝,咸得游泳乎洋溢之泽,则夫大舜、孔子宽仁之心,吾于四裔两观之间而见之矣。然则君人者,岂可以顷刻而无是心,而所谓政者,亦何适而不出于此也。故曰:君不可以有二心,政不可以有二本。

唐李吉甫尝言于宪宗曰:"刑、赏,国之二柄,不可偏废。今恩惠洽矣,而刑威未振,中外懈怠,愿加严以振之。"当时帝顾问李绛,绛虽能以"尚德不尚刑"之说折之,然终未能尽惬于理。盍亦曰:"吉甫为宰相,若中外诚有傲逆淫纵,败常乱俗,丽于法而不可逭者,盍亦明论其罪,告主上以行天讨乎?何乃泛言刑威不振,劝人主以加严,此岂大舜明刑之心,而皋陶所以告舜之意乎?"如此,则不堕于偏废之说,而吉甫之失自著矣。噫!吉甫斯言,可谓失其本心者矣。其后于頔劝帝峻刑,帝乃告诸朝而推论其意,吉甫退而抑首,不言笑竟日,则吉甫亦可谓知耻者矣。后之欲以险刻苛猛之说复其君者,尚鉴于此哉!

善哉!德舆之所以告其君者乎,盖亦有合乎吾孟子告君之机,惜乎其无以终之也。人君之所以进于先王之政者,盖始于仁心之一兴耳,然而事物之至,利害之交,此心常危而易蔽。况夫水溺火烈之说载于《左氏》,严理宽乱之论著于崔寔,而世莫之非。一旦而君有"宽猛孰先"之问,安知其不有所蔽而然乎?德舆首告以太宗观《明堂图》以罢鞭背之罪,此与孟子以见牛之说告齐宣王何异,真足以兴其仁心矣。宜乎宪宗然之无疑,其后不惑于吉甫、于頔之说,而能顾问李绛,推论于朝者,未必非德舆斯言力也。虽然,有仁心仁闻,而民不被其泽者,不行先王之政也。仁心之兴,固未足以言政。孟子之兴其仁心者,固将告之以先王之政也。若德舆则不复进于是矣,此吾所以惜其无以终之也。

呜呼!是说之难久矣。自尧以是而哀鳏寡之辞,舜以是而称皋陶之休,禹以是拜伯益之言,汤以是优代虐之政,文王以是明丕显之德,武王以是释箕子之囚,至于穆王犹能以是而作《吕侯之命》。三代降,斯道其不行矣;孟子没,斯道其不明矣。夫自汉儒之纯如仲舒,犹不能使人无恨,则吾于德舆乎奚责!

常胜之道曰柔论

人情之所甚欲常出于其所甚不欲。处天下之胜,而举天下常无以胜之者,此固人情之所甚欲也。若乃暴之而有胜人之形,张之而有胜人之势,峣峣然与物为敌,而未始少屈者,此则快于常人之情,而以为可以致胜焉者也。然而天下之取败者常出于此,而幸胜者不万一焉。至于窥之而无胜人之形,抗之而无胜人之势,退然自守,初若无以加乎人者,此则常情之所甚不欲,而以为无足以致胜焉者也。然而勇者于此丧其力,智者于此丧其谋,举天下之所谓若可以胜人者,皆于此而丧其强,则夫常胜之道盖无越于此者。然则其所甚不欲者,乃所以致其所甚欲者,而人或未之知也。"常胜之道曰柔",列御寇之所以言也。

切尝论之,御寇是说固不可以苟訾,亦不可以苟赞。何者?论胜之势而不及理,则胜有不出于柔;语柔之体而不及用,则柔有不可以致胜。悉楚甲以奔邹之陈,则邹之将必俘楚之庭;扫齐境以临薛之城,则薛之君必惟齐之命,是胜未始出乎柔也。然周以岐山之邑而兴王业,越以会稽之栖而成伯图,蜀汉足以毙项,昆阳足以死莽,是胜未始不出乎柔也。盖不出乎柔者,势也;出乎柔者,理也。

理可常也，而势不可常也，是势果不足论而胜果出于柔也。蒙鸠之巢不足以当嵩、衡之遗石，枯杨之稊不足以试镆铘之余锋，是柔未始可以致胜也。然天下之至柔者莫若水，而攻坚强者莫之能先。洞庭、彭蠡之潴是汪然者，非犀兕之坚、金石之郛也。有贱丈夫焉，奋剑而裂之，力则疲而水则不可裂也；投石而破之，石则坠而水则不可破也，则是柔未始不可以致胜也。盖不可以致胜者，其体也；可以致胜者，其用也。体者徒柔也，而用者不徒柔也，是体果不足论，而柔果可以致胜也。论胜之势而不及胜之理，语柔之体而不及柔之用。然而赞之者，是不明而苟于徇人也。然而訾之者，是愚而果于自任。訾之之弊，往往徒恃其有胜之势，而不知其无胜之理。六国并而秦以破，南北混而隋以亡，此恃胜之势，而不知势之不可常也。赞之之弊，往往徒以其有柔之体，而不知其无柔之用。元帝以优柔而微汉，德宗以姑息而弱唐，此有柔之体，而不知徒柔之无用也。

"尺蠖之屈，以求伸也；龙蛇之蛰，以存身也。"猛虎伏于深谷，而其威愈不可玩；翠虬蟠于深渊，而其灵愈不可狎。使胜之势而若此，则乌有不可常也哉？是其势固出乎柔，而非向之所谓势者也。泊然而无胜人之形，寂然而无震人之声，诱之不可得而喜，激之不可得而怒。使柔之体而若此，则亦何往而不胜哉？是其体固有所用，而非向之所谓徒柔也。呜呼！天下之言胜者，每快于秦之并吞，隋之混一。而言柔者，又多溺于汉之优柔，唐之姑息。则吾又安得夫知柔之说者，而与之论常胜之道哉？

虽然，登华岳则众山不能不迤逦，浮沧海则江汉不能不污沱，明圣人之道，则御寇之学几不能立其门墙。盖正己之学初无心于求胜，大中之道初不偏于刚柔。"沉潜刚克，高明柔克"，德之中也。"强弗友，刚克；燮友，柔克"，时之中也。时乎刚而刚，非刚也，中也；时乎柔而柔，非柔也，中也。其为道也，内外合，体用备，与天地相似,与神明为一,又安有求胜之心于其间哉?屈伸视乎时,胜否惟其德。汤尝事葛矣,而仇饷之师竟举,文王尝事昆夷矣,而柞棫之道终兑,非求胜也,时也。虞干舞而苗格,周垒因而崇降,非用柔也,德也。且南方之强在于"宽柔以教",而申枨之欲则不可谓之刚。盖刚之中有至柔之德,而柔之中有至刚之用,安得以一偏而名之哉?彼靡靡而言柔,行行而言胜,固无讥焉耳矣〔1〕。顾为御寇之说者,于此非羞污反走,则亦将舍所学而问圣道之津矣。故明圣人之道,则御寇之学几不能立于门墙。

虽然,御寇之学得之于老氏者也。老氏驾善胜之说于不争,而御寇托常胜之道于柔,其致一也。是虽圣学之异端,君子所不取,然其为学固有见乎无死之说,而其为术又有得于翕张取予之妙,殆未可以浅见窥也。其道之流于说者,为苏、张之纵横;流于法者,为申、韩之刑名;流于兵者,为孙、吴之攻战。高祖得于张良而创汉业,曹参得于盖公而守汉法,逮光武有见乎苞桑之说,遂以兴汉而理天下。今苞苴竿牍之智,弊精神乎蹇浅者,其于苏、张、申、韩之伦无能为役,而欲肆其胸臆以妄议老氏、御寇之学,多见其不知量也。故曰:不可以苟訾,亦不可以苟赞。

---

〔1〕"讥",嘉靖本作"议"。

卷三十一

程　文

问制科 解试

对：制科不可以有法，制科而有法，吾不知制科之所取者何人也。以蜗蛭之饵垂海而冀吞舟之鱼，唐贾至犹以为诸科之病。今制科者，天子所自诏以待非常之才也。孰谓非常之才而可以区区之法制束而取之乎？

然是科始于汉，盛于唐。至于我宋，其为法益密，而其得人之盛视汉唐有优焉，何哉？愚尝论之，汉病于经，唐病于文，长才异能之士类多沦溺于训诂、声律之间，故汉唐之制举不可以罪法。我宋之盛莫盛于仁宗。盖其承三朝涵养天下之久，和气浃洽，人才众多，学术雅正，经不病汉，文不病唐，而天圣复科之诏，又其图治之心锐而求才之意切。天下之士雷动云合，欲振耸于天子之庭者，心洋洋而冠峨峨也。是以一举而得富郑公，再举而得张文定，其余如何、张、苏、钱之流亦往往可称数，号为得人之盛。

然未几而范文正公且言曰："朝廷命试之际，或将访以不急之务，杂以非圣之书，欲伺其所未知，误其所熟习，适足以误多士之心，非劝学育材之意也。"嘉祐之末，苏文忠公制策之对，且曰："陛下所为亲策贤良之士，以应故事而已，岂以臣言为真足有感于陛下耶？"愚以为仁宗英特之主，好贤之诚盖不后于尧舜三王，而乃使当时大臣有误多士之论,制科之人有应故事之说者,是盖其法之罪也。故天圣之法不可以不变。

恭惟主上临御以来,十年三诏,锐意方闻之彦,凡记诵传注之僻,识知侍从之艰,咸汎扫而新之,则夫范文正所谓误多士者盖革之矣。乃秋九月,实试贤良之士,执事大人,下教诸生以试之之时,有可变而通之之理,谓今岁列郡不雨者非一,则成汤之自责,宣王之忧民,甯庄子之知天意,臧文仲之知人事,其所先所宜,可用可为者,宜有得于大廷之对。诚如是,则苏文忠所谓应故事者又革之矣。虽然,庆历六年,监察御史唐询尝请如汉故事,俟有灾异,然后举之,亲策当世要务,罢试秘阁六篇,参政吴育执以为不可,愚尝交讥其龌龊庸陋。盖询之意,非知待贤之体而能勉君以尽其礼,顾患应科者之众,而欲设术以抑其进。为育者正当诛其意而取其说,从而广之。若曰"思未治则举之,思遗逸则举之,有缺政则举之,有灾异则举之,有大谋议则举之,惟人君之所欲举欲问,毋拘以法,毋限以时",则是科之设庶乎其有补,而是科之名庶乎其无愧矣。不知出此,而猥曰"法不可变"。呜呼!待贤良而有若待胥吏徒隶者存焉,是尚为不可变乎?龌龊庸陋之臣不知待贤者之礼,适以芜累明君之政如是哉!故曰:天圣制科之法不可不变。

若夫汉唐之时,则未始有定法也。所谓举之以五者,惟晁错为然。当时特诏有司、诸侯王及三公、九卿、主郡吏举贤良,而举晁错者适有五人耳。若乃公孙洪、董仲舒、谷永、杜钦之流,而推之、选之、举之皆不必其五也。故彼之以五者非有定法,而我之以二则法之一定者也。问之以三者,惟董仲舒为然。当时固以对策者条贯靡竟,统纪未终,辞不别白,旨不分明,故至于再、至于三耳。若乃晁错、谷永、杜钦皆止于一篇,而公孙洪止于复问,初不必其三也。故彼之以三者,初非定法,而我之以一者,则法之一定者也。至于应者之多寡尤不可概论,汉之应者以百数,而唐永昌之初,对策者至千余。当时张柬之为第一,此狄仁杰之所谓宰相材,而成诛二张之功者也。固不可谓其应者之多,而所得之非才也。故曰:汉唐之制科不可以罪法。

若夫比方之事,非承学之任,故愚不复为执事道。谨对。

〔问〕料敌[1] 解试

曹操能注兵法,而不能谕于其子;赵括能读父书,而不见许于其父。兵家之变又岂可以言传而迹窥也哉?

李靖佐李孝恭平萧铣,靖请乘水传垒,以为必擒。及叩夷陵,铣以惶骇,而其败军之将适屯清溪,靖乃以为不可击,孝恭击之,果以败还。贼委舟散掠,靖视其乱,击而破之,孝恭继进,铣遂以降。夫图铣一事也,始而曰必擒,中而曰不可击,终而击,其说三变,而无一不酬。知此,则韩安国、淮南王之说可得而判矣。李德裕之在剑南也,追咎韦皋招徕群蛮之策,以为召寇之端;抚纳蕃将悉怛维州之降,以为制敌之要。夫剑南一方也,群蛮之来,悉怛之至,大略相类,一以为召寇,一以为制敌,而君子两是其说。审乎此,则耿国、柳浑之说可得而知矣。故孙武以兵为书,而曰"兵家之胜,不可先传"。霍去病以兵为事,而曰"何至学古兵法"。诚以兵家之变在于机缄识略之相符,非可以言传而迹窥也。

然则高祖之前料,子房之决胜,夫岂偶然而已哉?尝观石勒素不知书,听读《汉书》至食其立六国事,抟手惊曰:"此法当失,何以得天下?"及至张良借箸之说,则曰:"赖有此人耳。"以是知高祖辍饭吐哺之时,岂无见乎其事之机,而惟良之为信者。后世书生以陈迹臆见断天下之成败者,岂不贻笑矣哉?

若夫宣帝之使单于慕义,郭子仪之使回纥下拜,此其诚之所

---

[1] "问",原无,据成化本、正德本、《四库》本补。

感,则又进乎兵矣。

问赈济 解试

对:赈济之策,前人之迹可求也。然无得乎其本,而惟末之求,则其策有时而穷。

文潞公之在成都也,米价腾贵,因就诸城门相近院凡十八处,减价而粜,仍不限其数,张榜通衢,翼日米价遂减〔1〕。此盖刘晏之遗意。然公廪无储,私困且竭,则其策穷矣。赵清献之守越,米价踊贵。傍州皆榜衢路,禁增米价。清献独榜衢路,令有米者任增价粜之。于是诸路米商辐辏诣越,米价更贱,民无饿莩。此盖卢坦之旧策。然商路不通,邻境无粟,则其策穷矣。舍是二策,独可取之富民。而富民之囷廪盈虚,谷粟有无,不得而知。就令知之,而闭粜如初,又诚如明问所虑。以公家之势,发民之私藏,以济赈食,不为无义,顾其间尚多他利害。故愚请舍其末而论其本,可乎?

汉倪宽以租不办居殿,当去官,百姓思之,大家牛车,小家负担,乃更居最。夫宽于科敛之方略亦疏矣,而能旦暮之间以殿为最,则爱民之心孚乎其下故也。诚使今之县令有倪宽爱民之心,感动乎其下,则富民之粟出,而迩臣散给之策可得而施矣。

方略之未至,利害之未悉,皆可次第而讲求。若监司、郡守不能以是心为明主谨择县令,或惮于有所按发,而务为因循舍贷,则吾末如之何也已矣!

问唐取民制兵建官 省试

对:古之是非得失常易论,今之施设措置常难言。论古之是非得失而不及今之施设措置,吾未见其为果知古也。

---

〔1〕"翼日",嘉靖本作"异日"。

然则古亦岂可以易言乎哉？取民、制兵、建官之法，盖莫良于三代。遭秦变，古先王之制扫地而尽。由汉以来，因循苟简，视三代之法几以为不可复行。盖不知大冬之寒可以推而为大夏之暑，毫末之小可以进而为合抱之大，顾当为之以渐，而不可以骤反之也。唐因魏、隋之旧，而成租调、府卫之制，官约以六典，而省之至于七百三十，此可以为复三代之渐，而唐之所以为可称者也。至于贫无以葬者，许鬻永业；自狭乡徙宽乡者，并鬻口分。启兼并之端，开避地之衅，此固失在于其法。省官之初，自谓吾以此待天下贤才足矣。既而增员外，置寖广而不复除，此固失在于其身。居重御轻之说，在唐固不能无蔽，而府兵之废实出于版图隳而不可考，阅习弛而不可用，其源盖与授田相表里，皆其立法之遗恨也。彍骑、两税，虽皆一时可喜之事，而坏经常简易之法，驯致巨创大蠹而不能救。承良法之弊，不知修而复之，苟且变更，以偷一时之利而不顾其后，此尤君子之所深恶，不可诿前人之失而遁其诛。至于斜封、墨敕之滥，则诚无足深责。大抵君子之望于唐者，欲其等而上之，而唐愈下；欲其推而进之，而唐愈退。其是非得失岂不较然甚明哉。

至推之于今日，则又有难言者：唐租调之法固可以为复井田什一之渐矣。然连阡陌者难于行削夺之法，厌糟糠者无以为播种之资。削夺之法不行，则田亩孰给？播种之资既乏，则租课孰供？况今之取于民者，斗斛之数定而输再倍，和市之名存而直不给，殊名异例，不可殚举。而州县遑遑，有乏须负课之忧；大农汲汲，为支柱权宜之计。于此而议复租调之法，谁曰为通世务者？

唐府兵之法，固可为复军旅卒伍之渐矣。然授田之制不行，则府卫之制不可复论。况迩者两淮流徙之民，朝廷欲因赈救之粟，使耕荒弃之地，以成屯田之业，而议者犹惧资储之乏，事弗克究。列营而居，负米而爨者，或者犹惧拊循之未至，居处之未安，习勤之未集，而遽欲望被坚跞劲于田亩舍锄释耒之人，亦已难矣。于此而言府卫之制，盖索商舶于北溟之涯者也。

唐虞官百，夏商官倍，周官三百六十，而唐承隋后，官不胜众，骤而约之，七百有奇，则复古建官，亦莫近于唐矣。今之内而府寺场局，外而参幕佐贰，可以罢而省之者盖不为少。天下莫不知之，而朝廷之惮为此者，则惧夫衣裳之流离而无以生也。今虽不省，而受任者或数千里，需次者或八九年。夺园夫红女之利，不复可以责士大夫。为省官之说，则又不可无以处此。故曰：论古之是非得失者易，言今之施设措置者难。

然则三代之法，其终不可复矣乎？曰：大夏之暑，大冬之推也；合抱之木，毫末之进也。况夫修己以安百姓，笃恭而天下平，仲尼谓"期月而可，三年有成"。有包荒之量，有冯河之勇，有不遐遗之明，有朋亡之公，于复三代乎何有？愚不佞，他日执事大人论思之次，愿与闻焉。

问德仁功利

对：仲尼屡叹管仲之功，而游于其门者，五尺童子羞称焉，曾西有所不为，孟子有所不愿。威公由莒转战而入齐，管仲释囚拘而相之，其学焉而后臣之也，孟子至与成汤、伊尹同称。然观其始志，不过欲立功名于天下，以自尊荣其身而已。岂有"匹夫匹妇有不与被尧舜之泽者，若己推而纳之沟中"之心哉？召陵之役，反未及国，而陈辕涛涂之执，骄恣之迹已形，其视成汤之惭德为如何？呜呼！此功利德仁之所从分欤！

唐太宗与裴寂、刘文静谋动高祖时，其志无异于威公、管仲之事，及其有天下之后，致正观之治[1]，而论者以为庶几三代之王。

---

[1] "正观"，各本同，此指唐太宗年号"贞观"，系陆九渊避宋仁宗赵祯之讳而改。以下"正观"同。

吾独于其听魏徵之言而见之。宇文士及称："南衙群臣面折庭争，陛下不得举手。"盖当时辅拂鲠挺之臣不独徵而已，顾独徵之言为尤详且切。取徵之言而读之，盖有富翁贵仕之所不能堪者，而太宗富有天下，贵为天子，功业皆其所自致，而能俯首抑意，听拂逆之辞于畴昔所恶之臣。呜呼！此其所以致正观之治，庶几于三代之王者乎！

恭惟主上盛德至仁，其学盖出于五帝、三王，而俯取唐太宗德仁功利之问，与魏徵之所以对者，发于奎书，形于诏旨，询及侍臣，一何其德之盛、仁之熟，勉勉亹亹而无有穷已也？实天下万世之幸！执事大人仰取而俯用之，策诸生于旅试之场，甚大惠也。设功利德仁之疑于魏徵之辞，愚既以齐威、管仲之事决之前矣。至于"帝王之德之仁，岂但如匹夫见于修身齐家而已"之说，愚窃以为不然。夫所谓修身齐家者，非夫饬小廉，矜小行，以自托于乡党者然也。颜子视听言动之间，曾子容貌辞气颜色之际，而五帝、三王、皋、夔、稷、契、伊、吕、周、召之功勋德业在焉。李评：此数语非有见于圣学者不能及。故《大学》言"明明德于天下者"，取必于格物致知、正心诚意之间。愚不敏，姑诵所闻，执事大人幸恕其狂斐。

问汉文武之治

对：尝读《洪范》至于"沉潜刚克，高明柔克"之辞，未尝不反复深考而敬思之，以为古先帝王之所以未尝不学，而求警戒磨励之心未尝不切也。执事教诸生以汉文帝、武帝之事，愚独以学而断二君之失。

夫文帝之为君，固宽仁之君也，然其质不能不偏于柔。故其承高、惠之后，天下无事，不知上古圣人弦弧剡矢、重门击柝之义，安于嫁胡之耻，不能饬边备，讲武练兵，以戒不虞。而匈奴大举入边者数四，甚至候骑达于雍、甘泉，仅严细柳、灞上、棘门之屯。虽拊髀求将,御鞍讲武,而志终不遂。使其有学以辅之,而知高明之义,必不至于此矣。

武帝之为君,固英明之君也,然其质不能不偏于刚。故其承文帝富庶之后,贯朽粟腐,愤然欲犁匈奴之庭,以刷前世之耻。然不知舞干格苗、因垒降崇之事。不止卫青、霍去病之师,而穷贰师之兵,至于海内虚耗,户口减半,虽下轮台哀痛之诏,亦无及矣。"飘风不终朝,骤雨不终日",执事谓始作者有以基之,信其然乎。使其有学以辅之,而知沉潜之义,不至于此矣。

呜呼!富庶之效虽辽于虚耗之报,而拊髀之叹有不如轮台之哀。尧舜三王之心,吾于汉武帝末年之诏而知之,此吾所以重惜其无学以辅之也。若圣天子求治之至,而治道未尽举,此则执事大人之任,愚未敢僭。

卷三十二

拾　遗

好学近乎知

圣人之言有若不待辩而明，自后世言之，则有不可不辩者。

夫所谓智者，是其识之甚明，而无所不知者也。夫其识之甚明，而无所不知者，不可以多得也。然识之不明，岂无可以致明之道乎？有所不知，岂无可以致知之道乎？学也者，是所以致明致知之道也。向也不明，吾从而学之，学之不已，岂有不明者哉？向也不知，吾从而学之，学之不已，岂有不知者哉？学果可以致明而致知，则好学者可不谓之近智乎？是所谓不待辩而明者也。

然大道之不明，斯人之陷溺，古之所谓学者，后世莫之或知矣。今自童子受一卷之书，亦可谓之学；虽学农圃技巧之业，亦不可不谓之学。人各随其所欲能者而学之，俗各随其所渐诱者而学之，均之为学也。虽其学之也，有好有不好，其好之也，有笃有不笃，而当其笃好之也，均之为好学也。今学农圃技巧之业者姑不论；而如童子受书，如射御书数专为一艺者亦姑不论；又如诡怪妖妄之人，学为欺世诬人之事者亦姑不论。而世盖有人焉，气庸质腐，溺于鄙陋之俗，习于庸猥之说，胶于卑浅零乱之见，而乃勉勉而学、孜孜而问、茫茫而思、汲汲而行，闻见愈杂，智识愈迷，东辕则恐背于西，南辕则恐违于北，执一则惧为通者所笑，泛从则惧为专者所非，进退无守,彷徨失据。是其好之愈笃,而自病愈深。若是而学、若是而好者,果可谓之近于智乎?此所谓自后世言之则有不可不辩焉者也。李评:章句支离之学,不得谓之学。

学问求放心

举天下从事于其间而莫知其说,理无是也,而至于有是,是岂可以不论其故哉?学问也者,是举天下之所从事于其间者也。然于其所以学问者而观之,则污杂茫昧,驳乎无以议为也。古者学问之道,于是而有莫知其说者矣。

"仁,人心也。"心之在人,是人之所以为人,而与禽兽草木异焉者也,可放而不求哉?古人之求放心,不啻如饥之于食、渴之于饮、焚之待救、溺之待援,固其宜也。学问之道,盖于是乎在。下愚之人忽视玩听,不为动心。而其所谓学问者,乃转为浮文缘饰之具,甚至于假之以快其遂私纵欲之心,扇之以炽其伤善败类之焰,岂不甚可叹哉!

"学问之道无他,求其放心而已矣。"孟子斯言,谁为听之不藐者。

主忠信

人不可以无所主,尤不可以主非其所主。盖人而无所主,则伥伥然无所依归,将至于无所不为,斯固有所不可也。然至于主非其所主,则念虑云为举出于其心之所主,方且陷溺于其中而自以为得,虽有至言善道、贤师良友,亦无如之何。则又不若无所主者之或能入于善也。此夫子所以屡言之。

忠者何?不欺之谓也;信者何?不妄之谓也。人而不欺,何往而非忠?人而不妄,何往而非信?忠与信初非有二也。特由其不欺于中而言之,则名之以忠;由其不妄于外而言之,则名之以信。

果且有忠而不信者乎？果且有信而不忠者乎？名虽不同，总其实而言之，不过良心之存，诚实无伪，斯可谓之忠信矣。由是言之，忠信之名，圣人初非外立其德以教天下，盖皆人之所固有，心之所同然者也。

然人之生也，不能皆上智不惑。气质偏弱，则耳目之官不思而蔽于物，物交物，则引之而已。由是向之所谓忠信者，流而放僻邪侈，而不能以自反矣。当是时，其心之所主，无非物欲而已矣。然则圣人所欲导还其固有，舍曰"主忠信"，其何以哉？是故为人子而不主于忠信则无以事其亲，为人臣而不主于忠信则无以事其君，兄弟而不主于忠信则伤，夫妇而不主于忠信则乖，朋友而不主于忠信则离。视听言动，非忠信则不能以中理；出处语默，非忠信则不能以合宜。凡文辞之学，与夫礼乐射御书数之艺，此皆古之圣贤所以居敬养和，周事致用，备其道，全其美者。一不出于忠信，则虽或能之，亦适所以崇奸而长伪，况其余乎？

呜呼！忠信之于人亦大矣。欲有所主，舍是其可乎？故夫子两以告门人弟子，而子张之问崇德，亦以是告之；至于赞《易》，则又以为"忠信所以进德也"。诚以忠信之于人，如木之有本，非是则无以为木也；如水之有源，非是则无以为水也。人而不忠信，果何以为人乎哉？鹦鹉鹨鸰能人之言，猩猩猿狙能人之技，人而不忠信，何以异于禽兽者乎？呜呼！学者能审其所主，则亦庶几乎其可矣。

国以君为主，则一国之事莫不由君而出；军以将为主，则一军之事莫不由将而出；家以长为主，则一家之事莫不由长而出。人能以忠信为主，则念虑云为，举一身之事莫不由忠信而出，然而不能进于圣贤者，吾未之信也。

毋友不如己者

人之技能有优劣，德器有大小，不必齐也。至于趋向之大端则不可以有二，同此则是，异此则非。向背之间、善恶之分、君子小人之别，于是决矣。友者，所以相与切磋琢磨以进乎善，而为君子之归者也。其所向苟不如是，恶可与之为友哉？此"毋友不如己者"之意。甚矣！趋向之不可不谨，而友之不可不择也。

耳目之所接，念虑之所及，虽万变不穷，然观其经营，要其归宿，则举系于其初之所向。布乎四体，形乎动静，宣之于言语，见之于施为，酝酿陶冶，涵浸长养，日益日进而不自知者，盖其所向一定而势有所必然耳。彼其趋向之差，而吾与之友，则其朝夕游处之间，声薰气染，波荡风靡者，岂不大可畏哉？子张氏有"于人何所不容"、"如之何其拒人"之说，殆未知夫"主忠信，毋友不如己者"之义也。李评：陆子以"如"字作"似"字解，本于《乾》卦"同声相应，同气相求"之义，所谓君子以同道为朋也。若朱子则以"如"字作"及"字解，盖用子贡悦与不若己者处之义。于理皆通。但孔子之时，岂有如孔子者，是孔子无友而斯言为虚设也。然孔子言志，老安少怀，与朋友并，称卫蘧齐晏，皆不如孔子，而孔子皆友之。惟原壤夷俟，然后杖叩其胫，则所谓道不同者。由是观之，似陆子之解不为无见。

人不可以无耻

人惟知所贵，然后知所耻。不知吾之所当贵，而谓之有耻焉者，吾恐其所谓耻者非所当耻矣。夫人之所当贵者，固天之所以与我者也，而或至于戕贼陷溺，颠迷于物欲，而不能以自反，则所可耻者亦孰甚于此哉？不知乎此，则其愧耻之心将有移于物欲得丧之间者矣。然则其所以用其耻者，不亦悖乎？由君子观之，乃所谓无耻者也。孟子曰"人不可以无耻"，以此。

又

不善之不可为，非有所甚难知也。人亦未必不知，而至于甘为不善而不之改者，是无耻也。夫人之患莫大乎无耻。人而无耻，果何以为人哉？今夫言之无常,行之不轨,既已昭著,乃反睢睢扬扬,饱食暖衣,安行而自得,略无愧怍之意,吾不知其与鳞毛羽鬣、山栖水育、牢居野牧者何以异也。人而至此,果何以为人乎哉？钧是人也,而至于有为圣为贤者,独何为而能然哉？人之无耻者,盍亦于是而少致其思乎！"人不可以无耻",以此。

思则得之

义理之在人心,实天之所与而不可泯灭焉者也。彼其受蔽于物而至于悖理违义,盖亦弗思焉耳。诚能反而思之,则是非取舍盖有隐然而动、判然而明、决然而无疑者矣。

君子喻于义

非其所志而责其习,不可也；非其所习而责其喻,不可也。义也者,人之所固有也。果人之所固有,则夫人而喻焉可也。然而喻之者少,则是必有以夺之,而所志所习之不在乎此也。孰利于吾身,孰利于吾家,自声色货利至于名位禄秩,苟有可致者,莫不营营而图之,汲汲而取之。夫如是,求其喻于义,得乎？君子则不然,彼常人之所志,一毫不入于其心,念虑之所存,讲切之所及,唯其义而已。夫如是,则亦安得而不喻乎此哉？然则君子之所以喻于义者,亦其所志所习之在是焉而已耳。

求则得之

良心之在人,虽或有所陷溺,亦未始泯然而尽亡也。下愚不肖之人所以自绝于仁人君子之域者,亦特其自弃而不之求耳。诚能反而求之,则是非美恶将有所甚明,而好恶趋舍将有不待强而自决者矣。移其愚不肖之所为,而为仁人君子之事,殆若决江疏河而赴诸海,夫孰得而御之？此无他,所求者在我,则未有求而不得者也。

"求则得之",孟子所以言也。

里仁为美

自为之,不若与人为之;与少为之,不若与众为之,此不易之理也。"仁,人心也。""为仁由己,而由人乎哉?""我欲仁,斯仁至矣。"仁也者,固人之所自为者也。然吾之独仁,不若与人焉而共进乎仁。与一二人焉而共进乎仁,孰若与众人而共进乎仁。与众人焉共进乎仁,则其浸灌薰陶之厚、规切磨砺之益,吾知其与独为之者大不侔矣。故一人之仁不若一家之仁之为美,一家之仁不若邻焉皆仁之为美,其邻之仁不若里焉皆仁之为美也。"里仁为美",夫子之言,岂一人之言哉?

则以学文

欲明夫理者,不可以无其本。本之不立,而能以明夫理者,吾未之见也。宇宙之间,典常之昭然、伦类之灿然,果何适而无其理也。学者之为学,固所以明是理也。然其畴昔之日,闺门之内,所以慕望期向,服习践行者,盖泯然乎天理之萌蘖,而物欲之蔽实豪据乎其中而为之主,则其所以为学之本者固已麑矣。然而方且汲汲于明理,吾不知所谓理者果可以如是而明之乎?苟惟得之于天者未始泯灭,而所以为学之本者见诸日用,而足以怙乎人,则虽其统纪条目之未详,自可以切磋穷究,次第而讲明之,而是理亦且与吾相契,而涣然释,怡然顺者,将不胜其众矣。"则以学文",夫子所以言也。

人心惟危,道心惟微,惟精惟一,允执厥中

知所可畏而后能致力于中,知所可必而后能收效于中。夫大中之道,固人君之所当执也。然人心之危,罔念克念,为狂为圣,由

是而分。道心之微,无声无臭,其得其失,莫不自我。曰危,曰微,此亦难乎其能执厥中矣,是所谓可畏者也。苟知夫危、微之可畏也如此,则亦安得而不致力于中乎?毫厘之差,非所以为中也,知之苟精,斯不差矣。须臾之离,非所以为中也,守之苟一,斯不离矣。"惟精惟一",亦信乎其能执厥中矣,是所谓可必者也。苟知夫精一之可必也如此,则亦安得而不收效于中乎?知所可畏而致力于中,知所可必而收效于中,则舜禹之所以相授受者岂苟而已哉?

学古入官,议事以制,政乃不迷

天下有不易之理,是理有不穷之变。诚得其理,则变之不穷者皆理之不易者也。理之所在固不外乎人也,而人之生亦岂能遽明此理而尽之哉?开辟以来,圣神代作,君臣之相与倡和弥缝,前后之相与缉理更续,其规恢缔建之广大深密,咨询计虑之委曲详备。证验之著,有足以析疑[1];更尝之多,有足以破陋。被之载籍,著为典训,则古制之所以存于后世者,岂徒为故实文具而已哉?以不易之理御不穷之变,于是乎在矣。学之以入官,操之以议事,政之不迷,固其所也。

汝分猷念以相从,各设中于乃心

必有所辨,然后私说可得而破;必有所主,然后私意可得而绝。道之所在,固非私说之可拟;中之所存,固非私意之可间。有道之君率由是中以图事揆策,其为民之意至炳炳也。而不便于其私者,辄持其私意倡为异说,以鼓动吾民。彼民之愚,至怵于其私说,党于其私意,相率而违上之令。何理之是非至是而难见,而心之权度至是而无所准如此哉?是殆其外之无所辨,而异说之来不能无惑;

---

[1] "析",成化本、嘉靖本、万历本作"折"。

内之无所主,而宅心之素不于其中,而物得以夺。

养心莫善于寡欲

将以保吾心之良,必有以去吾心之害。何者?吾心之良吾所固有也。吾所固有而不能以自保者,以其有以害之也。有以害之而不知所以去其害,则良心何自而存哉?故欲良心之存者,莫若去吾心之害。吾心之害既去,则心有不期存而自存者矣。

夫所以害吾心者,何也?欲也。欲之多,则心之存者必寡;欲之寡,则心之存者必多。故君子不患夫心之不存,而患夫欲之不寡,欲去则心自存矣。然则所以保吾心之良者,岂不在于去吾心之害乎?

取二三策而已矣

昔人之书不可以不信,亦不可以必信,顾于理如何耳。盖书可得而伪为也,理不可得而伪为也。使书之所言者理耶,吾固可以理揆之;使书之所言者事耶,则事未始无其理也。观昔人之书而断于理,则真伪将焉逃哉?苟不明于理而惟书之信,幸而取其真者也,如其伪而取之,则其弊将有不可胜者矣。孟子曰:"吾于《武成》,取二三策而已矣。"非明于理者,孰能与于此?

尝谓言而无稽,往哲以为不足听;事不师古,昔贤以为非所闻。尧舜之圣,《书》以"稽古"称之。夫子之圣,自谓"好古,敏而求之"〔1〕。"古训是式",《诗》所以称仲山甫之贤。"必则古昔,称先王",《礼》所以为学者之轨范也。然则昔之圣贤,盖未尝有不取于书者也。欲求稽古昔以为师法训式,而非书之取,将孰取之哉?然而古者之书不能皆醇也,而疵者有之;不能皆然也,而否者有之。

---

〔1〕"而",正德本、《四库》本作"以"。

真伪之相错,是非之相仍,使不通乎理而概取之,则安在其为取于书也?昔之圣贤,岂其然乎?

自羲皇以来至于夫子,盖所谓有道之世,虽中更衰乱,而圣明代兴。而周家又号为典章之备,而职守之详且严者。当时载籍之传,宜其无所谓疵者、否者、伪者、非者。然而夫子之于书也,于《易》则有《八索》之黜,于《职方》则有《九丘》之除,《书》必定,《诗》必删,言夏商之礼,则以为杞、宋不足证[1],《武》之乐未久也,而声淫及商。至于老聃之问、苌弘之问、郯子之访,无非所以考核其醇疵、真伪、是非、可否,而一断之以理者也。然则书之不可一概而取也久矣。

虽然,夫子,天下后世固宜取信焉者也。孟子之时,去夫子为未远,而经籍皆出于夫子之笔削,则虽概而取之可也。而于《武成》一篇,所取者才二三策而已,无亦好高求异之过耶?呜呼!非也。夫子所以取信于后世者,岂徒尔哉?抑以其理之所在,而其一以贯之者,建诸天地而不悖,质诸鬼神而无疑,百世以俟圣人而不惑而已。使书不合于理,而徒以其经夫子之手而遂信之,则亦安在其取信于夫子也?况夫孟子虽曰去圣人之世未远,而亦百有余岁矣。言爵禄之班,则曰:"诸侯恶其害己也,而皆去其籍。"论尧舜之事,则曰:"齐东野人之语,而非君子之言。"然则于《武成》之篇,不惟其书之信,而一断之以理,又何疑焉?

故曰:书不可以不信,亦不可以必信。使书而皆合于理,虽非圣人之经,尽取之可也。况夫圣人之经,又安得而不信哉?如皆不合于理,则虽二三策之寡,亦不可得而取之也,又可必信之乎?盖非不信也,理之所在,不得而必信之也。古人之于书,稽求师式,至于为圣为贤,而后世乃有疲精神、劳思虑、皓首穷年以求通经学

―――――――――――
〔1〕"证",各本同,《论语》作"征",此系陆九渊避宋仁宗赵祯之讳而改。

古,而内无益于身,外无益于人,败事之诮、空言坐谈之讥皆归之者。庸非不通于理,而惟书之信,其取之者不精而致然耶?

今夫药石之储,不能皆和平也,而悍毒者有之;不能皆真良也,而伪蠹者有之。彼良医之游于其间也,审病者之脉理,知药石之性味,择之精而用之适其宜,是以百发而百中。至非能医者,而以其病而游焉,概取而试之,苟其不中,得无遇毒以益病而戕其身也哉?不明乎理,而惟书之信,取之不当,以至于悖理违道者,得无类是乎?故曰"尽信《书》,不如无《书》"。

保民而王

民生不能无群,群不能无争,争则乱,乱则生不可以保。王者之作,盖天生聪明,使之统理人群,息其争,治其乱,而以保其生者也。夫争乱以戕其生,岂人情之所欲哉?彼其情驱势激而至于此,未有不思所以易之者也。当此之时,有能以息争治乱之道,拯斯民于水火之中,岂有不翕然而归往之者?"保民而王",信乎其莫之能御也。

《续书》何始于汉

安于所习而绝意于古,固君子之所患也。以其所知而妄意于古,尤君子之所大患也。

君臣上下之大分,善恶义利之大较,固天下不易之理,非有隐奥而难知者也。然而世衰道丧,利欲之途一开,而莫之或止,角奔竞逐,相师成风,如大防之一溃,滛漫衍溢,有不可复收之势。当是时,所谓大分大较,非隐奥而难知者,往往颠倒错乱,废坠湮没,而莫之或顾,此后世之公患也。人性之灵,岂得不知其非?然志销气腐,无豪杰特立之操,波流之所荡激,终沦胥而不能以自振,尚何望其能轩轾于人哉?然则安于所习而绝意于古者,诚亦人之所深

卷三十二

患也。

有人于此,被服儒雅,师尊圣贤,知大分大较之不可易,隐然思以易当世,志不得而摅其所有,著之简编,以自附于古人,此何啻去国之似人、李注:"似"字有讹。虚空之足音,有识者之所宜深嘉屡叹,称扬颂羡之不能自已者也,而曰君子之所大患者何耶?理之所当然而时不然。有能去彼取此,自拔于流俗,自一言一行以往,莫不有益,莫不可贵,然其高下浅深、大小多少,虽毫厘之间,不可以相逾越。乘人之不然,而张其殊于人者,以自比于古之圣贤,袭其粗迹,偶其大形,而侈其说以欺世而盗名,则又有大不然者矣。彼固出于识量之卑,闻见之陋,而世衰道微,自为翘楚,莫有豪杰之士剖其蒙,开其蔽,而遂至于此,非固中怀谲诈,而昭然有欺世盗名之心而为之也。然其不知涯分,偃蹇僭越,自以为是,人皆悦之,而不可与人尧舜之道者,盖与贼德之乡原所蔽不同,而同归于害正矣。欺世盗名之号,夫又焉得而避之?李评:后之偃蹇僭越、自以为是、人皆悦之者,不独一续《书》之王通也。

《续书》何始于汉,吾以为不有以治王通之罪,则王道终不可得而明矣。

〔策〕[1]

问:古者言之不出,耻躬之不逮也。故君子欲行之浮于言,不欲言之浮于行。傅说告高宗以逊志;诗人称文王小心翼翼;《记》美后稷禄及子孙,归之于其辞恭、其欲俭。大言侈志,固君子之所不取。夫子讲道洙泗之间,而游于其间者,五尺童子羞称五伯。岂其五尺童子与管仲、舅犯辈度长絜大,举能无所愧耶?蜀诸葛孔明距今且千载,更阅贤智多矣,莫敢少訾,而当时不过自比管、乐,孔门

---

[1] 此处原无标题。但底本目录中此篇有标题"策"。今据补。

之童子岂皆度越孔明者乎？不然，何其言之大而志之侈也？礼不苟訾，学不躐等，夫子之教必不其然。苟以称五伯之说为非是，则孟子亦曰："仲尼之徒无道桓、文之事者。"或问曾西与管仲孰贤，则曰："尔何曾比予于是！"然则羞称之说信矣。孟子言必称尧舜，且曰："能言距杨墨者，圣人之徒也。"杨墨亦当世所推，使当时后生小子不自揆度，靡然而非之，岂逊志、小心、辞恭、欲俭、不苟訾、不躐等之道乎？诸君以孔孟为师者也，愿有所析其疑。

对：东明之升，群阴毕伏。《咸池》既作，洼郑不可复陈矣。康衢之谣，击壤之歌，后世高文大册不能无忝。中林之夫，汉上之女，后世硕儒宗工不能无愧。岂其智有所不足，而力有所不逮哉？道之不明不行，而所以用其智力者病矣。谈中华之壮丽，则夷裔之君长不如王朝之下士；论沧海之汪洋，则雍、梁之秀民不如渤瀣之庸夫，理固然也。道之行与不行、明与不明，相去远矣。傅说之逊志，将以"时敏厥修"；文王之小心，所以"昭事上帝"；"其辞恭，其欲俭"，后稷之德于是乎在矣。必不苟訾而后可与言此，必不躐等而后可以进此。"羞称五伯"，"能言距杨墨"，然后可以免于苟訾、躐等之过，而进乎逊志小心、辞恭欲俭之地矣。

卷三十三

谥议　覆谥　行状

谥议 _{嘉定十年三月二十八日圣旨特赐谥}
宣教郎、太常博士孔炜撰

议曰：学道以圣贤为师，圣贤遗书，万世标的也。孟轲氏有言曰："君子深造之以道，欲其自得之也。自得之，则居之安；居之安，则资之深；资之深，则取之左右逢其原。故君子欲其自得之也。"甚矣！古人之讲学，其端绪源委诚未易言。学而未至于安，难与议圣贤之阃域矣。传记所载，如曰"安而行"、"安则久"、"恭而安"，皆取诸此也。自轲既没，逮今千有五百余年，学者徇口耳之末，昧性天之真，凡轲之所以诏来世者，卒付于空言〔1〕。有能尊信其书，修明其学，反求诸己，私淑诸人，如监丞陆公者，其能自拔于流俗，而有功于名教者欤！

公生而颖悟，器识绝人。与季兄复斋讲贯理学，号"江西二陆"。其学务穷本原，不为章句训诂；其持论雄杰卓立，不苟随声趋和。唯孟轲氏书是崇是信。盖谓此心之良，人所均有，天所予我，非由外铄，先立乎其大者，则其小者莫能夺。信能知此，则宇宙无

---
〔1〕"付"，原作"符"，据嘉靖本改。

非至理，圣贤与我同类。大端既立，趋向既定，明善充类以求之，强力勇敢以行之，如木有根，如水有源。逮其久也，此心之灵，此理之明，将涣然释、怡然顺，真有见夫居广居、立正位、行大道皆吾分内事。所谓操存求得，盛行不加，穷居不损者，端不我诬也。公惟见理昭彻，加以涵养践履之功，故能自得于心，有余于身，即其成己，用以成物。四方才俊之士风动云集，至无馆舍以容。公橥蘖端严，对之者非心邪念自然消沮；论说爽迈[1]，听之者如指迷涂，如出荆棘。质诸遗编，义利之分，王霸之别，天理人欲，凡介于毫芒疑似之间者，辨之弗措，叩之弗竭。自非学本正大，充乎自然，安能如是之周流贯通，动与理会也哉？繇其推是学以为文，则辞达而不事乎雕镌[2]，理胜而无用乎缭绕，无意于文，而文自尔工。施是学于有政，则视吾民如子弟，遇僚属如朋友，诚心所孚，自有不言之教。当时元臣硕辅，或荐进其心悟理融，出于自得；或称美其治郡善政，可验躬行。夫理而造于自得，政而本于躬行，则君子之所养可知矣。使天假之年，上之得君行道，次之立言明道，俾获尽宣其用，则以利生民，以惠后学，可胜既哉！

谨按谥法："敏而好古曰文，貌肃辞定曰安。"公天禀纯明，学无凝滞，服膺先哲，发挥宪言，非敏而好古乎？抗志洪毅，师道尊严，记久传远，言皆可复，非貌肃辞定乎？谥曰文安，于义为称。谨议。

覆谥　　朝请大夫、行尚书考功员外郎丁端祖撰

议曰：儒学之盛，自三代以来未有如我本朝者也。夫《六经》厄于秦，而士以权谋相倾。汉尚申韩，晋尚庄老，唐惟辞章是夸，先

---

[1]"爽迈"，嘉靖本作"爽厉"。
[2]"事"，嘉靖本作"争"。

王之道陵迟甚矣。至我本朝，伊洛诸公未出之时，《易》之一书犹晦蚀于虚无之谈；《书》之"皇极"，《诗》之二《南》，《记礼》《中庸》《大学》之旨，《春秋》尊王之义，皆未有能发明其指归者也。自濂溪、明道、伊川义理之学为诸儒倡，而穷理尽性之说、致知格物之要，凡尧、舜、禹、汤、文、武、周公、孔子相传之大原，始暴白于天下。其后又得南轩张氏、晦庵朱氏、东莱吕氏，续濂溪、明道、伊川几绝之绪而振起之，《六经》之道晦而复明。是三君子，奉常既已命谥矣。又有象山陆氏者，自卯角时，闻诵伊川语，尝曰："伊川之言奚为与孔子、孟子之言不类？"初读《论语》，即疑有子之言支离。及长而与朋友讲学，因论及《太极图》，断然以太极之上不复更有无极。其他特立之见、超绝之论不一而足，要皆本于自得。天分既高，学力亦到。盖自三四岁时请问于亲庭，其立论已不凡，真所谓少成若天性者。惜乎不能尽以所学见之事业。立朝仅丞、匠、监，旋即奉祠以归。惠政所加，止荆门小垒而已。世固有能言而不能行，内若明了而外实迂阔不中事情者。公言行相符，表里一致。其吐辞发论，既卓立乎古今之见，至于临政处事，实平易而不迂，详审而不躁，当乎人情而循乎至理，而无一毫蹈常袭故之迹。若公者，在吾儒中真千百人一人而已。奉常谥以"文安"，诚未为过。博士议是。谨议。

象山先生行状

先生姓陆，讳九渊，字子静。其先妫姓，至齐宣王少子元侯讳通，始封平原般县陆乡，因以为氏。曾孙讳烈，为吴令，子孙遂为吴郡吴县人。自吴公四十世为唐宰相文公，讳希声，是为先生八世祖。七世祖讳崇，六世祖讳德迁，五代末，避地于抚州金溪。高祖讳有程，曾祖讳演，并以学行重于乡里。祖讳戬。父赠宣教郎讳贺，生有异禀，端重不伐，究心典籍，见于躬行，酌先儒冠昏丧祭之礼，行之家，家道之整著闻州里。母孺人饶氏生六子，先生其季也。

先生幼不戏弄，静重如成人。三四岁时，常侍宣教公行，遇事物必致问。一日，忽问天地何所穷际，宣教公笑而不答，遂深思至忘寝食。角总，经夕不脱衣，履有弊而无坏，袜至三接，手甲甚修，足迹未尝至庖厨。常自扫洒林下，宴坐终日。立于门，过者驻望称叹，以其端庄雍容，异常儿也。五岁读书，纸隅无卷折。六岁侍亲会嘉礼，衣以华好，却不受。季兄复斋，年十三，举《礼经》以告，先生乃受。与人粹然乐易，然恶无礼者。读书不苟简，外视虽若闲暇，而实勤于考索。伯兄总家务，常夜迄分起，必见先生秉烛检书。伊川近世大儒，言垂于后，至今学者尊敬讲习之不替。先生独谓简曰："丱角时，闻人诵伊川语，自觉若伤我者，亦尝谓人曰'伊川之言奚为与孔子、孟子之言不类'。初读《论语》，即疑有子之言支离。"先生生而清明，不可企及，有如此者。他日读古书，至"宇宙"二字，解者曰："四方上下曰宇，往古来今曰宙。"忽大省曰："宇宙内事乃己分内事，己分内事乃宇宙内事。"又尝曰："东海有圣人出焉，此心同也，此理同也。西海有圣人出焉，此心同也，此理同也。南海、北海有圣人出焉，此心同也，此理同也。千百世之上有圣人出焉，此心同也，此理同也。千百世之下有圣人出焉，此心同也，此理同也。"

乾道八年，登进士第。时考官吕祖谦能识先生之文于数千人之中，他日谓先生曰："未尝款承足下之教，仅得之传闻，一见高文，心开目明，知其为江西陆子静也。"

其始至行都，一时俊杰咸从之游。先生朝夕应酬答问，学者踵至，至不得寐者余四十日。所以自奉甚薄而精神益强，听其言，兴起者甚众。还里，远迩闻风而至，求亲炙问道者益盛。先生既受徒，即去今世所谓学规者，而诸生善心自兴，容体自庄，雍雍于于，后至者相观而化。猗欤盛哉！真三代时学校也。有一生饭次微交足，饭既，先生从容问之曰："汝适有过，知之乎？"生略思曰："已省。"先生曰:"何过?"对曰:"中食觉交足,虽即改正,即放逸也。"其严如此。先生深知学者心术之微,言中其情,或至汗下。有怀于中而不能自晓者,为之条析其故,悉如其心。亦有相去千里,素无雅故,闻其大概而尽得其为人。尝有言曰:"念虑之不正者,顷刻而知之,即可以正;念虑之正者,顷刻而失之,即为不正。有可以形迹观者,有不可以形迹观者。必以形迹观人,则不足以知人;必以形迹绳人,则不足以救人。"又曰:"今天下学者唯有两途,一途朴实,一途议论。"呜呼至哉! 足以明人心之邪正,破学者之窟宅矣。尝攻切问者之疵,问者不领,恶声辄至,旁观不能堪,而先生悠然从容,乃及他事。

淳熙元年,授迪功郎、隆兴府靖安县主簿。未上,丁继母太孺人邓氏忧。服阕,调建宁府崇安县主簿[1]。八年,少师史公浩荐先生之辞曰:"渊源之学,沉粹之行,辈行推之,而心悟理融,出于自得。"得旨都堂审察升擢,不赴。九年,侍从复上荐,除国子正。诸生叩请,挈挈启谕,如家居教授,感发良多。十年冬,迁敕令所删定官。同志之士相从讲切不替。僚友多贤,相与问辩,大信服。先生自少时闻长上道靖康间事,慨然有感于复仇之义。至是遂访求智勇之士,与之商确,益知武事利病、形势要害、人物短长。十一年,当轮对,期迫甚,犹未入思虑,所亲累请,久乃下笔,缮写甫就,厥明即对,上屡俞所奏。修宽恤诏令,书成,有旨改承奉郎。十三年,转宣义郎。亲朋谓先生久次,宜求去。先生曰:"往时面对,粗陈大义,明主不以为非。然条贯靡竟,统纪未终,思欲再望清光,少自竭尽,以致臣子之义。"距对五日,除将作监丞,后省疏驳,得旨主管台州崇道观。

---

[1] "建宁府",嘉靖本、万历本作"延宁府"。按:南宋时无延宁府,而崇安县为福建路所辖建宁府之属县,故作"建宁府"是。

先生既归,学者辐辏愈盛,虽乡曲老长亦俯首听诲,言称先生。先生悼时俗之通病,启人心之固有,咸惕然以惩,跃然以兴。每诣城邑,环坐率一二百人,至不能容,徙观寺。县大夫为设讲坐于学宫,听者贵贱老少,溢塞涂巷,从游之盛未见有此。贵溪有山,实龙虎之本冈,先生登而乐之,结茆其上。山高五里,其形如象,遂名之曰象山,自号象山翁。四方学徒复大集,至数百人。从容讲道,咏歌怡愉[1],有终焉之意。于是人号象山先生。

十六年,祠秩满,今上登极,除知荆门军。是年,转宣教郎,又转奉议郎。绍熙二年九月,初领郡事,吏以故例白:"内诸局务,外诸县,必有揭示约束,接宾受词分日。"先生曰:"安用是?"延见僚属如朋友,推心豁然,论事惟理是从。先生家书有云:"每日同官禀事,众有所见,皆得展其所怀,辩争利害于前,太守唯默听,候其是非既明,乃从赞叹,以养其徇公之意。太守所判,僚属却回者常有之。"先生教民如子弟,虽贱隶走卒亦谕以理义。接宾受词无早暮,下情尽达无壅。故郡境之内,官吏之贪廉,民俗之习尚,忠良材武与猾吏暴强,先生皆得之于无事之日。

往时郡有追逮,皆特遣人。先生唯令诉者自执状以追,以地近远立限,皆如期,即日处决。轻罪多酌人情,晓令解释。至人伦之讼既明,多使领元词自毁之,以厚其俗。唯怙终不可诲化,乃始断治,详其文状,以防后日反覆。久之,民情益孚,两造有不持状,唯对辩求决。亦有证者,不召自至,问其故,曰:"事久不白,共约求明。"或既伏,俾各持其状去,不复留案。尝夜与僚属坐,吏白有老者诉甚急,呼问之,体战,言不可解。俾吏状之,谓其子为群卒所杀。先生判翌日呈,僚属难之。先生曰:"子安之[2],不至是。"凌

---

[1] "愉",原作"然",据成化本、正德本、嘉靖本、万历本、《四库》本改。
[2] "之",正德本、嘉靖本、万历本作"知"。

晨追究，其子盖无恙也，人益服先生之明。有诉遭窃，脱而不知其人，先生自出二人姓名，使捕至，讯之伏辜，尽得所窃物还诉者，且宥其罪，使自新。因语吏曰："某所某人尤暴。"吏亦莫知。翌日有诉遭夺掠者，即其人也。乃加追治。吏大惊，郡人以为神。初，保伍之制，州县以非急务，多不检核，盗贼得匿藏其间，近边尤以为患。先生首申严之，奸无所蔽。有劫僧庐，邻伍遽集，擒获不逸一人，至是群盗屏息。

　　荆门素无城壁，先生以为此自古战争之场，今为次边，在江、汉之间，为四集之地，南捍江陵，北援襄阳，东护随、郢之胁，西当光化、夷陵之冲。荆门固则四邻有所恃，否则有背胁腹心之虞。由唐之湖阳以趋山，则其涉汉之径已在荆门之胁。由邓之邓城以涉汉，则其趋山之道已在荆门之腹。余有间途浅津，陂陁不能以限马，滩濑不能以濡轨者，所在尚多。自我出奇制胜，徼敌兵之腹胁者，亦正在此。虽四山环合〔1〕，易于备御，义勇四千，强壮可用，而仓廪藏库之间麋鹿可至。累议欲修筑子城，惮重费，不敢轻举。先生审度决计，召集义勇，优给庸直，躬自劝督，役者乐趋，竭力工倍，二旬讫筑。初计者拟费缗钱二十万，至是仅费缗钱五千而土工毕。后复议成砌三重，置角台，增二小门，上置敌楼、冲天渠、荷叶渠、护险墙之制毕备，才费缗钱三万。又郡学、贡院、客馆、官舍众役并兴。初，俗习惰，人以执役为耻，吏惟好衣闲观。至是此风一变，督役官吏布衣杂役夫佐力，相勉以义，不专以威。盛役如此，而人情晏然，郡中恬若无事。

　　荆门两县置垒，事力绵薄，连岁困于送迎，库藏空竭〔2〕，调度倚办商税。先是，日差使臣暨小吏伺商人于门，检货给引，然后至

---

〔1〕 "山"，原作"方"，据成化本、正德本、嘉靖本、万历本、《四库》本改。
〔2〕 "库藏"，原作"藏库"，据《陆子学谱》改。

务，务唯据引入税，出门又覆视。官收无几，而出入其费已多。初谓以严禁榷，杜奸弊，而门吏取贿，多所藏覆，禁物亦或通行。商苦重费，多由僻途，务入日缩。先生罢去之，或曰："门讥所以防奸，列郡行之以为常，一旦罢废，商冒利，必有不至务者。"先生曰："是非尔所知。"即日揭示，俾径至务，复减正税援例，是日税入立增。有一巨商已遵僻途，忽闻新令，复出正路。巡尉卒于岐捕之。先生诘得其实，劳而释之，巨商感涕。行旅闻者莫不以手加额，誓以毋欺，私相转告，必由荆门。旁观者诘其故，商曰："罢三门引，减援例，去我辈大害，不可不报德。"税收增倍，酒课亦如之。

荆门故用铜钱，后以近边，以铁钱易之。铜钱有禁，而民之输于公者尚容贴纳。先生曰："既禁之矣，又使之输，不可。"即蠲之。又减钞钱，罢比较，不遣人诣县，给吏札，置医院官，吏民咸悦，而郡吏亦贫而乐。狱卒无以自给，多告罢，先生以僚属访察得其实，遂廪给之。

朔望及暇日，诣学讲诲诸生。郡有故事，上元设斋醮黄堂，其说曰为民祈福。先生于是会吏民，讲《洪范》敛福锡民一章，以代醮事，发明人心之善，所以自求多福者，莫不晓然有感于中，或为之泣。

湖北诸郡军士多逃徙，视官府如传舍，不可禁止，缓急无可使者。先生病之，乃信捕获之赏，重奔窜之刑。又数阅射，中者受赏，役之加庸直，无饥寒之忧，相与悉心弓矢，逸者绝少。他日兵官按阅，独荆门整习，他郡所无。先生平时按射，不止于兵伍，郡民皆得而与，中亦同赏。

荐举其属，不限流品。尝曰："古者无流品之分，而贤不肖之辨严；后世有流品之分，而贤不肖之辨略。"

先生之家居也，乡人苦旱，群祷莫应。有请于先生，乃除坛山巅，阴云已久，及致祷，大雨随至。荆门亦旱，先生每有祈，必疏雨随车，郡民异之。治化孚洽，久而益著。既逾年，笞棰不施，至于无讼。相保相爱,闾里熙熙,人心敬向,日以加厚。吏卒亦能相勉以义,视官事如其家事。识者知其为郡有出于政刑号令之表者矣。诸司交章论荐,丞相周公必大尝遗人书,有曰:"荆门之政,于以验躬行之效。"

三年冬十一月,语女兄曰:"先教授兄有志天下,竟不得施以没。"女兄盡然。又尝谓家人曰:"吾将死矣。"或曰:"安得此不祥语,骨肉将奈何?"先生曰:"亦自然。"又告僚属曰:"某将告终。"先生素有血疾,居旬日大作,实十二月丙午。越三日,疾良已,接见属僚,与论政理如平时。宴息静室,命扫洒焚香,家事一不挂齿。庚戌祷雪,辛亥雪骤降。命具浴,浴罢,尽易新衣,幅巾端坐。家人进药,先生却之,自是不复言。癸丑日中,奄然而卒。郡属棺敛竭诚,哭哀甚。吏民哭奠,充塞衢道,各有辞以叙陈痛恋之情。柩归,门人奔哭会葬以千数。郡县于其讲学之地为立祠。先生遗文,诸生已次第编纪。先生生于绍兴九年二月乙亥,享年五十有四。娶吴氏,封孺人。二子:持之、循之。女一。明年十有一月壬申,葬于乡之永兴寺,山距妣饶氏孺人墓为近。

先生之道,至矣大矣,简安得而知之?惟简主富阳簿时,摄事临安府中,始承教于先生。及反富阳,又获从容侍诲。偶一夕,简发本心之问,先生举是日扇讼是非以答,简忽省此心之清明,忽省此心之无始末,忽省此心之无所不通。简虽凡下,不足以识先生,而于是亦知先生之心,非口说所能赞述。所略可得而言者:日月之明,先生之明也;四时之变化,先生之变化也;天地之广大,先生之广大也;鬼神之不可测,先生之不可测也。欲尽言之,虽穷万古,不可得而尽也。虽然,先生之心与万古之人心一贯无二致,学者不可自弃。谨状。

绍熙五年二月十有六日,门人、奉议郎、知饶州乐平县主管劝农公事杨简状。

卷三十四

语　　录 上

"道外无事，事外无道。"先生常言之。

道在宇宙间，何尝有病[1]？但人自有病。千古圣贤只去人病，如何增损得道？

道理只是眼前道理。虽见到圣人田地，亦只是眼前道理。

唐虞之际，道在皋陶；商周之际，道在箕子。天之生人，必有能尸明道之责者，皋陶、箕子是也。箕子所以佯狂不死者，正为欲传其道。既为武王陈《洪范》，则居于夷狄，不食周粟。

《论语》中多有无头柄的说话，如"知及之，仁不能守之"之类，不知所及、所守者何事；如"学而时习之"，不知时习者何事。非学有本领，未易读也。苟学有本领，则知之所及者，及此也；仁之所守者，守此也；时习之，习此也。说者说此，乐者乐此，如高屋之上建瓴水矣。学苟知本，《六经》皆我注脚。

天理人欲之言亦自不是至论。若天是理，人是欲，则是天人不同矣。此其原盖出于老氏。《乐记》曰："人生而静，天之性也；感于物而动，性之欲也。物至知知[2]，而后好恶形焉。不能反躬，天理

---

[1]　"尝"，原作"常"，据正德本、嘉靖本、《四库》本改。
[2]　"知知"，原作"知之"，据正德本、嘉靖本、万历本、《四库》本及《礼记·乐记》改。

灭矣。"天理人欲之言盖出于此。《乐记》之言亦根于老氏,且如专言静是天性,则动独不是天性耶?《书》云:"人心惟危,道心惟微。"解者多指人心为人欲,道心为天理,此说非是。心一也,人安有二心?自人而言,则曰"惟危";自道而言,则曰"惟微"。罔念作狂,克念作圣,非危乎?无声无臭,无形无体,非微乎?因言《庄子》云:"眇乎小哉!以属诸人;謷乎大哉!独游于天。"又曰:"天道之与人道也,相远矣。"是分明裂天人而为二也。

"动容周旋中礼",此盛德之至,所以常有先后。"言语必信,非以正行"。才有正其行之心,已自不是了。

古人皆是明实理,做实事。

近来论学者言:"扩而充之,须于四端上逐一充。"焉有此理?孟子当来,只是发出人有是四端,以明人性之善,不可自暴自弃。苟此心之存,则此理自明,当恻隐处自恻隐,当羞恶,当辞逊,是非在前,自能辨之。又云:当宽裕温柔自宽裕温柔,当发强刚毅自发强刚毅。所谓"溥博渊泉,而时出之"。

"夫子问子贡曰:'汝与回也孰愈?'子贡曰:'赐也,何敢望回!回也,闻一以知十;赐也,闻一以知二。'此又是白著了夫子气力,故夫子复语之曰:'弗如也。'"时有姓吴者在坐,遽曰:"为是尚嫌少在。"先生因语坐间有志者曰:"此说与天下士人语,未必能通晓。而吴君通敏如此。虽诸君有志,然于此不能及也。"吴逊谢,谓偶然。

子贡在夫子之门,其才最高,夫子所以属望,磨砻之者甚至。如"予一以贯之",独以语子贡与曾子二人。夫子既没三年,门人归,子贡反筑室于场,独居三年,然后归。盖夫子所以磨砻子贡者极其力,故子贡独留三年,报夫子深恩也。当时若磨砻得子贡就,则其材岂曾子之比。颜子既亡,而曾子以鲁得之。盖子贡反为聪明所累,卒不能知德也。

子贡言"性与天道不可得而闻",此是子贡后来有所见处。然谓之"不可得而闻",非实见也,如曰"予欲无言",即是言了。

天下之理无穷,若以吾平生所经历者言之,真所谓伐南山之竹不足以受我辞。然其会归总在于此。颜子为人最有精神,然用力甚难。仲弓精神不及颜子,然用力却易。颜子当初仰高钻坚,瞻前忽后,博文约礼,遍求力索,既竭其才,方如有所立卓尔。迨至问仁之时,夫子语之,犹下"克己"二字,曰"克己复礼为仁"。又发露其旨曰"一日克己复礼,天下归仁焉"。既又复告之曰:"为仁由己,而由人乎哉?"吾尝谓此三节乃三鞭也。至于仲弓之为人,则或人尝谓"雍也,仁而不佞"。仁者静。不佞,无口才也。想其为人,冲静寡思,日用之间自然合道。至其问仁,夫子但答以"出门如见大宾,使民如承大祭,己所不欲,勿施于人"。只此便是也。然颜子精神高,既磨砻得就,实则非仲弓所能及也。

颜子问仁之后,夫子许多事业皆分付颜子了。故曰:"用之则行,舍之则藏,惟我与尔有是。"颜子没,夫子哭之曰:"天丧予。"盖夫子事业自是无传矣。曾子虽能传其脉,然参也鲁,岂能望颜子之素蓄。幸曾子传之子思,子思传之孟子,夫子之道至孟子而一光。然夫子所分付颜子事业亦竟不复传也。

学有本末,颜子闻夫子三转语[1],其纲既明,然后请问其目。夫子答以非礼勿视[2]、勿听、勿言、勿动。颜子于此洞然无疑,故曰:"回虽不敏,请事斯语矣。"本末之序盖如此。今世论学者,本末先后,一时颠倒错乱,曾不知详细处未可遽责于人。如非礼勿视、听、言、动,颜子已知道,夫子乃语之以此。今先以此责人,正是躐等。视、听、言、动勿非礼,不可于这上面看颜子,须看"请事斯语",

---

[1] "闻",原作"问",据正德本、嘉靖本、《四库》本及《论语·颜渊》改。
[2] "答",嘉靖本作"对"。

直是承当得过。

天之一字是皋陶说起。

夫子以仁发明斯道，其言浑无罅缝。孟子十字打开，更无隐遁，盖时不同也。

自古圣贤发明此理，不必尽同。如箕子所言有皋陶之所未言，夫子所言有文王、周公之所未言，孟子所言有吾夫子之所未言，理之无穷如此。然譬之弈然，先是这般等第国手下棋，后来又是这般国手下棋，虽所下子不同，然均是这般手段始得。故曰："其或继周者，虽百世可知也。"古人视道，只如家常茶饭，故漆雕开曰："吾斯之未能信。"斯，此也。

此道与溺于利欲之人言犹易，与溺于意见之人言却难。

涓涓之流，积成江河。泉源方动，虽只有涓涓之微，去江河尚远，却有成江河之理。若能混混不舍昼夜，如今虽未盈科，将来自盈科；如今虽未放乎四海，将来自放乎四海；如今虽未会其有极，归其有极，将来自会其有极，归其有极。然学者不能自信，见夫标末之盛者便自荒忙，舍其涓涓而趋之，却自坏了。曾不知我之涓涓虽微却是真，彼之标末虽多却是伪。恰似檐水来相似，其涸可立而待也。故吾尝举俗谚教学者云："一钱做单客，两钱做双客。"

傅子渊自此归其家，陈正己问之曰："陆先生教人何先？"对曰："辨志。"正己复问曰："何辨？"对曰："义利之辨。"若子渊之对，可谓切要。

此道非争竞务进者能知，惟静退者可入。又云：学者不可用心太紧，今之学者大抵多是好事，未必有切己之志。夫子曰："古之学者为己，今之学者为人。"须自省察。

夫民，合而听之则神，离而听之则愚，故天下万世自有公论。

先生与晦翁辩论，或谏其不必辩者。先生曰："女曾知否？建安亦无朱晦翁，青田亦无陆子静。"

不曾过得私意一关，终难入德。未能入德，则典则法度何以知之？

居象山，多告学者云："女耳自聪，目自明，事父自能孝，事兄自能弟，本无欠阙，不必他求，在自立而已。"

生于末世，故与学者言，费许多气力，盖为他有许多病痛。若在上世，只是与他说："入则孝，出则弟。"初无许多事。

千虚不博一实，吾平生学问无他，只是一实。

或问先生何不著书，对曰："《六经》注我！我注《六经》？韩退之是倒做，盖欲因学文而学道。欧公极似韩，其聪明皆过人，然不合初头俗了。"或问如何俗了，曰："《符读书城南》、三上宰相书是已。至二程方不俗，然聪明却有所不及。"

正人之本难，正其末则易。今有人在此，与之言："汝适某言未是，某处坐立举动未是。"其人必乐从〔1〕。若去动他根本所在，他便不肯。

释氏立教，本欲脱离生死，惟主于成其私耳，此其病根也。且如世界如此，忽然生一个谓之禅，已自是无风起浪，平地起土堆了。

"无它，利与善之间也。"此是孟子见得透，故如此说。

或问先生之学当来自何处入。曰："不过切己自反，改过迁善。"

有善必有恶，真如反覆手。然善却自本然，恶却是反了方有。

人品在宇宙间迥然不同。诸处方哓哓然谈学问时，吾在此多与后生说人品。

此道之明，如太阳当空，群阴毕伏。

"典宪"二字甚大，惟知道者能明之。后世乃指其所撰苛法，名之曰"典宪"，此正所谓无忌惮。

---

〔1〕"其"，原作"某"，据正德本、嘉靖本、《四库》本改。

朱元晦曾作书与学者云："陆子静专以尊德性诲人，故游其门者多践履之士，然于道问学处欠了。某教人岂不是道问学处多了些子？故游某之门者践履多不及之。"观此，则是元晦欲去两短，合两长。然吾以为不可，既不知尊德性，焉有所谓道问学？

吾之学问与诸处异者，只是在我全无杜撰，虽千言万语，只是觉得他底，在我不曾添一些。近有议吾者云："除了'先立乎其大者'一句，全无伎俩。"吾闻之曰："诚然。"

复斋家兄一日见问云："吾弟今在何处做工夫？"某答云："在人情、事势、物理上做些工夫。"复斋应而已。若知物价之低昂，与夫辨物之美恶、真伪，则吾不可不谓之能，然吾之所谓做工夫，非此之谓也。

后世言学者须要立个门户。此理所在，安有门户可立？学者又要各护门户，此尤鄙陋。

人共生乎天地之间，无非同气。扶其善而沮其恶，义所当然。安得有彼我之意？又安得有自为之意？

二程见周茂叔后，吟风弄月而归，有"吾与点也"之意。后来明道此意却存，伊川已失此意。吾与常人言，无不感动；与谈学问者，或至为仇。举世人大抵就私意建立做事，专以做得多者为先，吾却欲殄其私而会于理，此所以为仇。

吾与人言，多就血脉上感移他，故人之听之者易。非若法令者之为也。如孟子与齐君言，只就与民同处转移他，其余自正。

今之论学者只务添人底，自家只是减他底。此所以不同。

宇宙不曾限隔人，人自限隔宇宙。

"乾以易知，坤以简能。"先生常言之云："吾知此理即乾，行此理即坤。知之在先，故曰乾知大始；行之在后，故曰坤作成物。"

夫子平生所言，岂止如《论语》所载，特当时弟子所载止此尔。今观有子、曾子独称"子"，或多是有若、曾子门人。然吾读《论语》，至夫子、曾子之言便无疑,至有子之言便不喜。

先生问学者云:"夫子自言'我学不厌',及子贡言'多学而识之',又却以为非,何也?"因自代对云:"夫子只言'我学不厌',若子贡言'多学而识之',便是蔽说。"

学者须先立志,志既立,却要遇明师。

"攻乎异端,斯害也已。"今世类指佛老为异端。孔子时佛教未入中国,虽有老子,其说未著,却指那个为异端?盖"异"与"同"对,虽同师尧舜,而所学之端绪与尧舜不同,即是异端,何止佛老哉?有人问吾异端者,吾对曰:"子先理会得同底一端,则凡异此者皆异端。"

"子不语怪力乱神。"夫子只是不语,非谓无也。若力与乱分明是有,神怪岂独无之?人以双瞳之微,所瞩甚远,亦怪矣。苟不明道,则一身之间无非怪,但玩而不察耳。

"可与适道,未可与立;可与立,未可与权。'棠棣之华,偏其反而。岂不尔思,室是远而。'子曰:'未之思也,夫何远之有?'"上面是说阶级不同,夫子因举诗中"室是远而"之语,因以扫上面阶级,盖虽有阶级,未有远而不可进者也。因言李清臣云:"夫子删《诗》,固有删去一二语者,如《棠棣》之诗,今逸此两句,乃夫子删去也。"清臣又言:"《硕人》之诗无'素以为绚兮'一语,亦是夫子删去。"其说皆是。当时子夏之言,谓绘事以素为后,乃是以礼为后乎?言不可也。夫子盖因子夏之言而删之。子夏当时亦有见乎本末无间之理,然后来却有所泥,故其学传之后世尤有害。"绘事后素",若《周礼》言"绘画之事后素功",谓既画之后,以素间别之,盖以记其目之黑白分也,谓先以素为地非。

柴愚参鲁,夫子所爱。故子路使子羔为费宰,子曰"贼夫人之子"。以此见夫子欲子羔来磨砻就其远者大者。后来子羔早卒,故属意于曾子。

"叩其两端而竭焉。"言极其初终始末,竭尽无留藏也。

"江汉以濯之,秋阳以暴之,皓皓乎不可尚已。"此数语自曾子胸中流出。

《咸有一德》之《书》言"惟尹躬暨汤,咸有一德"。以此见当时只有尹、汤二人可当一德。

皋陶论知人之道曰:"亦行有九德,亦言其人有德,乃言曰载采采。"乃是谓必先言其人之有是德,然后乃言曰:"某人有某事,有某事。"盖德则根乎其中,达乎其气,不可伪为。若事,则有才智之小人可伪为之。故行有九德,必言其人有德,乃言曰载采采,然后人不可得而廋也。

后世言伏羲画八卦,文王始重之为六十四卦。其说不然。且如《周礼》虽未可尽信,如《筮人》言三《易》,其经卦皆八,其别皆六十有四。"龟筮协从"亦见于《虞书》,必非伪说。如此,则卦之重久矣。盖伏羲既画八卦,即从而重之,然后能通神明之德,类万物之情,而扶持天下之理。文王盖因其《繇辞》而加详,以尽其变尔。

《系辞》首篇二句可疑,盖近于推测之辞。

吾之深信者《书》,然《易·系》言:"默而成之,不言而信,存乎德行。"此等处深可信。

伊川解《比》卦"原筮"作"占决卜度",非也。一阳,当世之大人,其"不宁方来"乃自然之理势,岂在他占决卜度之中?"原筮"乃《蒙》"初筮"之义。原,初也,古人字多通用。因云:伊川学问未免占决卜度之失。"富贵不能淫,贫贱不能移,威武不能屈",非知道者不能。杨子谓文王"久幽而不改其操"。文王居羑里而赞《易》,夫子厄于陈、蔡而弦歌,岂"久幽而不改其操"之谓耶?

自周衰以来,人主之职分不明。《尧典》命羲和敬授人时,是为政首。后世乃付之星官、历翁,盖缘人主职分不明所致。孟子曰:"民为贵,社稷次之,君为轻。"此却知人主职分。

《诗·大雅》多是言道，《小雅》多是言事。《大雅》虽是言小事，亦主于道；《小雅》虽是言大事，亦主于事。此所以为《大雅》《小雅》之辨。

秦不曾坏了道脉，至汉而大坏。盖秦之失甚明，至汉则迹似情非，故正理愈坏。

汉文帝蔼然善意，然不可与入尧舜之道，仅似乡原。

诸公上殿多好说格物，且如人主在上，便可就他身上理会，何必别言格物。

杨子默而好深沉之思，他平生为此深沉之思所误。

韩退之《原性》却将气质做性说了。

近日举及荀子《解蔽》篇，说得人之蔽处好。梭山兄云："后世之人病正在此，都被荀子、庄子辈坏了。"答云："今世人之通病恐不在此。大概人之通病在于居茅茨则慕栋宇，衣敝衣则慕华好，食粗粝则慕甘肥，此乃是世人之通病。"

《春秋》北杏之会，独于齐桓公称爵。盖当时倡斯义者，惟桓公、管仲二人。《春秋》于诸国称人，责之也。

古者风俗醇厚，人虽有虚底精神，自然消了。后世风俗不如古，故被此一段精神为害，难与语道。

因叹学者之难得云："我与学者说话，精神稍高者或走了，低者至塌了，吾只是如此。吾初不知手势如此之甚，然吾亦只有此一路。"

人方奋立，已而消蚀[1]，则议者不罪其消蚀，而尤其奋立之太过，举"其进锐者，其退速"以为证，于是并惩其初。曾不知孟子之意自不在此。

圣人作《春秋》，初非有意于二百四十二年行事。又云：《春

---

[1] "而"，原作"有"，据正德本、《四库》本及文义改。

秋》大概是存此理。又云：《春秋》之亡久矣。说《春秋》之缪，尤甚于诸经也。

尝阅《春秋纂例》，谓学者曰："啖、赵说得有好处，故人谓啖、赵有功于《春秋》。"又云："人谓唐无理学，然反有不可厚诬者。"

后世之论《春秋》者，多如法令，非圣人之旨也。

千古圣贤若同堂合席，必无尽合之理。然此心此理万世一揆也。

铢铢而称之，至石必缪；寸寸而度之，至丈必差。"石称丈量，径而寡失"，此可为论人之法。且如其人，大概论之，在于为国、为民、为道义，此则君子人矣。大概论之，在于为私己、为权势，而非忠于国、徇于义者，则是小人矣。若铢称寸量，校其一二节目而违其大纲，则小人或得为欺，君子反被猜疑，邪正贤否未免倒置矣。

有学者听言有省，以书来云："自听先生之言，越千里如历块。"因云："吾所发明为学端绪乃是第一步，所谓升高自下，陟遐自迩。却不知指何处为千里？若以为今日舍私小而就广大为千里，非也。此只可谓之第一步，不可遽谓千里。"

吾于人情研究得到。或曰："察见渊中鱼不祥。"然吾非苛察之谓，研究得到，有扶持之方耳。

后世将让职作一礼数。古人推让皆是实情，唐虞之朝可见，非尚虚文，以让为美名也。

尝闻王顺伯云："本朝百事不及唐，然人物议论远过之。"此议论甚阔，可取。

尝问王顺伯曰："闻尊兄精于论字画，敢问字果有定论否？"顺伯曰："有定论。"曰："何以信此说？"顺伯曰："有一画一拐于此，使天下有两三人晓书，问之。此人曰是此等第，则彼二人之言亦同，如此知其有定。"因问："字画孰为贵？"顺伯曰："本朝不及唐，唐不及汉，汉不及先秦古书。"曰："如此则大抵是古得些子者为贵。"顺伯曰："大抵古人作事不苟简，尊兄试观古器，与后来者异矣。"此论极是。

傅子渊请教，乞简省一语。答曰："艮其背，不获其身；行其庭，不见其人。"后见其与陈君举书中云："是则全掩其非，非则全掩其是。"此是语病。中又云："阔节而疏目，旨高而趣深。""旨高而趣深"甚佳，"阔节而疏目"，子渊好处在此，病亦在此。又云：子渊弘大，文范细密。子渊能兼文范之细密，文范能兼子渊之弘大，则非细也。

朱济道力称赞文王，谓曰："文王不可轻赞，须是识得文王方可称赞。"济道云："文王圣人，诚非某所能识。"曰："识得朱济道，便是文王。"

一学者自晦翁处来，其拜跪语言颇怪。每日出斋，此学者必有陈论，应之亦无他语。至四日，此学者所言已罄，力请诲语。答曰："吾亦未暇详论。然此间大纲，有一个规模说与人。今世人浅之为声色臭味，进之为富贵利达，又进之为文章技艺。又有一般人都不理会，却谈学问。吾总以一言断之，曰胜心。"此学者默然，后数日，其举动言语颇复常。

一学者从游阅数月，一日问之云："听说话如何？"曰："初来时疑先生之颠倒，既如此说了，后又如彼说。及至听得两月后，方始贯通，无颠倒之疑。"

三百篇之《诗》，《周南》为首。《周南》之诗，《关雎》为首。《关雎》之诗，好善而已。

"兴于《诗》"，人之为学，贵于有所兴起。

洙泗门人，其间自有与老氏之徒相通者，故《记礼》之书，其言多原老氏之意。

先生在敕局日，或问曰："先生如见用，以何药方医国？"先生曰："吾有四物汤，亦谓之四君子汤。"或问如何。曰："任贤，使能，赏功,罚罪。"

先生云:"后世言道理者,终是粘牙嚼舌。吾之言道,坦然明白,全无粘牙嚼舌处,此所以易知易行。"或问先生:"如此谈道,恐人将意见来会,不及释子谈禅,使人无所措其意见。"先生云:"吾虽如此谈道,然凡有虚见虚说,皆来这里使不得。所谓德行常易以知险,恒简以知阻也。今之谈禅者虽为艰难之说,其实反可寄托其意见。吾于百众人前,开口见胆。"

先生云:"凡物必有本末。且如就树木观之,则其根本必差大。吾之教人,大概使其本常重,不为末所累。然今世论学者却不悦此。"

有一士大夫云:"陆丈与他人不同,却许人改过。"

先生尝问一学者:"若事多放过,有宽大气象;若动辄别白,似若褊隘。不知孰是?"学者云:"若不别白,则无长进处。"先生曰:"然。"

先生云:"学者读书,先于易晓处沉涵熟复,切己致思,则他难晓者涣然冰释矣。若先看难晓处,终不能达。"举一学者诗云:"读书切戒在荒忙,涵泳工夫兴味长。未晓莫妨权放过,切身须要急思量。自家主宰常精健,逐外精神徒损伤。寄语同游二三子,莫将言语坏天常。"

先生归自临安,子云问近来学者。先生云:"有一人近来有省,云'一蔽既彻,群疑尽亡'。"

先生云:"欧公《本论》固好,然亦只说得皮肤。"看《唐鉴》,令读一段,子云因请曰:"终是说骨髓不出。"先生云:"后世亦无人知得骨髓去处。"

刘淳叟参禅,其友周姓者问之曰:"淳叟何故舍吾儒之道而参禅?"淳叟答曰:"譬之于手,释氏是把锄头,儒者把斧头。所把虽不同,然却皆是这手。我而今只要就他明此手。"友答云:"若如淳叟所言，我只就把斧头处明此手，不愿就他把锄头处明此手。"先生云："淳叟亦善喻，周亦可谓善对。"

先生云："子夏之学，传之后世尤有害。"

先生居象山，多告学者云："汝耳自聪，目自明，事父自能孝，事兄自能弟，本无少缺，不必他求，在乎自立而已。"学者于此亦多兴起。有立议论者，先生云："此是虚说。"或云："此是时文之见。"学者遂云："孟子辟杨墨，韩子辟佛老，陆先生辟时文。"先生云："此说也好。然辟杨墨、佛老者，犹有些气道。吾却只辟得时文。"因一笑。

先生作《贵溪学记》云："尧舜之道不过如此，此亦非有甚高难行之事。"尝举以语学者云："吾之道真所谓'夫妇之愚可以与知'。"

或问读《六经》当先看何人解注。先生云："须先精看古注，如读《左传》则杜预注不可不精看。大概先须理会文义分明，则读之其理自明白。然古注惟赵岐解《孟子》文义多略。"

有一后生欲处郡庠，先生训之曰："一择交，二随身规矩，三读古书《论语》之属。"

程先生解《易》爻辞，多得之象辞，却有鹘突处。

人之文章多似其气质。杜子美诗乃其气质如此。

三代之时，远近上下皆讲明扶持此理，其有不然者，众从而斥之。后世远近上下皆无有及此者，有一人务此，众反以为怪。故古之时比屋至于可封。后世虽能自立，然寡固不可以敌众，非英才不能奋兴。

有学者因事上一官员书云："遏恶扬善，沮奸佑良，此天地之正理也。此理明则治，不明则乱，存之则为仁，不存则为不仁。"先生击节称赏。

先生云："吾自应举未尝以得失为念，场屋之文只是直写胸襟。"故作《贵溪县学记》云："不徇流俗而正学以言者，岂皆有司之所弃，天命之所遗？"

有学者曾看南轩文字，继从先生游，自谓有省。及作书陈所见，有一语云："与太极同体。"先生复书云："此语极似南轩。"

学者不可用心太紧。深山有宝，无心于宝者得之。

有学者上执政书，中间有云："阁下作而待漏于金门，朝而议政于黼座，退而平章于中书，归而咨访于府第，不识是心能如昼日之昭晰，而无薄蚀之者乎？能如砥柱之屹立，而无沦胥之者乎？"先生云："此亦可以警学者。"

曹立之有书于先生曰："愿先生且将孝弟忠信诲人。"先生云："立之之谬如此。孝弟忠信如何说'且将'？"

惟温故而后能知新，惟敦厚而后能崇礼。

《易·系》上下篇总是赞《易》。只将赞《易》看，便自分明。凡吾论世事皆如此。必要挈其总要去处。

后世言《易》数者，多只是眩惑人之说。

"夫人幼而学之，壮而欲行之。"今之论学者，所用非所学，所学非所用。

或有讥先生之教人专欲管归一路者，先生曰："吾亦只有此一路。"

孟子曰："言人之不善，当如后患何？"今人多失其旨。盖孟子道性善，故言人无有不善。今若言人之不善，彼将甘为不善，而以不善向汝，汝将何以待之？故曰："当如后患何？"

见到孟子道性善处，方是见得尽。

退之言："轲死，不得其传。荀与杨，择焉而不精，语焉而不详。"何其说得如此端的！

程先生解"频复厉"，言"过在失，不在复"，极好。

先生在敕局日，或劝以小人阘伺，李注：阘，音酞，窥也。宜乞退省。先生曰："吾之未去，以君也。不遇则去，岂可以彼为去就耶？"

李白、杜甫、陶渊明皆有志于吾道。

资禀之高者,义之所在,顺而行之,初无留难。其次义利交战,而利终不胜义,故自立。

吾自幼时听人议论似好,而其实不如此者,心不肯安,必要求其实而后已。

吾于践履未能纯一,然才自警策,便与天地相似。

后世言宽仁者类出于姑息,殊不知苟不出于文致,而当其情,是乃宽仁也。故吾尝曰:"虞舜、孔子之宽仁,吾于四裔、两观之间见之。"

有士人上诗云:"手抉浮翳开东明。"先生颇取其语。因云:"吾与学者言,真所谓取日虞渊,洗光咸池。"

右门人傅子云季鲁编录。

冉子退朝,子曰:"何晏也?"对曰:"有政。"子曰:"其事也。"鲁国无政,所行者亦其事而已。政者,正也。

"志壹动气",此不待论,独"气壹动志"未能使人无疑。孟子复以蹶趋动心明之,则可以无疑矣。壹者,专一也。志固为气之帅,然至于气之专一,则亦能动志。故不但言"持其志",又戒之以"无暴其气"也。居处饮食,适节宣之宜;视听言动,严邪正之辨,皆"无暴其气"之工也。

古者十五而入大学,"大学之道在明明德,在亲民,在止于至善",此言大学指归。欲明明德于天下是入大学标的。格物致知是下手处。《中庸》言博学、审问、谨思、明辨,是格物之方。读书亲师友是学,思则在己。问与辨皆须即人。自古圣人亦因往哲之言、师友之言乃能有进,况非圣人,岂有任私智而能进学者?然往哲之言因时乘理,其指不一。方册所载又有正伪、纯疵,若不能择,则是泛观。欲取决于师友,师友之言亦不一,又有是非、当否,若不能择,则是泛从。泛观泛从,何所至止?"如彼作室于道谋,是用不溃于成。"欲取其一而从之,则又安知非私意偏说?子莫执中,孟子尚以为执一废百,岂为善学?后之学者顾何以处此?

学者规模多系其闻见。孩提之童未有传习,岂能有是规模?是故所习不可不谨。处乎其中而能自拔者,非豪杰不能。劫于事势而为之趋向者,多不得其正,亦理之常也。

古者势与道合,后世势与道离。何谓势与道合?盖德之宜为诸侯者为诸侯,宜为大夫者为大夫,宜为士者为士,此之谓势与道合。后世反此,贤者居下,不肖者居上,夫是之谓势与道离。势与道合则是治世,势与道离则是乱世。

"如切如磋者,道学也;如琢如磨者,自修也。"骨象脆,切磋之工精细;玉石坚,琢磨之工粗大。学问贵细密,自修贵勇猛。

世人只管理会利害,皆自谓惺惺,及他己分上事,又却只是放过。争知道名利如锦覆陷阱,使人贪而堕其中,到头只赢得一个大不惺惺去。

"阳,一君而二民,君子之道也;阴,二君而一民,小人之道也。"阳奇阴偶,阳以奇为君,一也,阴以偶为君,二也。有一则有二,第所主在一。彼小人之事岂遽绝其一哉?所主非是耳。故君子以理制事,以理观象。故曰:"变动不居,周流六虚,上下无常,刚柔相易,不可为典要,唯变所适。"

《书》疏云:"周天三百六十五度四分度之一,天体圆如弹丸,北高南下,北极出地上三十六度,南极入地下三十六度。南极去北极直径一百八十二度强〔1〕。天体隆曲,正当天之中央,南北二极中等之处,谓之赤道,去南北极各九十一度。春分日行赤道,从此渐

---

〔1〕"一百八十二度强",今本《尚书·洪范》孔颖达疏作"一百二十二度弱"。按:本段文字与孔颖达疏颇有异同,不一一出校。

北,夏至行赤道之北二十四度,去北极六十七度,去南极一百一十五度。从夏至以后,日渐南至。秋分还行赤道,与春分同。冬至行赤道之南二十四度,去南极六十七度,去北极一百一十五度。其日之行处,谓之黄道。又有月行之道,与日相近,交路而过,半在日道之里,半在日道〔之〕表〔1〕。其当交则两道相合,去极远处两道相去六度。此其日月行道之大略也。"黄道者,日所行也。冬至在斗,出赤道南二十四度。夏至在井,出赤道北二十四度。秋分交于角。春分交于奎。月有九道,其出入黄道不过六度。当交则合,故曰交蚀。交蚀者,月道与黄道交也。

《孟子》"登东山而小鲁"一章,绅绎诵咏五六过,始云:"皆是言学之充广,如水之有澜,日月之有光,皆是本原上发得如此。"

"牛山之木尝美矣"以下,常宜讽咏。

元晦似伊川,钦夫似明道。伊川蔽固深,明道却通疏。

九畴之数:一、六在北,水得其正。三、八在东,木得其正。唯金火易位,而木生火,自三上生至九,自一数至于九,正得二数,故火在南。自四数至七,亦得四数,故金在西。一变而为七,七变而为九,九复变而为一者:一与一为二,一与二为三,一与三为四,一与四为五,一与五为六。五,数之祖,故至七则为二与五矣,是一变也。至九而极,故曰七变而为九。数至九则必变,故至十则变为一十,百为一百,千为一千,万为一万,是九复变而为一也。

或问贾谊、陆贽言论如何。曰:"贾谊是就事上说仁义,陆贽是就仁义上说事。"

临安四圣观,六月间,倾城士女咸出祷祠,或问何以致人归乡如此。答曰:"只是赏罚不明。"

一夕步月,喟然而叹。包敏道侍,问曰:"先生何叹?"曰:"朱元

---

〔1〕 "之",原无,据嘉靖本补。

晦泰山乔岳,可惜学不见道,枉费精神,遂自担阁。奈何?"包曰:"势既如此,莫若各自著书,以待天下后世之自择。"忽正色厉声曰:"敏道!敏道!恁地没长进,乃作这般见解。且道天地间有个朱元晦、陆子静,便添得些子?无了后,便减得些子?"

归自临安,汤仓因言风俗不美。曰:"乍归,方欲与后生说些好话。然此事亦由天,亦由人。"汤云:"如何由天?"曰:"且如三年一次科举,万一中者笃厚之人多,浮薄之人少,则风俗自此而厚。不然,只得一半笃厚之人,或三四个笃厚之人,风俗犹自庶几。不幸笃厚之人无几,或全是浮薄之人,则后生从而视效,风俗日以败坏。"汤云:"如何亦由人?"曰:"监司、守令便是风俗之宗主。只如院判在此,毋只惟位高爵重、旗旌导前、骑卒拥后者是崇是敬,陋巷茅茨之间有笃敬、忠信、好学之士,不以其微贱而知崇敬之,则风俗庶几可回矣。"汤再三称善。次日谓幕僚曰:"陆丈近至城,何不去听说话?"幕僚云:"恐陆丈门户高峻,议论非某辈所能喻。"汤云:"陆丈说话甚平正,试往听看。某于张、吕诸公皆相识,然如陆丈说话自是不同〔1〕。"

须知人情之无常,方料理得人。

《孝经》十八章,孔子于践履实地上说出,非虚言也。

"莫知其苗之硕",谓叶干鬖松而亡实者也。

"天下之言性也,则故而已矣。"此段人多不明首尾文义。中间"所恶于智者"至"智亦大矣",文义亦自明,不失《孟子》本旨。据某所见,当以《庄子》"去故与智"解之。观《庄子》中有此"故"字,则知古人言语文字必常有此字。《易·杂卦》中《随》无故也",即是此"故"字。当孟子时,天下无能知其性者。其言性者,大抵据陈迹言之,实非知性之本,往往以利害推说耳,是反以利为本也。夫子赞

---

〔1〕"如",嘉靖本无。

《易》,治历明时,在《革》之《象》。盖历本测候,常须改法。观《革》之义,则千岁之日至,无可坐致之理明矣。孟子言:"千岁之日至,可坐而致也。"正是言不可坐而致,以此明不可求其故也。

"帝出乎《震》":帝者,天也。《震》居东,春也。《震》,雷也。万物得雷而萌动焉,故曰"出乎《震》"。"齐乎《巽》":《巽》是东南,春夏之交也。《巽》,风也。万物得风而滋长焉,新生之物齐洁精明,故曰"万物之洁齐也"。"相见乎《离》":《离》,南方之卦也,夏也。生物之形至是毕露,文物粲然,故曰"相见"。"致役乎《坤》":万物皆得地之养,将遂妊实,六七月之交也。万物于是而胎实焉,故曰"致役乎《坤》"。"说言乎《兑》":《兑》,正秋也。八月之时,万物既已成实,得雨泽而说怿,故曰"万物之所说也"。"战乎《乾》":《乾》是西北方之卦也。旧谷之事将始,《乾》不得不君乎此也。十月之时,阴极阳生,阴阳交战之时也,龙战乎野是也。"劳乎《坎》":《坎》者,水也,至劳者也。阴退阳生之时,万物之所归也。阴阳未定之时,万物归藏之始,其事独劳,故曰"劳乎《坎》"。"成言乎《艮》":阴阳至是而定矣。旧谷之事于是而终,新谷之事于是而始,故曰"万物之所成终成始也"。

"《易》之为书也,不可远,为道也屡迁。变动不居,周流六虚,上下无常,刚柔相易,不可为典要,唯变所适。"临深履薄,参前倚衡,儆戒无虞,小心翼翼,道不可须臾离也。五典天叙,五礼天秩,《洪范》九畴,帝用锡禹,传在箕子,武王访之,三代攸兴,罔不克敬典。不有斯人,孰足以语不可远之书,而论屡迁之道也。其"为道也屡迁",不迁处;"变动不居",居处;"周流六虚",实处;"上下无常",常处;"刚柔相易",不易处;"不可为典要",要处;"惟变所适",不变处。

"《履》,德之基也;《谦》,德之柄也;《复》,德之本也;《恒》,德之固也;《损》,德之修也;《益》,德之裕也;《困》,德之辨也;《井》,德之地也;《巽》,德之制也。""《易》之兴也,其于中古乎?作《易》者其有忧患乎？"上古淳朴，人情物态未至多变，《易》虽不作，未有阙也。逮乎中古，情态日开，诈伪日萌，非明《易》道以示之，则质之美者无以成其德，天下之众无以感而化，生民之祸有不可胜言者。圣人之忧患如此，不得不因时而作《易》也。《易》道既著，则使君子身修而天下治矣。"是故，《履》，德之基也"，《杂卦》曰"履，不处也"，不处者，行也。上天下泽，尊卑之义，礼之本也。经礼三百，曲礼三千，皆本诸此常行之道。"《履》，德之基"，谓以行为德之基也。基，始也，德自行而进也。不行则德何由而积？"谦，德之柄也"，有而不居为谦，谦者，不盈也。盈则其德丧矣。常执不盈之心，则德乃日积，故曰"德之柄"。既能谦然后能复，复者阳复，为复善之义。人性本善，其不善者迁于物也。知物之为害而能自反，则知善者乃吾性之固有。循吾固有而进德，则沛然无他适矣。故曰"《复》，德之本也"。知复则内外合矣，然而不常，则其德不固，所谓"虽得之，必失之"，故曰"《恒》，德之固也"。君子之修德，必去其害德者，则德日进矣，故曰"《损》，德之修也"。善日积则宽裕，故曰"《益》，德之裕也"。不临患难难处之地，未足以见其德，故曰"《困》，德之辨也"。井以养人利物为事，君子之德亦犹是也，故曰"《井》，德之地也"。夫然可以有为，有为者，常顺时制宜。不顺时制宜者，一方一曲之士，非盛德之事也。顺时制宜，非随俗合污，如禹、稷、颜子是已，故曰"《巽》，德之制也"。

"《履》，和而至"：兑以柔悦承乾之刚健，故和。天在上，泽处下，理之极至不可易，故至。君子所行，体《履》之义，故和而至。"《谦》，尊而光"：不谦则必自尊自耀，自尊则人必贱之，自耀则德丧，能谦则自卑自晦，自卑则人尊之，自晦则德益光显。"《复》，小而辨于物"：复贵不远，言动之微、念虑之隐必察其为物所诱与否。不辨于小，则将致悔吝矣。"《恒》，杂而不厌"：人之生，动用酬酢，事变非一，人情于此多至厌倦，是不恒其德者也。能恒者，虽杂而不厌。"《损》,先难而后易":人情逆之则难,顺之则易。凡损抑其过,必逆乎情,故先难;既损抑以归于善,则顺乎本心,故后易。"《益》,长裕而不设":益者,迁善以益己之德,故其德长进而宽裕。设者,侈张也,有侈大不诚实之意,如是则非所以为益也。"《困》,穷而通":不修德者,遇穷困则陨获丧亡而已。君子遇穷困,则德益进,道益通。"《井》,居其所而迁":如君子不以道徇人,故曰居其所;而博施济众,无有不及,故曰迁。"《巽》,称而隐":巽顺于理,故动称宜。其所以称宜者,非有形迹可见,故隐。

"《履》以和行":行有不和,以不由礼故也。能由礼则和矣。"《谦》以制礼":自尊大,则不能由礼;卑以自牧,乃能自节制以礼。"《复》以自知":自克乃能复善,他人无与焉。"《恒》以一德":不常则二三,常则一。终始惟一,时乃日新。"《损》以远害":如忿欲之类,为德之害。损者,损其害德而已。能损其害德者,则吾身之害固有可远之道,特君子不取必乎此也。"《益》以兴利":有益于己者为利,天下之有益于己者莫如善,君子观《易》之象而迁善,故曰"兴利"。能迁善,则福庆之利固有自致之理。在君子无加损焉,有不足言者。"《困》以寡怨":君子于困厄之时必推致其命。吾遂吾之志,何怨之有?推困之义,不必穷厄患难及己也,凡有道而有所不可行,皆困也。君子于此自反而已,未尝有所怨也。"《井》以辨义":君子之义在于济物,于井之义,人可以明君子之义。"《巽》以行权":巽顺于理,如权之于物,随轻重而应,则动静称宜,不以一定而悖理也。九卦之列,君子修身之要,其序如此,缺一不可也。故详复赞之。

"所谓诚其意者,毋自欺也"一段[1],总是修身、齐家、治国、平天下之要,故反复言之。"如恶恶臭,如好好色",乃是性所好恶,非

---

[1]"毋",原作"无",据正德本、《四库》本及《大学》改。

出于勉强也。自欺是欺其心,慎独即不自欺。"诚者自成,而道自道也。"自欺不可谓无人知。"十目所视,十手所指",其严若此。

"惟器与名不可以假人":只当说繁缨非诸侯所当用,不可以与此人,左氏也说差却名了,是非孔子之言。如孟子谓"闻诛一夫纣矣",乃是正名。孔子于蒯聩、辄之事,乃是正名。至于温公谓"名者何,诸侯卿大夫是也",则失之矣。

事不可以逆料,圣贤未尝预料。"由也,不得其死然。""死矣!盆成括。"其微言如此。

此理塞宇宙,谁能逃之?顺之则吉,违之则凶,其蒙蔽则为昏愚,通彻则为明知。昏愚者不见是理,故多逆以致凶;明知者见是理,故能顺以致吉。说《易》者谓阳贵而阴贱、刚明而柔暗,是固然矣。今《晋》之卦,上离以六五一阴为明之主,下坤以三阴顺从于离明,是以致吉。二阳爻反皆不善。盖离之所以为明者,明是理也。坤之三阴能顺从其明,宜其吉无不利。此以明理顺理而善,则其不尽然者亦宜其不尽善也。不明此理,而泥于爻画名言之末,岂可以言《易》哉?阳贵阴贱、刚明柔暗之说,有时而不可泥也。

《屯》阴阳始交,一索而得长男,再索而得中男。六三"即鹿无虞,惟入于林中",指下卦之渐入上卦坎险之地。上六"乘马班如,泣血涟如",正孔子曰"吾末如之何也已矣"。虽然,人当止邪于未形,绝恶于未萌,致治于未乱,保邦于未危。

《蒙》九二一爻为发蒙之主,不应更论与六五相得与否。"包蒙""纳妇",即"克家"之事。

束书不观,游谈无根。

染习深者难得净洁。

自明然后能明人。

复斋看伊川《易传》解"艮其背",问某:"伊川说得如何?"某云:"说得鹘突。"遂命某说,某云:"'艮其背,不获其身',无我;'行其庭,不见其人',无物。"

或谓先生之学是道德性命,形而上者;晦翁之学是名物度数,形而下者。学者当兼二先生之学。先生云:"足下如此说晦翁,晦翁未伏。晦翁之学自谓一贯,但其见道不明,终不足以一贯耳。吾尝与晦翁书云'揣量模写之工,依放假借之似,其条画足以自信,其节目足以自安',此言切中晦翁之膏肓。"

学者答堂试策。先生云:"诸公答策皆是随问走,答策当如堂上人部勒堂下吏卒,乃不为策题所缠。"

先生于门人最属意者唯傅子渊。初,子渊请教,先生有艮背行庭、无我无物之说。后子渊谓:"某旧登南轩、晦翁之门,为二说所碍,十年不可先生之说。及分教衡阳三年,乃始信。"先生屡称子渊之贤,因言:"比陈君举自湖南漕台遣书币下问,来书云'某老矣,不复见诸事功,但欲结果身分耳'。"先生略举答书,因说:"近得子渊与君举书煞好,若子渊切磋不已,君举当有可望也。但子渊书中有两句云'是则全掩其非,非则全掩其是',亦为抹出。"后闻先生临终前数日,有自衡阳来呈子渊与周益公论道五书,先生手不释,叹曰:"子渊,擒龙打凤底手段。"

邵武丘元寿听话累日,李注:元寿是文安公弟子。自言少时独喜看伊川语录。先生曰:"一见足下,知留意学问,且从事伊川学者。既好古如此,居乡与谁游处?"元寿对以"赋性冷淡,与人寡合"。先生云:"莫有令嗣延师否?"元寿对以"延师亦不相契,止是托之二子耳"。先生云:"既是如此,平生怀抱欲说底话,分付与谁?"元寿对以"无分付处,有时按视田园,老农老圃虽不识字,喜其真情,四时之间,与之相忘,酬酢居多耳"。先生顾学者笑曰:"以邵武许多士人,而不能有以契元寿之心,契心者乃出于农圃之人。如此,是士大夫儒者视农圃间人不能无愧矣。"先生因言:"世间一种恣情纵欲之人,虽大狼狈,其过易于拯救,却是好人划地难理会。"松云:"如丘丈之贤，先生还有力及之否？"先生云："元寿甚佳，但恐其不大耳。'人皆可以为尧舜'，尧舜与人同耳，但恐不能为尧舜之大也。"元寿连日听教，方自庆快，且云"天下之乐，无以加于此"。至是忽局蹙变色而答曰："荷先生教爱之笃，但某自度无此力量，诚不敢僭易。"先生云："元寿道无此力量，错说了。元寿平日之力量乃尧舜之力量，元寿自不知耳。"元寿默然愈惑，退，松别之。元寿自述："自听教于先生甚乐，今胸中忽如有物梗之者，姑抄先生文集，归而求之，再来承教。"

先生与学者说及智圣始终条理一章，忽问松云："智、圣是如何？"松曰："知此之谓智，尽此之谓圣。"先生曰："智、圣有优劣否？"松曰："无优劣。"先生曰："好，无优劣，然孟子云'其至，尔力也；其中，非尔力'，如此说似归重于智。"松曰："'其至，尔力也；其中，非尔力也，巧也'，行文自当如此。孟子不成道：'其至，尔力也；其中，尔巧也。'"先生曰："是。"松又曰："智、圣虽无优劣，却有先后，毕竟致知在先，力行在后，故曰始终。"先生曰："是。"

先生因为子持之改所吟莺诗云："百喙吟春不暂停，长疑春意未丁宁。数声绿树黄鹂晓，始笑从来着意听。绕梁余韵散南柯，争奈无如春色何？剩化玉巢金绰约，深春到处为人歌。"先生言莺巢以他羽成之，至贴近金羽处，以白鹇羽借之，所以养其金羽也。

有客论诗，先生诵昌黎《调张籍》一篇云："李杜文章在，光焰万丈长。不知群儿愚，那用故讥伤？蚍蜉撼大树，可笑不自量。云云。乞君飞霞佩，与我高颉颃。"且曰："读书不到此，不必言诗。"

中心斯须不和不乐，而鄙诈之心入之；外貌斯须不庄不敬，而慢易之心入之与。告子不动心，是操持坚执做；孟子不动心，是明道之力。

有行古礼于其家，而其父不悦，乃至父子相非不已，遂来请教。先生云："以礼言之，吾子于行古礼，其名甚正。以实言之，则去古既远，礼文不远，吾子所行未必尽契古礼，而且先得罪于尊君矣。'丧礼，与其哀不足而礼有余也，不若礼不足而哀有余也。'如世俗甚不经，裁之可也，其余且可从旧。"

有县丞问先生赴任尚何时，先生曰："此来为得疾速之任之命，方欲单骑即行。"县丞因言及虏人有南牧之意，先生遽云："如此则荆门乃次边之地，某当挈家以行，未免少迟。若以单骑，却似某有所畏避也。"

临川张次房于历子赋《归去来辞》，李注：次房是文达公弟子。弃官而归，杜门经岁，来见先生。先生云："近闻诸公以王谦仲故，推挽次房一出，是否？"次房云："极荷诸公此意，愧无以当之。"先生曰："何荷之云？君子之爱人也以德，细人之爱人也以姑息。凡诸公欲相推挽者，姑息之爱也。次房初归时，一二年间正气甚盛，后来浸弱，先兄教授极力推挽〔1〕，是后正气复振，比年又浸衰。次房莫未至无饭吃否？若今诸公此举，事势恐亦难行，反自取辱耳。某今有一官，不能脱去得，今又令去荆门，某只得去，若窜去南海，某便着去。次房幸而无官了，而今更要出来做甚么？"次房云："恨闻言之晚，不能早谢绝之也。"

松问先生："今之学者为谁？"先生屈指数之，以傅子渊居其首，邓文范居次，傅季鲁、黄元吉又次之。且云："浙间煞有人，有得之深者，有得之浅者，有一见而得之者，有久而后得之者。广中陈去华省发伟特，惜乎此人亡矣！"

有传黄元吉别长沙陈君举，有诗送行云："荷君来意固非轻，曾未深交意便倾。说到七篇无欠少，学从三画已分明。每嗟自昔伤标致，颇欲从今近老成。为谢荆门三益友，何时尊酒话平生？"先生切闻子渊与君举切磋，又起君举之疑，得黄元吉，君举方信子渊之

---

〔1〕 "先兄"，正德本、嘉靖本、《四库》本作"先生"。

学。松曰:"元吉之学却在子渊之上?"先生曰:"元吉得老夫锻炼之力。元吉从老夫十五年,前数年病在逐外,中间数年换入一意见窠窟去,又数年换入一安乐窠窟去。这一二年,老夫痛加锻炼,似觉壁立无由近傍。元吉善学,不敢发问。遂诱致诸处后生来授学,却教诸生致问,老夫一一为之问驳[1],元吉一旦从傍忽有所省。此元吉之善学。"

先生云:"今世儒者类指佛老为异端。孔子曰'攻乎异端'。孔子时,佛教未入中国,虽有老子,其说未著,却指那个为异端?盖'异'字与'同'字为对。虽同师尧舜,而所学异绪,与尧舜不同,此所以为异端也。"先生因儆学者攻异端曰:"天下之理,将从其简且易者而学之乎?将欲其繁且难者而学之乎?若繁且难者果足以为道,劳苦而为之可也,其实本不足以为道,学者何苦于繁难之说。简且易者,又易知易从,又信足以为道,学者何惮而不为简易之从乎?"

先生言:"万物森然于方寸之间,满心而发,充塞宇宙,无非此理。孟子就四端上指示人,岂是人心只有此四端而已?又就乍见孺子入井皆有怵惕恻隐之心一端指示人,又得此心昭然,但能充此心,足矣。"乃诵:"诚者自成也,而道自道也。诚者,物之终始。云云。天地之道,可一言而尽也。"

先生言:胡季随从学晦翁,晦翁使读《孟子》。他日,问季随如何解"至于心独无所同然乎"一句。季随以所见解,晦翁以为非,且谓季随读书卤莽不思。后季随思之既苦,因以致疾。晦翁乃言之曰:"'然'读如'雍之言然'之然,对上同听、同美、同嗜说。"先生因笑曰:"只是如此,何不早说与他?"

先生言:"吾家治田,每用长大镬头,两次锄至二尺许,深一尺

---

[1]"驳",嘉靖本作"剥"。

半许外，方容秧一头。久旱时，田肉深，独得不旱。以他处禾穗数之，每穗谷多不过八九十粒，少者三五十粒而已。以此中禾穗数之，每穗少者尚百二十粒，多者至二百余粒。每一亩所收比他处一亩不啻数倍。盖深耕易耨之法如此，凡事独不然乎？"时因论及士人专事速化不根之文，故及之。

答曾宅之一书甚详。梭山一日对学者言曰："文所以明道，辞达足矣。"意有所属也。先生正色而言曰："'道有变动，故曰爻；爻有等，故曰物；物相杂，故曰文；文不当，故吉凶生焉。''昔者圣人之作《易》也，幽赞于神明而生蓍，参天两地而倚数，观变于阴阳而立卦，发挥于刚柔而生爻，和顺于道德而理于义，穷理尽性以至于命。'这方是文。文不到这里，说甚文？"

松尝问梭山云："有问松：'孟子说诸侯以王道，是行王道以尊周室？行王道以得天位？'当如何对？"梭山云："得天位。"松曰："却如何解后世疑孟子教诸侯篡夺之罪？"梭山云："民为贵，社稷次之，君为轻。"先生再三称叹曰："家兄平日无此议论。"良久曰："旷古以来无此议论。"松曰："伯夷不见此理。"先生亦云。松又云："武王见得此理。"先生曰："伏羲以来皆见此理。"

或劝先生之荆门，为委曲行道之计。答云："仲虺言汤之德曰'以义制事，以礼制心'。古人通体纯是道义，后世贤者处心处事，亦非尽无礼义，特其心先主乎利害，而以礼义行之耳。后世所以大异于古人者，正在于此。古人理会利害便是礼义，后世理会礼义却只是利害。"

先生言："吴君玉自负明敏，李注：吴君玉名贯未详，或云临川人，即淳熙甲辰进士吴琮。或云名□〔1〕。文安公弟子。至槐堂处五日，每举书句为问。随其所问，解释其疑，然后从其所晓，敷广其说，每每如此。其

― ― ― ― ―

〔1〕 此处有一字，但漫漶不清。

人再三称叹云:'天下皆说先生是禅学,独某见得先生是圣学。'然退省其私,又却都无事了。此人明敏,只是不得久与之切磋。"

先生言:"重华论:'庄子不及老子者三,孟子不及孔子三,其一不合以人比禽兽。'晦翁亦有此论。"松曰:"孟子言'人之所以异于禽兽者几希',惟恐人之入于禽兽。'是禽兽也',为其无君父也。'则其违禽兽不远矣',为其夜气不足以存也。晦翁但在气象上理会,此其所以锱铢圣人之言,往往皆不可得而同也。"先生曰:"使尧、舜、禹、汤、文、武、周公、孔子,此八圣人合堂同席而居[1],其气象岂能尽同?我这里也说气象,但不是就外面说,乃曰'阴阳一大气,乾坤一大象'。"因说:"孟子之言,如'孟施舍之守气,不如曾子之守约也',此两句却赘了。"

"人生而静,天之性也,感物而动,性之欲也。"是为不识"艮背行庭"之旨。

舜"隐恶而扬善",说者曰:"隐,藏也。"此说非是。隐,伏也,伏绝其恶而善自扬耳。在己在人一也。"为国家者,见恶如农夫之务去草焉,芟夷蕴崇之,绝其本根,勿使能殖[2],则善者信矣。"故君子以遏恶扬善,顺天休命也。

"成汤放桀于南巢,惟有惭德。"汤到这里却生一疑,此是汤之过也。故仲虺作诰曰:"惟天生民有欲,无主乃乱。惟天生聪明时乂。呜呼!谨厥终,惟其始,殖有礼,覆昏暴,钦崇天道,永保天命。"

学者问:"荆门之政何先?"对曰:"必也正人心乎。"

"人之其所亲爱而辟焉,之其所贱恶而辟焉,之其所畏敬而辟焉,之其所哀矜而辟焉,之其所敖惰而辟焉。"辟,比量也。家中以

---

[1] "此",他本均作"七"。
[2] "殖",正德本、嘉靖本、《四库》本作"植"。

次之人,以我亲爱、贱恶而比量之,或效之,或议之,其弊无穷,不可悉究,要其终,实不足以齐其家。

告子与孟子并驾其说于天下。孟子将破其说,不得不就他所见处细与他研磨。一次将杞柳来论,便就他杞柳上破其说;一次将湍水来论,便就他湍水上破其说;一次将生之谓性来论,又就他生之谓性上破其说;一次将仁内义外来论,又就他义外上破其说。穷究异端,要得恁地,使他无语始得。

枚卜功臣之逊,逊出于诚;汉文帝即位之逊,逊出于伪,云云。及修代来功,诏称"朕狐疑,唯宋昌劝朕,朕已得保宗庙,尊昌为卫将军"云云。后世人主不知学,人欲横流,安知天位非人君所可得而私?

夫子没,老氏之说出,至汉而其术益行。曹参相齐,尽召长老诸先生,问所以安集百姓。而齐故儒以百数,言人人殊,参未知所定。闻胶西有盖公善治黄老言,使人厚币请之。既见盖公,公为言治道贵清静而民自定,推此类具言之。参于是避正堂,舍盖公焉。其治要用黄老术,故相齐九年,齐国安集,大称贤相。此见老氏之脉在此也。萧何薨,参入相,壹遵何为之约束。择郡县吏长,木讷于文辞,谨厚长者,即召除为丞相史。吏言文刻深,欲声名,辄斥去之。日夜饮酒,不事事,见人有细过,掩匿覆盖之,府中无事。汉家之治,血脉在此。

邵尧夫诗:"一物其来有一身,一身还有一乾坤。"不如圣人说"乾知大始"。因曰:"尧夫只是个闲道人。圣人之道有用,无用便非圣人之道。"

先生一日自歌与侄孙濬书云"道之将废,自孔孟之生不能回天而易命"云云。又歌《柏舟》诗,松为之涕泗沾襟。少间,又歌《东皇太一》《云中君》。见松悲泣不堪,又歌曰:"萧萧马鸣,悠悠旆旌。"乃曰:"萧萧马鸣,静中有动矣;悠悠旆旌,动中有静也。"

"诚者自诚也,而道自道也。""君子以自昭明德。""人之有是四端而自谓不能者,自贼者也。"暴谓"自暴",弃谓"自弃",侮谓"自侮",反谓"自反",得谓"自得"。"祸福无不自己求之者。"圣贤道一个"自"字煞好。尝言[1]:"年十三时,复斋因看《论语》,命某近前,问云:'看有子一章如何?'某云:'此有子之言,非夫子之言。'先兄云:'孔门除却曾子,便到有子,未可轻议,更思之如何?'某曰:'夫子之言简易,有子之言支离。'"

吕伯恭为鹅湖之集,先兄复斋谓某曰:"伯恭约元晦为此集,正为学术异同,某兄弟先自不同,何以望鹅湖之同。"先兄遂与某议论致辩,又令某自说,至晚罢。先兄云:"子静之说是。"次早,某请先兄说,先兄云:"某无说,夜来思之,子静之说极是。方得一诗云:'孩提知爱长知钦,古圣相传只此心。大抵有基方筑室,未闻无址忽成岑。留情传注翻蓁塞,着意精微转陆沉。珍重友朋相切琢,须知至乐在于今。'"某云:"诗甚佳,但第二句微有未安。"先兄云:"说得恁地,又道未安,更要如何?"某云:"不妨一面起行,某沿途却和此诗。"及至鹅湖,伯恭首问先兄别后新功。先兄举诗,才四句,元晦顾伯恭曰:"子寿早已上子静舡了也。"举诗罢,遂致辩于先兄。某云:"途中某和得家兄此诗云:'墟墓兴哀宗庙钦,斯人千古不磨心。涓流滴到沧溟水,拳石崇成泰华岑。易简工夫终久大,支离事业竟浮沉。'"举诗至此,元晦失色。至"欲知自下升高处,真伪先须辨只今",元晦大不怿,于是各休息。翌日二公商量数十折议论来,莫不悉破其说。继日凡致辩,其说随屈。伯恭甚有虚心相听之意,竟为元晦所尼。后往南康,元晦延入白鹿讲说,因讲"君子喻于义"一章。元晦再三云:"某在此不曾说到这里,负愧何言。"

先兄复斋临终云:"比来见得子静之学甚明,恨不得相与切磋,

---

[1] "尝",原作"常",据正德本、嘉靖本、《四库》本改。

见此道之大明耳。"

吾家合族而食,每轮差子弟掌库三年。某适当其职,所学大进,这方是"执事敬"。

徐仲诚请教,李注:徐仲诚疑亦金溪人,早事文安公,又事梭山公。使思《孟子》"万物皆备于我矣,反身而诚,乐莫大焉"一章。仲诚处槐堂一月,一日问之云:"仲诚思得《孟子》如何?"仲诚答曰:"如镜中观花。"答云:"见得仲诚也是如此。"顾左右曰:"仲诚真善自述者。"因说与云:"此事不在他求,只在仲诚身上。"既又微笑而言曰:"已是分明说了也。"少间,仲诚因问《中庸》以何为要语。答曰:"我与汝说内,汝只管说外。"良久曰:"句句是要语。"梭山曰:"'博学之,审问之,谨思之,明辨之,笃行之',此是要语。"答曰:"未知学,博学个甚么?审问个甚么?明辨个甚么?笃行个甚么?"

有学者终日听话,忽请问曰:"如何是穷理尽性以至于命?"答曰:"吾友是泛然问,老夫却不是泛然答。老夫凡今所与吾友说皆是理也。穷理是穷这个理,尽性是尽这个性,至命是至这个命。"

称叹赵子新美质,谓:"人莫不有夸示己能之心,子新为人称扬,反生羞愧;人莫不有好进之心,子新恬淡,虽推之不前;人皆恶人言己之短,子新惟恐人不以其失为告。群居终日,默然端坐,阴有以律夫气习之浇薄者多矣,可谓人中之一瑞[1],但不能进学,可忧耳!"或云:"年亦未壮。"答云:"莫道未也,二十岁来。"一日,子新至,语之曰:"莫堆堆地,须发扬。车前不能令人轩,车后不能令人轾,何不发扬?"

广中一学者陈去华,李注:陈去华,广东广州人,师事文安公。省发伟特。某因问:"'吾与点也'一段,寻常如何理会?"屡问之,去华终以为理会不得。一日,又问之,去华又谓理会未得。某云:"且以去华

---

[1] "瑞",原作"端",据嘉靖本改。

所见言之，莫也未至全然晓不得。"去华遂谓："据某所见，三子只是事上着到，曾点却在这里着到。"某诘之曰："向道理会不得，今又却理会得。"去华顿有省，自叙听话一月，前十日听得所言皆同，后十日所言大异，又后十日与前所言皆同，因有十诗。别后谓人曰："某方是一学者在。待归后，率南方之士师北方之学。"盖广中蒙钦夫之教，故以此为北方耳。

临川一学者初见，问曰："每日如何观书？"学者曰："守规矩。"欢然问曰："如何守规矩？"学者曰："伊川《易传》、胡氏《春秋》、上蔡《论语》、范氏《唐鉴》。"忽呵之曰："陋说！"良久复问曰："何者为规？"又顷问曰："何者为矩？"学者但唯唯。次日复来，方对学者诵"乾知大始，坤作成物，乾以易知，坤以简能"一章，毕，乃言曰："《乾·文言》云'大哉乾元'，《坤·文言》云'至哉坤元'。圣人赞《易》，却只是个'简易'字道了。"遍目学者曰："又却不是道难知也。"又曰："道在迩而求诸远，事在易而求诸难。"顾学者曰："这方唤作规矩，公昨日来道甚规矩。"

一学者听言后，更七夜不寝。或问曰："如此莫是助长否？"答曰："非也。彼盖乍有所闻，一旦悼平昔之非，正与血气争寨作主。"又顾谓学者："天下之理但患不知其非，既知其非，便即不为。君子以向晦入宴息也。"

或问："'吾十有五而志于学，三十而立'。既有所立矣，缘何未到四十尚有惑在？"曰："志于学矣，不为富贵、贫贱、患难动心，不为异端邪说摇夺，是下工夫。至三十，然后能立。既立矣，然天下学术之异同，人心趋向之差别，其声讹相似，似是而非之处，到这里多少疑在？是又下工夫十年，然后能不惑矣。又下工夫十年，方浑然一片，故曰'五十而知天命'。"

说"君子之道孰先传"一段，子游、子夏皆非。

先生感叹时俗汩没，未有能自拔者，因歌学者刘定夫《象山》诗云:"三日观山山愈妍,锦囊收拾不胜编。万山扰扰何为者?惟有云台山岿然。"又诵少时自作《大人》诗云:"从来胆大胸膈宽,虎豹亿万虬龙千,从头收拾一口吞。有时此辈未妥帖,哮吼大嚼无毫全。朝饮渤澥水,暮宿昆仑巅,连山以为琴,长河为之弦,万古不传音,吾当为君宣。"又举欧阳公赠梅圣俞诗云:"黄鹄刷金衣,自言能远飞。择侣异栖息,终年修羽仪。朝下玉池饮,暮宿霜桐枝。徘徊且垂翼,会有秋风时。"

有学子阅乱先生几案间文字。先生曰:"有先生长者在,却不肃容正坐,收敛精神,谓不敬之甚。"

光武谓吴汉"差强人意","强"训"起"。

右门人严松松年所录。李注:严松,临川人,师事梭山公,又事文安公于象山精舍。

卷三十五

语　　录 下

历家所谓朔虚气盈者，盖以三十日为准。朔虚者，自前合朔至后合朔，不满三十日，其不满之分曰朔虚。气盈者，一节一气，共三十日，有余分为中分，中即气也。

《尧典》所载惟"命羲、和"一事。盖人君代天理物，不敢不重。后世乃委之星翁、历官，至于推步、迎策，又各执己见以为定法。其他未暇举，如唐一行所造《大衍历》亦可取，宜若可以久用无差〔1〕，然未十年而已变，是知不可不明其理也。夫天左旋，日月星纬右转，日夜不止，岂可执一？故汉唐之历屡变，本朝二百余年，历亦十二三变。圣人作《易》，于《革》卦言"治历明时"。观《革》之义，其不可执一明矣。

四岳举鲧，九载，绩用弗成，而逊位之咨首及四岳。尧不以举鲧之非而疑其党奸也。比之后世罪举主之义甚异。

后生看经书，须着看注疏及先儒解释。不然，执己见议论，恐入自是之域，便轻视古人。至汉唐间名臣议论，反之吾心，有甚悖道处，亦须自家有"征诸庶民而不谬"底道理，然后别白言之。

---

〔1〕 "宜"，嘉靖本、万历本、《四库》本作"疑"。

《尚书》一部只是说德,而知德者实难。

逊志、小心是两般。

读书固不可不晓文义,然只以晓文义为是,只是儿童之学,须看意旨所在。

《孝经》十八章,孔子于曾子践履实地中说出来,非虚言也。

惟天下之至一,为能处天下之至变;惟天下之至安,为能处天下之至危。

《大禹谟》一篇,要领只在"克艰"两字上。

学者须是有志。读书只理会文义,便是无志。

善学者如关津,不可胡乱放人过。

圣人教人只是就人日用处开端。如孟子言徐行后长可为尧舜,不成在长者后行便是尧舜?怎生做得尧舜样事,须是就上面着工夫。圣人所谓"吾无隐乎尔","谁能出不由户",直截是如此。

"士不可不弘毅",譬如一个担子,尽力担去,前面不奈何,却住无怪。今自不近前,却说道"担不起",岂有此理?故曰"力不足者,中道而废,今女画"。

读书之法,须是平平淡淡去看,子细玩味,不可草草。所谓优而柔之,厌而饫之,自然有涣然冰释、怡然理顺底道理。

处家遇事,须着去做,若是褪头便不是。子弟之职已缺,何以谓学?

燕昭王之于乐毅,汉高帝之于萧何,蜀先主之于孔明,苻秦之于王猛,相知之深,相信之笃,这般处所不可不理会。"读其书,不知其人,可乎?"

燕昭之封乐毅,汉高之械系萧何,当大利害处,未免摇动此心,但有深浅。

人品之说,直截是有。只如皋陶九德,便有数等。就中即一德论之,如"刚而塞"者,便自有几般。

古今人物,同处直截是同,异处直截是异。然论异处极多,同处却约。作德便心逸日休,作伪便心劳日拙,作善便降之百祥,作不善便降之百殃。孟子言:"道二,仁与不仁而已。"同处甚约。

人莫先于自知,不在大纲上,须是细腻求。

学者不长进,只是好己胜。出一言,做一事,便道全是,岂有此理？古人惟贵知过则改,见善则迁。今各自执己是,被人点破,便愕然,所以不如古人。

主于道,则欲消而艺亦可进。主于艺,则欲炽而道亡,艺亦不进。

仁自夫子发之。

不可自暴、自弃、自屈。

志小不可以语大人事。

千古圣贤只是办一件事,无两件事。

"言必信,行必果,硁硁然小人哉!"宜自考察。

退步思量,不要骛外。

"共工方鸠僝功"与"如川之方至",此"方"字不可作"且"字看。

尧之知共工、丹朱,不是于形迹间见之,直是见他心术。

吕正字馆职策,直是失了眼目,只是术。然孟子亦激作,却不离正道。

扬子云好论中,实不知中。

《大雅》是纲,《小雅》是目,《尚书》纲目皆具。

观《书》到《文侯之命》,道已湮没,《春秋》所以作。

有所忿懥,则不足以服人;有所恐惧,则不足以自立。

志道、据德、依仁,学者之大端。

须是信得及乃可。

王文中《中说》与扬子云相若,虽有不同,其归一也。

道在天下,加之不可,损之不可,取之不可,舍之不可,要人自理会。

大纲提掇来,细细理会去,如鱼龙游于江海之中,沛然无碍。

据要会以观方来。

观《春秋》《易》《诗》《书》经圣人手,则知编《论语》者亦有病。

《中庸》言:"鬼神之为德也,其盛矣乎!"夫子发明,判然甚白。

俗谚云"心坚石穿",既是一个人,如何不打叠教灵利。

今之学者譬如行路,偶然撞着一好处便且止,觉时已不如前人,所以乍出乍人,乍明乍昏。

学者不自着实理会,只管看人口头言语,所以不能进。且如做一文字,须是反复穷究去,不得又换思量,皆要穷到穷处,项项分明。他日或问人,或听人言,或观一物,自有触长底道理。

失了头绪,不是助长,便是忘了,所以做主不得。

《记》言后稷"其辞恭,其欲俭",只是说末。《论语》言伯夷、叔齐"求仁得仁",泰伯"三以天下让","殷有三仁",却从血脉上说来。

利、害、毁、誉、称、讥、苦、乐能动摇人,释氏谓之"八风"。

七重铁城,私心也。私心所隔,虽思非正。小儿亦有私思。

心官不可旷职。

太阳当天,太阴、五纬犹自放光芒不得,哪有魑魅魍魉来。

"小德川流,大德敦化":小德即大德,大德即小德。发强、刚毅、齐庄、中正,皆川流也。敦,厚;化,变化。

"皇极之君,敛时五福,锡厥庶民。"福如何锡得?只是此理充塞乎宇宙。李注:按《书》言:"惠迪吉""民协于中"。《诗》云:"民之质矣,日用饮食。群黎百姓,遍为尔德。"即是此理。

溺于俗见,则听正言不人。

知道则末即是本,枝即是叶。又曰:有根则自有枝叶。

上达下达,即是喻义喻利。

〔人情物理上做工夫。〕[1]

《老子》曰:"大道甚夷,而民好径。"

辩便有进。

须是下及物工夫,则随大随小有济。

天下若无着实师友,不是各执己见,便是恣情纵欲。

三百篇之《诗》有出于妇人女子,而后世老师宿儒且不能注解得分明,岂其智有所不若?只为当时道行、道明。

韩退之言:"轲死,不得其传。"固不敢诬后世无贤者,然直是至伊洛诸公,得千载不传之学。但草创未为光明,到今日若不大段光明,更干当甚事?

"大衍之数五十,其用四十有九。分而为二以象两,挂一以象三,揲之以四以象四时,归奇于扐以象闰。五岁再闰,故再扐而后挂。"既分为二[2],乃挂其一于前。挂,别也,非置之指间也。既别其一,却以四揲之,余者谓之奇,然后归之扐。扐,指间也。故一揲之余,不四则八,再揲三揲之余,亦不四则八。四,奇也;八,偶也。故三揲而皆奇,则四四四,有《乾》之象。三揲而皆偶,则八八八,有《坤》之象。三揲而得两偶一奇,则四八八,有《艮》之象;八四八,有《坎》之象;八八四,有《震》之象。三揲而得两奇一偶,则八四四,有《兑》之象;四八四,有《离》之象;四四八,有《巽》之象。故三奇为老阳,三偶为老阴,两偶一奇为少阳,两奇一偶为少阴。老阴老阳变,少阴少阳不变。分、挂、揲、归奇是四节,故曰:"四营而成《易》。"卦有六爻,每爻三揲,三六十八,故曰"十有八变而成卦"。右《揲蓍说》。

右门人周清叟廉夫所录。

---

[1] 此条原无,据嘉靖本补。
[2] "二",原作"一",据嘉靖本、万历本、《四库》本及文义改。

先生语伯敏云："近日向学者多，一则以喜，一则以惧。夫人勇于为学，岂不可喜？然此道本日用常行，近日学者却把作一事，张大虚声，名过于实，起人不平之心，是以为道学之说者，必为人深排力诋。此风一长，岂不可惧？"

某之取人，喜其忠信诚悫，言似不能出口者。谈论风生，他人所取者，某深恶之。

因论补试得失，先生云："今之人易为利害所动，只为利害之心重。且如应举，视得失为分定者能几人？往往得之则喜，失之则悲。惟曹立之、万正淳、李注：万正淳，讳人杰，兴国大冶人。文达公时为兴国军教授，求受学，旋师文安公。郑学古李注：郑学古，名贯未考，亦受学弟子。庶几可不为利害所动。故学者须当有所立，免得临时为利害所动。"朱季绎李注：朱季绎，名未详，恐是朱绎之，亦建昌南城人，师事文安公。云："如敬肆义利之说，乃学者持己处事所不可无者。"先生云："不曾行得，说这般闲言长语则甚？如此不已，恐将来客胜主，以辞为胜。然使至此，非学者之过，乃师承之过也。"朱云："近日异端邪说害道，使人不知本。"先生云："如何？"朱云："如禅家之学，人皆以为不可无者，又以谓形而上者所以害道，使人不知本。"先生云："吾友且道甚底是本？又害了吾友甚底来？自不知己之害，又乌知人之害？包显道常云'人皆谓禅是人不可无者'，今吾友又云'害道'，两个却好缚作一束。今之所以害道者，却是这闲言语。曹立之天资甚高，因读书用心之过成疾，其后疾与学相为消长。初来见某时，亦是有许多闲言语，某与之荡涤，则胸中快活明白，病亦随减。迨一闻人言语，又复昏蔽。所以昏蔽者，缘与某相聚日浅。然其人能自知，每昏蔽则复相过，某又与之荡涤，其心下又复明白。与讲解，随听即解。某问：'比或有疑否？'立之云：'无疑。每常自读书，亦见得到这般田地，只是不能无疑，往往自变其说。'某云：'读书不可晓处，何须苦思力索？如立之天资，思之至，固有一个安排处。但恐心下昏蔽,不得其正,不若且放下,时复涵泳,似不去理会而理会。所谓优而柔之,使自求之,厌而饫之,使自趣之,若江海之浸,膏泽之润,涣然冰释,怡然理顺,然后为得也。'如此相聚一两句而归,其病顿减。其后因秋试闻人闲言语,又复昏惑。又适有告之以某乃释氏之学,渠平生恶释老如仇雠,于是尽叛某之说,却凑合得元晦说话。后不相见,以至于死。"因问伯敏云:"曾闻此等语否?"伯敏云:"未也。"先生语朱云:"他却未有许多闲言语,且莫要坏了李敏求,且听某与他说。大凡为学须要有所立,《语》云'己欲立而立人',卓然不为流俗所移,乃为有立。须思量天之所以与我者是甚底?为复是要做人否?理会得这个明白,然后方可谓之学问。故孟子云'学问之道,求其放心而已矣'。如博学、审问、明辨、谨思、笃行,亦谓此也。此须是有志方可。孔子曰'吾十有五而志于学',是这个志。"伯敏云:"伯敏于此心能刚制其非,只是持之不久耳。"先生云:"只刚制于外,而不内思其本,涵养之功不至。若得心下明白正当,何须刚制?且如在此说话,使忽有美色在前,老兄必无悦色之心。若心常似如今,何须刚制?"

先生语缪文子云：李注：缪文子,里居无考,亦从学弟子。"近日学者无师法,往往被邪说所惑。异端能惑人,自吾儒败绩,故能入。使在唐虞之时,道在天下,愚夫愚妇亦皆有浑厚气象,是时便使活佛、活老子、庄、列出来也开口不得。惟陋儒不能行道,如人家子孙败坏父祖家风。故释老却倒来点检你。如庄子云'以智治国,国之贼',惟是陋儒不能行所无事,故被他如此说。若知者行其所无事,如何是国之贼?今之攻异端者,但以其名攻之,初不知自家已被他点检在他下面[1],如何得他服你?须是先理会了我底是,得有以使之服,方可。"

---

〔1〕 "已",嘉靖本、万历本、《四库》本作"自"。

学者先须不可陷溺其心，又不当以学问夸人。夸人者，必为人所攻。只当如常人。见人不是，必推恻隐之心委曲劝谕之，不可则止。若说道"我底学问如此，你底不是"，必为人所攻。兼且所谓学问者，自承当不住。某见几个自主张学问，某问他："你了得也未？"他心下不稳，如此则是学乱说，实无所知。如此之人，谓之痼疾不可治。宁是纵情肆欲之人，犹容易与他说话，最是学一副乱说底，没奈他何。此只有两路：利欲、道义。不之此，则之彼。

人须是闲时大纲思量："宇宙之间，如此广阔，吾身立于其中，须大做一个人。"文子云："某尝思量我是一个人，岂可不为人？却为草木禽兽。"先生云："如此便又细了，只要大纲思。且如'天命之谓性'，天之所以命我者，不殊乎天，须是放教规模广大。若寻常思量得，临事时自省力，不到得被陷溺了。"文子云："某始初来见先生，若发蒙然。再见先生，觉心下快活，凡事亦自持，只恐到昏时自理会不得。"先生云："见得明时，何持之有？人之于耳，要听即听，不要听则否。于目亦然。何独于心而不由我乎？"

先生语伯敏云："人惟患无志，有志无有不成者。然资禀厚者，必竟有志。吾友每听某之言如何？"伯敏曰："每闻先生之言，茫然不知所入。幼者听而弗问，又不敢躐等。"先生云："若果有志，且须分别势利、道义两途。某之所言皆吾友所固有。且如圣贤垂教，亦是人固有。岂是外面把一件物事来赠吾友？但能悉为发明：天之所以予我者，如此其厚，如此其贵，不失其所以为人者耳。"伯敏问云："日用常行，去甚处下工夫？"先生云："能知天之所以予我者至贵至厚，自然远非僻，惟正是守。且要知我之所固有者。"伯敏云："非僻未尝敢为。"先生云："不过是硬制在这里，其间有不可制者，如此将来亦费力，所以要得知天之予我者。看吾友似可进，缘未曾被人闲言语所惑，从头理会，故易入。盖先入者为主，如一器皿，虚则能受物，若垢污先入，后虽欲加以好水亦费力。如季绎之学驳杂，自主张学问，却无奈何。"

伯敏问云："以今年校之去年，殊无寸进。"先生云："如何要长进？若当为者有时而不为，不当为者有时乎为之，这个却是不长进。不恁地理会，泛然求长进，不过欲以己先人，此是胜心。"伯敏云："无个下手处。"先生云："古之欲明明德于天下者，先治其国；欲治其国者，先齐其家；欲齐其家者，先修其身；欲修其身者，先正其心；欲正其心者，先诚其意；欲诚其意者，先致其知；致知在格物。格物是下手处。"伯敏云："如何样格物？"先生云："研究物理。"伯敏云："天下万物不胜其繁，如何尽研究得？"先生云："万物皆备于我，只要明理。然理不解自明，须是隆师亲友。"伯敏云："此间赖有季绎，时相勉励。"先生云："季绎与显道一般，所至皆勉励人，但无根者多，其意似欲私立门户，其学为外不为己。世之人所以攻道学者，亦未可全责他。盖自家骄其声色，立门户与之为敌，哓哓滕口，实有所未孚，自然起人不平之心。某平日未尝为流俗所攻，攻者却是读语录精义者。程士南最攻道学，人或语之以某，程云：'道学如陆某，无可攻者。'又如学中诸公，义均骨肉，盖某初无胜心，日用常行，自有使他一个敬信处。某旧日伊洛文字不曾看，近日方看，见其间多有不是。今人读书，平易处不理会，有可以起人羡慕者，则着力研究。古先圣人何尝有起人羡慕者？只是此道不行，见有奇特处，便生羡慕。自周末文弊，便有此风。如唐虞之时，人人如此，又何羡慕？所以庄周云：'臧与榖共牧羊，而俱亡其羊。问臧奚事？曰博塞以游；问榖奚事？曰挟策读书。其为亡羊一也。'某读书只看古注，圣人之言自明白。且如'弟子入则孝，出则弟'，是分明说与你入便孝，出便弟，何须得传、注？学者疲精神于此，是以担子越重。到某这里，只是与他减担，只此便是格物。"伯敏云："每读书，始者心甚专，三五遍后，往往心不在此。知其如此，必欲使心在书上，则又别生一心。卒之方寸扰扰。"先生云："此是听某言不入，若听得入,自无此患。某之言打做一处,吾友二三其心了。如今读书,且平平读,未晓处且放过,不必太殢。"

缪文子资质亦费力,慕外尤殢,每见他退去,一似不能脱罗网者。天之所以予我者,至大、至刚、至直、至平、至公。如此私小做甚底人?须是放,教此心公平正直。"无偏无党,王道荡荡;无党无偏,王道平平;无反无侧,王道正直。"某今日作包显道书云:"古人之学不求声名,不较胜负,不恃才智,不矜功能。今人之学正坐反此耳。"

读介甫书,见其凡事归之法度,此是介甫败坏天下处。尧、舜、三代虽有法度,亦何尝专恃此。又未知户马、青苗等法果合尧、舜、三代否?当时辟介甫者无一人就介甫法度中言其失,但云"喜人同己""祖宗之法不可变"。夫尧之法舜尝变之〔1〕,舜之法禹尝变之。祖宗法自有当变者,使其所变果善,何嫌于同?古者道德一,风俗同,至当归一,精义无二,同古者适所以为美。惜乎无以此辟之,但云"祖宗之法不可变",介甫才高,如何便伏?惟韩魏公论青苗法云"将欲利民,反以害民",甚切当。或言介甫不当言利。夫《周官》一书,理财者居半,冢宰制国用,理财正辞,古人何尝不理会利,但恐三司等事,非古人所谓利耳。不论此,而以言利遏之,彼岂无辞?所以率至于无奈他何处。或问:"介甫比商鞅何如?"先生云:"商鞅是脚踏实地,他亦不问王霸,只要事成,却是先定规模。介甫慕尧、舜、三代之名,不曾踏得实处,故所成就者,王不成,霸不就。本原皆因不能格物,模索形似,便以为尧、舜、三代如此而已。所以学者先要穷理。"

后生自立最难,一人力抵当流俗不去,须是高着眼看破流俗方可。要之,此岂小廉曲谨所能为哉?必也豪杰之士。胡丈因举晦

――――――

〔1〕 "尝",原作"常",据正德本、嘉靖本、《四库》本及文义改。下"尝"字同。

翁语云："豪杰而不圣人者有之，未有圣人而不豪杰者也。"先生云："是。"

问作文法，先生云："读《汉》、《史》、韩、柳、欧、苏、尹师鲁、李淇水文不误。后生惟读书一路，所谓读书，须当明物理，揣事情，论事势。且如读史，须看他所以成、所以败、所以是、所以非处。优游涵泳，久自得力。若如此读得三五卷，胜看三万卷。"

问伯敏云："作文如何？"伯敏云："近日读得《原道》等书，犹未成诵，但茫然无入处。"先生云："《左传》深于韩、柳，未易入，且读苏文可也。此外别有进否？吾友之志要如何？"伯敏云："所望成人，目今未尝敢废防闲。"先生云："如何样防闲？"伯敏云："为其所当为。"先生云："虽圣人不过如是。但吾友近来精神都死，却无向来亹亹之意，不是懈怠，便是被异说坏了。夫人学问，当有日新之功，死却便不是。邵尧夫诗云'当锻炼时分劲挺，到磨砻处发光辉'，磨砻锻炼，方得此理明，如川之增，如木之茂，自然日进无已。今吾友死守定，如何会为所当为。博学、审问、谨思、明辨、笃行，博学在先，力行在后。吾友学未博，焉知所行者是当为？是不当为？防闲，古人亦有之，但他底防闲与吾友别。吾友是硬把捉。告子硬把捉，直到不动心处，岂非难事，只是依旧不是。某平日与兄说话，从天而下，从肝肺中流出，是自家有底物事，何常硬把捉？吾兄中间亦云有快活时，如今何故如此？"伯敏云："固有适意时，亦知自家固有根本，元不待把捉，只是不能久。防闲稍宽，便为物欲所害。"先生云："此则罪在不常久上，却如何硬把捉？种种费力，便是有时得意，亦是偶然。"伯敏云："却常思量不把捉，无下手处。"先生云："何不早问？只此一事是当为不当为？当为底一件大事不肯做，更说甚底？某平日与老兄说底话想都忘了。"伯敏云："先生常语以求放心、立志，皆历历可记。"先生云："如今正是放其心而不知求也，若果能立，如何到这般田地。"伯敏云："如何立？"先生云："立是你立，却问我如何立？若立得住，何须把捉。吾友分明是先曾知此理来，后更异端坏了。异端非佛老之谓。异乎此理，如季绎之徒便是异端。孔门惟颜、曾传道，他未有闻。盖颜、曾从里面出来，他人外面入去。今所传者乃子夏、子张之徒外入之学。曾子所传，至孟子不复传矣。吾友却不理会根本，只理会文字。实大声宏，若根本壮，怕不会做文字？今吾友文字自文字，学问自学问，若此不已，岂止两段？将百碎。"问："近日日用常行觉精健否？胸中快活否？"伯敏云："近日别事不管，只理会我亦有适意时。"先生云："此便是学问根源也。若能无懈怠，暗室屋漏亦如此，造次必于是，颠沛必于是，何患不成。故云'君子以自昭明德'。古之欲明明德于天下者，在致其知，致知在格物。古之学者为己，所以自昭其明德。己之德已明，然后推其明以及天下。'鼓钟于宫，声闻于外'，'鹤鸣于九皋，声闻于天'，在我者既尽，亦自不能掩。今之学者只用心于枝叶，不求实处。孟子云：'尽其心者，知其性。知其性则知天矣。'心只是一个心，某之心，吾友之心，上而千百载圣贤之心，下而千百载复有一圣贤，其心亦只如此。心之体甚大，若能尽我之心，便与天同。为学只是理会此。'诚者自成也，而道自道也'，何尝滕口说？"伯敏云："如何是尽心？性、才、心、情如何分别？"先生云："如吾友此言又是枝叶。虽然，此非吾友之过，盖举世之弊。今之学者读书只是解字，更不求血脉。且如情、性、心、才都只是一般物事，言偶不同耳。"伯敏云："莫是同出而异名否？"先生曰："不须得说，说着便不是，将来只是滕口说，为人不为己。若理会得自家实处，他日自明。若必欲说时，则在天者为性，在人者为心。此盖随吾友而言，其实不须如此。只是要尽去为心之累者，如吾友适意时，即今便是。'牛山之木'一段，血脉只在仁义上。'以为未尝有材焉，此岂山之性也哉？''此岂人之情也哉？'是偶然说及，初不须分别。所以令吾友读此者，盖欲吾友知斧斤之害其材，有以警戒其心。'日夜之所息',息者,歇也,又曰'生息'。盖人之良心为斧斤所害,夜间方得歇息。若夜间得息时,则平旦好恶与常人不甚相远〔1〕。惟旦昼所为,梏亡不止,到后来夜间亦不能得息,梦寐颠倒,思虑纷乱,以致沦为禽兽。人见其如此,以为未尝有才焉,此岂人之情也哉?只与理会实处,就心上理会。俗谚云'痴人面前不得说梦',又曰'狮子咬人,狂狗逐块'。以土打狮子,便径来咬人;若打狗,狗狂,只去理会土。圣贤急于教人,故以情、以性、以心、以才说与人,如何泥得?若老兄与别人说,定是说如何样是心,如何样是性、情与才。如此分明说得好,划地不干我事,须是血脉骨髓理会实处始得。凡读书皆如此。"又问养气一段,先生云:"此尤当求血脉,只要理会'我善养吾浩然之气'。当吾友适意时,别事不理会时,便是浩然。'养而无害,则塞于天地之间〔2〕','是集义所生者,非义袭而取之也'。盖孟子当时与告子说。告子之意'不得于言,勿求于心',是外面硬把捉的。要之亦是孔门别派,将来也会成,只是终不自然。孟子出于子思,则是涵养成就者,故曰'是集义所生者',集义只是积善。'行有不慊于心,则馁矣',若行事不当于心,如何得浩然?此言皆所以辟告子。"又问养勇异同,先生云:"此只是比并。北宫用心在外,正如告子'不得于言,勿求于心';施舍用心在内,正如孟子'行有不慊于心,则馁矣'。而施舍又似曾子,北宫又似子夏。谓之似者,盖用心内外相似,非真可及也。孟子之言,大抵皆因当时之人处己太卑,而视圣人太高。不惟处己太卑,而亦以此处人,如'是何足与言仁义也'之语可见。不知天之予我者,其初未尝不同。如'未尝有才焉'之类,皆以谓才乃圣贤所有,我之所无,不敢承当着。故孟子说此乃人人都有,自为斧斤所害,所以沦胥为禽兽。若能涵

---

〔1〕 "不"字,正德本、嘉靖本、万历本均无。
〔2〕 "于",原作"乎",据《四库》本及《孟子·公孙丑上》改。

养此心，便是圣贤。读《孟子》须当理会他所以立言之意，血脉不明，沉溺章句何益？

伯敏尝有诗云："纷纷枝叶谩推寻，到底根株只此心。莫笑无弦陶靖节，个中三叹有遗音。"先生首肯之。呈所编《语录》，先生云："编得也是，但言语微有病，不可以示人，自存之可也。兼一时说话有不必录者，盖急于晓人，或未能一一无病。"时朱季绎、杨子直、程敦蒙先在坐，李注：程敦蒙，名贯未详，亦受学弟子。先生问子直学问何所据。云："信圣人之言。"先生云："且如一部《礼记》，凡'子曰'皆圣人言也。子直将尽信乎？抑其间有拣择？"子直无语。先生云："若使其都信，如何都信得？若使其拣择，却非信圣人之言也。人谓某不教人读书，如敏求前日来问某下手处，某教他读《旅獒》、《太甲》、《告子》'牛山之木'以下，何尝不读书来？只是比他人读得别些子。"

右门人李伯敏敏求所录。李注：李伯敏，字敏求，一字好古，师事最久，里居未详。

学者须是弘毅，小家相底得人憎。小者，他起你亦起，他看你亦看，安得宽弘沉静者一切包容。因论争名之流皆不济事。

因论傅圣谟无志，甘与草木俱腐，曰："他甘得如此，你还能否？"因言居士极不喜狂者，云最败风俗，只喜狷者，故自号"又次居士"。先生云："此言亦有味。"

因论子才不才事，曰："居移气，养移体。今之学者出世俗笼络亦不得，况能居天下之广居？"

寻常懈怠起时，或读书史，或诵诗歌，或理会一事，或整肃几案笔砚，借此以助精彩。然此是凭物，须要识破。因问去懈怠，曰："要须知道不可须臾离乃可。"

此是大丈夫事，么麼小家相者，不足以承当。

问杨云:"多时有退步之说,不知曾果退否? 若不退,丝毫许牵得住。前辈大量的人,看有甚大小? 大事他见如不见,闻如不闻。今人略有些气焰者,多只是附物,元非自立也。若某则不识一个字,亦须还我堂堂地做个人。"

诸处论学者次第,只是责人,不能行去。

老夫无所能,只是识病。

天民如伊尹之类。

问:"作书攻王顺伯,也不是言释,也不是言儒,惟理是从否?"曰:"然。"

杨敬仲不可说他有禅,只是尚有气习未尽。

因说薛象先,不可令于外面观人,能知其底里了,外面略可观验。

"唐虞之间,不如洙泗",此语不是。

轮对第一札,读"太宗"起头处,上曰:"君臣之间须当如此。"答:"陛下云云,天下幸甚。"读"不存形迹"处,上曰"赖得有所悔",连说:"不患无过,贵改过之意甚多。"答:"此为尧、为舜、为禹汤、为文武血脉骨髓,仰见圣学。"读入本日处,先乞奏云"臣愚蠢如此",便读"疆土未复""生聚教训"处,上曰"此有时",辞色甚壮。答:"如'十年生聚,十年教训',此有甚时? 今日天下贫甚,州贫、县贫、民贫。"其说甚详,上无说。读第二札"论道",上曰"自秦汉而下,无人主知道",甚有自负之意,其说甚多说禅。答:"臣不敢奉诏,臣之道不如此,生聚教训处便是道。"读第三札"论知人",上曰:"人才用后见。"答:"要见之于前意思。"忘其辞。上又曰"人才用后见",后又说"此中有人"。云云。答:"天下未知,云云。天下无人才,执政大臣未称陛下使令。"上默然。读第四札,上赞叹甚多。第五札所陈甚多。下殿五六步,上曰:"朕不在详处做工夫,只在要处秉笏立听。"不容更转对。后王谦仲云,渠每常转对,恐小官不比渠侍从也。

事有难易。定夫初来，恐难说话，后却听得人，觉得显道昆仲说话难，予力辩之。先生曰："显道隐藏在。"然予于此一路亦时起疑，以为人在一处，理在一处。后又解云："只是未相合。"然终是疑。才闻先生说，即悟得大意，曰："道遍满天下，无些小空阙。四端万善皆天之所予，不劳人妆点。但是人自有病，与他间隔了。"又云："只一些子重便是病。"又云："只一些轻亦是病。"予于此深有省。

见道后，须见得前时小陋。"君子所贵乎道者三"，说得道字好。动容貌，出辞气，正颜色，其道如此，须是暴慢自远，鄙倍自远。

人之所以病道者：一资禀，二渐习。

道大，人自小之；道公，人自私之；道广，人自狭之。

予因说道难学，今人才来理会此，便是也不是。何故？以其便以此在胸中作病了。予却能知得这些子，见识议论作病，亦能自说。先生曰："又添得一场闲说话。一实了，万虚皆碎。"

尚追惟论量前此所见，便是此见未去。

予举《荀子·解蔽》"远为蔽，近为蔽，轻为蔽，重为蔽"之类，说好。先生曰："是好，只是他无主人。有主人时，近亦不蔽，远亦不蔽，轻重皆然。"

其他体尽有形，惟心无形，然何故能摄制人如此之甚？

若是圣人，亦逞一些子精彩不得。

平生所说，未尝有一说。

廓然、昭然、坦然、广居、正位、大道、安宅、正路，是甚次第？却反旷而弗居，舍而弗由，哀哉。

旧罪不妨诛责，愈见得不好；新得不妨发扬，愈见得牢固。

因说定夫旧习未易消，若一处消了，百处尽可消。予谓晦庵逐事为他消不得。先生曰："不可将此相比，他是添。"

大世界不享，却要占个小蹊、小径子；大人不做，却要为小儿态,可惜!

"小心翼翼,昭事上帝","上帝临汝,无贰尔心",战战兢兢,那有闲管时候。

典,常也;宪,法也,皆天也。

要常践道,践道则精明。一不践道便不精明,便失枝落节。

如何容人力做! 乐循理,谓之君子。

小心翼翼,心小而道大。"大人者,与天地合其德,与日月合其明,与四时合其序,与鬼神合其吉凶。"

"吾有知乎哉?"晦庵言谦辞,又来这里做个道理。

今一切去了许多缪妄劳攘,"磨砻去圭角,浸润著光精","与天地合其德"云云,岂不乐哉?

成孝敬,厚人伦,美教化,移风俗。

存养是主人,检敛是奴仆。家兄所闻:考索是奴仆。

如今人只是去些子凡情不得,相识还如不相识云云,始是道人心。

详道书好,文字亦好。纯人专,不中,不远。

汲黯秉彝厚,黄老学不能汩。

上是天,下是地,人居其间。须是做得人,方不枉了。

道大,岂是浅丈夫所能胜任。敏道言资禀,因举"君子不谓命也"一段。

今且未须去理会其他,且分别小大轻重。

行状贬剥赞叹人,须要有道,班固不如马迁。

人为学甚难,天覆地载,春生夏长,秋敛冬肃,俱此理。人居其间,非灵识[1],此理如何解得?

人不辨个小小轻重,无鉴识,些小事便引得动心,至于天来大

---

[1] "非",嘉靖本、《四库》本作"要"。

事却放下着。

不爱教小人以艺，常教君子以艺。盖君子得之不以为骄，不得不以为歉。小人得以为吝，败常乱教。

"吾十有五而志于学"，今千百年无一人有志也。是怪他不得，志个甚底？须是有智识，然后有志愿。

人要有大志。常人汩没于声色富贵间，良心善性都蒙蔽了。今人如何便解有志，须先有智识始得。

有一段血气，便有一段精神。有此精神，却不能用，反以害之。非是精神能害之，但以此精神居广居，立正位，行大道。

见一文字，未可轻易问是如何，何患不晓。

守规矩，孜孜持守，规行矩步，不妄言语。

铁剑利，则倡优拙。

有理会不得处，沉思痛省。一时间如此，后来思得明时，便有亨泰处。

今人欠个精专不得。

人精神千种万般，夫道一而已矣。

有懒病，也是其道有以致之。我治其大而不治其小，一正则百正。恰如坐得不是，我不责他坐得不是，便是心不在道。若心在道时，颠沛必于是，造次必于是，岂解坐得不是，只在勤与惰、为与不为之间。

人之资质不同，有沉滞者，有轻扬者。古人有韦弦之义，固当自觉，不待人言。但有恣纵而不能自克者，有能自克而用功不深者。

人当先理会所以为人，深思痛省，枉自汩没虚过日月。朋友讲学，未说到这里。若不知人之所以为人，而与之讲学，遗其大而言其细，便是"放饭流歠而问无齿决"。若能知其大，虽轻，自然反轻归厚。因举一人恣情纵欲，一知尊德乐道，便明洁白直商君所说帝王,皆是破说。

因循亦好,因其事,循其理。

见理未明,宁是放过去,不要起炉作灶。

正言正论,要使长明于天下。

古之君子,知固贵于博。然知尽天下事,只是此理。所以博览者,但是贵精熟。知与不知,元无加损于此理。若以不知为慊,便是鄙陋。以不知为歉,则以知为泰,今日之歉乃他日之泰。

君子虽多闻博识,不以此自负。

要当轩昂奋发,莫恁他沉埋在卑陋凡下处。

此理在宇宙间,何尝有所碍?是你自沉埋,自蒙蔽,阴阴地在个陷阱中,更不知所谓高远底。要决裂破陷阱,窥测破个罗网。

诛锄荡涤,慨然兴发。

激厉奋迅,决破罗网,焚烧荆棘,荡夷污泽。

世不辨个小大轻重,既是埋没在小处,于大处如何理会得?

志于声色利达者,固是小;剿摸人言语的,与他一般是小。

君能自立后[1],论汲黯便是如此论,论董仲舒便是如此论。

自得,自成,自道,不倚师友载籍。

理只在眼前,只是被人自蔽了。因一向误证他,日逐只是教他做工夫,云不得只如此,见在无事,须是事事物物不放过,磨考其理。且天下事事物物只有一理,无有二理,须要到其至一处。

傅圣谟说:"一人启事有云:'见室而高下异,共天而寒暑殊。'"先生称意思好。圣谟言:"文字体面大,不小家。"先生云:"某只是见此好,圣谟有许多说话。"

问:"子路死之非,只合责当时不合事辄。"曰:"此是去册子上看得来底。乱道之书成屋,今都滞在其间。"后云:"子路死是甚

――――――
[1] "君",正德本、嘉靖本、《四库》本作"若"。

次第。"

你既乱道了，如何更为你解说。泥里洗土块，须是江汉以濯之。

"居移气，养移体"，今其气一切不好。云云。

这里是刀锯鼎镬底学问。

人须是力量宽洪，作主宰。

习气　识见凡下　奔名逐利　造次

尽欢　乐在其中　咏归　履冰[1]

问："颜鲁公又不曾学，如何死节如此好？"曰："便是今人将学、将道看得太过了，人皆有秉彝。"

包牺氏至黄帝，方有人文，以至尧、舜、三代。今自秦一切坏了，至今吾辈盍当整理。

先生与李尉曼卿言："今人多被科举之习坏。"又举与汤监言："风俗成败系君子小人穷达，亦系幸不幸，皆天也。然亦由在上之人。"

人无不知爱亲敬兄，及为利欲所昏便不然。欲发明其事，止就彼利欲昏处指出，便爱敬自在。此是唐、虞、三代实学，与后世异处在此。

人精神在外，至死也劳攘，须收拾作主宰。收得精神在内时，当恻隐即恻隐，当羞恶即羞恶。谁欺得你？谁瞒得你？见得端的后，常涵养，是甚次第。

勿无事生事。

"儆戒无虞，罔失法度，罔游于逸，罔淫于乐。"至哉！真圣人学也。

"把捉"二字不佳，不如说"固执"。

---

〔1〕 以上两行底本原文如此，各本同。

克己,三年克之,颜子又不是如今人之病要克,只是一些子未释然处。

要知尊德乐道,若某不知尊德乐道,亦被驱将去。

诸子百家说得世人之病好,只是他立处未是。佛老亦然。

邑中讲说,闻者无不感发。独朱益伯鹘突来问,答曰:"益伯过求,以利心听,故所求在新奇玄妙。"

积思勉之功,旧习自除。

择善固执,人旧习多少,如何不固执得?

知非则本心即复。

人心只爱去泊着事,教他弃事时,如鹘孙失了树,更无住处。

既知自立,此心无事时须要涵养,不可便去理会事。如子路使子羔为费宰,圣人谓"贼夫人之子"。学而优则仕,盖未可也。初学者能完聚得几多精神,才一霍便散了。某平日如何样完养,故有许多精神难散。

予因随众略说些子闲话,先生少顷曰:"显道今知非否?"某答曰:"略知。"先生曰:"须要深知,略知不得。显道每常爱说闲话。"

学者要知所好。此道甚淡,人多不知好之,只爱事骨董。"君子之道淡而不厌。"朋友之相资,须助其知所好者,若引其逐外,即非也。

"人皆可以为尧舜。"此性此道与尧舜元不异,若其才则有不同,学者当量力度德。

初教董元锡自立[1],李注:董元锡,名贯未详,疑亦金溪人,受学弟子,又师事文达公。收拾精神,不得闲说话,渐渐好,后被教授教解《论语》,却反坏了。

---

[1] "董元锡",他本均作"董元息"。按本书卷十收有《与董元锡》,则作"息"或为误字。

人不肯心闲无事,居天下之广居,须要去逐外,着一事,印一说,方有精神。

惟精惟一,须要如此涵养。

无事时,不可忘"小心翼翼,昭事上帝"。

老子为学、为道之说,非是。如某说,只云:"著是而去非,舍邪而适正。"

有道无道之人,有才无才与才之高下,为道之幸不幸,皆天也。

我无事时,只似一个全无知无能底人。及事至方出来,又却似个无所不知、无所不能之人。

朱济道说:"前尚勇决,无迟疑,做得事。后因见先生了,临事即疑恐不是,做事不得。今日中只管悔过惩艾,皆无好处。"先生曰:"请尊兄即今自立,正坐拱手,收拾精神,自作主宰。万物皆备于我,有何欠阙。当恻隐时自然恻隐,当羞恶时自然羞恶,当宽裕温柔时自然宽裕温柔,当发强刚毅时自然发强刚毅。"

无思,无为,寂然不动,感而遂通天下之故。

恶能害心,善亦能害心,如济道是为善所害。

心不可泊一事〔1〕,只自立心。人心本来无事,胡乱被事物牵将去。若是有精神,即时便出便好。若一向去便坏了。

人不肯只如此,须要有个说话。今时朋友尽须要个说话去讲。

后生有甚事,但遇读书不晓便问,遇事物理会不得时便问,并与人商量,其他有甚事。

自家表里内外如一。

因说金溪苏知县资质好,亦甚知尊敬。然只是与他说得大纲话,大紧要处说不得。何故?盖为他三四十年父兄师友之教,履历之事几多,今胸中自有主张了,如何掇动得他?须是一切掇动划除

---

〔1〕"泊",嘉靖本作"泪"。

了方得,如格君亦须如此。然如吏部格法,如何动得他。

朱济道说:"临川从学之盛亦可喜。"先生曰:"某岂不爱人人能自立,人人居天下之广居,立天下之正位。立乎其大者,而小者弗能夺。然岂能保任得朝日许多人在此相处？一日新教授堂试,许多人皆往,只是被势驱得如此。若如今去了科举,用乡举里选法,便不如此。如某却爱人试也好,不试也好,得也好,不得也好。今如何得人尽如此？某所以忧之,过于济道所悯小民被官吏苦者,以彼所病者在形,某之所忧人之所病者在心。"

与济道言:"风俗驱人之甚,如人心不明,如何作得主宰。吾人正当障百川而东之。"

先生曰:"某闲说话皆有落着处,若无谓闲说话,是谓不敬。"

某与济道同事,济道亦有不喜某处,以某见众人说好,某说不好,众人说不好,某解取之。

某与人理会事,便是格君心之非事。

举徐子宜云:"与晦庵月余说话,都不讨落着。与先生说话,一句即讨落着。"

说济道滞形泥迹,不能识人,被人瞒。

济道问:"智者术之原,是否？"曰:"不是,伏羲画卦,文王重之,孔子系之,天下之理无一违者,圣人无不照烛,此智也,岂是术？"因说:"旧曾与一人处事,后皆效。彼云:'察见渊鱼不祥,如何？'曰:'我这里制于未乱,保于未危,反祸为福,而彼为之者,不知如何为不祥？'"

因举许昌朝集朱、吕《学规》,在金溪教学,一册,月令人一观,固好,然亦未是。某平时未尝立学规,但常就本上理会,有本自然有末,若全去末上理会,非惟无益。今既于本上有所知,可略略地顺风吹火,随时建立,但莫去起炉作灶。

做得工夫实,则所说即实事,不话闲话,所指人病即实病。因举午间一人问房使善两国讲和。先生因赞叹:"不用兵,全得几多生灵,是好。然吾人皆士人,曾读《春秋》,知中国夷狄之辨。二圣之仇岂可不复?所欲有甚于生,所恶有甚于死。今吾人高居无事,优游以食,亦可为耻,乃怀安,非怀义也。"此皆是实理实说。

事外无道,道外无事。皋陶求禹言,禹只举治水所行之事,外此无事。禹优入圣域,不是不能言,然须以归之皋陶。如疑知人之类,必假皋陶言之。

显仲问云:"某何故多昏?"先生曰:"人气禀清浊不同,只自完养,不逐物,即随清明,才一逐物便昏眩了。显仲好悬断,都是妄意。人心有病,须是剥落。剥落得一番,即一番清明。后随起来,又剥落,又清明,须是剥落得净尽方是。"

人心有消杀不得处,便是私意,便去引文牵义,牵枝引蔓,牵今引古,为证为靠。

既无病时好读书,但莫去引起来。

恺侄问:"乍宽乍紧,乍明乍昏,如何?"曰:"不要紧,但莫懈怠。紧便不是,宽便是;昏便不是,明便是。今日十件昏,明日九件,后日又只八件,便是进。"

语显仲云:"风恬浪静中,滋味深长。人资性长短虽不同,然同进一步则皆失,同退一步则皆得。"问傅季鲁:"如何而通?如何而塞?"因曰:"某明时直是明,只是懈怠时即塞。若长鞭策,不懈怠,岂解有塞?然某才遇塞时,即不少安,即求出。若更借朋友切磋求出,亦钝甚矣,所以淹没人。只用说闲话之类[1],亦能淹人。某适被显仲说闲话,某亦随流,不长进亦甚。然通时说事亦通,塞时皆塞。"

写字须一点是一点,一画是一画,不可苟。

---

[1] "用",嘉靖本作"朋"。

虺鸡终日縈縈,无超然之意。须是一刀两断,何故縈縈如此?縈縈底讨个甚么?

仰首攀南斗,翻身倚北辰。举头天外望,无我这般人。

今有难说处,不近前来底又有病,近前来底又有病。世俗情欲底人病却不妨,只指教他去彼就此。最是于道理中鹘突不分明人难理会。某平生怕此等人,世俗之过却不怕。

旧横截人太甚,如截周成之后,当不得无成。今皆不然,以次第进之。有大力量者,然后足以当其横截,即有出路。

教小儿,须发其自重之意。

予问能辩朱事。曰:"如何辩?"予曰:"不得受用。"曰:"如此说便不得,彼亦可受用,只是信此心未及。"又曰:"只今明白时,便不须更推如何如何。"又曰:"凡事只过了,更不须滞滞泥泥。子渊却不如此,过了便了,无凝滞。"

区处得多少事,并应对人,手中亦读得书。

问:"二兄恐不知先生学问旨脉?"曰:"固是。前日亦尝与朱济道说,须是自克却,方见得自家旧相信时亦只是虚信,不是实得见。"

我只是不说一,若说一,公便爱。平常看人说甚事,只是随他说,却只似个东说西说底人。我不说一,杨敬仲说一,尝与敬仲说箴他。

凡事莫如此滞滞泥泥,某平生于此有长,都不去着他事,凡事累自家一毫不得。每理会一事时,血脉骨髓都在自家手中。然我此中却似个闲闲散散全不理会事底人,不陷事中。

详道如昨日言定夫时,宏大磊落。常常如此时好,但莫被枝叶累倒了。须是工夫孜孜不懈乃得,若稍懈,旧习又来。

君子之道,淡而不厌。淡味长,有滋味便是欲。人不爱淡,却只爱闹热。人须要用,不肯不用;须要为,不肯不为。盖器有大小,有大大器底人自别。

算稳底人好,然又无病生病;勇往底人好,然又一概去了。然勇往底人较好,算稳底人有难救者。

定夫举禅说:"正人说邪说,邪说亦是正;邪人说正说,正说亦是邪。"先生曰:"此邪说也,正则皆正,邪则皆邪,正人岂有邪说?邪人岂有正说?此儒释之分也。"

古人朴实头,明播种者主播种,明乐者主乐,欲学者却学他,然长者为主。又其为主者自为主,其为副者自为副,一切皆有一定,不易不争。

宿无灵骨,在师友处有所闻,又不践履去,是谓无灵骨。又云:人皆可以为尧舜,谓无灵骨,是谓厚诬。

后生随身规矩不可失。

道可谓尊,可谓重,可谓明,可谓高,可谓大。人却不自重,才有毫发恣纵,便是私欲,与此全不相似。

法语正如雷阳,巽语正如风阴。人能于法语有省时好,于巽语有省,未得其正,须思绎。《诗》、《雅》、正变《风》便是巽意。《离骚》又其次也。变《风》无骚意,此又是屈原立此,出于有所碍,不得已。后世作诗,《雅》不得,只学《骚》。

兵书邪说。道塞乎天地,以正伐邪,何用此?须别邪正。

"小心翼翼,昭事上帝","上帝临汝,无贰尔心",此理塞宇宙,如何由人杜撰得?文王敬忌,若不知此,敬忌个甚么?

见季尉,因说:"大率人多为举业所坏。渠建宁人,尤溺于此。取人当先行义,考试当先理致,毋以举业之靡者为上。"

大丈夫事岂当儿戏?

自立,自重,不可随人脚跟,学人言语。

四端皆我固有,全无增添。

说本朝官制,蔡元通所论乱道。

江泰之问，李注：江泰之，名贯未详，或谓金溪人，又云贵溪人，从学弟子。"某每惩忿窒欲，求其放心，然能暂而不能久。请教。"答曰："但惩忿窒欲，未是学问事。便惩窒得全无后，也未是学。学者须是明理，须是知学，然后说得惩窒。知学后惩窒，与常人惩窒不同。常人惩窒只是就事就末。"

孟子言学问之道求放心，是发明当时人。当时未有此说，便说得。孟子既说了，下面更注脚便不得。

今上重明节九月四日。早，先生就精舍庭前，朱衣象笏，向北四拜，归精舍坐，四拜。问之，答曰："必有所尊，非有已也。太守上任拜厅。"

学者大率有四样：一虽知学路而恣情纵欲不肯为，一畏其事大且难而不为，一求而不得其路，一未知路而自谓能知。

学能变化气质。

大人凝然不动，不如此，小家相。

先生云："某每见人，一见即知其是不是，后又疑其恐不然，最后终不出初一见。"

道塞天地，人以自私之身，与道不相入。人能退步自省，自然相入。唐、虞、三代教化行，习俗美，人无由自私得。后以裁成天地之道，辅相天地之宜，以左右民。今都相背了，说不得。

高底人不取物，下人取物，粘于物。

资禀好底人阔大，不小家相[1]，不造作，闲引惹他都不起不动，自然与道相近。资禀好底人，须见得好[2]，自然识取，资禀与道相近。资禀不好底人自与道相远，却去锻炼。

东坡论《嗣征》甚好，李注：嗣，本"胤"字，避讳。自《五子之歌》推来。

---

[1] "不"，原作"小"，据嘉靖本改。
[2] "得好"，嘉靖本作"一面"。

《顾命》陈设,是因成王即位流言所致,此召公之非不任道,流俗之情也。周之道微,此其一也。又"尔有嘉谋嘉猷,则入告尔后于内,尔乃顺之于外曰:斯谋斯猷,惟我后之德",此二也。

旧尝通张于湖书于建康,误解了《中庸》,谓"魏公能致广大而不能尽精微,极高明而不能道中庸",乃成两截去了。又尝作《高祖无可无不可论》,误解了《书》,谓"人心,人伪也;道心,天理也",非是。人心,只是说大凡人之心。惟微是精微,才粗便不精微。谓人欲天理,非是。人亦有善有恶,天亦有善有恶。日月蚀、恶星之类。岂可以善皆归之天,恶皆归之人?此说出于《乐记》,此说不是圣人之言。

与小后生说话,虽极高极微,无不听得,与一辈老成说便不然。以此见道无巧,只是那心不平底人揣度便失了。

学者须是打叠田地净洁,然后令他奋发植立。若田地不净洁,则奋发植立不得。古人为学即"读书然后为学"可见。然田地不净洁,亦读书不得。若读书,则是"假寇兵,资盗粮"。

凡所谓"不识不知,顺帝之则",晏然太平,殊无一事。然却有说擒搦人不下,不能立事,却要有理会处。某于显道,恐不能久处此间。且令涵养大处,如此样处未敢发。然某皆是逐事逐物考究练磨,积日累月,以至如今,不是自会,亦不是别有一窍子,亦不是等闲理会,一理会便会。但是理会与他人别。某从来勤理会,长兄每四更一点起时,只见某在看书,或检书,或默坐。常说与子侄,以为勤,他人莫及。今人却言某懒,不曾去理会,好笑。

侍登鬼谷山,先生行泥涂二三十里。云:"平日极惜精力,不轻用,以留有用处,所以如今如是健。"诸人皆困不堪。

观山,云:"佳处草木皆异,无俗物,观此亦可知学。"

天地人之才等耳,人岂可轻?人字又岂可轻?有中说无、无中说有之类,非儒说。

因提公昨晚所论事,只是胜心,风平浪静时都不如此。

先生说数,说揲蓍,云:"蓍法后人皆误了,吾得之矣。"

一行数妙甚,聪明之极,吾甚服之,却自僧中出。僧持世有《历法》八卷。

"君子役物,小人役于物。"夫权皆在我,若在物,即为物役矣。

举柳文"乎""钦""邪"之类,说"乎""钦"是疑,又是赞叹。"不亦说乎"是赞叹,"其诸异乎人之求之钦"是赞叹,《孟子》"杞柳"章一"钦"、一"也"皆疑。

我说一贯,彼亦说一贯,只是不然。天秩、天叙、天命、天讨皆是实理,彼岂有此?

后生全无所知底,似全无知,一与说却透得。为他中虚无事。彼有这般意思底,一切被这些子隔了,全透不得,此虚妄最害人。

过、不及,有两种人。胸中无他,只一味懈怠沉埋底人,一向昏俗去,若起得他却好,只是难起,此属不及。若好妄作人,一切隔了,此校不好,此属过。人凝重阔大底好,轻薄小相底不好。

槐云:"着意重便惊疑。"答:"有所重便不得。"举《孟子》"勿忘,勿助长"。

优裕宽平,即所存多,思虑亦正。求索太过,即存少,思虑亦不正。

重滞者难得轻清,刊了又重。须是久在师侧,久久教他轻清去。若自重滞,如何轻清得人。

黄百七哥今甚平夷闲雅,无营求,无造作,甚好。其资与其所习似不然,今却如此,非学力而何?

人之精爽负于血气[1],其发露于五官者安得皆正?不得明师良友剖剥,如何得去其浮伪而归于真实?又如何得能自省、自觉、

---

[1] "负",原作"附",据嘉靖本改。

自剥落？

数即理也，人不明理，如何明数？

"神以知来，智以藏往。"神，蓍也。智，卦也。此是人一身之蓍。

某自来非由乎学，自然与一种人气相忤。才见一造作营求底人，便不喜，有一种冲然淡然底人，便使人喜，以至一样衰底人，心亦喜之。年来为不了事底，方习得稍不喜，见退淡底人，只一向起发他。

〔某从来不尚人起炉作灶，多尚平。〕〔1〕

因见众人所为，亦多因他。然亦有心知其为非，不以为是，有二三年不说破者。如此不为则已，一为必中。此虽非中，然与彼好生事不中底人相去悬绝。于事则如此多不为，至于文章，必某自为之。文章岂有大过人？只是得个恰好。他人未有伦叙，便做得好，只是偶然。又云文章要煅炼。

《诗小序》，解《诗》者所为。"天下荡荡"，乃因"荡荡上帝"，序此尤谬可见者。

曾参、高柴、漆雕开之徒是不及之好者，曾皙是过之好者。师过、商不及，是过不及之不好者。

"人而不为《周南》《召南》，其犹正墙面而立也"，学者第一义。"古之欲明明德于天下者"，此是第二。孔子志学便是志此，然须要有入处。《周南》《召南》便是入处。后生无志难说，此与《秦誓》"其心休休"一章相应。《周南》《召南》好善不厌，《关雎》《鹊巢》皆然。人无好善之心便皆自私，有好善之心便无私，便"人之有技，若己有之"。今人未必有他心，只是无志，便不好善。乐正子好善，孟子喜而不寐，又不是私于乐正子。

---

〔1〕 此条原无，据正德本、嘉靖本、《四库》本补。

因曾见一大鸡,凝然自重,不与小鸡同,因得《关雎》之意。雎鸠在河之洲,幽闲自重,以比兴君子美人如此之美。

文以理为主,荀子于理有蔽,所以文不雅驯。

"风以动之,教以化之。"风是血脉,教是条目。

夫子曰:"由!知德者鲜矣。"要知德。皋陶言:"亦行有九德,然后乃言曰载采采。"事固不可不观,然毕竟是末。自养者亦须养德,养人亦然。自知者亦须知德,知人亦然。不于其德而徒绳检于其外,行与事之间将使人作伪。

韩文有作文蹊径,《尚书》亦成篇,不如此。

后生精读古书文。

《汉书·食货志》后生可先读,又着读《周官·考工记》。又云:后生好看《系辞》,皆赞叹圣人作《易》。

后生好看《子虚》《上林赋》,皆以字数多,后来好工夫不及此。

文才上二字一句,便要有出处。使《六经》句,不谓之偷使。

学者不可翻然即改,是私意,此不长进。

五日画一水,十日画一松。若不如此,胡乱做。

某观人不在言行上,不在功过上,直截是雕出心肝。

人生天地间,如何不植立。

穷究磨炼,一朝自省。

因问:"黎师侯诗,不是理明义精,只是揩磨得之,所以不能言与人。"曰:"此便是平生爱图度样子,只是他不能言,你又岂知得他是如此?"

定夫挟一物不放,_{李注:刘定夫,建昌南丰人,师事文安公。}胡做。

荆公求必,他人不必求。

佛老高一世人,只是道偏不是。

周康叔来问学,_{李注:周康叔,或云同里人,问学弟子。}先生曰:"公且说扶渡子讼事来。"曾充之来问学,_{李注:曾充之,名贯未详,问学弟子。}先生曰："公且说为谁打关节来。"只此是学。

又无事尚解忘，今当机对境，乃不能明。

小人儒，为善之小人。"士，诚小人哉。"

谨致念，大凡多随资禀，一致思便能出。

因说详道旧问云："心都起了，不知如何在求道。'德成而上，艺成而下，行成而先，事成而后'，今人之性命只在事艺末上。"彭世昌云："只是不识轻重大小。"先生笑曰："打入廖家牛队里去了，因吴显道与诸公说风水。"

禅家话头不说破之类，后世之谬。

"继之者善也"，谓一阴一阳相继。

精读书，著精采警语处，凡事皆然。

某今亦教人做时文，亦教人去试，亦爱好人发解之类，要晓此意是为公，不是私。

凡事只看其理如何，不要看其人是谁。

说晦翁云："莫教心病最难医。"

内无所累，外无所累，自然自在，才有一些子意便沉重了。彻骨彻髓，见得超然，于一身自然轻清，自然灵。

大凡文字，才高超然底，多须要逐字逐句检点他。才稳文整底，议论见识低，却以古人高文拔之。

本分事熟后，日用中事全不离。此后生只管令就本分事用工，犹自救不暇，难，难。教他只就本分事，便就日用中事，又一切忘了本分事，难，难。精神全要在内，不要在外，若在外，一生无是处。但如奖一小人，亦不可谓今要将些子意思奖他；怒一小人，亦不可谓今要将些子意思怒他，都无事此。只要当奖即奖，当怒即怒，吾亦不自知。若有意为之，便是私，感畏人都不得。

我这里有扶持，有保养，有摧抑，有挨挫。

韩文章多见于墓志、祭文，"洞庭汗漫，粘天无壁"。柳祭吕化光文章妙。

古人精神不闲用,不做则已,一做便不徒然,所以做得事成。须要一切荡涤,莫留一些方得。

某平生有一节过人:他人要会,某不会;他人要做,某不做。

莫厌辛苦,此学脉也。

不是见理明,信得及,便安不得。

因阴晴不常,言人之开塞。若无事时有塞,亦未害,忽有故而塞,须理会方得。

不可戏谑,不可作乡谈。人欲起不肖破败意,必先借此二者发之。某七八岁时,常得乡誉,只是庄敬自持,心不爱戏,故小年时皆无侣,袜不破,指爪长。后年十五六,觉与人无徒,遂稍放开。及读三国、六朝史,见夷狄乱华〔1〕,乃一切剪了指爪,学弓马,然胸中与人异,未尝失了。后见人收拾者,又一切古执去了,又不免教他稍放开。此处难,不收拾又不得,收拾又执。这般要处,要人自理会得。

截然无议论词说蹊径,一说又一就说节不是。李云:此段有误字。又,一本作以。节,疑作即。此事极分明,若迟疑则犹未。

大凡文字,宁得人恶,得人怒;不可得人羞,得人耻。与晦庵书不是,须是直凑。

"道在迩而求诸远,事在易而求诸难。"只就近易处,着着就实,无尚虚见,无贪高务远。

随身规矩,是后生切要。莫看先生长者,他老练。但只他人看,你莫看;他人笑,你莫笑。所谓"非礼勿视,非礼勿听"。

管仲学老子亦然。

---

〔1〕"夷狄乱华",原作"文事武备",据成化本、正德本、嘉靖本、万历本改。此处原有李绂校语:"文事武备,四字系改本。"则"文事武备"四字应为清人所改。又,《四库》本作"天下多事",亦应为清人所改。

老衰而后佛入。

不专论事论末，专就心上说。

论严泰伯云："只是一个好胜。见一好事做近前，便做得亦不是，事好心却不好。"

老氏见周衰名胜，故专攻此处而申其说，亡羊一也。

一是即皆是，一明即皆明。

指显仲剩语多，曰："须斩钉截铁。"

因看诸人下象棋，曰："凡事不得胡乱轻易了，又不得与低底下，后遇敌手便惯了，即败。狮子捉象捉兔，皆用全力。"

其发若机括，其司是非之谓也；其留如诅盟，其守胜之谓也。庄子势阻则谋，计得则断。先生旧尝作小经，云意似庄子。

王遇子合问：李注：王子正，讳遇，一字子合，潭州龙溪人，与文达公同榜进士，屡仕江西，故问学于文安公。"学问之道何先？"曰："亲师友，去己之不美也。人资质有美恶，得师友琢磨，知己之不美而改之。"子合曰："是，请益。"不答。先生曰："子合要某说性善性恶、伊洛释老，此等话不副其求，故曰是而已。吾欲其理会此说，所以不答。"

右包扬显道所录。

阜民癸卯十二月初见先生，不能尽记所言。大旨云："凡欲为学，当先识义利、公私之辨。今所学果为何事？人生天地间，为人自当尽人道。学者所以为学，学为人而已，非有为也。"又云："孔门弟子如子夏、子游、宰我、子贡，虽不遇圣人，亦足号名学者，为万世师。然卒得圣人之传者，柴之愚、参之鲁。盖病后世学者溺于文义，知见缴绕，蔽惑愈甚，不可入道耳。"阜民既还邸，遂尽屏诸书。及后来疑其不可，又问。先生曰："某何尝不教人读书，不知此后煞有甚事。"

某方侍坐，先生遽起，某亦起。先生曰："还用安排否？"

先生举"公都子问钧是人也"一章云:"人有五官,官有其职,某因思是便收此心,然惟有照物而已。"他日侍坐无所问,先生谓曰:"学者能常闭目亦佳。"某因此无事则安坐瞑目,用力操存,夜以继日,如此者半月。一日下楼,忽觉此心已复,澄莹中立,窃异之,遂见先生。先生目逆而视之曰:"此理已显也。"某问先生:"何以知之?"曰:"占之眸子而已。"因谓某:"道果在迩乎?"某曰:"然。昔者尝以南轩张先生所类洙泗言仁书考察之,终不知仁,今始解矣。"先生曰:"是即知也,勇也。"某因言而通,对曰:"不惟知勇,万善皆是物也。"先生曰:"然,更当为说存养一节。"

先生曰:"读书不必穷索,平易读之,识其可识者,久将自明,毋耻不知。子亦见今之读书谈经者乎?历叙数十家之旨而以己见终之。开辟反覆,自谓究竟精微,然试探其实,固未之得也,则何益哉?"

乙巳十二月,再入都见先生。坐定,曰:"子何以束缚如此?"因自吟曰:"翼乎如鸿毛遇顺风,沛乎若巨鱼纵大壑,岂不快哉?"既而以所记管窥诸语请益。一二日,再造,先生曰:"夜来与朋友同看来,却不是无根据说得出来。自此幸勿辍录,他日亦可自验。"

某尝问:"先生之学亦有所受乎?"曰:"因读《孟子》而自得之。"

右门人詹阜民子南所录。

昔者先生来自金邑,率僚友讲道于白鹿洞,发明"君子喻于义,小人喻于利"一章之旨,且曰"人之所喻由其所习,所习由其所志"[1],甚中学者之病。义利之说一明,君子小人相去一间,岂不严乎?苟不切己观省,与圣贤之书背驰,则虽有此文,特纸上之陈言耳。括苍高先生有言曰:"先生之文如黄钟大吕,发达九地,真启

---

〔1〕"曰",嘉靖本作"喻"。

洙泗邹鲁之秘,其可不传耶?"李云:此段夹杂,似有错页。考嘉定本亦如此,姑仍之。

右门人黄元吉荆州日录[1]。

为学患无疑,疑则有进。孔门如子贡即无所疑,所以不至于道。孔子曰:"女以予为多学而识之者欤?"子贡曰:"然。"往往孔子未然之,孔子复有非与之问。颜子仰之弥高,末由也已,其疑非细,甚不自安,所以其殆庶几乎。李注:自此以下皆荆州日录。

学问须论是非,不论效验。如告子先孟子不动心,其效先于孟子,然毕竟告子不是。

"君子贤其贤而亲其亲,小人乐其乐而利其利",俱是一义。皆主"不忘"而言,"仁者见之谓之仁,智者见之谓之智"之义。

"人道敏政",言果能尽人道,则政必敏矣。

《洪范》"有猷"是知道者,"有为"是力行者,"有守"是守而不去者,"曰予攸好德"是大有感发者。

三德、六德、九德是通计其德多少。三德可以为大夫,六德可以为诸侯,九德可以王天下。翕受即是九德咸事,敷施乃大施于天下。

"《履》,德之基",是人心贪欲恣纵,《履》卦之"君子以辨上下[2],定民志",其志既定,则各安其分,方得尊德乐道。"《谦》,德之柄",谓染习深重,则物我之心炽,然谦始能受人以虚,而有入德之道矣。

九畴之数:一六在北,水得其正。三八在东,木得其正。惟金

---

[1]"右门人黄元吉荆州日录",嘉靖本作"黄元吉荆州日录",为本卷以下部分之标题。此处李绂有校语云:"此题应添'右门人'三字,移置卷后。因见旧本如此,不敢擅改。"可见李绂所见版本原无"右门人"三字。

[2]"辨",原作"辩",据正德本、《四库》本及《周易·履》改。

火易位,谓金在火乡,火在金乡,而木生火。自三上生至九,自二会生于九,正得二数,故火在南。自四至七,亦得四数,故金在西。

一变而为七,七变而为九,谓一与一为二,一与二为三,一与三为四,一与四为五,一与五为六,五者数之祖,既见五则变矣。二与五为七,三与五为八,四与五为九,九复变而为一。卦阴蓍阳,八八六十四、七七四十九,终万物始万物而不与,乃是阴事将终,阳事复始。《艮》,"鼓万物而不与圣人同忧",道何尝有忧,既是人,则必有忧乐矣。精神不运则愚,血气不运则病。

孟氏没,吾道不得其传。而老氏之学始于周末,盛于汉,迨晋而衰矣。老氏衰而佛氏之学出焉。佛氏始于梁达磨,盛于唐,至今而衰矣。有大贤者出,吾道其兴矣夫!

独汉武帝不用黄老,于用人尚可与。

汤放桀,武王伐纣,即"民为贵,社稷次之,君为轻"之义。孔子作《春秋》之言亦如此。

王沂公曾论丁谓,似出私意,然志在退小人,其脉则正矣。迹虽如此,于心何愧焉?

学问不得其纲,则是二君一民。等是恭敬,若不得其纲,则恭敬是君,此心是民。若得其纲,则恭敬者乃保养此心也。

蓍用七七,少阳也。卦用八八,少阴也。少阳少阴,变而用之。

棋所以长吾之精神,瑟所以养吾之德性。艺即是道,道即是艺,岂惟二物,于此可见矣。

有己则忘理,明理则忘己。"艮其背,不获其身[1];行其庭,不见其人",则是任理而不以己与人参也。

"事父孝,故事天明;事母孝,故事地察",是学已到田地,自然如此,非是欲去明此而察此也。"明于庶物,察于人伦"亦然。

---

[1] "获",正德本、嘉靖本、万历本作"见"。

"《复》,小而辨于物",小谓心不粗也。

"在明明德,在亲民",皆主于"在止于至善"。

《皋陶谟》《洪范》《吕刑》乃传道之书。

四岳举丹朱、举鲧等,于知人之明虽有不足,毕竟有德。故尧欲逊位之时,必首曰:"汝能庸命逊朕位。"

皋陶明道,故历述知人之事。孟子曰:"我知言。"夫子曰:"不知言,无以知人也。"

"诚则明,明则诚",此非有次第也,其理自如此。"可欲之谓善""知至而意诚"亦同。有志于道者,当造次必于是,颠沛必于是。凡动容周旋,应事接物,读书考古,或动或静,莫不在时。此理塞宇宙,所谓道外无事,事外无道。舍此而别有商量,别有趋向,别有规模,别有形迹,别有行业,别有事功,则与道不相干,则是异端,则是利欲为之陷溺,为之窠臼。说即是邪说,见即是邪见。

"君子之道费而隐",费,散也。

释氏谓此一物非他物故也,然与吾儒不同。吾儒无不该备,无不管摄,释氏了此一身,皆无余事。公私义利于此而分矣。

《系辞》卦有大小,阴小阳大。

"言天下之至赜而不可恶也",虽诡怪阂辟,然实有此理,且亦不可恶也。

"言天下之至动而不可乱也",天下有不可易之理故也。"吉凶者,正胜者也",《易》使人趋吉避凶,人之所为当正而胜凶也。

"必也使无讼乎?"至明然后知人情物理,使民无讼之义如此。

天理人欲之分论极有病。自《礼记》有此言,而后人袭之。《记》曰:"人生而静,天之性也;感于物而动,性之欲也。"若是,则动亦是,静亦是,岂有天理物欲之分?若不是,则静亦不是,岂有动静之间哉?

矶,钓矶也。"不可矶",谓无所措足之地也,无所措手足之义。

"可坐而致也"是疑辞,与"邪"字同义。

人各有所长,就其所长而成就之,亦是一事。此非拘儒曲士之所能知,惟明道君子无所陷溺者能达此耳。

斫之类如学为士者必能作文,随其才,虽有工拙,然亦各极其至而已。

与朋友切磋,贵乎中的,不贵泛说,亦须有手势。必使其人去灾病,解大病,洒然豁然,若沈疴之去体,而濯清风也。若我泛而言之,彼泛而听之,其犹前所谓杜撰名目,使之持循是也。

"鸢飞戾天,鱼跃于渊,言其上下察也。"只缘理明义精,所以于天地之间一事一物无不著察。"仰以观象于天,及万物之宜",惟圣者然后察之如此其精也。

孔门高弟,颜渊、闵子骞、冉伯牛、仲弓、曾参之外,惟南宫适、宓子贱、漆雕开近之,以敏达、捷给〔1〕、才智、慧巧论之,安能望宰我、子贡、冉有、季路、子游、子夏也哉?惟其质实诚朴,所以去道不远。如南宫适问禹稷躬稼而有天下,最是朴实。孔子不答,以其默当于此心,可外无言耳。所以适出赞之云。

"语大,天下莫能载焉。"道大无外,若能载,则有分限矣。"语小,天下莫能破焉。"一事一物,纤悉微末,未尝与道相离。"天地之大也,人犹有所憾。"盖天不能尽地所以为,地不能尽天之所职。

自形而上者言之谓之道,自形而下者言之谓之器。天地亦是器,其生覆形载必有理。

"六十而耳顺",知见到矣;"七十而从心所欲不逾矩",践行到矣。颜子未见其止,乃未能臻此也。

生知,盖谓有生以来浑无陷溺,无伤害,良知具存,非天降之才尔殊也。

---

〔1〕"捷给",原作"捷洽",据嘉靖本改。

汉唐近道者：赵充国、黄宪、杨绾、段秀实、颜真卿。

王肃、郑康成谓《论语》乃子贡、子游所编，亦有可考者。如《学而》篇"子曰"次章，便载有若一章，又"子曰"而下，载曾子一章，皆不名而以子称之。盖子夏辈平昔所尊者，此二人耳。

不践迹，谓已知血脉之人，不拘形着迹，然亦未造阃奥。乐正子在此地位，人能明矣，然乍纵乍警，骤明忽暗，必至于有诸己然后为得也。

孔子十五而志于学，是已知道时矣。虽有所知，未免乍出乍入，乍明乍晦，或警或纵，或作或辍。至三十而立，则无出入、明晦、警纵、作辍之分矣。然于事物之间未能灼然分明见得。至四十始不惑。不惑矣，未必能洞然融通乎天理矣，然未必纯熟。至六十而所知已到，七十而所行已到。事不师古，率由旧章，学于古训，古训是式。所法者皆此理也，非徇其迹，仿其事。

博学、审问、谨思、明辨，始条理也。如金声而高下、隆杀、疾徐、疏数，自有许多节奏。到力行处则无说矣，如玉振然，纯一而已。知至知终，皆必由学，然后能至之终之。所以孔子学不厌，发愤忘食。"《易》与天地准"至"神无方而易无体"，皆是赞《易》之妙用如此。"一阴一阳之谓道"，乃泛言天地万物皆具此阴阳也。"继之者，善也"，乃独归之于人。"成之者，性也"，又复归之于天，天命之谓性也。

切磋之道，有受得尽言者，有受不得者。彼有显过大恶，苟非能受尽言之人，不必件件指摘他，反无生意。

王道荡荡平平，无偏无倚。伯夷、伊尹、柳下惠，圣则圣矣，终未底于荡荡平平之域。

重卦而为六十四，分三才。初、二，地也。初地下，二地上。三、四，人也。三人下，四人上。五、六，天也。五天下，六天上。一生二，二生三，三生万物。

先儒谓《屯》之初九如高贵乡公,得之矣。

《蒙》:"再三渎,渎则不告。"非发之人不以告于蒙者也。为蒙者未能专意相向,乃至再三以相试探,如禅家云盗法之人终不成器。一有此意,则志不相应,是自渎乱。虽与之言,终不通解,与不告同也。

八卦之中,惟《乾》《坤》《坎》《离》不变,倒而观之,亦是此卦。外四卦则不然。

学问若有一毫夹带,便属私小而不正大,与道不相似矣。仁之于父子固也,然以舜而有瞽叟,命安在哉?故舜不委之于命,必使底豫允若,则有性焉,岂不于此而验。

元吉自谓智昧而心粗。先生曰:"病固在此,本是骨凡。学问不实,与朋友切磋不能中的,每发一论,无非泛说,内无益于己,外无益于人,此皆已之不实,不知要领所在。遇一精识,便被他胡言汉语压倒,皆是不实。吾人可不自勉哉?"

格物者,格此者也。伏羲仰象俯法,亦先于此尽力焉耳。不然,所谓格物,末而已矣。

颜子仰高钻坚之时,乃知枝叶之坚高者也,毕竟只是枝叶。学问于大本既正,而万微不可不察。

规矩严整,为助不少。

卷三十六

年　　谱

　　先生讳九渊,字子静,姓陆氏。陆出妫姓,周武王封妫满于陈。春秋时,陈公子敬仲适齐,别其氏曰田。后田氏有齐,至宣王时,封其少子通于平原般县陆乡,又别其氏为陆。通曾孙烈为吴令,子孙遂为吴郡吴县人[1]。烈三十九世至希声,论著甚多,晚岁相唐昭宗,卒谥文公,生六子。次子崇,生德迁,五代末避地于抚州金溪,解囊中资装,置田治生,赀高闾里,为金溪陆氏之祖,居延福乡之青田。第四子讳有程,先生高祖也,博学,于书无所不观。曾祖讳演,能世其业,宽厚有容。祖戬为第四子,趋尚清高,不治生产。考讳贺,字道卿,生有异禀,端重不伐,究心典籍,见于躬行。酌先儒冠、昏、丧、祭之礼行于家,不用异教。家道整肃,著闻于宇内[2]。赠宣教郎。生六子:长九思,字子强,与乡举,封从政郎。弟梭山撰行状。有《家问》,朱子为跋。略云:"《家问》所以训饬其子孙者,不以不得科第为病,而深以不识礼义为忧。其殷勤恳切,反覆晓譬,说尽事理,无一毫勉强缘饰之意,而慈祥笃实之气蔼然。讽味数四,不能释手云。"

---

[1]　"遂",嘉靖本、万历本作"避"。
[2]　"宇内",嘉靖本作"州里"。

次九叙,字子仪,公正通敏,时贤称曰处士。善治生,总药肆以足其家。先生撰墓表。次九皋,字子昭,少力学,文行俱优,与乡举。晚得官,终修职郎,监潭州南岳庙。名斋曰"庸",学者号庸斋先生。有文集。先生撰墓表。

次九韶,字子美,不事场屋,兄弟共讲古学,与朱元晦友善。首言《太极图说》非正。又因其奏立社仓之制行于乡,民甚德之。与学者讲学于近地,名梭山,梭山在金溪陆氏义门之东是也。号曰梭山居士。诸司列荐,以居士应诏,举遗逸。临终自撰终礼,戒不得铭墓。有文集曰《梭山日记》,中有《居家正本》及《制用》各二篇。

次九龄,字子寿,生而颖悟,能步移则容止有法。少有大志,浩博无涯涘。尝与乡举,补入太学,已负重名,知名士无不师尊之。登进士第,授桂阳教授[1],以不便迎侍,陈乞不赴。改兴国教授,未满,丁艰。服除,授全州教授,未上而卒。为时儒宗,道德系天下重望。特赠朝奉郎,直秘阁,赐谥文达。名斋曰"复",学者称复斋先生。有文集行于世。嘉定间,抚州守高商老刊文集于郡治,<small>李注:高商老,浙江括苍人,今处州府。</small>登进士,师事文安公最笃。自为序。先生状其行,吕成公铭其墓,朱文公书其碑。

次则先生,与复斋先生齐名,称为江西二陆,以比河南二程。谨序次家世本末大略于此,而先生之道德事功则表年以系之于后云。

高宗绍兴九年己未,二月乙亥,辰时,先生始生。

绍兴十年庚申,先生二岁。

---

[1]"阳",原作"杨",据嘉靖本、万历本改。

绍兴十一年辛酉,先生三岁。

幼不戏弄。

冬十一月十五日,母孺人饶氏卒,葬乡之杨美岭。

绍兴十二年壬戌,先生四岁。

静重如成人。

常侍宣教公行,遇事物必致问。一日,忽问"天地何所穷际",公笑而不答,遂深思至忘寝食。总角诵经[1],夕不寐,不脱衣。履有弊而无坏,指甲甚修,足迹未尝至庖厨。常自洒扫林下,宴坐终日。立于门,过者驻望称叹,以其端庄雍容异常儿。

绍兴十三年癸亥,先生五岁。

入学读书,纸隅无卷折。

绍兴十四年甲子,先生六岁。

侍亲会嘉礼,衣以华好,却不受。季兄复斋先生年十三岁,举《礼经》以告,乃受。

绍兴十五年乙丑,先生七岁。

得乡誉。尝云:"某七八岁时,常得乡誉。只是庄敬自持,心不爱戏。"

绍兴十六年丙寅,先生八岁。

读《论语·学而》,即疑"有子"三章。及看《孟子》,到曾子不肯师事有子,至"江汉以濯之,秋阳以暴之"等语,因叹曾子见得圣人

---

[1] "诵",原作"即",据嘉靖本、万历本改。

高明洁白如此。又丱角时,闻人诵伊川语,云:"伊川之言奚为与孔孟之言不类?"盖生而清明,有如此者。梭山尝云:"子静弟高明,自幼已不同,遇事逐物皆有省发。尝闻鼓声振动窗棂,亦豁然有觉。其进学每如此。"

绍兴十七年丁卯,先生九岁。
善属文,包敏道祭文云:"九岁,属文能自达。"

绍兴十八年戊辰,先生十岁。
复斋入郡庠,侍诸兄诵讲,衣冠未尝解弛。先生往侍学焉,文雅雍容,众咸惊异。有老儒谓前廊吴茂荣曰:"君有爱女,欲得佳婿,无逾此郎。"因以为姻。

绍兴十九年己巳,先生十一岁。
读书有觉。
从幼读书便着意,未尝放过。外视虽若闲暇,实勤考索。伯兄总家务,尝夜分起,见先生观书,或秉烛检书最会。一见便有疑,一疑便有觉。后尝语学者曰:"小疑则小进,大疑则大进。"尝云:"向与复斋家兄读书疏山寺,止是一部《论语》,更无他书。"或问:"曾见先生将圣人与门人语分门,各自录作一处看。"先生曰:"此是幼小时事。"

绍兴二十年庚午,先生十二岁。

绍兴二十一年辛未,先生十三岁。
因"宇宙"字义,笃志圣学。
与李侍郎及权郡书,皆云:"十三志古人之学。"先生自三四岁时,思"天地何所穷际"不得,至于不食。宣教公呵之,遂姑置,而胸中之疑终在。后十余岁,因读古书至"宇宙"二字,解者曰:"四方上下曰宇,往古来今曰宙。"忽大省曰:"元来无穷。人与天地万物皆在无穷之中者也。"乃援笔书曰:"宇宙内事乃己分内事,己分内事乃宇宙内事。"又曰:"宇宙便是吾心,吾心即是宇宙。东海有圣人出焉,此心同也,此理同也。西海有圣人出焉,此心同也,此理同也。南海、北海有圣人出焉,此心同也,此理同也。千百世之上至千百世之下有圣人出焉,此心此理亦莫不同也。"故其启悟学者多及"宇宙"二字。如曰:"道塞宇宙,非有所隐遁。在天曰阴阳,在地曰刚柔,在人曰仁义。仁义者,人之本心也。"又曰:"是理充塞宇宙。天地顺此而动,故日月不过,而四时不忒;圣人顺此而动,故刑罚清而民服。"又曰:"此理塞宇宙,谁能逃之,顺之则吉,逆之则凶。"又曰:"宇宙不曾限隔人,人自限隔宇宙。"是年,复斋因读《论语》,命先生近前,问云:"看'有子'一章如何?"先生曰:"此有子之言,非夫子之言。"复斋曰:"孔门除却曾子,便到有子,未可轻议。"先生曰:"夫子之言简易,有子之言支离。"复斋尝于窗下读程《易》,至"艮其背"四句,反复诵读不已。先生偶过其前,复斋问曰:"汝看程正叔此段如何?"先生曰:"终是不直截明白。'艮其背,不获其身',无我;'行其庭,不见其人',无物。"复斋大喜。

绍兴二十二年壬申,先生十四岁。

与徐任伯书曰:"某气质素弱,年十四五手足未尝温暖。后以稍知所向,体力亦随壮也。"尝云:"吾于践履未能纯一,然才自警策,便与天地相似。"

绍兴二十三年癸酉,先生十五岁。

初夏,侍长上郊行,分韵得"偕"字,诗云:"讲习岂无乐,钻磨未有涯。书非贵口诵,学必到心斋。酒可陶吾性,诗堪述所怀。谁言曾点志,吾得与之偕。"

绍兴二十四年甲戌,先生十六岁。

读三国、六朝史,见夷狄乱华,又闻长上道靖康之事,乃剪去指爪,学弓马。然胸中与人异,未尝失了。尝云:"做得工夫实,则所说即实事,所指人病即实病。"又云:"吾人读《春秋》,知中国夷狄之辨。二圣之仇岂可不复?所欲有甚于生,所恶有甚于死。今吾人高居优游,亦可为耻。乃怀安,非怀义也。此皆是实理实说。"

绍兴二十五年乙亥,先生十七岁。
作《大人》诗。见前卷二十五。

绍兴二十六年丙子,先生十八岁。

绍兴二十七年丁丑,先生十九岁。

绍兴二十八年戊寅,先生二十岁。

绍兴二十九年己卯,先生二十一岁。

绍兴三十年庚辰,先生二十二岁。

绍兴三十一年辛巳,先生二十三岁。

绍兴三十二年壬午,先生二十四岁。
秋试,以《周礼》乡举。

初,先生未肯赴举。复斋素善临川李侍郎浩,每为公言之。是年春,俾侄焕之侍先生同访公。公观其贽见之书,大奇之。留数日,力勉其赴举。归则题秋试家状者在门,阅其籍,则诸家经赋咸在,惟无《周礼》,先生即以此注籍。蒲节后,始精考《周礼》,求程文观之。及期,三日之试,写其所学,无凝滞。考官王景文质批曰:"毫发无遗恨,波澜独老成。"拆号日,先生偶过梭山,方鼓琴,捷吏至,曲终而后问之,再鼓一曲乃归。先生第四名,外舅吴渐第九名。《见举送官启》末云"某少而慕古,长欲穷源,不与世俗背驰而非,必将与圣贤同归而止。忘己意之弗及,引重任以自强,谓先哲同是人,而往训岂欺我?穷则与山林之士约《六经》之旨,使孔孟之言复闻于学者;达则与庙堂群公还五服之地,使尧舜之化纯被于斯民"云云。先生尝云:"吾自应举,未尝以得失为念。场屋之文只是直写胸襟。"故作《贵溪县学记》云:"不徇流俗而正学以言者,岂皆有司之所弃,天命之所遗?"又尝云:"复斋家兄一日问曰:'吾弟今在何处做工夫?'某答曰:'在人情、事势、物理上做工夫。'复斋应之而已。若知物价之低昂,与夫辨物之美恶真伪,则吾不可谓之不能。然吾之所谓做工夫者,非此之谓也。"又云:"吾家合族而食,每轮差子弟掌库三年〔1〕,某适当其职,所学大进,这方是执事敬。"

　　冬十月二十七日,丁父宣教公忧,葬饶州安仁县崇德乡之毛源。

孝宗隆兴元年癸未,先生二十五岁。

隆兴二年甲申,先生二十六岁。

---

〔1〕 "三",嘉靖本、万历本作"二"。

乾道元年乙酉,先生二十七岁。
有《与童伯虞书》。见前三卷首。

乾道二年丙戌,先生二十八岁。

乾道三年丁亥,先生二十九岁。
冬,成嘉礼,孺人吴氏始大归也。

乾道四年戊子,先生三十岁。

乾道五年己丑,先生三十一岁。

乾道六年庚寅,先生三十二岁。

乾道七年辛卯,先生三十三岁。
秋试,以《易经》再乡举。
考官批义卷云:"如端人正士,衣冠佩玉。"论策批:"如其义。"
《得解见提举书》。见前卷四。
八月十七日,子持之生。

乾道八年壬辰,先生三十四岁。
春试,南宫奏名。时尤延之袤知举,吕伯恭祖谦为考官。读先生《易》卷,至"狎海上之鸥,游吕梁之水,可以谓之无心,不可以谓之道心。以是而洗心退藏,吾见其过焉而溺矣。济溱洧之车,移河内之粟,可以谓之仁术,不可以谓之仁道。以是而同乎民,交乎物,吾见其浅焉而胶矣",击节叹赏。又读《天地之性人为贵论》,至"呜呼!循顶至踵皆父母之遗体,俯仰乎天地之间,惕然朝夕,求寡乎愧怍而惧弗能，倘可以庶几于孟子之'塞乎天地'，而与闻夫子'人为贵'之说乎"，愈加叹赏。

至策，文意俱高。伯恭遽以内难出院，乃嘱尤公曰："此卷超绝有学问者，必是江西陆子静之文，此人断不可失也。"又并嘱考官赵汝愚子直。二公亦嘉其文，遂中选。他日，伯恭会先生曰："未尝款承足下之教，一见高文，心开目朗，知其为江西陆子静文也。"

徐谊子宜侍学。李注：徐在伪学籍，列朱子之次。

子宜侍先生，每有省。同赴南宫试，论出《天地之性人为贵》。试后，先生曰："某欲说底，却被子宜道尽，但某所以自得受用底，子宜却无。"曰："虽欲自异于天地，不可得也，此乃某平日得力处。"

夏五月，廷对，赐同进士出身。

先生既奏名，声振行都。廷对，考官意其必慷慨极言天下事，欲取置首列。及唱第，乃在末甲。或问之，先生曰："见君之初，岂敢过直。"识者称其得事君之体云。

在行都，诸贤从游。

先生朝夕应酬问答，学者踵至，至不得寝者余四十日。所以自奉甚薄，而精神益强，听其言者兴起甚众。时永嘉蔡幼学行之为省元，李注：蔡在伪学籍，列黄灏前。蔡行之，讳幼学，温州永嘉人，年十八发解，谥文懿，师事文安公。连日无所问难，似不能言者。先生从容问其所志，乃答曰："幼学之志在于为善而已。"先生嘉叹而勉励焉。四明杨敬仲时主富阳簿，摄事临安府中，始承教于先生。及返富阳，三月二十一日，先生过之，问："如何是本心？"先生曰："恻隐，仁之端也；羞恶，义之端也；辞让，礼之端也；是非，智之端也。此即是本心。"对曰："简儿时已晓得，毕竟如何是本心？"凡数问，先生终不易其说，敬仲亦未省。偶有鬻扇者讼至于庭，敬仲断其曲直讫，又问如初。先生曰："闻适来断扇讼，是者知其为是，非者知其为非，此即敬仲本心。"敬仲忽大觉，始北面纳弟子礼。故敬仲每云："简发本心之问，先生举是日扇讼是非答,简忽省此心之无始末,忽省此心之无所不通。"先生尝语人曰:"敬仲可谓一日千里。"

复斋与学者书云:"子静入浙,则有杨简敬仲、石崇昭应之、_{李注:石应之,讳崇昭,浙江绍兴新昌人,与兄斗文字天民同从学。}诸葛诚之、胡拱达才、高宗商应朝〔1〕、孙应时季和从之游〔2〕,其余不能悉数,皆亹亹笃学,尊信吾道,甚可喜也。"先生六月二十九日复如富阳。七月初九日舟离富阳。

秋七月十六日至家。

远近风闻来亲炙,初以"存"名读书之斋。与曾宅之书云:"某旧亦尝以'存'名读书之斋。"家之东扁曰槐堂,槐堂前有古槐木,至今犹存,乃学徒讲学之地。又堂东有陋室,西有高轩,北窗南窗,东有隐室,又曰留轩,西有玉渊,又近家之西有茅堂。与包显道书云:"贵溪桂店一族甚盛,其子弟有德辉者,今夏来处茅堂。"_{李注:桂德辉,讳照然,广信贵溪人,庆元五年进士。桂店即今之鹰潭。师事文安公最早。}西南有八石寺。与颜子坚书云:"向者在八石寺,尝纳区区之忠。"

先生既受徒,即去今世所谓学规者,而诸生善心自兴,容礼自庄,雍雍于于,后至者相观而化。盖先生深知学者心术之微,言中其情,或至汗下。有怀于中而不能自晓者,为之条析其故,悉如其心。亦有相去千里,素无雅故,闻其大概,而尽得其为人。尝有言曰:"念虑之不正者,顷刻而知之,即可以正。念虑之正者,顷刻而失之,即为不正。有可以形迹观者,有不可以形迹观者。必以形迹观人,则不足以知人;必以形迹绳人,则不足以救人。"又曰:"今天下学者唯两途:一途朴实,一途议论。"同里朱枰济道、弟泰卿亨道长于先生,皆来问道,与人书云:"近到陆宅,先生所以诲人者深切

---

〔1〕 "应朝",嘉靖本、万历本作"应时"。
〔2〕 "孙应时",嘉靖本、万历本作"孙应朝"。

著明,大概是令人求放心。其有志于学者,数人相与讲切,无非此事,不复以言语文字为意,令人叹仰无已。其有意作文者,令收拾精神,涵养德性,根本既正。不患不能作文。"陈正己、刘伯文皆不为文字也。李注:刘伯文,南城人,疑伯协从兄弟,同学受业。盱江傅子渊云:"梦泉向来只知有举业,观书不过资意见耳,后因困志知反。时陈正己自槐堂归,问先生所以教人者。正己曰:'首尾一月,先生谆谆只言辨志,又言古人入学一年,早知离经辨志,今人有终其身而不知自辨者,是可哀也。'梦泉当时虽未领略,终念念不置。一日读《孟子·公孙丑》章,忽然心与相应,胸中豁然苏醒。叹曰:'平生多少志念精力,却一切着在功利上。'自是始辨其志。虽然如此,犹未知下手处。及亲见先生,方得个入头处。"尝云:"傅子渊自此归其家,陈正己问之曰:'陆先生教人何先?'对曰:'辨志。'复问曰:'何辨?'对曰:'义利之辨。'若子渊之对,可谓切要。"周伯熊来学,李注:周伯熊,南城人,登绍熙元年进士,从学文安公。先生问:"学何经?"对曰:"读《礼记》。""曾用工于九容乎?"曰:"未也。""且用功于此。"后往问学于晦庵,晦庵曰:"仙里近陆先生,曾见之否?"曰:"亦尝请教。"具述所言。晦庵曰:"公来问某,某亦不过如此说。"

答诸葛受之书。见前卷三。答舒西美书。见前卷五。

乾道九年癸巳,先生三十五岁。

春闰二月十四日,答陈正己书。见前卷十二。

三月十七日,和王弱翁铨《闻中》诗。

冬十一月,送毛原善序。见前卷二十。

淳熙元年甲午,先生三十六岁。

三月,赴部调官,过四明,游会稽,浃两旬,复至都下,授迪功郎、隆兴府靖安县主簿。五月二十六日,访吕伯恭于衢。

伯恭与汪圣锡书云："陆君相聚五六日，淳笃敬直，流辈中少见其比。"又与陈同甫书云："自三衢归，陆子静相待累日，又留七八日，昨日始行。笃实淳直，朋游间未易多得。渠云'虽未相识，每见尊兄文字，开豁轩豁，甚欲得相聚'，觉其意甚勤，非论文者也。"

与徐子宜书。见前卷五。

秋八月十二日，子循之生。

淳熙二年乙未，先生三十七岁。

吕伯恭约先生与季兄复斋，会朱元晦诸公于信之鹅湖寺。复斋云云。见前卷三十四。元晦归后三年，乃和前诗云："德业流风夙所钦，别离三载更关心。偶携藜杖出寒谷，又枉篮舆度远岑。旧学商量加邃密，新知培养转深沉。只愁说到无言处，不信人间有古今。"后信州守杨汝砺建四先生祠堂于鹅湖寺，勒陆子诗于石。

复斋与张钦夫书云："某春末会元晦于铅山，语三日，然皆未能无疑。"按《吕成公谱》："乙未四月，访朱文公于信之鹅湖寺，陆子静、子寿、刘子澄及江浙诸友皆会，留止旬日。"邹斌俊父录云：李注：邹斌，字俊父，临川人，嘉定四年成进士，从学文安公。"朱、吕二公话及九卦之序，先生因亹亹言之。大略谓：'《复》是本心复处，如何列在第三卦，而先之以《履》与《谦》？盖《履》之为卦，上天下泽，人生斯世，须先辨得俯仰乎天地而有此一身，以达于所履。其所履有得有失，又系于谦与不谦之分。谦则精神浑收聚于内，不谦则精神浑流散于外。惟能辨得吾一身所以在天地间举错动作之由，而敛藏其精神，使之在内而不在外，则此心斯可得而复矣。次之以常固，又次之以损益，又次之以困。盖本心既复，谨始克终，曾不少废，以得其常，而至于坚固。私欲日以消磨而为损，天理日以澄莹而为益，虽涉危蹈险，所遭多至于困，而此心卓然不动。然后于道有得，左右逢其原,如凿井取泉,处处皆足。盖至于此则顺理而行,无纤毫透漏,如巽风之散,无往不入,虽密房奥室,有一缝一罅即能入之矣。'二公大服。"朱亨道书云:"鹅湖讲道切诚,当今盛事。伯恭盖虑陆与朱议论犹有异同,欲会归于一,而定其所适从,其意甚善。伯恭盖有志于此,语自得则未也。临川赵守景明邀刘子澄、赵景昭。景昭在临安与先生相款,亦有意于学。"又云:"鹅湖之会,论及教人。元晦之意,欲令人泛观博览,而后归之约。二陆之意,欲先发明人之本心,而后使之博览。朱以陆之教人为太简,陆以朱之教人为支离,此颇不合。先生更欲与元晦辩,以为尧舜之前何书可读?复斋止之。赵、刘诸公拱听而已。先发明之说,未可厚诬。元晦见二诗不平,似不能无我。"元晦书云:"某未闻道学之懿,兹幸获奉余论,所恨匆匆别去,彼此之怀皆若有未既者。然警切之诲,佩服不敢忘也。还家无便,写此少见拳拳。"

冬十二月十五日[1],作《敬斋记》。见前卷十九。

淳熙三年丙申,先生三十八岁。
与王顺伯书,再书。俱见前卷二。

淳熙四年丁酉,先生三十九岁。
春正月十四日,丁继母太孺人邓氏忧,葬乡之官山。

先生事继母,与诸兄曲尽孝道。尝闻孝宗皇帝圣语:"陆九渊满门孝弟者也。"

淳熙五年戊戌,先生四十岁。

---

[1] "十二月",原作"十一月",据本集卷十九所收《敬斋记》改。

淳熙六年己亥,先生四十一岁。

服除,授建宁府崇安县主薄。

淳熙七年庚子,先生四十二岁。

在滋澜。

先生因居之南五里有园林屋宇,扁是名。与包显道书云:"今岁与朋友读书,在滋澜。"

春,闻张钦夫卒。

与包显道书。见前卷六。

秋九月二十九日,季兄复斋先生卒。

复斋临终云:"比来见得子静之学甚明,恨不更相与切磋,见此道之大明耳。"先生尝曰:"复斋先生涵养深密,躬行笃实。"

朱元晦与林择之书云:"陆子静兄弟,其门人有相访者,气象皆好。此间学者却与渠相反。初谓只在此讲道渐涵,自能入德。不谓末流之弊只成说话,至人伦日用最切近处,都不得毫末气力,不可不深惩而痛警之也。"

冬十一月望日,作《复斋行状》。十二月己酉,葬于乡之万石塘。

淳熙八年辛丑,先生四十三岁。

春二月,访朱元晦于南康。

时元晦为南康守,与先生泛舟,乐,曰:"自有宇宙以来,已有此溪山,还有此佳客否?"乃请先生登白鹿洞书院讲席,先生讲"君子喻于义,小人喻于利"一章毕,乃离席言曰:"熹当与诸生共守,以无忘陆先生之训。"再三云:"熹在此不曾说到这里,负愧何言。"乃复请先生书其说,先生书《讲义》。见前二十三卷。寻以《讲义》刻于石。先生云:"《讲义》述于当时,发明精神不尽。当时说得来痛快,至有流涕者。元晦深感动。天气微冷,而汗出挥扇。"元晦又与杨道夫云:"曾见陆子静义利之说否?"曰:"未也。"曰:"这是子静来南康,熹请说书,却说得这义利分明,是说得好。如云'今人只读书便是利,如取解后又要得官,得官后又要改官。自少至老,自顶至踵,无非为利',说得来痛快,至有流涕者。"

秋作《祭吕伯恭文》。见前卷二十六。

丞相少师史浩荐先生,六月二十三日得旨,都堂审察升擢,先生不赴。荐云:"陆某渊源之学,沉粹之行,辈行推之,而心理悟融,出于自得者也。"

淳熙九年壬寅,先生四十四岁。

项平甫来书,略云:"安世闻陆先生之名,言者不一。往得交于傅子渊,警发柔惰,自此归向,取师之意始定。奉亲之官越土,多见高第及门子弟,愈觉不能自已。虽未得亲承于謦欬,然受沾渥亦已多矣。独念心师之久,不可不以尺纸布万一,伏乞加察。一二年来,数巨公相继沦落,任是事者,独先生与朱先生耳。"

侍从复上荐,得旨与职事官,荐辞未详。除国子正。秋初,先生赴国学。与陈倅书。见前卷七。

始讲书,八月十七日,讲《春秋》六章。九月,享明堂,为分献官。

淳熙十年癸卯,先生四十五岁。

在国学。

二月七日,讲《春秋》九章。七月十五日,讲《春秋》五章。十一月十三日,讲《春秋》四章。诸生叩请,孳孳启谕[1],如家居教授,

---

[1] "谕",原作"论",据嘉靖本、万历本改。

感发良多。

朱元晦来书，略云："比约诸葛诚之在斋中相聚，极有益。浙中士人，贤者皆归席下，比来所得为多，幸甚！"再书云："归来臂痛，病中绝学捐书，却觉得身心收管似有少进处。向来泛滥，真是不济事。恨未得款曲承教，尽布此怀也。"

项平甫再书，略云"某自幼便欲为善士，今年三十一矣，欲望尊慈，特赐指教"云云。答书不传。按朱元晦答平甫书云："所语陆国正语，三复爽然，所以警于昏惰者为厚矣。大抵子思以来教人之法，尊德性、道问学两事为用力之要。今子静所说尊德性，而某平日所闻却是道问学上多。所以为彼学者多持守可观，而看道理全不仔细。而熹自觉于义理上不乱说，却于紧要事上多不得力。今当反身用力，去短集长，庶不堕一边耳。"先生闻之曰："朱元晦欲去两短，合两长，然吾以为不可。既不知尊德性，焉有所谓道问学。"

冬，迁敕令所删定官。先生在敕局，同志之士相从讲切不替，僚友多贤，相与问辩，大信服。

与漕使尤延之书，略云："朱元晦在南康已得太严之声。元晦之政亦诚有病，然恐不能泛然以严病之。使罚当其罪，刑故无小，遽可以严而非之乎？某尝谓不论理之是非，事之当否，而泛然为宽严之论者，乃后世学术议论无根之弊。道之不明，政之不理，由此其故也。元晦浙东救旱之政，比者屡得浙中亲旧书及道途所传，颇知梗概，浙人殊赖。自劾一节尤为适宜。其诞慢以侥宠禄者，当少阻矣。至如其间言事处，诚如来谕所言者云。"

俨陵詹子南侍学。

阜民初见先生，不能尽记所言。大指云："凡欲学者，当先识义利公私之辨。今所学果为何事？人生天地间，为人自当尽人道。学者所以为学，学为人而已，非有为也。"又云："孔门弟子，如子游、子夏、宰我、子贡，虽不遇圣人，亦足以号名学者，为万世师，然卒得圣人之传者，回之愚，参之鲁。"盖病后世学者溺于文义，知见缴绕，蔽惑愈甚，不可入道耳。阜民既还邸，遂屏弃诸书。及后来疑其不可，又问，先生则曰："某何尝不许人读书，不知此后有事在。"又曰："读书不必穷索，平易读之，识其可识者，久将自明，毋耻不知。"先生举《孟子》"钧是人也"一章云："须先使心官不旷其职。"子南因是便收此心，如此半月。一日下楼，忽觉此心已复澄莹中立。遂见先生，先生目逆而视之曰："此理已显也。"

淳熙十一年甲辰，先生四十六岁。

在敕局。春祀祚德庙，为献官。记事始末，书于祠下。

朱元晦书，略云："敕局时与诸公相见，亦有可告语者否？于律令中极有不合道理、不近人情处，随事改正得一二亦佳。中荐程可久，于法令甚精，可以入局中。然此犹是第二义，不知轮对班在何时？果得一见明主，就紧要处下得数句为佳，其余屑屑不足言也。谦仲甚不易得，今日尚有此公，差强人意。元善爽快，极难得，更加磨琢沉浸之功乃佳。机仲既得同官，乃其幸，会当能得日夕亲炙也。浙东诸朋友想时通问，亦有过来相聚者否？立之墓表，今作一通，显道甚不以为然，不知尊意以为如何？"

三月十三日，答朱元晦书。见前卷七。

编朱元晦奏立社仓事。戊申岁，先生兄梭山居士欲立社仓于青田。先生与赵监书。见前卷首。

上殿轮对五札。

时对期甚迫，犹未入思虑，所亲累请，久乃下笔。缮写甫就，厥明即对。五札俱见前卷十八。读札末云，见前三十五卷《语录》。

讲究武略。先生少时闻靖康间事，慨然有感于复仇之义。至是访求智勇之士，与之商确，益知武事利病、形势要害。李将使云，李注：李云，兴国人，受学文安公。将家子也，兴国人，有勇力，先生奇而教之。后获用太尉毕再遇帐下。其家祠事先生，或问何为，曰："云少时尝欲率伍百人打劫起事。一日，往见先生，蒙诲，翻然而改。不然，此身不得为人矣。"先生平日奖激人才类如此。后守荆门，奖拔奇才亦多。

论医国。或问："先生见用，以何医国？"先生曰："吾有四物汤。"问："如何？"曰："任贤、使能、赏功、罚罪。"

论驳中外奏对不可行者。

答苏宰书。见前卷八。

朱元晦书。

时有言奏札差异者，元晦索之，先生纳去一本。元晦贻书云："奏篇垂示，得闻至论，慰沃良深。其规模宏大，源流深远，岂腐儒鄙生所可窥测？然区区私忧，未免有万牛回首之叹，於我何病耶？语圆意活，混浩流转，益见所养之深，所蓄之厚。但向上一路未曾拨着。"

答朱元晦书，略云："奏札独蒙长者褒扬奖誉之厚，俱无以当之。深惭疏愚，不能回互藏匿，肺肝悉以书写，而兄尚有向上一路未曾拨着之疑，岂待之太重，望之太过，未免金注之昏耶？"

改授承奉郎。以修宽恤诏令书成，与枢密使王谦仲语及《孟子》"辟土地，充府库"一段，因云："方今正在求此辈而不可得。"谦仲为之色变。又举柳子厚"捧土揭木而致之庙堂之上，蒙以绂冕，翼之徒隶，而趋走其左右，岂有补于万事之劳若哉？圣人之道无益于世，凡以此也"。谦仲为之默然。先生尝云："当时诸公见上下相安，内外无事，便为太平气象。独郑溥之有一语极好：'而今只要为虏人借路登泰山云耳。'"

秋九月既望，作外舅吴公行状。

末云："某在童稚时为公所知，后又妻以其女。"尤延之作吴公墓志云："陆君子静，数为予道其妇翁吴公之贤。居亡何，有墨服踵门而求见者，则吴公之子颙若也，袖子静之状，且告曰'敢因子静以请志'。予不识吴公，然子静信人也，其言有证，乃叙而志之。夫能识子静于童幼之中，而能以子妻之，其贤可知矣。"后敬仲作孺人吴氏墓志云"孺人讳爱卿，吴公茂荣讳渐之长女也。幼有异质，女工不学而能，诗书过目不忘，公大奇之。一见先生，谓可妻，归焉。先生为国子正、删定敕局，居中五年，四方之宾满门，旁无虚宇，并假于馆，中馈百需，先生不一启齿，孺人调度有方，举无缺事。暨先生奉祠归，囊萧然，同僚共赆之。还里之明年，经理象山，孺人捐奁中物助之"云云。

作《本斋记》，为成都郭醇仁作。

淳熙十二年乙巳，先生四十七岁。

在敕局。

与尤延之书，略云："此间不可为久居之计。吾今终日区区，岂不愿少自效？至不容着脚手处，亦只得且退而俟之。职事间又无可修举，睹见弊病，又皆须自上面理会下来，方得在此。但望轮对可以少展胸臆。对班尚在后年，郁郁度日而已。"或劝以小人闯伺，宜乞退。先生曰："吾之未去，以君也。不遇则去，岂可以彼为去就耶。"

詹子南问学。子南尝问："先生之学亦有所受乎？"曰："因读《孟子》而自得之于心也。"

淳熙十三年丙午，先生四十八岁。

在敕局。夏五月，作《格矫斋记》。为三衢徐载书。

朱元晦通书，略云："傅子渊去冬相见，气质刚毅，极不易得，但其偏处亦甚害事。虽尝苦口，恐未以为然。近觉当时说得亦未的，宜其不以为然也[1]。今想到部必已相见,亦尝痛与砭剂否？道理极精微,然初不在耳目闻见之外。是非黑白只在面前,此而不察,乃欲别求玄妙于意虑之表,亦已误矣。熹衰病日侵,所幸迩来日用工夫颇觉省力,无复向来支离之病,甚恨未得从容面论。未知异时尚复有异同否耳。"

转宣义郎,除将作监丞,给事王信疏驳。十一月二十九日得旨,主管台州崇道观。

初,亲朋谓先生久次,宜求退。先生曰:"往时面对,粗陈大义,明主不以为非。思欲再望清光,少自竭尽,以致臣子之义。"距对班五日,除监丞。

先生与李成之书。见前卷十。

和杨万里廷秀《送行诗》。见前卷二十五。

既归,学者辐辏。时乡曲长老亦俯首听诲。每诣城邑,环坐率二三百人,至不能容,徙寺观。县官为设讲席于学宫,听者贵贱老少溢塞途巷,从游之盛未见有此。

与朱子渊书。见前卷十三。

淳熙十四年丁未,先生四十九岁。

春,如临川。先生访仓使汤公思谦,公因言风俗不美。先生曰:"乍归,方欲与诸后生说些好话。此事亦由天,亦由人。"公曰:"如何由天？"曰:"且如三年一科举,中者笃厚之人多,浮薄之人少,则风俗自此而厚;不幸笃厚无几,或全是浮薄,则后生从而视效,风俗日以败坏。"公曰:"如何亦由人？"曰:"监司守令是风俗之宗主,只如判院在此,无只为位高爵重、旗旄导前、驱卒拥后者是崇是敬;陋巷茅茨之间,有笃敬忠信好学之士,不以其微贱而知崇敬之,则

---

[1] "宜",嘉靖本、万历本作"疑"。

风俗庶几可回矣。"公再三称善。次日谓幕僚友曰："陆丈至诚，何不去听说话。"幕僚云："恐陆丈门户高峻，议论非某辈所能喻。"公曰："陆丈说话甚平正，试往听看。某于张、吕诸公皆相识，然如陆丈说话，自是不同。"

作《朱元瑜名字说》。见前卷二十。

登贵溪应天山讲学。

初，门人彭兴宗世昌访旧于贵溪应天山麓张氏，因登山游览，则陵高而谷邃，林茂而泉清，乃与诸张议结庐以迎先生讲学。先生登而乐之，乃建精舍居焉。与杨敬仲书云："'精舍'二字出《后汉·包咸传》，其事在建武前。儒者讲习之地用此名，甚无歉也。"

答江西程帅叔达惠新刊《江西诗派》札子。

答沈宰书。见前卷十七。

包敏道跋江泰之所收札子墨迹云："象山先生论诗，又出告往知来、以意逆志者之外。盖其精鉴如权度，举天下之轻重长短，毫发丝粟不可得而加损也，岂特于诗为然哉？当程君札送诗至时，仆在席下，先生顾诸生曰：'谁能代答？'须臾呈稿者数人。先生叹曰'将纸来'，一笔写就。"云云。

夏五月，答冯传之书。见前卷十三。

初冬，答朱元晦书。见前卷十三。

元晦答书，略云："所谕与令兄书辞费而理不明[1]。今亦不记当时作何语，恐或实有此病。承许条析见教，何幸如之？虚心以俟，幸因早便见示。如有未安，却得细论，未可便似居士兄遽断来章也。"辩无极、太极始此。

作《无营斋说》。赠吴叔有。

冬十月庚辰，葬仲兄子仪于临川之罗首峰下，作子仪墓志。十

---

[1] "谕"，原作"论"，据嘉靖本、万历本改。

一月,作《宜章学记》。

十二月,与漕使宋若水书,言金溪月桩之重,及台郡督积欠困民之弊。见前卷八。

淳熙十五年戊申,先生五十岁。

在山间精舍。春正月,作《荆国王文公祠堂记》。

与薛象先书。见前卷十三〔1〕。先生尝云:"读介甫书。"见前卷三十五。答仓使赵汝谦书。俱见前首卷。

易应天山名为象山,学徒结庐。先生既居精舍,又得胜处为方丈〔2〕,及部勒群山阁,又作圆庵,学徒各来结庐,相与讲习。与侄孙濬书云"山间近来结庐者甚众,诸生始聚粮相迎,今方丈前又成一阁,部勒群山,气象亦伟"云云。

居仁斋、由义斋、养正堂、张伯强。明德、张行己。志道、周孚先。储云、伯强、行己。佩玉、张少石。愈高、倪伯珍。规斋、祝才叔。蕙林、周元忠。达诚、朱幹叔。琼芳、傅季鲁学徒冯泰卿,初名梅囪〔3〕,以季鲁家讳,先生为改今名。濯缨池、浸月池、吴子嗣创斋,先生与之书云:"草庐在二池之间,欲名以'濯缨',当为书之。"封庵、少石。批荆。先生书于世昌之堂。各因山势之高、原坞之佳处为之。李注:张伯强、张行己,群从兄弟,或云即象山山主,同结屋受学。周孚先,里居无考,结屋从学。张少石,武镇,南城人,淳熙八年进士,结屋从学。倪伯珍,名贯未详,疑亦同乡或广信人耳,结屋师事。祝才叔,或云临川南栎人,结屋从学。周元忠,见前。朱幹叔,讳克家,同县人,居象山从学。吴子嗣,见前。冯元质,名贯未详,亦受业弟子。

三月,与江西帅王谦仲书。见前卷九。

五月,与钱守伯同书。见前卷九。

---

〔1〕"十三",各本均作"十二",按此文各本均在卷十三,据改。
〔2〕"方丈",原作"讲堂",据嘉靖本、万历本改。下"方丈"同。
〔3〕"囪",原作"西",据嘉靖本改。

郡县礼乐之士时相谒访,喜闻其化,故四方学徒大集。

先生从容讲道,歌咏愉愉,有终焉之意。

冯元质云:"先生常居方丈。每旦精舍鸣鼓,则乘山筴至,会揖,升讲座,容色粹然,精神炯然。学者又以一小牌书姓名、年甲,以序揭之,观此以坐,少亦不下数十百,齐肃无哗。首诲以收敛精神,涵养德性,虚心听讲,诸生皆俛首拱听。非徒讲经,每启发人之本心也。间举经语为证,音吐清响,听者无不感动兴起。初见者或欲质疑,或欲致辩,或以学自负,或有立崖岸自高者,闻诲之后,多自屈服,不敢复发。其有欲言而不能自达者,则代为之说,宛如其所欲言,乃从而开发之。至有片言半辞可取,必奖进之,故人皆感激奋砺。平居或观书,或抚琴。佳天气则徐步观瀑,至高诵经训,歌《楚词》及古诗文,雍容自适。虽盛暑,衣冠必整肃,望之如神。诸生登方丈请诲,和气可掬,随其人有所开发,或教以涵养,或晓以读书之方,未尝及闲话,亦未尝令看先儒语录。每讲说痛快,则顾傅季鲁曰:'岂不快哉!'季鲁齿最少,坐必末。尝挂一座于侧间,令代说。时有少之者,先生曰'季鲁,英才也'。先生大率二月登山,九月末始归[1],中间亦往来无定。居山五年,阅其簿,来见者逾数千人。"

与陈宰书云:"同志之士,方此盍簪,绅绎简编,商略终古,粗有可乐。虽品质不齐,昏明异趣,未能纯一,而开发之验、变化之证亦不可谓无其涯也。倘得久于是山,以既厥事,是所愿幸!"

傅季鲁云:"先生居山,多告学者云:'汝耳自聪,目自明,事父自能孝,事兄自能弟,本无少缺,不必他求,在乎自立而已。'学者于此多有兴起。有立议论者,先生云:'此自是虚说,此是时文之见。'常曰:'今天下学者有两途,惟朴实与议论耳。'"

---

[1] "始归",嘉靖本作"治归"。

毛刚伯必强云：李注：毛刚伯，讳必强，里居无考，结屋象山从学。"先生之讲学也，先欲复本心以为主宰，既得其本心，从此涵养，使日充月明。读书考古，不过欲明此理、尽此心耳。其教人为学，端绪在此，故闻者感动。当时先生与晦翁门徒俱盛，亦各往来问学。晦庵门人乍见先生教门不同，不与解说无益之文义，无定本可说，卒然莫知所适从。无何辞去，归语师友，往往又失其本旨，遂起晦翁之疑，良可慨叹。或问：'先生之学自何处入？'先生曰：'不过切己自反，改过迁善。'又曰：'吾之学问与诸处异者，只是在我全无杜撰。虽千言万语，只是觉得他底，在我不曾添一些。'且又曰：'吾之与人言，多就血脉上感动他，故人之听之者易。'"

章仲至云：李注：章仲制，讳节夫，号从轩，一作仲至，临川人，居象山从学。"先生讲论，终日不倦，夜亦不困，若法令者之为也。动是三鼓，学者连日应酬，劳而蚤起，精神愈觉炯然。问曰：'先生何以能然？'先生曰：'家有壬癸神，能供千斛水。'"

严松年问："今学者为谁？"先生屈指数之，以傅子渊居其首，邓文范、傅季鲁、黄元吉居其次。且云："浙间煞有人，有得之深者，有得之浅者，有一见而得之者，有久而后得之者。广中一陈去华省发伟特，惜乎此人亡矣。"

朱元晦《语录》云："今浙东学者多子静门人，类能卓然自立，相见之次，便毅然有不可犯之色。自家一辈朋友又却觉不振。"又云："子静之门如杨简辈，躬行皆有可观。"又与詹侍郎书云："高教授能留意学校，甚善。渠从子静学，有意为己，必能开导其人也。"又与刘仲复书云：李注：刘仲复亦从学弟子，名贯里居无考。"陆丈回书，其言明当，且就此持守，自见功效，不须多疑多问，却转迷惑。"

论解书。南丰刘敬夫学《周礼》，李注：刘敬夫，名思忠，建昌南丰人，淳熙八年进士，与弟定夫并师事文安公。见晦庵，晦庵令其精细考索。后见先生，问："见朱先生何得？"敬夫述所教。先生曰："不可作聪明，乱旧章。如郑康成注书，枘凿最多。读经只如此读去，便自心解。注不可信，或是纬语〔1〕，或是莽制。傅季鲁保社中议此甚明，可一往见之。"于是往问于季鲁。又尝曰："解书只是明他大义，不入己见于其间，伤其本旨，乃为善解书。后人多以己意，其言每有意味，而失其真实，以此徒支离蔓衍，而转为藻绘也。"又尝曰："《河图》属象，《洛书》属数，《先天图》非圣人作《易》之本旨，有据之以说《易》者陋矣〔2〕。"又尝曰："后世之论《春秋》者，多如法令，非圣人之旨也。观《春秋》《诗》《书》《易》经圣人手，则知编《论语》者亦有病，顾《记礼》之言，多原老氏之意。"

论传道。与侄孙濬书，见前首卷。先生有云："学者至本朝而始盛，自周茂叔发之。"又云："韩退之言'轲氏之死，不得其传'，固不敢诬后世无贤者，然直是至伊洛诸公，得千载不传之学，但草创未为光明。今日若不大段光明，更干当甚事。"又云："二程见茂叔后，吟风弄月而归，有'吾与点也'之意。后来明道此意却存，伊川已失此意。"又云："元晦似伊川，钦夫似明道。伊川蔽锢深，明道却疏通。"又云："道譬则水。人之于道，譬则蹄涔、污沱、百川、江海也。海至大矣，而四海之广狭浅深不必齐也。至其为水，则蹄涔亦水也。"又尝以手指心曰："某有积学在此，惜未有承当者。"

夏四月望日，与朱元晦书，辩《太极图说》。见前卷二。与提刑应仲寔书〔3〕。见前卷十〔4〕。与赵咏道书。见前卷十二。

秋八月，游仙岩，题新兴寺壁。见前卷二十。

访江西帅王谦仲。时帅幕邵叔谊在坐，听谈命者，曰："吾之谈命异于是。伯夷、叔齐饿死于首阳之下，民到于今称之，此命极好。

---

〔1〕"纬"，原作"讳"，据《陆子学谱》改。
〔2〕"以"，嘉靖本、万历本作"于"。
〔3〕"寔"，原作"实"，据嘉靖本、万历本改。
〔4〕"十"，原作"十二"，按此文各本均在卷十，据改。

齐景公有马千驷,死之日,民无德而称焉,此命极不好。"先生与叔谊书。见前首卷。

作南丰黄世成及慈溪杨承奉二墓铭。

先生每谓:"志墓非古而铭多溢辞,故不苟作。余铭南丰、慈溪二君之墓,海内名识谓无愧辞。"

十二月十四日,答元晦书。见前卷二[1]。又别幅云:"《大传》曰'在天成象,在地成形',又曰'见乃谓之象,形乃谓之器'。见乎上者,可得而见矣,犹不谓之形,而谓之成象。必形乎下,可得而用者,乃始谓之器。《易》之言器,本于圣人备物致用,立成器以为天下利。如网罟、耒耜、车舆、门柝、杵臼、弧矢、栋宇、棺椁之类,乃所谓器也。昔者圣人之制斯器也,盖取诸《易》之象。《易》有圣人之道四,而制器尚象与居一焉。道者,天下之所由,而圣人则能知之;器者,天下之所利,而圣人则能制之。由其道而利其器,在一身则为有道之人,在天下则为有道之世。不由其道而利其器,则为无道矣。'谁能出不由户?何莫由斯道也。'然中人以下,则由而不知,盖其知识卑近,所见浅末,形而下者所能由,形而上者所不能知。故曰'民可使由之,不可使知之'。非有知道者以长治之,左右之,则趋于下,惟利之见,而不由其道矣。上必有下,下必有上。上而无下何以为上?下而无上何以为下?道之与器,未始相无。不由其道而利其器,器者非其有矣。'负且乘,致寇至',此之谓也。故惟圣人为能制器。精义入神,所以致用;利用安身,所以崇德。百虑一致,道固然也。'化而裁之谓之变,推而行之谓之通,举而措之天下之民,谓之事业。'非知道者孰能与于此?故道者,形而上者也。器者,形而下者也。器由道者也。'一阴一阳之谓道,继之者善也。'而谓其属于形器,不得为道,其为昧于道器之分也甚矣!"

---

[1] "二",原作"一",按此书各本均在卷二,据改。

闻朱元晦《喜晴》诗云："川源红绿一时新，暮雨朝晴更可人。书册埋头何日了，不如抛却去寻春。"先生闻之色喜，曰："元晦至此有觉矣，是可喜也。"

淳熙十六年己酉，先生五十一岁。

祠秩满，在山间方丈。

春正月，朱元晦来书，略云："老氏之言有无，以有无为二；周子之言有无，以有无为一。更请子细着眼，未可容易讥评也。无极而太极，如曰无为之为，非谓别有一物也。非如皇极、民极之有方所，有形象，而但有此理之至极耳。"又别纸末云："如曰未然，则'我日斯迈，而月斯征'，各尊所闻，各行所知，亦可矣，无复可望其必同也。"

题达本庵诗："梁光结庐其亲茔，名曰达本，求言于予，敬赋是诗，以助孝德。诗云：孩提无不爱其亲，不失其心即大人。从此劝君休外慕，悦亲端的在诚身。"

寿皇内禅，光宗皇帝即位，诏先生知荆门军。先生始欲著书，尝言诸儒说《春秋》之谬尤甚于诸经，将先作传。值得守荆之命而不果。

覃恩转宣教郎。夏六月，与黄循中书。见前卷十二。磨勘转奉议郎。答赵然道书。见前卷十二。

秋七月四日，与朱元晦书。见前卷二。七日，赠疏山益侍者帖。见前卷二十。

八月六日，元晦答书云："荆门之命，少慰人意！今日之计，惟僻且远，犹或可以行志，想不以是为厌。三年有半之间，消长之势又未可以预料，流行坎止亦非人力所能为也。闻象山垦辟架凿之功益有绪，来学者亦益甚，恨不得一至其间，观奇览胜。某春首之书，词气粗率，既发即知悔之，然已不及矣。"

论无极之辩，与陶赞仲书，再书。俱见前卷十五。论私立门户之非，与唐司法书。见前卷十五。

朱元晦论学徒竞辩之非，答诸葛诚之书云："示谕竞辩之论，三复怅然！愚深欲劝同志者兼取两家之长，不轻相诋毁。就有未合，亦且置勿论，而力勉于吾之所急。吾人所学吃紧着力处，正天理人欲相去之间，如今之论，则彼之因而起者，于二者之间果何处乎？子静平日自任，正欲身率学者于天理，不以一毫人欲杂于其间，恐决不至如贤者之所疑也。"包显道侍晦庵，有学者因无极之辩贻书诋先生者，晦庵复其书云："南渡以来，八字着脚，理会着实工夫者，惟某与陆子静二人而已。某实敬其为人，老兄未可以轻议之也。"

秋八月十一日，答赵咏道书。见前卷十二。答曾宅之书。见前卷首。与侄孙濬书。见前卷十四。

冬十月朔，作《外姑黄夫人墓铭》。

自云"先丈母志铭叙次颇复明畅"云。

与王顺伯书。见前卷十一。

冬至前五日，跋曾裘甫《答屈待举》诗。后三日，游翠云寺，题名于壁。先生《游翠云寺帖》。见前卷二十。

光宗绍熙元年庚戌，先生五十二岁。

在山间方丈。

春正月，与侄孙濬书。见前卷十四。三月二十六日，与包敏道书。见前卷十四。

夏五月，作《经德堂记》。堂名取诸《孟子》"经德不回"。六月旱，十三日石湾祷雨[1]，十六日谢雨。俱见前卷二十六。

---

[1] "十三"，原作"十二"，据嘉靖本、万历本及本集卷二十六所收《石湾祷雨文》改。

秋八月二十六日,作《贵溪县重修学记》。见前卷十九。

与饶寿翁书。见前卷十二。与郭邦逸书。见前卷十三。作《玉芝歌》。见前卷二十五。与路彦彬书,略云:"切不自揆,区区之学,自谓孟子之后至是而始一明也。"

绍熙二年辛亥,先生五十三岁。

在山间方丈。春二月,与刘伯协书。俱见前卷十二。三月三日,与林叔虎书。见前卷九。跋资国寺《雄石镇帖》。寺在象山之西址,隔溪之山间,先生往来必憩焉。

夏六月,作《武陵县学记》。见前卷十九。中浣,作《临川簿厅壁记》。簿张季海〔1〕。得旨,疾速之任,云云。俱见前卷三十五《语录》。

嘱傅季鲁居山讲学。

先生将之荆门,谓季鲁曰:"是山繄子是赖,其为我率诸友日切磋之。吾远守小障,不得为诸友扫净氛秽,幸有季鲁在,愿相依亲近。"

秋七月四日启行,十一日书《赠陈晋卿》。名绾,时为抚州学官。书见前卷二十。

九月三日至荆门军。舟车所经,见丰城王允文祭文云"南浦维舟,径浮彭蠡,览奇康庐,濯缨瀑水,浔阳晚薄,齐安昼舣,临皋雪堂,周览遗趾。长淮以西,野岸旷平,撰杖西风,或憩柴荆。桑枣荫涂,葭苇连汀,笑谈之间,造微诣精。黄鹤人云,芳洲在目,凭高仿古,北辕西辐,薄于开藩,霜萼破菊"云。李注:王允文,字文伯,丰城人,乾道进士,从学文安公。撰杖,出《礼·内则》。

即日亲事,上《谢表》。《表》见前卷十八。"吏以故例云〔2〕",俱见前三十

---

〔1〕"张季海",原作"长季海",据本集卷十九所收《临川簿厅壁记》改。
〔2〕"吏",原作"使",据嘉靖本改。

三卷[1]。与罗点春伯书。见前卷十五。与漕使薛象先叔似书,与漕使论民间疾苦。俱见前卷十五。

新筑城。

荆门素无城壁。先生以为此自古战争之场,今为次边,在江汉之间,为四集之地,南捍江陵,北援襄阳,东护随、郢之胁,西当光化、夷陵之冲。荆门固则四邻有所恃,否则有背胁腹心之虞。虽四山环合,易于备御,义勇数千,强壮可用,而仓廪府库之间麋鹿可至。累议欲修筑子城,惮重费不敢轻举。先生审度决计,召集义勇,优给庸直,躬自劝督,役者乐趋,竭力功倍,二旬讫筑。初计者拟费缗钱二十万,至是仅费五千而土工毕。复议成砌三重,置角台,增二小门,上置敌楼[2]、冲天渠、荷叶渠、护险墙之制毕备,才费缗钱三万。

郡学、贡院及客馆、官舍,众役并兴。

初,习俗惰[3],人以执役为耻,吏惟好衣闲观[4]。至是此风一变,督役官吏布衣杂役夫佐力,相勉以义,不专以威。盛役如此,而人情晏然,郡中恬若无事。

革税务之弊,革弊政。事俱见前卷三十三。朔望及暇日,诣学讲诲诸生。

绍熙三年壬子,先生五十四岁。

在荆门。

春正月十三日,会吏民讲《洪范》"五皇极"一章。

---

[1] "三十三卷",原作"三十二卷",按"吏以故例云"见本集卷三十三所收《象山先生行状》,据改。

[2] "置",嘉靖本、万历本作"至"。

[3] "惰",原作"偷",据嘉靖本改。

[4] "惟",嘉靖本作"为"。

郡有故事，上元设醮黄堂，其说曰："为民祈福。"先生于是会吏民，讲《洪范》敛福锡民一章，以代醮事。发明人心之善，所以自求多福者，莫不晓然有感于中，或为之泣。有讲义，仍书《河图》八卦之象、《洛书》九畴之数于后，以晓后学。更定《图》《书》，与今世所传者不同，所以复古《图》《书》之旧也。先生未及著书发明，后学傅季鲁作《释义》以明之。

二十四日，与侄焕之书，略云："正月十三日，以讲义代醮，除官员、士人、吏卒之外，百姓听讲者不过五六百人，以不曾告戒也。然人皆感动，其所以相孚信者又在言语之外也。此间不复挂放状牌，人有诉事，不拘早晚接受，虽入夜未闭门时，亦有来诉者，多立遣之，压服而去。见客亦无时。"

二月九日之夜，郡火灾。与邓文范书。见前卷十七。与吴仲诗书。见前卷六。

阅武。

湖北诸郡军士多逃徙，视官府如传舍，不可禁止，缓急无可使者。先生病之，乃信捕获之赏，重奔窜之刑。又数阅射，中者受赏，役之后加庸直，无饥寒之忧。相与悉心弓矢，逸者绝少。他日兵官按阅，独荆门整习，他郡所无。平时按射，不止于兵伍，郡民皆得而与，中亦同赏。

上庙堂札子，乞拨常平银助城费，略云："荆门素无城壁，某去冬妄意闻于帅府，请就此役。寻得帅檄，令委官置局，径自修筑。已于十二月初四日发手，亦幸天气晴霁，人心齐一。小垒绵薄，会计用砖包砌，犹当用缗钱三万。本军有买名银一万七千余两，在常平，稽之专条，不可擅用。欲乞钧慈，特为敷奏，于数内拨支银五千两应付支用。使城壁一新，形势益壮，奸宄沮谋，民心有赖，实为无穷之利。"

与章茂献论筑城书，略云："有当控告庙堂者，敢不布本末，庶几一言之助。去冬修筑子城,适值天气晴霁,民心悦怿。此邦士女未尝识城,远村僻坞,携持来观,自腊至今,踵系不绝。"

答罗田宰吴斗南书,论《太玄》。见前卷十五。作《监岳兄庸斋墓表》。

夏四月十九日,朱元晦来书云:"去岁辱惠书慰问,寻即附状致谢。其后闻千骑西去,相望益远,无从致问。近辛幼安经由,及得湖南朋友书,乃知政教并流,士民化服,甚慰!某忧苦之余,疾病益侵,形神俱瘁,非复昔时。归来建阳,失于计度,作一小屋,期年不成,劳若百端,欲罢不可。李大来此,备见本末,必能具言也。渠欲为从戎之计,因走门下,拨冗附此,未暇他及。政远,切祈为道自重,以幸学者。彼中颇有好学者否?峡州郭丈著书颇多〔1〕,悉见之否?其论《易》数颇详。不知尊意以为如何也?近著幸示一二,有委并及。"

与总卿张体仁元善书。见前卷十六。

答仓使书,末云:"比来讼牒益寡,终月计之,不过二三纸。此间平时多盗,今乃绝无。"

荆南府帅章森德茂以先生政绩上荐,先生与书。见前卷十六。

答章茂献书云"某承乏"云云。见前卷十五。李注:章茂献,名颖。又云:"先生治化孚洽,久而益著。既逾年,答棰不施,至于无讼。相保相爱,闾里熙熙,人心敬向,日以加厚。吏卒亦能相勉以义,视官事如家事。识者知其有出于政刑号令之表者矣。"诸司交章论荐,丞相周公必大尝遗人书,有曰:"荆门之政可以验躬行之效。"

周益公判湖南帅府,复博子渊书,末云:"曾通象山书否?荆门之政如古循吏,躬行之效至矣。"

---

〔1〕"郭丈",原作"郭文",据《朱熹遗集》卷二收此文改。见郭齐、尹波点校《朱熹集》,四川教育出版社,一九九六年,第九册,页五六四三。按:此"郭丈"指郭雍,南宋易学家,字子和,隐居峡州,《宋史》有传。

祷雨。事见前卷二十六。

与章帅二书。俱见前卷十六。

秋七月,荐属县二宰,并自劾状。

时奸民杨彦翼、万九成素号论官社,杨景春尤甚。先生以其世恶,奏乞施行,因以自劾。先生曰:"古者无流品之分,而贤不肖之辨严;后世有流品之分,而贤不肖之辨略。"

赠刘季蒙。见前卷二十。与伯兄致政书。见前卷十七。

冬十二月六日,与侄麟之书,末云:"此间风俗,旬月浸觉变易形见,大概是非善恶处明,人无贵贱皆向善,气质不美者亦革面,政所谓'脉不病,虽瘠不害'。近来吏卒多贫,而有'穷快活'之说。"

七日丙午,先生疾。十一日庚戌,祷雪。郡僚问疾,因言冬暖盍祈雪,乃命倪巨川济甫画《乾》卦,揭之黄堂,设香花。翌早,往迎蒙泉,取水归安奉,而风云遽兴。辛亥日,雪骤降。

先是,十一月,语女兄曰:"先教授兄有志天下,竟不得施以殁。"女兄盍然。又语家人曰:"吾将死矣。"或曰:"安得此不祥语?骨肉将奈何?"先生曰:"亦自然。"又告僚属曰:"某将告终。"先生素有血疾,居旬日,大作。越三日,疾良已,接见僚属,与论政理如平时。宴息静室,命洒扫焚香,家事亦不挂齿。雪降,命具浴。浴罢,尽易新衣,幅巾端坐。家人进药,却之。自是不复言。

十四日癸丑,日中,先生卒。郡属棺敛,哭泣哀甚,吏民哭奠,充塞衢道。

金判洪伋率僚属祭文略云"斯道庞洪,充塞两仪。孔孟既没,日以湮微。赖我先生,主盟正学。开悟聋瞆,惟时先觉"云云。

学录黄岳祭文略云:"先生之学,正大纯粹。先生之教,明白简易。其御民也,至诚之外无余术。其使人也,寸长片善,未始或弃。若夫忧国忘家,爱人利物,所谓造次于是,颠沛于是。是以先生之亡,虽小夫贱隶、妇人女子,莫不咨嗟叹息,至于流涕。"

父老李敛等祭文云:"刺史以诗书为政,待邦人如子弟,百姓安之,何遽惊哲人之萎也。盖刺史之贤,周、孔之学,方将公是道于天下,慰四海苍生之望,非我民得以私之也。然敛此大惠,施于一邦,近者服其教,远者化其德,岂期天不慭遗,而夺我父师之速也。古之君子,所居民爱,所去民思,而况贤刺史之亡,其遗爱在人,真有不可解于心者。我民将子子孙孙尸而祝之,社而稷之,以至于无穷也。"

湖北帅章森祭文略云:"惟公学本之经,行通于天,渊源之渐,伊、孟之传。自本自根,即闻即见,见之躬行,死守不变。德业培深,我皋我夔,用之斯世,舍公其谁?"李注:章森,字德茂。

湖广总领张体仁祭文略云"儒者之学,入孝出弟,人言江西,陆氏兄弟。儒者之仕,信道行志,人言荆门,如古循吏。有修其绠,汲深未既,有恢其规,游刃余地。词流滔滔,寿考日遂,岂伊斯人,而俾憔悴"云云。李注:张体仁,字元善,在伪学五十五人之籍,学于朱子而推尊陆子如此,盖朱子门人中之贤者固如是也。

江淮总领郑湜祭文略云:"圣去千载,所传者书,独公深造,忘其绪余。谓心至灵,可通百圣,谓物虽繁,在我能镜。欲世知师,欲人知味,未之能行,慨其将废。"李注:郑湜,字溥之。

湖南漕丰谊祭文略云"公禀正气,早以道鸣,叱呵非圣,奔走诸生"云云。李注:丰谊,字叔贾。

朱元晦闻讣,帅门人往寺中,为位哭。

绍熙四年癸丑

春正月,二孤护先生柩归,沿途吊哭致祭者甚众。三月至家。

鄂州教授许中应祭文略云:"是理流行,宇宙之弥,卑不间于樵牧,皆可得而与知。自条理之科不续,一何名世之稀?盖所以见吾夫子者,未至如曾参之皜皜,而诐淫邪遁,不能如孟子之无疑。则皆未免随揣摩之形似,困闻见之支离,虽勉强以力行,徒尔增附益之私。公以间气而自得师,烛乎大,天渊之无际;洞乎微,芒芴之无遗。混混乎由源而达委,鼎鼎乎自干而敷枝。故言动无一之不实,而表里不至乎相违。岂非合彼己于一源,贯幽显而同归者乎?若乃察此理之公共,谓先觉者为后觉之资,彼绝物者不仁,虽狂鄙皆在于扶持。开晃耀于蒙昧,出荆棘于平夷。的然颠末之无舛,二三子亦有立于斯时。即所应之有证,尚安得以佛老之空谈而病之哉?"李注:许中应,里居官阶莫可考。文安公知荆门军时,中应为鄂州教授,师事焉。

金溪宰王有大建复斋、象山二先生祠。六月癸丑,杨简为记,略云:"道心大同,人自区别。人心自善,人心自灵,人心自明,人心即神,人心即道,安睹乖殊?圣贤非有余,愚鄙非不足。何以证其然?人皆有恻隐之心,皆有羞恶之心,皆有恭敬之心,皆有是非之心。恻隐,仁;羞恶,义;恭敬,礼;是非,智。仁义礼智,愚夫愚妇咸有之,岂特圣贤有之?人人皆与尧、舜、禹、汤、文、武、周公、孔子同,人皆与天地同。又何以证其然?人心非血气,非形体,广大无际,变通无方,倏焉而视,又倏焉而听,倏焉而言,倏焉而动,倏焉而至千里之外,又倏焉而穷九霄之上,不疾而速,不行而至,非神乎?不与天地同乎?学者当知举天下万古之心皆如此也。孔子之心如此,七十子之心如此,子思、孟子之心如此,复斋之心如此,象山之心如此,金溪王令君之心如此,举金溪一邑之心如此。学者当自信,无自弃。意虑微起,天地悬隔,不识不知,匪合匪离。直心而往,自备万善,自绝百非,虽无思为,昭明弗遗。"

"二陆先生,抚州金溪人。复斋讳九龄,字子寿,笃志斯道,穷深究微,兢兢孜孜,学者宗之。象山先生其弟也,讳九渊,字子静,天性清明,不染杂说。简尝亲闻先生之言,自谓其童幼时,闻人诵伊川先生语,自觉'若伤我者',性质素明如此。故长而益明,破学者于窟宅,开圣道之夷途,其言甚平,而或者填万说于胸中,持万说于胸中,以听先生之言,故或疑其深,疑其峻。然而海内之士闻其风而趋之,如百川之东矣。简积疑二十年,先生一语触其机,简始自信其心之即道,而非有二物,始信天下之人心皆与尧、舜、禹、汤、文、武、周公、孔子同,皆与天地日月鬼神同。"

"王令君有大因邑人崇敬二君子,以俸资设祠于学,且将行礼焉。属简为记,且曰:'欲以昭明二君子之道。'简虽无所似,灼知二君之心无以异于天下之人心,不容穿凿其说以惑来者,乃起敬起恭而书其略云。"

冬十一月,王有大帅邑僚来祭。

挽诗云:"笃学光前哲,知言众所迷。学同颜氏好,功与孟轲齐。献替心弥切,藩维政可稽。儒宫俨遗像,垂范自江西。"

九日壬申,奉先生之柩葬于延福乡朱陂之下。距妣饶氏孺人墓为近。一云葬于乡之永兴寺山。门人奔哭会葬者以千数。

詹阜民祭文略云"天纵夫子,以淑其徒,爰暨子思,须臾不离。孟轲亲受,厥绪是承,卓哉先生,能自得师,玩其遗编,独识其微。探原自天,立其大者,操而存之。造次弗舍,日溉月培,充实光辉。奔走学徒,四方如归。先生设教,固亦多术,其要使人,反躬务实。一洗世习,词说支离,达其本心,使自得之。善端既著,日用不穷,夫然后知先生之功"云。

杨简祭文略云:"先生之道,亦既昭昭然矣,何俟乎知。仰观乎上,先生确然示人易矣;俯察乎下,先生隤然示人简矣。垂象著明者,先生之著明;寒暑变化者,先生之变化。《书》者,先生之政事;《诗》者,先生之咏歌;《礼》者,先生之节文;《春秋》,先生之是非;《易》,先生之变易。学者之所日诵,百姓之所日用,何俟乎复知?何俟乎复思?不可复思,矧可致思?"

袁燮祭文略云"嗟维先生,任道以躬。方其未得,愤悱自攻。一日洞然,万理俱融。如天清明,如日正中。毫发无差,涵养日充。

乃号于世,曰天降衷。至大至精,至明至公。兹焉良心,万变不穷。学者初来,胶扰塞胸。先生教之,如橐鼓风。弟子化之,如金在镕。有蔽斯决,有窒斯通。手举足履,视明听聪。式全其大,不沦虚空。此于斯世,允矣有功"云云。

傅子云祭文略云"道塞宇宙,而人至灵,不蔽于物,易知易行。维天忧民,笃生斯圣,乃彻厥蔽,俾安正性。周衰文弊,孟没学绝,功利横流,道术分裂。所见益凿,所言益支,易知易行,谁其觉斯。千七百载,乃有先生。先生之德,濬哲粹英。道丧既久,无所取证,深研力索,俯仰参订。或启于家训,或得于群籍,或由省察之深,或资辩白之力,惟至当之不磨,卒会归于有极。始信夫良知良能降于上帝,可久可大,道实简易。倘正伪之不辨,而先后之舛施,则已私之是凭,岂天德之在兹?远绍孟氏之旨,极陈异说之非。世之学者,标末是求,而吾先生,自源徂流。世论一切,如鞭之刑,而吾先生,允稽其情。世之于人,多察鲜容,而吾先生,善与人同。世之于善,迹似情非,而吾先生,诚实自持。世排异端,惟名是泥,而吾先生,即同辩异。世读古书,立论纷然,而吾先生,先实后言。呜呼先生,视古如反诸掌,视民如纳诸沟,斯学斯志,曾不一施,今则已矣。弧矢不去手,关河不忘怀,搜求忠勇,义欲一伸,曾不一遂,今则息矣。莫大于历,夜观星象,莫神于《易》,画索蓍卦,考礼问乐,远稽古制,曾不毕究,今则坠矣。间世之英,拔萃之议,作于斯世,亦如此而止矣"云云。

周清叟祭文略云"天为斯文,乃生先生。指学者之膏肓,示入圣之门庭,不绕缴而支离,诚坦然而可行。暴之以秋阳之白,濯之以江汉之清,继孟子之绝学,舍先生其谁能"云云。

包逊祭文云:"维吾先生,天禀绝异,洞万古心,彻先圣秘。先立其大,须臾不离,日累月积,仁熟功熙。无偏无党,不识不知,一顺斯理,终日怡怡。虽和非惠,虽清非夷,岂伊之任,几圣之时。"

包扬作先生赞云:"辞蔓蚀真,会当一正,划百家伪,药千古病。发人本心,全人性命,一洗佛老,的传邹孟[1]。"

绍熙五年甲寅
春二月十六日,杨简状先生行实。见前三十三卷。

宁宗庆元二年丙辰
贵溪宰刘启晦建翁立先生祠于象山方丈之址。自立祠后,春秋致祭惟谨。临江章茂献为记。宰,朱文公门人也。于是先生门人约以岁正月九日登山会祭。

开禧元年乙丑
夏六月,先生长子持之伯微编遗文为二十八卷,外集六卷。乙卯,杨简序。略云:"《易》曰'百姓日用而不知',孔子曰'二三子以我为隐乎,吾无隐乎尔,吾无行而不与二三子者'。《大戴》记孔子之言,谓忠信为大道。忠者忠实,信者诚信不诈伪。而先儒求之过,求之幽深,故反不知道。孔子又名大道曰中庸。庸者,常也,日用平常也。孟子亦谓徐行后长即尧舜之道,又谓以羊易牛之心足以王。先生谆谆为学者剖白斯旨,深切著明,而学子领会者寡。简不自揆度,敢少致辅翼之力。专叙如右。"

开禧三年丁卯
秋九月庚子,抚州守括苍高商老刊先生文集于郡庠。跋云:"洙泗之教,愤悱启发。邹鲁之书,因衡作喻。此学久矣无传,独象山先生得之千载之下,最为要切。是以听其言者类多感发。《书》

---
[1]"邹孟",嘉靖本作"孔孟"。

曰：'惟文王之敬忌。'先生之书如黄钟大吕，发达九地，直启洙泗邹鲁之秘，其可以不传耶？商老尝从先生游，颇自奋励。今老矣，学不加进。为州郑乡，愧于簿领之外，效如捕风，因刻之郡庠，以幸后学。倘有志之士伏读其书，如见其人，知敬其所当敬，而不忌其所不必忌，其为有补于风化，较然不诬也。然而默识心通，岂欺我哉？"

嘉定五年壬申

秋八月，张衍季悦编遗文成，傅子云序。略云"先生生于孟子没千有七百余年之后，当浮伪杂揉，朱紫淆乱之时，乃能独信实理，而不夺于浮伪；精别古书，而不惑于近似。深穷力践，天德著明，推以觉人，不加毫末。故一时趋隅以听者，莫不油然悟良知良能、至明至近之实，灼然知自下升高、积小以大之端，跃然兴尧舜可为、不自弃自暴之志。回视曩之蔽于支离浮伪之说者，又不啻若夷犹于九轨之路，而灼见夫在荆棘泥淖者之为陷溺也。盖先生长于启迪，使人蔽解疑亡，明所止于片言之下，有得于天而非偶然者。先生亦自以孟子既没，斯道之任在己，病浮伪之害正渝实，救焚拯溺，如己隐忧，扑焰障流，厥功弥大。故民彝帝则之实，孔子、孟子之传，赖以复阐于世"云云。

九月戊申，江西提举袁燮刊先生文集，自为序。略云："天有北辰而众星拱焉，地有泰岳而众山宗焉，人有师表而后学归焉。象山先生，其学者之北辰、泰岳欤？自始知学，讲求大道，不得弗措，久而寖明，又久而大明。此心此理，贯彻融会，美在其中，不劳外索。揭诸当世曰：'学问之要，得其本心而已。'心之本真，未尝不善，有不善者，非其初然也。孟子尝言之矣：'乡为身死而不受，今为宫室之美、妻妾之奉、所识穷乏者得我而为之。此之谓失其本心。'其言昭晰如是，而学者不能深信，谓道为隐而不知其著，谓道为邈而不知其近,求之愈过而愈湮郁。至先生始大发之,如指迷途,如药久病,迷者悟,病者愈,不越于日用之间,而本心在是矣。学者亲承师训,向也跂望圣贤如千万里之隔,今乃知与我同本,培之溉之,皆足以敷荣茂遂,岂不深可庆哉?呜呼!先生之惠后学弘矣。先生之言悉由中出,上而启沃君心,下而切磨同志,又下而开晓黎庶,及其他杂然著述,皆此心也。儒释之所以分,义利之所由别,剖析至精,如辨白黑,遏俗学之横流,援天下于既溺。吾道之统盟,不在兹乎?燮识先生于行都,亲博约者屡矣。或竟日以至夜分,未尝见其少有昏怠之色,表里清明,神采照映,得诸观感,鄙吝已消,矧复警策之言,字字切已欤?先生之没余二十年,遗言炳炳,精神犹在,敬而观之,心形俱肃,若亲炙然。临汝尝刊行矣,尚多阙略。先生之子持之伯微哀而益之,合三十二卷,今为刊于仓司。流布浸广,书满天下,而精神亦无不遍。言近而指远,虽使圣人复生,莫之能易。呜呼!兹其所以为后学之师表也欤。"

东涧汤文清公鹅湖祭文[1]。未详。李注:汤公,名汉,饶州人,主象山书院,后仕至尚书。

嘉定八年乙亥

冬十月二十九日,奉旨赐谥。初,严滋等请谥列状云:"故荆门知军监丞陆公,以身任道,为世儒宗。一时名流,踵门问道,常不下千百辈。今其遗文流布海内,人无智愚,珍藏而传诵之。盖其为学者,大公以灭私,昭信以息伪,揭诸当世曰:'学问之要,得其本心而已。'学者与闻师训,向者视圣贤若千万里之隔,乃今知与我同本,培之溉之,皆足以敷荣茂遂。如指迷途,如药久病,先生之功宏矣。

---

[1] "汤",嘉靖本作"杨"。按:汤汉,字伯纪,饶州安仁人,传记见《宋史》卷四百三十八《儒林传八》。作"杨"非。

县庠郡学,所至立祠,虽足以致门人弟子之私敬,而谥号未加,识者歉焉云。本州备录申闻,乞指挥施行。"

至是奉旨赐谥。

嘉定九年丙子

春三月十七日,宣教郎、太常博士孔炜谥议。见前卷三十三。

冬十二月十三日,朝请大夫、考功员外郎丁端祖覆议。见前卷三十三。

嘉定十年丁丑

春三月二十八日,赐谥文安。抚州州学教授林恢告祠堂赐谥文。云:"先生振绝学于千载之后,躬行著论,硕大光明,播于四方,所谓百世以俟圣人而不惑者。属者诸生请谥,郡闻于朝,订议太常,谥以文安,圣天子俞之。呜呼!不俟百世,斯文已有见矣。"

金溪宰何处久告谥文。云:"惟公志道精专,禀资超卓,大扬厥旨,以觉后觉。其觉维何?天降之衷,父慈子孝,君仁臣忠。列圣相传,明若斗极,自轲之亡,异端蓁塞。公实任道,手开东明,排斥浮伪,吾道砥平。进而告后,志在经邦,退而牧民,时称循良。天不慭遗,山颓木坏,惟有文辞,方册是载。幸公门人,佩训不忘,请谥易名,达于太常。公论与贤,圣朝辅德,爰赐嘉名,世世烜赫。象山之学,万古洋洋,匪公之荣,吾道之光。"

秋九月甲子,袁燮作《金溪邑庠止善堂记》。略云:"乾道、淳熙间,象山先生以深造自得之学,师表后进。其道甚粹而明,其言甚平而切。凡所以启告学者,皆日用常行之理,而毫发无差,昭晰无疑。故天下翕然推尊,而其教尤著于所居之金溪。今邑之善士趋向不迷,有志斯道,而耻为世俗之学,盖其源远矣。"

理宗绍定三年己丑

夏四月,江东提刑赵彦悈重修象山精舍。云:"道在笃行,不在空言。道在反求,不在外骛。彦悈壮岁从慈湖游,慈湖实师象山陆先生。尝闻或谓陆先生云:'胡不注《六经》?'先生云:'《六经》当注我,我何注《六经》?'又观先生与学子帖,有反思自得、反而求之之训,有朴实一途之说。人见其直易,或疑以禅学,是未之思也。诚意、正心以至治国、平天下,原于'致知'二字,果禅学矣乎?象山盖学者讲肄之地,先生没,山空屋倾,将遂湮没。载新以存先生之故迹,使人因先生之故迹,思先生之学,思先生之教,孜孜日思,以至不勉不思,从容中道,是谓大成。若夫山林之峻秀,景物之幽深,栋宇之多寡,废兴之源流,非学者志,不暇尽记之耳。"

绍定四年辛卯

夏六月己亥,江东提刑袁甫广微奏建象山书院于贵溪之徐岩,祀先生,侑以杨敬仲、袁和叔。

初,先生本欲创书院于山间,拜命守荆而不果。至是袁宪奏建书院,以山间不近通道,乃命洪季阳相地,得徐岩,近邑而境胜,坐巳向亥。傅季鲁闻而讥之曰:"书院为讲古习礼之所,而先圣先师北面,学者南面而拜之,非礼也。宜择南面之地。"季阳悚然,然已申闻,不复更卜。

是日祝文云:"先生之精神,其在金溪之故庐优游而容与耶?其在象山之精舍言言而语语耶?抑周流于上下四方,与天地游,与四方序耶?甫将指江东,聿兴正学,山之旁近,爰咨爰度,得胜景于徐岩,离象山而非邈,山峰环峙兮高可仰,大溪横陈兮清可濯,殆天造而地设,匪人谋之攸作,是可宅先生之精神,无在无不在也。先生之道精一匪二,揭本心以示人,此学问之大致。嗣先生之遗响,警一世之聋瞆,平易切近,明白光粹,至今读其遗书,人人识我良贵。由仁义行,与行仁义者,昭昭乎易判也。集义所生,与义袭而取之者,截截乎不可乱也。宇宙内事,已分内事,浑浑乎一贯也。议论一途,朴实一途,极天下之能言者,斯言不可赞也。呜呼!先生之学如此,先生之精神如此,然则在金溪之故庐者如此,在象山精舍者如此,周流乎上下四方者亦如此,孰谓徐岩而独非如此耶?工役俶兴,礼宜虔告,先生精神,渊渊浩浩。"

又作上梁文云"尽其心,知其性,见先生存养之皆天;在则人,亡则书,岂后学讲明之无地"云云。

是冬,书院落成,买田养士。

冬十月己未,袁甫刊先生文集。略云:"象山先生文集,先君子尝刊于江右。甫将指江左,新建象山书院,复摹旧本,以惠后学。先生发明本心,上接古圣,下垂万世,伟矣哉!此心神明,无体无方,日用平夷,莫非大道。是谓精一,是谓彝伦,是谓乾健坤顺,是谓日月星辰、风雨霜露、山川草木之变化,是谓鬼神之情状。先生尝言'千百世之上有圣人出焉,此心同也,此理同也;千百世之下有圣人出焉,此心同也,此理同也'。学者之心即先生之心。甫藐焉晚出,景慕先生,战兢自勉,寡过未能。先生之道大矣,奚庸赞述,姑诵所闻,附于卷末。"

十一月朔,袁甫遣池州属官韩祥至书院告先圣文。云:"仰惟先圣之道,昭揭万世。后学昏蒙,不知吾心即道。有宋知荆门军陆某,独能奋乎百世之下,指示道心,明白的切。阐教象山,学者师尊之。而岁久祠圮,有司弗葺。被命兹来,惕然大惧。遂卜地于贵溪之徐岩,鼎建书院,招延山长。俾承学之士相与严事先圣,朝夕兢惕,道心融明,所以懋昭象山之教,而上继先圣之统绪也。甫职守攸縻,弗皇躬诣祠下,心以告矣。"

绍定五年壬辰

春三月,袁甫至书院释菜告文。云:"先生之学,得诸孟子,我之本心,光明如此[1]。未识本心,如云翳日,既识本心,元无一物。先生立言,本末具备,不堕一偏,万世无弊。书院肇建,躬致一奠,可闻非闻,可见非见。"

礼毕,乃讲书。贵贱咸集,溢塞堂庑以听。讲毕,续说曰:"象山先生家学有原。一门少长协力同心,所以敬养其亲者,既已恪供子职,而伯叔之间自为师友。梭山、复斋皆为一时闻人,而先生又杰出其中。陋三代以下人物,而奋然必以古圣人为师。发明本心,嗣续遗响,以大警后学之聋瞆,天下以为真孟子复出也。言儒释之异趋,谓释氏为私,吾儒为公,释氏出世,吾儒经世,故于纲常所关,尤为之反复致意。洎班朝列,直道而行,不阿世好,格心事业,斯世深望焉。而媢嫉者沮之,虽一斥不复,浩如也。"

乃礼慈湖门人钱时为堂长主教,远近学者闻风云集,至无斋以容之。则又修书院之外左方废寺之法堂以处之也。

秋,闰九月八日,赐"象山书院"额。

以尚书省札寿诸石,后浙宪陈垲和仲跋云"象山文安先生,明本心之旨,启千古之秘,开警群迷,迓续道统,如日月之昭揭,太岳之表镇也。于是四方儒彦从者如云,其尤硕大光明者,则有慈湖文元杨先生、洁斋正献袁先生。渊澄峻发,木铎铿鎗,李注:鎗,同鏓,音甍,大声也。于以昌我宋文明之治"云云。

绍定六年癸巳

春,清明日,袁甫作《象山书院记》。略曰:"宁宗皇帝更化之末年,兴崇正学,尊礼老臣。慨念先朝硕儒,咸赐嘉谥,风厉四方。谓

---

[1] "光",原作"先",据《陆子学谱》及文义改。

象山先生发明本心之学有大功于世教，锡名文安，庸示褒美。于时慈湖杨先生、我先人洁斋先生有位于朝，直道不阿，交进谠论，宁考动容，天下学士想闻风采。推考学问渊源所自，而象山先生之道益大光明。甫承学小子，将指江东，筑室百楹，既壮且安。士遐迩咸集。斋曰志道、明德、居仁、由义，精舍曰储云、佩玉，又皆象山先生之心画也。"

秋七月辛未日，金溪宰天台陈咏之建象山书院于邑治之西，傅子云记。

初，二陆先生祠堂既立，宰以祠右有隙地高爽，乃连甍建书院，买田养士，申台郡，礼请傅季鲁主教，以发明先生之学。始至讲道，听者甚众，士风翕然向善。

记略云："象山先生禀特异之资，笃信孟子之传，虚见伪说不得以殽其真，夺其正。故推而训迪后学，大抵简易明白，开其固有，无支离缴绕之失，而有中微起痼之妙。士民会听，沉迷利欲者惕焉改图，蔽惑浮末者翻然就说，胶溺意见者凝然反正，莫不知足自知，仁足自守，勇足自立。犹出珠璧于泥淖而濯之清泉，脱鸿鹄于密网而游之天衢，抉浮云之翳日以开东明，而有目者快幽隐纤微之睹也。岂天以启悟斯人之徒，俾先生微觉其天与之善，非有识知之私加其间，则感速之效固若是耶？惜乎天啬之年，志既不遂，而遗文垂世，又特见往来论学之书，与夫奏对、记序、赠说等作，然于著诚息伪，兴起人心，亦可谓有光于孟氏矣。"

理宗皇帝嘉熙元年丁酉

秋七月既望，泉使陈埙刊先生《语录》，自为序。云："孟子殁千五百余年，宋有象山文安陆先生挺然而兴，卓然而立，昭然而知，毅然而行。指本心之清明、斯道之简易，以启群心、诏后学。其教不务繁而本末备，其辞不务多而论要明，洗章句之尘，破意见之窟。

使闻者涣如跃如,知心之即道,而不疑其所行。兹非晦冥之日月,崖险之津涂,丘阜之嵩华欤?埙生晚,不逮事先生,而登慈湖之门,固尝服膺遗文矣。蒙恩司治,道由书院,瞻谒祠像,如获执经升堂。见同门所录训语,编未入梓,咸以为请。再拜三复,乃授工锓勒焉。或谓埙曰:'近世儒生阐说,其徒竞出纪录,后来者搜拾摹传,虽汗牛充栋,且未厌止也。子之所得不甚鲜约乎?'埙语之曰:'先生之道如青天白日,何庸语?先生之语如震雷惊霆,何庸录?录而刊,犹以为赘也。而今而后,有诵斯录,能于数千言之中见一言焉,又于其中见无言焉,则先生之道明矣。敢拱以俟来者。'"

淳祐元年辛丑

冬十月,金溪进义居表:

"青田陆氏,来自吴郡[1]。其四世讳贺[2],字道卿[3],酌先儒冠婚丧祭之礼行于家,家道整肃,著闻州里。生六子,以子贵赠宣教郎。素无田产,蔬畦不盈十亩,而食指千余。长九思,总家务;次九叙,治药寮;次九皋,授徒于家塾,以束脩之具补不足。率其弟九韶、九龄、九渊,相与讲论圣道。九渊以其道聚徒讲于贵溪之应天山,山形类象,故学者号称象山先生。彬彬乎儒门,州县以其义聚,谨具表进。"

淳祐二年壬寅

秋九月,敕旌陆氏义门。

皇帝制曰:

"青田陆氏,代有名儒,载在谥典。聚食逾千指,合爨二百年,

---

[1] "吴郡",嘉靖本、万历本作"邯郡"。
[2] "贺",嘉靖本、万历本无。
[3] "字",嘉靖本、万历本无。

一门翕然,十世仁让。惟尔睦族之道[1],副朕理国之怀,宜特褒异,敕旌尔门,光于闾里,以励风化。钦哉!"

青田义门家长陆冲进谢恩表。

"十世义居,旌表已颁于廊庙;九天申命,敕书复畀于门闾。乾坤之露泽新承,里宅之风声益振,叨尘过分,荣耀下怀。臣诚惶诚恐,稽首顿首。臣闻修身齐家乃大学之根本,化民成俗实圣治之权舆。自唐有张公艺以来,至我宋彭氏程而下,怀终始群居之义。乃荷蒙圣典之褒,眷念儒门,尤加笃爱。畴兹二老,乃先知先觉之民;政奉两朝,赐文达、文安之谥。既以千余指宗枝之众,聚于二百年古屋之间,诗礼相传,饔飧合爨,只谓闾阎之共处,讵期纶綍之昭垂,郡邑争先而快睹,室家相庆以腾欢,自愧深恩,孰兹报称?兹盖恭遇皇帝陛下,化民长久,需泽丰隆,中三极以作君,奄四海以光宅[2]。人处唐虞之治,比屋可封;士遵洙泗之传,里仁为美,遂令琐末亦被宠荣。臣敢不仰体圣恩、俯察族类?圣益圣,明益明,长借照临之德;老吾老,幼吾幼,尽叨孝弟之诚。臣无任瞻天激切屏营之至"云。

淳祐六年丙午

春正月二日,奉旨旌表门闾。初,淳祐五年九月,漕使江万里奏:"抚州金溪青田陆氏,义居十世,闺门雍肃,著于江右,是为淳熙名儒文达、文安之家。揆之令典,盍表宅里,以厉风化。"里士合词以请于郡,郡下之邑,耆老子弟具以实对。越三岁未报。后漕使曾颖茂再剡上事,下有司考状谳律,佥谓宜俞所请。于是丞相白上可其奏。是日命始下,抚州守赵时焕大书曰"道义里",曰"旌表名儒

---

[1] "尔"后,嘉靖本、万历本有"能"字。
[2] "宅",嘉靖本、万历本作"泽"。

之家",令刻石于门。

淳祐八年戊申

夏五月朔,包恢撰《旌表门闾记》。略云:"门闾之高,不惟其人[1],此古今所尤难者。惟陆氏五世而有文达、文安二大儒,以人品之高,道术之明,特起东南,上续道统,实以师表四海,非仅以师表一家。《大学》致知、诚意、正心、修身、齐家、治国、平天下之全体大用,具在是矣。陆氏所以名家,由二先生之名世也。"

淳祐十年庚戌

夏五月,抚州守叶梦得命金溪宰王更创祠堂[2],增葺书院。

初,二先生祠与槐堂异处。乃命王宰以七月六日鼎创新祠于槐堂之前,翼以四斋,环以门庑,自是规制悉出于郡焉。

记略云:"山川炳灵,儒英并出,美适钟于一门,教可垂于百世。若金溪三陆先生之祠于学宫者,其风化之所系欤?三先生学问宏深,智识超卓,以斯道而任诸身,以先知而觉乎后。其生也,海宇仰而宗之;其没也,郡邑尸而祝之,朝廷又从而褒之,非偶然也。"

秋九月,叶梦得建梭山、复斋、象山三先生祠堂于郡学之东,以袁燮和叔、傅子云季鲁侑。

淳祐十一年辛亥

春三月望日,包恢撰《三陆先生祠堂记》。

云:"以正学名天下,而有三先生焉,萃在一郡一家,若金溪陆氏昆弟者[3],可谓绝无而仅有欤。梭山宽和凝重,复斋深沉周谨,

---

[1]"不"后,《陆子学谱》收此文有"惟其世"三字。
[2]"创"后,《陆子学谱》收此文有"先生"二字。
[3]"金溪",嘉靖本、万历本作"临川"。

象山光明俊伟，此其资也，固皆近道矣。若其学之浅深，则自有能辨之者。梭山笃信圣经，见之言行，推之家法，具有典刑。虽服先儒之训，而于理有不可于心者，决不苟徇。惜其终于独善，而不及见诸行事之著明尔。复斋少有大志，浩博无涯涘，观书无滞碍，翻阅百家，昼夜不倦，自为士时，已有称其得子思、孟子之旨者。其后入太学，一时知名士咸师尊之，则其学可知矣。又惜其在家在乡，仅可见者，辅成家道之修整，备御湖寇之侵轶〔1〕，纪纲肃而蠹弊之悉革，诚意孚而人心兴起，然为海内儒宗，系天下之望，而恨未得施其一二耳。若夫象山先生之言论风旨，发挥施设，则有多于二兄者。盖自其幼时已如成人，渊乎似道，有定能静，实自天出，不待勉强。故其知若生知，其行若安行，粹然纯如也。盖学之正而非他，以其实而非虚也。故先生尝曰：'宇宙间自有实理。此理苟明，则自有实行，有实事。实行之人，所谓不言而信。'又自谓：'平生学问惟有一实，一实则万虚皆碎。'呜呼！彼世之以虚识见，虚议论，习成风化，而未尝一反己就实，以课日进日新之功者，观此亦尝有所警而悟其非乎？

夫道不虚行，若大路然，苟得实地而实履之，则起自足下之近，可达千里之远。故自仁之实推而至于乐之实，自有乐生恶可已之妙。其实可欲者善也，实有诸己者信也，由善信而充实有光辉焉，则其实将益美而大，是诚之者人之道也。由大而化则为圣，而入于不可知之之神，是诚者天之道也。此乃孟子之实学，可渐进而驯至者。然而无有乎尔，则亦久矣。先生尝论学者之知至，必其智识能超出千五百年间名世之士，而自以未尝少避为善之任者，非敢奋一旦之决，信不敏之意，而徒为无忌惮大言。盖以其初实因深切自反，灼见善非外铄，徒以交物有蔽，沦胥以亡，自此不敢自弃，是其

---

〔1〕 "侵轶"，嘉靖本、万历本作"侵轨"。

深造自得，实自孟子。故曰：'孟子之后，至是始一明。'其谁曰不然。四方闻其风，来学者辐辏。先生明于知人，凡所剖决必洞见其肺肝，所箴砭必的中其膏肓，有感动觉其良心而知其正性者为多。然则其学真可质鬼神而无疑，俟圣人而不惑者矣。昭昭如是，岂其间有所疑惑焉殆若不可晓者，是又乌得不因以致其辩欤？

且道义之门，自开辟以来一也。岂容私立门户乎？故其说曰：'宇宙即是吾心，吾心即是宇宙。'曰：'学者惟理是从，理乃天下之公理，心乃天下之同心。颜、曾传夫子之道，不私夫子之门户，夫子亦无私门户与人为私商也。'曰：'此理在宇宙间，未尝有所隐遁，天地所以为天地者，顺此理而已。人与天地并立为三极，安得自私而不顺此理哉？'是先生之学乃宇宙之达道，明矣。而或者乃斥以别为一门，何耶？释氏之说自开辟以来无有也，岂非横出异端乎？故其说曰：'取释氏之圣贤，而绳以《春秋》之法，童子知其不免。'曰：'今若徒自形迹词语间辨之，乃彼所谓职业，要其为不守正道，无复有毫发之近是者矣。'曰：'方士禅伯，真为太祟。无此迷惑，则无偏无党，王道荡荡，其乐可量哉？'是先生之学，非释氏之邪说亦明矣。而或者指以为禅学，又何邪？

其穷理也，则曰'积日累月，考究磨练'。尝终日不食，而欲究天地之穷际；终夜不寝，而灼见极枢之不动。由积候以考历数，因笛声以知律吕。复斋尝问其用功之处，则对以在人情、物理、事势之间。尝曰：'吾今一日所明之理凡七十余条。'曰：'天下之理无穷，以吾之所历经者言之，真所谓伐南山之竹不足以受我辞，然其会归总在于此。'则与徒研究于方册文字之中者不同，何不知者反谓其不以穷理为学哉？

其读书也，则曰'古人为学，即是读书'。而以'何必读书然后为学'之反说为证，以'束书不观，游谈无根'之虚说为病。平昔精勤，人所不知，惟伯兄每夜必见其观览检阅之不辍，常明烛至四更而不寐。欲沉涵熟复而切己致思,欲平淡玩味而冰释理顺,此则与徒干没于训诂章句之末者大异。何不知者反妄议其不以读书为教哉?

抑或谓其惟务超悟,而不加涵养,不求精进也。曾不知其有曰:'惟精惟一,涵养须如是。学之正而得所养,如木日茂,泉日达,孰得而御之?'曰:'虽如颜子,未见其止。易知易从者,实有亲有功,可久可大,岂若守株坐井然者。'则如彼或者之所谓者误矣。

又或谓其惟尚捷径,而若无次第,若太高也。曾不知其有曰:'学有本末先后,其进有序,不容躐等。吾所发明端绪乃第一步,所谓升高自下也。'曰:'天所与我,至平至直,此道本日用常行,近乃张大虚声。当无尚虚见,无贪高务远。'至有一二问学者,惟指其尝主何人词讼,开通何人贿赂,以折之曰:'即此是实学。'如或者之所谓者,又误矣。

独所大恨者,道明而未盛行尔。故上而致君之志,仅略见于奏对。惟其直欲进于唐虞,复乎三代,超越乎汉唐,此乃朱文公称其规模宏大,源流深远,非腐儒鄙生之所能窥测,而语意圆活,混浩流转,见其所造深而所养厚也。下而泽民之意,亦粗见于荆门。惟其以正人心为本,而能使治化孚洽,人相保爱,至于无讼,笞棰不施,虽如吏卒,亦勉以义,此乃识者知其有出于刑政号令之表,而周文忠以为荆门之政可验躬行之效者也。然其所用者有限,而其所未用者无穷。先生以道之广大悉备,悠久不息,而人之得于道者有多寡久暂之殊,是极其所志,非多且久未已也。故自志学而至从心,常言之志所期也。呜呼!假之以年,圣域固其优入,而过化存神,上下天地同流之功用,非曰小补者,亦其所优为也。孰谓其年仅逾中身而止知命哉?溯其旨,与梭山未同者,自不嫌于如二三子之不同而有同。若复斋,则初已是其说于鹅湖之会,终又指言其学之明于易簀之时,则亦无间然矣。逮论其文,则尝语学者以穷理实则文皆实,又以凡文之不进者,由学之不进。先生之文即理与学也,故精明透彻,且多发前人之所未发,炳蔚如也。

梭山讳九韶,字子美。复斋讳九龄,字子寿,谥文达。象山讳九渊,字子静,谥文安。郡学旧有祠,未称也。今郡守国之秘书叶公梦得下车之初,士友请易而新之。公即慨然曰:'果非所以严事也。'乃命郡博士赵与辆相与谋之,旋得隙地于学之西,遂肇造祠庙三间,翼以两庑,前为一堂,外为四直舍,又外为书楼,下列四斋,横开方地,地外有竹,竹间结亭,内外毕备,祠貌甚严〔1〕,皆前所未有也,庶几严事之礼欤?左侑以袁公燮,以其为先生之学,而尝司庾于是邦,且教行于一道。次侑以傅公子云,以其为先生之所与,而尝掌正于是学,且师表于后进。叶公得傅公之传,而自象山者也。祠实经始于淳祐庚戌之季秋,至仲冬而落成"云。

---

〔1〕"严",嘉靖本、万历本作"设"。

重刊象山先生年谱序

《陆子年谱》始创稿于高第弟子袁正献燮、傅琴山子云，而汇编于李恭伯子愿。宋宝祐四年，刘应之林刻于衡阳。其后，陆氏家祠附刻于全集之末，凡集中所已见者辄加删汰，止云"见前某卷"。以此施之著述文字可也，乃杨文元简所撰《行状》之辞，亦不备载，则事实为不全矣。至先生之诸兄，为陆子渊源所自。复斋并称"二陆"，合梭山为"三陆"，其行实殆未可略。今悉为补入，而文字有当载者，亦附见焉。

明陈建等，道听涂说，剿袭旧闻，诋陆子为禅学，实未究观朱陆二家之书，不知朱子晚年之教尽合于陆子。凡朱子所以致疑者，特以其弟子包显道、傅子渊等过为高论，而未及尽见陆子所以为学与所以教人之说。故其所疑为禅者，皆悬空立论，未尝实有所指。其实指而出之者，惟轮对五札与答胡季随一书耳。季随书之驳出于《语类》，门人所记容有伪舛。而五札之言则屡见于笔札，所宜备载。俾天下后世得公听而并观，且亦陆子经国之大猷，不可略也。他若无极之辨，为朱陆异同之始，而实则两先生可以无辨。盖非辨其理，特辨其辞耳。余别有论著，此谱照原本櫽括，不复补入云。

雍正壬子岁，后学李绂敬题。

象山先生年谱后跋

文安陆先生之学伟然卓立,其遗文大略可观矣,而不有年谱以参考其始终之条理,非缺典乎?金溪李君子愿溯其渊源,缉而成编,粗若明备,恨久而未有锓木以传者。今年秋,得临川谢使君奕懋刻之于郡,以与文集并行。及冬,又知衡山黄令君应龙得邑士刘君林复刻行之。其间稍有增损,似去取详略之尤宜。夫缺之数十年,而补之于一旦,且彼此不约而成,殆山川之灵协相斯文也。使学者得而观之,犹仿佛如见其平生而亲炙之。岂曰小补之哉!

恢屡承嘉命,俾为之志其本末于后,惧僭越不敢,然前既辞临川不获而冒昧为之矣,今此同一谱,亦何异辞?敢以复临川者,还以复衡山可乎?盖孟氏之后千五百年,能自得师,大明此学,而因其历年之先后,以计其始终之条理,与世之所谓谱者异。

先生生于绍兴己未。乾、淳之年,时则上有高宗、孝宗为明君师。而当年国家治道之所以兴隆,人心之所以兴起者,正由此学之明耳。孰主张是?孰纲维是?先生殆若特为此学而生者,其发挥启迪、开辟充拓之功大矣!试观其谱,其为人品器识之高也,则天钟之而清明在躬,人尊之而志气如神。自其儿时已如成人,三四岁能思天地穷际至忘寝食,十三岁因解"宇宙"二字忽大有省。凡遇事物,动有感悟,尝闻鼓声,豁然以觉。十七岁作《大人》诗以见志。昔人以千人为英,以其年考之,若先生者,超越世表,其英杰之尤者乎!其自课己之学之进也,则谓:"执事之敬,尝大进于掌家事之时。"日用之功实有在于人情、物理、事势之间。深思力考,究极精详,必造于昭然而不可昧,确然而不可移。或有践履未能纯一无间,稍加警策,即与天地相似。以其年考之,可谓学不厌矣。

其开发学者之盛也:在家则远近闻风来学,而中情者或至汗下;在白鹿则剖判义利著明,而动心者或至流涕;在浙则从游多俊杰,咸听言而感发;在象山则学徒益大集,皆闻教而屈服。至若以书讲明,则又无处无时,无不各随其资而切琢之,不拘于一方,各因其病以箴砭之,不拘于一药。莫不明白洞达,深切痛快,如锋直破的,如刃解中节。使人心开目明,犹醉之醒、寐之寤者,其感应神速。以其年考之,可谓教不倦矣。

其略陈于觐君之际也,轮对五篇自幸稍尽所怀,天语甚详,问答不敢不尽。至于遇合,付之天命,使得尽行所言,则所谓"无愧于唐虞之朝,于复三代也何有",其言当酬矣。国家治道之兴隆,岂特如乾、淳而已哉?其小施于牧民之日也,昭示皇极,众心晓白,治化所洽,久而益淳。农贾安恬,吏卒抑畏,盗贼衰息,讼牒稀少。将及期年,已至无讼。使得大其所施,则所谓躬行之效在政刑号令之表者,将得之天下矣。岂特如荆门而已哉?以其年考之,惜乎天命不假之寿,天子未大其用,遂不得尽行其所学。可为发千古之慨叹!惟其言论风旨,学者求之则自有余师也。

然恢尝妄有隐忧疑虑焉:言先生之学者虽多,究先生之学者似少。夫学者,路也,门也。知所从入之门,则必知内有堂室之深;知所从入之路,则必知前有千万里之远。先生以学者茫茫如在门外,如在路旁,而莫知所从入,其误认以为门、以为路而误入者尤多,故其教多先指其所入以示之,乃发足第一步也。由是而之焉,方将循循以道其进于深远之地。诲言俱在,皆可观也。如自志学入,凡五进而极于从心;自欲善入,凡五进而极于圣神。宏深则有宗庙百官之美富,悠远则有博厚高明之配合。此先生之深远处也。苟或升而未至于室,画而遂废于中,犹不可。况今仅有于入路一步之初,遽止而不复进步,岂先生之学哉?抑尝记先生之诗乎?"涓流积至沧溟水,拳石崇成泰华岑。"先生,沧溟、泰华也。学者或止涓流、拳石,而未知有积至崇成之功用。是故有以径捷超入法,妄加横议,而莫有能破其横议之说者。非先生之负学者,实学者之负先生也。是其可不谨思而明辩哉?

年谱虽明备,又在善学者志其深者远者,而自强不息以终之。庶乎不负于所学,不忝于先生。是区区窃有望于同门云。

宝祐丙辰仲冬朔,后学包恢拜手敬书。

附录少湖徐先生学则辩

学则辩 华亭少湖徐阶著

某既编《学则》成，朋友之相诘难者，或引存养、格致，以为尊德性、道问学不可合为一事；或引学、问、思、辩、笃行，以为必先道问学而后可及于尊德性；又或谓晦庵、象山两夫子均之为圣人之徒，但其入门则有不可强而同者。其说虽殊，然要皆不究夫学之所以为学，故必认以为二，而不能信其一也。

夫学，尊德性而已矣。问也者，问此者也；学也者，学此者也。遗此之谓禅，离此之谓训诂。故尊德性者，君子之所主以为问学者也；问学者，君子之所由以尊德性者也。舍问学而求尊德性，则德性不可得而尊；舍尊德性而求道问学，则亦不复有所谓问学之事。此尊德性、道问学所以为一，而非可以存养格致分属并言者也。且存养非他也，存其所格之理焉耳；格致非他也，格其所存之理焉耳。存也，格也，其功无二用也。是乃所谓问学，而君子所由以尊德性者也。如必析尊德性以属存养，析道问学以属格致，而谓尊德性之功别有出乎问学之外，则《中庸》首章之独言戒惧，于义既不免有所遗，而《大学》之格物致知，乃徒为博物洽闻之具，而非所以致诚、正、修、齐之实矣。此岂独不知尊德性、道问学，亦岂识所谓存养格致哉？

乃若学、问、思、辩、笃行，其所谓博学者，非阔略于践履，而徒务博其见闻，及其既博，然后渐次收拾以付之于行也。盖君子修身践行既无所不用其学矣,其或学而有疑,则问之之审;问而未得,则思之之慎;思而犹未能了然于其心,则辩之之明;辩之既明,则益敦行之而弗怠。是所谓笃行者,乃取"博"与"笃"两义相对而言,非所以为先后之次也。然则道问学、尊德性不可以分先后,明矣。

至谓两夫子入门异,而均之为圣人之徒,则又有可言者。夫君子由学以入圣,犹人由门以入室。今指尊德性、道问学为两途矣。然而圣之所以为圣,践形尽性之外无他事也,则尊德性、道问学,室一而已,门亦一而已,安得有异入乎?凡某所以断两夫子之同者,固慨夫世之人举其训诂之陋,妄自托于朱子,而诋陆为禅;举其空寂之谬,妄自托于陆子,而诋朱为俗。今曰均之为圣人之徒,则某之所争者固已得矣,又何异之足言哉?

大抵子思此章,其辞旨本自晓畅。盖不徒曰尊德性,而必继之以道问学,则可见功夫之有在,而为尊德性者所不能遗;不徒曰道问学,而必先之以尊德性,则可见主本之有定,而为道问学者所不能外;不徒曰尊德性、道问学,而必合之以"而"之一字,则可见其为一事,而非耦立并行者之可伦。是故尊德性、道问学一也。朱子,世以为专道问学,而其言必主于尊德性;陆子,世以为专尊德性,而其言不遗夫问学,此两夫子所以同也。学者苟反身以究夫学之不容二,而又虚心以观两夫子之言,则可无疑于纷纷之说矣。

  右《学则辩》,华亭少湖徐公所作也。辩朱陆二夫子之学同归一致,不容有毫发之疑矣。今因补刻《象山全集》,附刻是《辩》,俾求象山之学者则焉。荆门州儒学学正闽尤溪廖恕谨识。

嘉靖己未秋九月吉旦

附录一：其他版本陆九渊文集序跋

王宗沐序

圣人之言心：渊然无朕，其涵也；而有触即动，其应也。佛氏语其涵者，圆明微妙，而秘之以为奇；俗学即其应者，妆缀缴绕，而离之以为博。要之，不能无所近，而亦卒不可入。何者？其不能无所近者缘于心，而卒不可入者远于体也。

圣人者，不独语其涵，惧人之求于微；而不独语其应，惧人之求于迹。故哀与钦者，心之体也；见庙与墓而兴者，其应也。体无所不具，则无所不感；无所不感，则无所不应。因其应而为之文，于是乎有哭擗哀素之等，俎豆璧帛之仪。仪立而其心达，而仪非心也。此所以为圣人之学也。佛氏则从其应而逆之以归于无，曰墓与庙、哀与敬皆妄也，而性则离是，而亦不离于是者也。俗学者非之曰此有也，则从而烦其名数，深其辨博，而以为非是则无循也。然不知泯感与应者，既以玄远空寂为性；而其溺于名数辨博者，又详其末而忘其所以然。予故曰：禅与俗卒不可入者，皆远于体也。

圣人之言心，详于宋儒，最后象山陆氏出，尽去世之所谓缴绕者，而直指吾人之应心曰："见虚墓哀而宗庙钦者，心也。辨此心之真伪，而圣学在是矣。"其于致力之功虽为稍径，而于感应之全则指之甚明。而俗学以为是禅也，其所未及者名数辨博也。嗟乎！象山指其应者，使人求其涵也。佛氏逆其应于无，而象山指其迹于应，以是为禅，然则为圣人者，其必在名数辨博乎？以仪为心，予恶夫哀钦之无从也！

是集刻于金溪，而岁久漫漶，德安吉阳何先生抚江西之明年，丕阐理学，以淑士类，乃改刻焉，而命沐为序。辞不获，因取象山言之粹者，据而证之。世之知者，果有取焉，则禅俗与儒之界将昭然若指掌，而象山氏之学可知也已。

大明嘉靖四十年岁次辛酉五月吉，赐进士出身、中奉大夫、江西布政司右布政使、前奉敕提督江广两省学政、刑部郎、临海后学王宗沐撰。

嘉靖癸丑三月，宗沐既刻《朱子大全私抄》，而稍论次朱陆二氏异同之大略，以附于书间，以请于两广巡按侍御王公曰："朱书备矣，陆氏书，粤之士有终身不及见者，其图并存之。"已而广西巡按侍御陈公始至，以请，曰："并刻以示二三子，吾道之幸也，其亟图之。"宗沐乃更录象山先生书、文、语录论学者，厘为六卷，冠以慈湖、阳明二先生之序，刻焉。既成，进粤之士而告之曰："二先生任道开来之功，传四百年于兹。其微言奥旨固已具于二书，苟能玩味而深绎之，而不惟习见，则其旨归之所在者，可释然而无疑矣。"

夫原于天地以立极，而通于古今以常行者，道之致一而不可容或贰也。质有偏重，而见有早晚，当会其未备而销其未融者，学之相成而不可独执也。二先生偶以其一时之见相与校订，是亦不过朋友切磋之心。而后世遂分别之，攘斥之，使不得并系于孔氏之徒焉，则夫乃采声遗实，而责之太深矣乎？

故自今言之，以弥纶宇宙为己分，而以继往开来为立心；以沉迷训诂为支离，而以辨别义利为关鍮；本之于收放心以开其端，极之于充四端以致其力；由于尽心知性，而达于礼乐政刑：此象山先生之学之大也。备观先生之书，而更合之于朱子，得其所以同，辨其所以异，则知道无不合，而言各有指。然后指之为俗与禅者，皆可得而论其概矣。

昔者子贡以孔子为多学而识，而孔子教之曰："非也，予一以贯之。"比其患言之多也，则他日又曰："予欲无言。"闻见为知之次者，皆孔子之家法也。至于禅学之旨，其自私为己与绝人伦类，以求免生死，诚为异端，固圣世之所必诛而不以听者。但其所以为教，固以为实际理地不染一尘，而佛事门中不舍一法，心含万象，遍周法界，融会精粗，而至于十地、五乘、四教、三藏，传述之多，亦未尝专以着空为修证者也。夫陆子之所指以示人者，既为孔子之所尝是，而世之所以怒陆子而夷之为空者，又释氏之所本非。然则陆子之学，谓其立论容有未莹则可，而遽垺之于禅，是何异讞狱者不见两造，不求情实，而但以前人之判其牍也而遂断焉，夫庸无有枉滥于其间乎？

顾二先生之所以致是者，起于"无极"二字之辨。夫二字之轻重，未足以系斯道之绝续也。若以为果道之所在而不可不辨，则孔子之书，如首章"时习"二字，其所当讲，虽汗牛充栋，犹未可了，而"无极"二字不明，胡不且置，而遽若是纷纷乎？此则二先生早年未定之事。而陆子"不执文字"之教，于此亦稍自背驰，而愚犹憾其执之不固也，而论者乃更以为禅乎？

嗟夫！道非朱陆之所得专，即今而争焉，而斥焉，于二先生无加损也。而独怪夫学绝道丧，门户之多，而党伐之众，则言多而道益晦，此任道之士所为惧而不敢安也。《六经》之作，本以明道。然圣人于《易》，则曰："作《易》者，其有忧患乎？"孟子曰："臣弑君，子弑父，孔子惧，作《春秋》。"然则《易》与《春秋》固以忧患与乱贼尔。苟无是焉，《易》《春秋》不作也。后之有言者，其果有不得已焉者乎？而后之求之文字者，其果皆得夫作者之意乎？训诂驰骋之烦，辩说争竞之众，诚可哀痛，而先觉之士亦尝有起而辟之，而卒不能有所扑息者，何哉？盖其所以为此者，有本有源。本源之地，未能拔而塞之，则朱陆之旨虽明，而其沿习沉痼之蔽未能或破，宜其流之靡而莫或救也。

愚请得借禅以明之。瞿昙之宗，其始以生死祸福之说济其必行，是以习闻其说者皆抱必得之志而来，虽狂夫悍卒皆能舍其旧而从于寂寞孤苦之乡，甚或面壁投崖、刎身燃指而不悔者，其志诚切而其事诚专也，而尚安暇于言乎？虽其事诚戾于圣教，而在其宗门则固为忠信笃敬之徒矣。后世之言学者，初本非有求为圣贤之志，因循前却，与习相成，甚或姑以是而息其驰骛之倦，则其心以为词说之不博而记闻之不多，则其言不行。而其上焉者，始毕其力于训注涉猎，以求为功果，朝移暮易，而于所谓痛切身心者，宜其番有所遗而不及矣，此则立志之过也。

为佛者，其说诚冥莫迂远，而其为事则未尝苟也。付法传衣，登坛说法，号称具眼以续其师者，必其真证而自得焉，而犹或不敢当也。后世之言学者，实则不至，而急于立说，则固有窥之未精而见之未定者，固已遂为人人之所传矣。虽其或旋觉于未妥，甚或自悔于晚年，而其书遂行，已不可改。则其言之多也，虽其本意尚有未慊，而况概之于圣人之道乎？此则立言之过也。

夫佛者，屏除翳障，独惧有我，增慢之病，比于贪淫，而强附宗言，谓之毁谤，其于执着是己之戒，若是乎其严也。今学者之论，诚有智者之失矣，有愚者之得矣。苟其言之是而足以相济也，则蒭荛鄙夫固当兼取以从。于是而乃有胜心焉，或原以偏倚而执之坚，或耻于相屈而必其胜，甚或分门异户，又从而藩篱焉，则亦无怪乎其言之多而说之激矣，此则胜心之过也。

凡是三者，相因为病。所谓本原，沉锢缠绵，虽有特出之才，一入其中，足起足陷，未能自拔。则文字训解纵其烨然，譬之古人画蛇添足，而今更为之鳞爪也。粉饰弥工，去真弥远。凡若是者，质之于禅，曾有不若。此孟子所谓五谷不如稊稗，而孔子思欲居九夷也。道之不明，非吾党之过，而谁执其咎乎？

沐之庸下，学不知方，以尝读二先生之书而反思焉，于其离合异同之际稍得一二，而因以知言之多者则道转晦。故今与二三子之所从事者，必其有求为圣贤之志，而又有取善于人之心，务砺其粗，务浚其壅。必不得已而后言焉，言以鸣道，而非以斗靡也。必有所主而后求之文字焉，文字以证其精，而非以执泥也。而凡其畔援之说举不得入于其中，则久之必有舍筏济岸之日，而二先生之学庶乎可续其绪矣。此则二公任道嘉惠之志，粤之士其知所以敬承之乎。

陈公讳善治，蜀之巴县人。王公讳绍元，楚之金溪人。

嘉靖癸丑十二月吉，临海后学王宗沐谨识。

（录自嘉靖本《象山先生全集》）

傅文兆叙

象山先生之学得之孟子求放心，先生立其大。其初年与朱先生异者，盖朱先生之学原由闻见入，意欲先博古今、穷事变，然后使自得于心，陆先生所以议其乃支离也。盖学以事心为主，本孔子以不失忠信为好学，以主忠信为学之固，以不事安饱而敏慎就正为学之笃，以不迁怒贰过为学之符，未闻以博物洽闻为学也。然则闻见可废乎？考古训，效先觉，亦学之印正耳，胡可废也！故朱先生鹅湖之会后三年诗曰："书册埋头何日了？不如抛却去寻春。"至是亦觉其非，无复同异之可言矣。

或者又讥其为禅学，夫禅学外人伦物理以为事者也。陆先生兄弟六人，而先生为最少，兄弟自相师友，家道雍肃，合门千指，九世共爨，宋孝宗皇帝尝称其"满门孝弟"，真所谓本诸心而见之躬行之实者。且其倡道东南，及门受业者不知几千人，或称为"江西三陆"，或称为"二陆"，而先生为独著。自宋迄今，愈久弥光，谓其为禅学，可乎？

先生生于金溪青田之乡,吾家子云与先生同里,其受知先生为最深,故愚亦得窃闻其绪焉。《文集》已经七刻,殊无善本。友人周希旦氏,孝友人也,慕先生之高致,乃求《全集》而刻之金陵,以广其传。且圣朝道学大明,而先生之学益彰,当必有知而好之者。集中不敢删削一字,虽其瑕瑜不相掩,然去圣益远,论人于千百载之下,求其如先生人品之高、心学之正,亦不可多得。予故表而出之,以俟后之览者考镜焉。

万历乙卯夏,金溪后学傅文兆识。
(录自万历本《象山先生全集》)

吴杰跋

右《象山文安先生文集》二十八卷,外集四卷,先生《行状》附焉。

杰闻建安状元陈公子孙喜与人同其善,敬送上件文集,请用刊行,以与世之志学志道之士共之,仍以二贤谥议次于目录之后。杰,末学小子,窃以谓二议一以为学得孟氏,一以为学非伊洛,此真得先生之心,至论也。二贤可谓知人矣!覆议末章伊川之言与孔孟不类,谓有子之言支离,谓太极之上不复更有无极,未悉其用意何如,然其至论在此。

嘉定庚辰秋九月,旴水吴杰谨识。
(录自《文渊阁四库全书》本《象山集》)

江球叙

当今皇上重道崇儒,化民成俗,迈百王而特出,高五帝而称奇,以陆子所论说,大有关乎世教,特命江西抚臣王公重修鹅湖书院,御书"居敬穷理"匾额。

天语煌煌,裨朱子、陆子相须为用,并传于不朽,是真所谓历久而弥光者,又奚待以文传哉!况陆先生原为晦庵先生益友,屡促其著作,陆先生且曰:"我不注《六经》,《六经》皆我注脚。"盖先生心天地心,学圣贤学,殆为己而不为人者欤,义利之辨何判然若斯也。《诗》有云:"高山仰止,景行行止。"球自愧生虽同邑而滥官于朝,既不能如王文成公题请表扬,亦安敢不心先生之心、学先生之学耶!

比来先生嫡裔陆学海来京候选,馆我署中,出先生文集若干卷。其古本业已岁久言湮,今所传者,率皆字义讹舛,无足动观者之目,遂言伊父如隅愿衷己资重加校正,则其感发于圣天子重道崇儒、化民成俗之盛典也,亦概可知矣。谨按集中所载,如与朱晦庵先生辩论者实精切不刊,其与友人书多剀切劝勉,至若寄与家中弟侄书,悉属天经地义,致知格物诚意正心修身之实学,以及祷雨、昭告、碑铭、序记、诗词诸篇,则又天神感而人鬼悦。其所辩论,盖大无不包,小无不入,宜与程子传注、张子《西铭》、周子《太极》诸书并传于不朽,则又不但区区羽翼乎朱子而已也。爰不揣谫陋,搦管敬书片言以附诸先正后,并以坚如隅重刻校正之志云。

雍正二年甲辰岁花月中浣,邑后学江球宜笏书于燕京官舍。

(录自雍正本《象山先生全集》)

杨廉序

近世学者率未见象山先生之书,而往往能指目其学,徒以朱子之言家传人诵而知之耳。先生文集、语录浸出于世而学者遂不复契勘焉。若是者不惟不知先生,兼亦不知朱子。朱子尝谓子静所说专是尊德性,其学者亦多持守可观,则固有以处先生矣。先生语录无类,不便观览,廉僭类之,厘为十卷。读者诚能以朱子所谓尊德性之说而求之,则所以师我者固有余地矣。

(录自《杨文恪公集》卷十二,金溪西江《陆氏宗谱》亦收此文)

附录二：陆九渊集外文

与六九哥书

八月廿四日，九渊拜覆六九哥居士座前：即日秋气澄肃，伏惟尊候动履万福。望之辈来，得尊翰，见所与元晦书稿甚平正。同官沈正卿见之，不能去手，嘉叹至于再三，其辞望之知之。百十五之亡，可痛可骇，然其疾既已如此，则生全之理难矣。改葬之事，姑缓可也，要之亦未必在此。诸事望之辈必能具言之。立嗣一事，已与望之辈论定，当能禀也。拜覆不备。九渊拜覆六九哥居士座前。

二

九渊拜覆六九哥座前：即日季春和畅，伏惟尊候起居万福。九渊每思去年六九哥泛舟之兴，可惜不遂，此番能乘兴一行，甚善。向时闻有拉五九哥同游名山之言，心甚奇之，今可遂此行矣。恐家事要人管领，宁留百一哥。若处之有条，又六三哥势必不出，则虽使俱行可也。此间士夫皆一体人物，其势必有藏于草野市肆者，拘于官守应接，无缘搜访。若得长上从容其间，闻见自不止今日，不胜大愿。见有一二人知前此湖广寇盗本末曲折之详者在此，以衮衮不暇谘问之。若遂此行，则至时其人犹未去，亦可相聚也。今时惟妇女小儿不宜在外，若丈夫有意斯世，则于世不无补也。偶脏毒作，倦甚，拜覆不备。三月五日，九渊拜覆六九哥座前。

（录自《宝真斋法书赞》卷二十七）

题兰亭帖

余尝从王顺伯求观其所藏《兰亭》，二本相类而差肥，而一本瘦劲。尤延之谓瘦者乃真定武本，而顺伯则主肥者。二公皆好古博雅，其辨古刻之真伪，皆为后辈所推。今不同如此，孰能决之？此本乃类其瘦者，顺伯既著语矣，盍就延之而正焉，以究其说。陆九渊。

（录自《兰亭考》卷六）

阆州陈氏族谱序

予见故家旧族，语其谱，讯其先世，则懵然不知。呜呼！此谱学不讲之弊也。且豺獭皆知报本，人灵于物，不知祖宗之所自出，支派之所从来，豺獭之不如也。陈氏谱系以嗣以续，如示诸掌，其子孙之贤可知矣。

（录自道光《保宁府志》卷五十六）

薛氏宗谱序

"天地之性人为贵"，所贵乎人者，谓能守身以事亲也，而实不外存心以养性也。使心不拂夫性，则即体即用，不灭不竭，宇宙内事无非一己分内事矣。故人须自识其本心，志在是，习在是，而行无不在是，则放之弥满六合，卷之停蓄方寸。以之学，可也；以之仕，可也；以之扬名显亲，亦可也。使代有此心常守不失，即所以尊祖敬宗，虽不谱犹谱矣。

盖分昭别穆，外谱也；怀仁抱义，内谱也。倘内谱之不修，而徒馈以金显乞当路言，或惭色而隐托名门后，是不知心通天地，自有无极而太极，所谓一己之谱者。为人子孙而欲显荣宗祖，纵将相王侯、英雄豪杰声施赫濯，孰若我良贵之当图乎？宣圣所谓"君子喻于义",正以于己取之而各足,不必他求,不必外望,惟专其心于内,则事父自能孝,事君自能忠,况祖宗之有国有家而聚族以至今日者,亦莫不本此心之谱而出之,而后源远流长也。苟子孙不明此义,徒粉饰以为美观,不惟前人所不许,抑且内问而多愧而已,自失其所谓谱矣。子默而思,夫人心、道心之间,危何以安?微何以著?则仁义礼智之谱修,必无忝于二仲一士三凤之先声,将南楼世世媲美河东,又何患谱之历久易湮,欲更新而加廓哉。

余故于子之请,不以颂,而以劝,俾后之阅斯谱者,知本心之不可偶失,于以尽性而共修内谱以修外谱也夫。友生陆九渊题。

(录自江西贵溪上清镇渐浦村《薛氏宗谱》,刘长明提供)

附录三：陆九渊集外诗

应天山

我家应天山，山高数万丈。上开园池美，林壑千万状。山西有龙虎，烟霞耿相望。寒清漾微波，暖翠团层嶂。天光入行舟，野色随支杖。吾党二三子，幽赏穷清旷。引兴谷云边，题名岩石上。碧桃吹晓笙，白鹤惊春涨。一笑咏而归，千载应可尚。

与僧净璋

自从相见白云间，离聚常多会聚艰[1]。两度逢迎当汝水，数年隔阔是曹山。客来濯足傍僧怪，病不烹茶侍者闲。不是故人寻旧隐，只应终日闭禅关。

（以上录自宋陈思编《两宋名贤小集》卷二一三）

古楼陂

临水起高阁，红尘不相扰。中有草玄人，时来看花鸟。

访余昌言不遇留题

蹇驴清晓破平芜，来访故人村外居。门掩却寻山背路，堂虚惟阅案头书。不知车马从何往，借问僮奴归得无。留待西风

---

[1]"离聚常多会聚艰"，《瀛奎律髓》卷四十七收此诗作"离别尝多会聚难"。

日停午,只听松竹响萧疏。癸未志。按《危学士集》,余昌言五子俱游陆文安公门。

(以上录自同治《贵溪县志》卷三十三)

附录四：《宋史·陆九渊传》

陆九渊字子静。生三四岁，问其父"天地何所穷际"，父笑而不答。遂深思，至忘寝食。及总角，举止异凡儿，见者敬之。谓人曰："闻人诵伊川语，自觉若伤我者。"又曰："伊川之言奚为与孔子、孟子之言不类？近见其间多有不是处。"初读《论语》，即疑有子之言支离。他日读古书，至"宇宙"二字，解者曰"四方上下曰宇，往古来今曰宙"，忽大省曰："宇宙内事乃己分内事，己分内事乃宇宙内事。"又尝曰："东海有圣人出焉，此心同也，此理同也。至西海、南海、北海有圣人出，亦莫不然。千百世之上有圣人出焉，此心同也，此理同也。至千百世之下有圣人出，此心此理亦无不同也。"

后登乾道八年进士第。至行在，士争从之游。言论感发，闻而兴起者甚众。教人不用学规，有小过，言中其情，或至流汗。有怀于中而不能自晓者，为之条析其故，悉如其心。亦有相去千里，闻其大概而得其为人。尝曰："念虑之不正者，顷刻而知之，即可以为正。念虑之正者，顷刻而失之，即为不正。有可以形迹观者，有不可。以形迹观人，则不足以知人。必以形迹绳人，则不足以救之。"

初调隆兴靖安县主簿。丁母忧，服阕，改建宁崇安县。以少师史浩荐，召审察，不赴。侍从复荐，除国子正，教诸生无异在家时。除敕令所删定官。

九渊少闻靖康间事，慨然有感于复雠之义。至是，访知勇士，与议恢复大略。因轮对，遂陈五论：一论雠耻未复，愿博求天下俊杰，相与举论道经邦之职；二论愿致尊德乐道之诚；三论知人之难；

四论事当驯致而不可骤;五论人主不当亲细事。帝称善。未几,除将作监丞,为给事中王信所驳,诏主管台州崇道观。还乡,学者辐辏。每开讲席,户外屦满,耆老扶杖观听。

自号象山翁,学者称象山先生。尝谓学者曰:"汝耳自聪,目自明,事父自能孝,事兄自能弟,本无欠阙,不必他求,在乎自立而已。"又曰:"此道与溺于利欲之人言犹易,与溺于意见之人言却难。"或劝九渊著书,曰:"《六经》注我,我注《六经》。"又曰:"学苟知道,《六经》皆我注脚。"

光宗即位,差知荆门军。民有诉者,无早暮皆得造于庭,复令其自持状以追,为立期,皆如约而至,即为酌情决之,而多所劝释。其有涉人伦者,使自毁其状,以厚风俗。唯不可训者,始置之法。其境内官吏之贪廉,民俗之习尚善恶,皆素知之。有诉人杀其子者,九渊曰:"不至是。"及追究,其子果无恙。有诉窃取而不知其人,九渊出二人姓名,使捕至,讯之伏辜,尽得所窃物还诉者,且宥其罪使自新。因语吏以某所某人为暴,翌日有诉遇夺掠者,即其人也,乃加追治。吏大惊,郡人以为神。申严保伍之法,盗贼或发,擒之不逸一人,群盗屏息。

荆门为次边而无城。九渊以为:"郡居江、汉之间,为四集之地,南捍江陵,北援襄阳,东护随、郢之胁,西当光化、夷陵之冲,荆门固则四邻有所恃,否则有背胁腹心之虞。由唐之湖阳以趋山,则其涉汉之处已在荆门之胁;由邓之邓城以涉汉,则其趋山之处已在荆门之腹。自此之外,间道之可驰,汉津之可涉,坡陀不能以限马,滩濑不能以濡轨者,所在尚多。自我出奇制胜,徼敌兵之腹胁者,亦正在此。虽四山环合,易于备御,而城池阙然,将谁与守?"乃请于朝而城之,自是民无边忧。罢关市吏讥察而减民税,商贾毕集,税入日增。旧用铜钱,以其近边,以铁钱易之,而铜有禁,复令贴纳。九渊曰:"既禁之矣,又使之输邪?"尽蠲之。故事,平时教军伍射,郡民得与,中者均赏。荐其属不限流品,尝曰:"古者无流品之分,而贤不肖之辨严;后世有流品之分,而贤不肖之辨略。"每旱,祷即雨,郡人异之。逾年,政行令修,民俗为变,诸司交荐。丞相周必大尝称荆门之政,以为躬行之效。

一日,语所亲曰:"先教授兄有志天下,竟不得施以没。"又谓家人曰:"吾将死矣。"又告僚属曰:"某将告终。"会祷雪,明日,雪。乃沐浴更衣端坐,后二日日中而卒。会葬者以千数,谥文安。

初,九渊尝与朱熹会鹅湖,论辨所学,多不合。及熹守南康,九渊访之,熹与至白鹿洞,九渊为讲"君子小人喻义利"一章,听者至有泣下。熹以为切中学者隐微深痼之病。至于"无极而太极"之辨,则贻书往来论难不置焉。门人杨简、袁燮、舒璘、沈焕能传其学云。

(录自《宋史》卷四百三十四《儒林传四》)

附录五：《宋元学案·象山学案》案语

（一）

宗羲案：先生之学，以尊德性为宗，谓"先立乎其大，而后天之所以与我者，不为小者所夺。夫苟本体不明，而徒致功于外索，是无源之水也"。同时紫阳之学，则以道问学为主，谓"格物穷理，乃吾人入圣之阶梯。夫苟信心自是，而惟从事于覃思，是师心之用也"。两家之意见既不同，逮后论《太极图说》，先生之兄梭山，谓"不当加无极二字于太极之前，此明背孔子，且并非周子之言"。紫阳谓"孔子不言无极，而周子言之。盖实有见太极之真体，不言者不为少，言之者不为多"。先生为梭山反复致辩，而朱陆之异遂显。继先生与兄复斋会紫阳于鹅湖，复斋倡诗，有"留情传注翻榛塞，着意精微转陆沉"之句，先生和诗，亦云"易简功夫终久大，支离事业竟浮沉"。紫阳以为讥己，不怿，而朱陆之异益甚。梓材案：鹅湖之会在淳熙二年，鹿洞之请在八年，已在其后。太极之辩在十五年，又在其后。梨洲说未免倒置。于是宗朱者诋陆为狂禅，宗陆者以朱为俗学，两家之学各成门户，几如冰炭矣。嗟乎！圣道之难明，濂洛之后正赖两先生继起，共扶持其废堕，胡乃自相龃龉，以致蔓延今日，犹然借此辨同辨异，以为口实，宁非吾道之不幸哉！虽然，二先生之不苟同，正将以求夫至当之归，以明其道于天下后世，非有嫌隙于其间也。道本大公，各求其是，不敢轻易唯诺以随人，此尹氏所谓"有疑于心，辨之弗明弗措"，岂若后世口耳之学，不复求之心得，而苟焉以自欺，泛然以应人者乎！况考二先生之生平自治，先生之尊德性，何尝不加功于学古笃行，紫阳之道问学，何尝不致力于反身修德，特以示学者之入门各有先后，曰"此其所以异耳"。然至晚年，二先生亦俱自悔其偏重。稽先生之祭东莱文，有曰："比年以来，观省加细。追维曩昔，粗心浮气，徒致参辰，岂足酬义！"盖自述其过于鹅湖之会也。与诸弟子书尝云："道外无事，事外无道。"而紫阳之亲与先生书则自云："迩来日用工夫颇觉有力，无复向来支离之病。"其别与吕子约书云："孟子言学问之道，惟在求其放心，而程子亦言心要在腔子里。今一向耽著文字，令此心全体都奔在册子上，更不知有己，便是个无知觉、不识痛痒之人，虽读得书，亦何益于我事耶！"与何叔京书云："但因其良心发见之微，猛省提撕，使此心不昧，则是做工夫底本领。本领既立，自然下学而上达矣！若不见于良心发见处，渺渺茫茫，恐无下手处也。"又谓："多识前言往行，固君子所急，近因反求未得个安稳处，却始知此未免支离。"与吴伯丰书自谓："欠却涵养本原功夫。"与周叔谨书："某近日亦觉向来说话有太支离处，反身以求，正坐自己用功亦未切耳。因此减去文字功夫，觉得闲中气象甚适。每劝学者亦且看《孟子》道性善、求放心两章，着实体察，收拾此心为要。"又答吕子约云："觉得此心存亡，只在反掌之间，向来诚是太涉支离。若无本以自立，则事事皆病耳，岂可一向汨溺于故纸堆中，使精神昏蔽，而可谓之学！"又书："年来觉得日前为学不得要领，自身做主不起，反为文字夺却精神，不为小病。每一念之，惕然自惧，且为朋友忧之。若只如此支离，漫无统纪，展转迷惑，无出头处。"观此可见二先生之虚怀从善，始虽有意见之参差，终归于一致而无间，更何烦有余论之纷纷乎！且夫讲学者，所以明道也。道在撙节退让，大公无我，用不得好勇斗狠于其间，以先自居于悖戾。二先生同植纲常，同扶名教，同宗孔孟。即使意见终于不合，亦不过仁者见仁，知者见知，所谓"学焉而得其性之所近",原无有背于圣人,矧夫晚年又志同道合乎!奈何独不睹二先生之全书,从未究二先生之本末,糠秕眯目,强附高门,浅不自量,妄相诋毁!彼则曰"我以助陆子也",此则曰"我以助朱子也",在二先生岂屑有此等庸妄无谓之助己乎!昔先子尝与一友人书:"子自负能助朱子排陆子与?亦曾知朱子之学何如?陆子之学何如也?假令当日鹅湖之会,朱陆辩难之时,忽有苍头仆子历阶升堂,捽陆子而殴之曰:'我以助朱子也。'将谓朱子喜乎,不喜乎?定知朱子必且挞而逐之矣。子之助朱子也,得无类是。"

(二)

百家谨案:子舆氏后千有余载,缵斯道之坠绪者,忽破暗而有周程。周程之后,曾未几,旋有朱陆。诚异数也!然而陆主乎尊德性,谓"先立乎其大,则反身自得,百川会归矣"。朱主乎道问学,谓"物理既穷,则吾知自致,瀜雾消融矣"。二先生之立教不同,然如诏入室者,虽东西异户,及至室中,则一也。何两家弟子,不深体究,出奴入主,论辩纷纷,而至今借媒此径者,动以朱陆之辨同辨异,高自位置,为岑楼之寸木?观答诸葛诚之书云:"示谕竞辩之论,三复怅然。愚深欲劝同志者,兼取两家之长,不轻相诋毁,就有未合,亦且置勿论,而力勉于吾之所急。"又复包显道书:"南渡以来,八字着脚,理会实工夫者,惟某与陆子静二人而已。某实敬其为人,老兄未可以轻议之也。"世儒之纷纷竞辩朱陆者,曷勿即观朱子之言。

(三)

谢山《淳熙四先生祠堂碑文》曰:"予尝观朱子之学,出于龟山。其教人以穷理为始事,积集义理,久当自然有得。至其'所闻所知,必能见诸施行,乃不为玩物丧志',是即陆子践履之说也。陆子之学，近于上蔡。其教人以发明本心为始事，此心有主，然后可以应天地万物之变。至其戒'束书不观，游谈无根'，是即朱子讲明之说也。斯盖其从人之途各有所重。至于圣学之全，则未尝得其一而遗其一也。是故中原文献之传，聚于金华，而博杂之病，朱子尝以之戒大愚，则诋穷理为支离之末学者，陋矣！以读书为充塞仁义之阶，陆子辄咎显道之失言，则诋发明本心为顿悟之禅宗者，过矣！夫读书穷理，必其中有主宰而后不惑，固非可徒以泛滥为事。故陆子教人以明其本心，在经则本于《孟子》扩充四端之教，同时则正与南轩察端倪之说相合。心明则本立，而涵养省察之功于是有施行之地，原非若言顿悟者所云'百斤担子一齐放'者也。"

（录自陈金生、梁运华点校：《宋元学案》，中华书局，一九八六年，卷五十八，页一八八五至页一八八九）

附录六：朱熹致陆氏兄弟信函

答陆子寿

蒙喻及祔礼，此在高明考之必已精密。然犹谦逊博谋，及于浅陋如此，顾熹何足以知之？然昔遭丧祸，亦尝考之矣。窃以为众言淆乱，则折诸圣，孔子之言万世不可易矣，尚复何说？况期而神之之意，揆之人情，亦为允惬。但其节文次第，今不可考。而周礼则有《仪礼》之书，自始死以至祥禫，其节文度数详焉。故温公《书仪》虽记孔子之言，而卒从《仪礼》之制。盖其意谨于阙疑，以为既不得其节文之详，则虽孔子之言亦有所不敢从者耳。程子之说意亦甚善，然郑氏说"凡祔，已反于寝，练而后迁庙"，《左氏春秋传》亦有"特祀于主"之文，则是古人之祔固非遂彻几筵，程子于此恐其考之有所未详也。《开元礼》之说，则高氏既非之矣。然其自说大祥彻灵坐之后，明日乃祔于庙，以为不忍一日未有所归，殊不知既彻之后，未祔之前，尚有一夕，其无所归也久矣。凡此皆有所未安，恐不若且从《仪礼》、温公之说，次序节文亦自曲有精意。如《檀弓》诸说可见。不审尊兄今已如何行之？愿以示教。若犹未也，则必不得已而从高氏之说。但祥祭之日未可撤去几筵，或迁稍近广处。直俟明日奉主祔庙然后撤之，则犹为亡于礼者之礼耳。鄙见如此，不审高明以为如何？

答陆子寿

先王制礼，本缘人情。吉凶之际，其变有渐，故始死全用事生之礼。既卒哭祔庙，然后神之。然犹未忍尽变，故主复于寝而以事生之礼事之。至三年而迁于庙，然后全以神事之也。此其礼文见于经传者不一，虽未有言其意者，然以情度之，知其必出于此无疑矣。其迁庙一节，郑氏用《穀梁》练而坏庙之说，杜氏用贾逵、服虔说，则以三年为断。其间同异得失虽未有考，然《穀梁》但言坏旧庙，不言迁新主，则安知其非于练而迁旧主，于三年而纳新主邪？至于《礼》疏所解郑氏说，但据《周礼》"庙用卣"一句，亦非明验。故区区之意窃疑杜氏之说为合于人情也。来谕考证虽详，其大概以为既吉则不可复凶，既神事之则不可复以事生之礼接尔。窃恐如此非惟未尝深考古人吉凶变革之渐，而亦未暇反求于孝子慈孙深爱至痛之情也。

至谓古者几筵不终丧而力诋郑、杜之非，此尤未敢闻命。据《礼》，小敛有席，至虞而后有几筵，但卒哭而后不复馈食于下室耳。古今异宜，礼文之变，亦有未可深考者。然《周礼》自虞至祔曾不旬日，不应方设而遽彻之如此其速也。

又谓终丧彻几筵，不闻有入庙之说，亦非也。诸侯三年丧毕之祭，鲁谓之"吉禘"，晋谓之"禘祀"，《礼》疏谓之"特禘"者是也。但其礼亡，而士大夫以下则又不可考耳。夫今之《礼》文，其残阙者多矣，岂可以其偶失此文而遽谓无此礼耶？

又谓坏庙则变昭穆之位，亦非也。据礼家说，昭常为昭，穆常为穆，故《书》谓文王为"穆考"，《诗》谓武王为"昭考"。至《左传》，犹谓毕原酆郇为"文之昭"，邘晋应韩为"武之穆"，则昭穆之位，岂以新主祔庙而可变哉？但昭主祔庙则二昭递迁，穆主祔庙则二穆递迁尔。此非今者所论之急，但漫言之，以见来说考之未精类此。

又谓古者每代异庙，故有祔于祖父祖姑之礼。今同一室，则不当专祔于一人。此则为合于人情矣。然伊川先生尝讥关中学《礼》者有役文之弊，而吕与叔以守经信古，学者庶几无过而已，义起之事,正在盛德者行之。然则此等苟无大害于义理,不若且依旧说,亦夫子存羊爱礼之意也。熹于《礼经》不熟,而考证亦未及精,且以愚意论之如此,不审高明以为如何?然亦不特如此,熹常以为大凡读书处事,当烦乱疑惑之际,正当虚心博采以求至当。或未有得,亦当且以阙疑阙殆之意处之。若遽以己所粗通之一说而尽废己所未究之众论,则非惟所处之得失或未可知,而此心之量亦不宏矣。闲并及之,幸恕狂妄。

答陆子美

伏承示谕《太极》《西铭》之失,备悉指意。然二书之说,从前不敢轻议,非是从人脚根,依他门户,却是反复看来,道理实是如此,别未有开口处,所以信之不疑。而妄以己见辄为之说,正恐未能尽发其奥而反以累之,岂敢自谓有扶掖之功哉?今详来教及省从前所论,却恐长者从初便忽其言,不曾致思,只以自家所见道理为是。不知却元来未到他地位,而便以己见轻肆抵排也。今亦不暇细论,只如《太极》篇首一句,最是长者所深排。然殊不知不言无极,则太极同于一物,而不足为万化之根;不言太极,则无极沦于空寂,而不能为万化之根。只此一句,便见其下语精密,微妙无穷。而向下所说许多道理条贯脉络井井不乱,只今便在目前,而亘古亘今,撼扑不破。只恐自家见得未曾如此分明直截,则其所可疑者乃在此而不在彼也。

至于《西铭》之说,犹更分明。今亦且以首句论之。人之一身,固是父母所生,然父母之所以为父母者,即是乾坤。若以父母而言,则一物各一父母。若以乾坤而言,则万物同一父母矣。万物既同一父母,则吾体之所以为体者,岂非天地之塞;吾性之所以为性者,岂非天地之帅哉?古之君子惟其见得道理真实如此,所以亲亲而仁民,仁民而爱物,推其所为,以至于能以天下为一家,中国为一人,而非意之也。今若必谓人物只是父母所生,更与乾坤都无干涉,其所以有取于《西铭》者,但取其姑为宏阔广大之言以形容仁体而破有我之私而已,则是所谓仁体者全是虚名,初无实体,而小己之私却是实理,合有分别;圣贤于此却初不见义理,只见利害,而妄以己意造作言语,以增饰其所无,破坏其所有也。若果如此,则其立言之失,"胶固"二字岂足以尽之?而又何足以破人之梏于一己之私哉?

大抵古之圣贤千言万语,只是要人明得此理。此理既明,则不务立论而所言无非义理之言,不务正行而所行无非义理之实,无有初无此理,而姑为此言以救时俗之弊者。不知子静相会,曾以此话子细商量否?近见其所论王通续经之说,似亦未免此病也。此间近日绝难得江西便,草草布此,却托子静转致。但以来书半年方达推之,未知何时可到耳。如有未当,切幸痛与指摘,剖析见教。理到之言,不得不服也。

答陆子美

前书示谕《太极》《西铭》之说,反复详尽。然此恐未必生于气习之偏,但是急迫看人文字,未及尽彼之情而欲遽申己意,是以轻于立论,徒为多说而未必果当于理尔。且如太极之说,熹谓周先生之意恐学者错认太极别为一物,故着"无极"二字以明之。此是推原前贤立言之本意,所以不厌重复,盖有深指。而来谕便谓熹以太极下同一物,是则非惟不尽周先生之妙旨,而于熹之浅陋妄说亦未察其情矣。

又谓着"无极"字便有虚无好高之弊,则未知尊兄所谓太极是有形器之物耶?无形器之物耶?若果无形而但有理,则无极即是无形,太极即是有理明矣,又安得为虚无而好高乎?熹所论《西铭》之意,正谓长者以横渠之言不当谓乾坤实为父母,而以"胶固"斥之，故窃疑之，以为若如长者之意，则是谓人物实无所资于天地，恐有所未安尔，非熹本说固欲如此也。今详来诲，犹以横渠只是假借之言，而未察父母之与乾坤，虽其分之有殊，而初未尝有二体，但其分之殊则又不得而不辨也。

熹之愚陋，窃愿尊兄更于二家之言少赐反复，宽心游意，必使于其所说如出于吾之所为者而无纤芥之疑，然后可以发言立论而断其可否，则其为辨也不烦而理之所在无不得矣。若一以急迫之意求之，则于察理已不能精，而于彼之情又不详尽，则徒为纷纷，而虽欲不差不可得矣。然只此急迫即是来谕所谓气质之弊，盖所论之差处虽不在此，然其所以差者则原于此而不可诬矣。不审尊意以为如何？

子静归来，必朝夕得款聚。前书所谓异论卒不能合者，当已有定说矣。恨不得侧听其旁，时效管窥以求切磋之益也。

延平新本《龟山别录》漫内一通。近又尝作一小卜筮书，亦以附呈。盖缘近世说《易》者于象数全然阔略，其不然者又太拘滞支离，不可究诘，故推本圣人经传中说象数者，只此数条，以意推之，以为是足以上究圣人作《易》之本指，下济生人观变玩占之实用，学《易》者决不可以不知。而凡说象数之过乎此者，皆可以束之高阁而不必问矣。不审尊意以为如何？

答陆子美

示谕缕缕，备悉雅意。不可则止，正当谨如来教，不敢复有尘渎也。偶至武夷，匆匆布叙，不能尽所欲言。然大者已不敢言，则亦无可言者矣。

寄陆子静

奏篇垂寄，得闻至论，慰沃良深。其规模宏大而源流深远，岂腐儒鄙生所能窥测？不知对扬之际，上于何语有领会？区区私忧，正恐不免万牛回首之叹。然于我亦何病？语圆意活，浑浩流转，有以见所造之深，所养之厚，益加叹服。但向上一路未曾拨转处，未免使人疑著，恐是葱岭带来耳。如何如何？一笑。熹衰病益侵，幸叨祠禄，遂为希夷直下诸孙，良以自庆。但香火之地，声教未加，不能不使人慨叹耳。

答陆子静

昨闻尝有丐外之请而复未遂，今定何如？莫且宿留否？学者后来更得何人？显道得书云尝诣见，不知已到未？子渊去冬相见，气质刚毅，极不易得。但其偏处亦甚害事，虽尝苦口，恐未必以为然。今想到部，必已相见，亦尝痛与砭磨否？道理虽极精微，然初不在耳目见闻之外，是非黑白，即在面前。此而不察，乃欲别求玄妙于意虑之表，亦已误矣。熹衰病日侵，去年灾患亦不少。此数日来，病躯方似略可支吾。然精神耗减，日甚一日，恐终非能久于世者。所幸迩来日用功夫颇觉有力，无复向来支离之病。甚恨未得从容面论，未知异时相见，尚复有异同否耳。

答陆子静　丁未五月二日

税驾已久，诸况想益佳。学徒四来，所以及人者在此而不在彼矣。来书所谓利欲深痼者，已无可言。区区所忧，却在一种轻为高论，妄生内外精粗之别，以良心日用分为两截，谓圣贤之言不必尽信，而容貌词气之间不必深察者。此其为说乖戾很悖，将有大为吾道之害者，不待他时末流之弊矣。不审明者亦尝以是为忧乎？此事不比寻常小小文义异同，恨相去远，无由面论，徒增耿耿耳。李子甚不易，知向学，但亦渐觉好高。鄙意且欲其着实看得目前道理事物分明，将来不失将家之旧，庶几有用。若便如此谈玄说妙，却恐两无所成,可惜坏却天生气质,却未必如乃翁朴实头,无许多劳攘耳。

答陆子静

学者病痛诚如所谕,但亦须自家见得平正深密,方能药人之病。若自不免于一偏,恐医来医去,反能益其病也。所谕与令兄书辞费而理不明,今亦不记当时作何等语,或恐实有此病。承许条析见教,何幸如之!虚心以俟,幸因便见示。如有未安,却得细论,未可便似居士兄遽断来章也。

答陆子静

十一月八日,熹顿首再拜,上启子静崇道监丞老兄:今夏在玉山,便中得书,时以入都,旋复还舍,疾病多故,又苦无便,不能即报。然怀想德义,与夫象山泉石之胜,未尝不西望太息也。比日冬温过甚,恭惟尊候万福,诸贤兄、令子侄、眷集以次康宁,来学之士亦各佳胜。

熹两年冗扰,无补公私,第深愧歉。不谓今者又蒙收召,顾前所被已极叮谕,不敢冒进,以速龙断之讥,已遣人申堂恳免矣。万一未遂,所当力请,以得为期。杜门窃廪,温绎陋学,足了此生。所恨上恩深厚,无路报塞,死有余憾也。

前书诲论之悉,敢不承教。所谓古之圣贤惟理是视,言当于理,虽妇人孺子有所不弃;或乖理致,虽出古书,不敢尽信,此论甚当,非世儒浅见所及也。但熹窃谓言不难择而理未易明。若于理实有所见,则于人言之是非,不翅白黑之易辨,固不待讯其人之贤否而为去取。不幸而吾之所谓理者或但出于一己之私见,则恐其所取舍未足以为群言之折衷也。况理既未明,则于人之言恐亦未免有未尽其意者,又安可以遽绌古书为不足信,而直任胸臆之所裁乎？

来书反复，其于无极、太极之辨详矣。然以熹观之，伏羲作《易》，自一画以下，文王演《易》，自"乾元"以下，皆未尝言太极也，而孔子言之。孔子赞《易》，自太极以下，未尝言无极也，而周子言之。夫先圣后圣，岂不同条而共贯哉？若于此有以灼然实见太极之真体，则知不言者不为少而言之者不为多矣，何至若此之纷纷哉？今既不然，则吾之所谓理者，恐其未足以为群言之折衷，又况于人之言有所不尽者，又非一二而已乎？既蒙不鄙而教之，熹亦不敢不尽其愚也。

且夫《大传》之太极者，何也？即两仪、四象、八卦之理具于三者之先，而缊于三者之内者也。圣人之意，正以其究竟至极，无名可名，故特谓之太极。犹曰"举天下之至极无以加此"云尔，初不以其中而命之也。至如"北极"之"极"，"屋极"之"极"，"皇极"之"极"，"民极"之"极"，诸儒虽有解为中者，盖以此物之极常在此物之中，非指"极"字而训之以中也。极者，至极而已。以有形者言之，则其四方八面合辏将来，到此筑底，更无去处；从此推出，四方八面都无向背，一切停匀，故谓之极耳。后人以其居中而能应四外，故指其处而以中言之，非以其义为可训中也。至于太极，则又初无形象方所之可言，但以此理至极而谓之极耳。今乃以中名之，则是所谓理有未明而不能尽乎人言之意者一也。

《通书》"理、性、命"章，其首二句言理，次三句言性，次八句言命，故其章内无此三字，而特以三字名其章以表之，则章内之言固已各有所属矣。盖其所谓"灵"，所谓"一"者，乃为太极；而所谓"中"者，乃气禀之得中，与"刚善"、"刚恶"、"柔善"、"柔恶"者为五性，而属乎五行，初未尝以是为太极也。且曰"中焉止矣"，而又下属于"二气五行，化生万物"之云，是亦复成何等文字义理乎？今来谕乃指其中者为太极而属之下文，则又理有未明而不能尽乎人言

附录六：朱熹致陆氏兄弟信函

之意者二也。

若论"无极"二字，乃是周子灼见道体，迥出常情，不顾旁人是非，不计自己得失，勇往直前，说出人不敢说底道理，令后之学者晓然见得太极之妙不属有无，不落方体。若于此看得破，方见得此老真得千圣以来不传之秘，非但架屋下之屋、叠床之上床而已也。今必以为未然，是又理有未明而不能尽人言之意者三也。

至于《大传》既曰"形而上者谓之道"矣，而又曰"一阴一阳之谓道"，此岂真以阴阳为形而上者哉？正所以见一阴一阳虽属形器，然其所以一阴而一阳者，是乃道体之所为也。故语道体之至极，则谓之太极；语太极之流行，则谓之道。虽有二名，初无两体。周子所以谓之"无极"，正以其无方所，无形状，以为在无物之前，而未尝不立于有物之后；以为在阴阳之外，而未尝不行乎阴阳之中；以为通贯全体，无乎不在，则又初无声臭影响之可言也。今乃深诋无极之不然，则是直以太极为有形状，有方所矣。直以阴阳为形而上者，则又昧于道器之分矣。又于"形而上者"之上复有"况太极乎"之语，则是又以道上别有一物为太极矣。此又理有未明而不能尽乎人言之意者四也。

至熹前书所谓"不言无极，则太极同于一物而不足为万化根本；不言太极，则无极沦于空寂而不能为万化根本"，乃是推本周子之意，以为当时若不如此两下说破，则读者错认语意，必有偏见之病，闻人说有即谓之实有，见人说无即以为真无耳。自谓如此说得周子之意已是大煞分明，只恐知道者厌其漏泄之过甚，不谓如老兄者，乃犹以为未稳而难晓也。请以熹书上下文意详之，岂谓太极可以人言而为加损者哉？是又理有未明而不能尽乎人言之意者五也。

来书又谓《大传》明言"易有太极"，今乃言无，何耶？此尤非所望于高明者。今夏因与人言《易》，其人之论正如此。当时对之，不觉失笑,遂至被劾。彼俗儒胶固,随语生解,不足深怪。老兄平日自视为如何?而亦为此言耶?老兄且谓《大传》之所谓有,果如两仪、四象、八卦之有定位,天地五行万物之有常形耶?周子之所谓无,是果虚空断灭,都无生物之理耶?此又理有未明而不能尽乎人言之意者六也。

老子"复归于无极","无极"乃无穷之义,如庄生"入无穷之门,以游无极之野"云尔,非若周子所言之意也。今乃引之而谓周子之言实出乎彼,此又理有未明而不能尽乎人言之意者七也。

高明之学超出方外,固未易以世间言语论量,意见测度。今且以愚见执方论之,则其未合有如前所陈者。亦欲奉报,又恐徒为纷纷,重使世俗观笑。既而思之,若遂不言,则恐学者终无所取正。较是二者,宁可见笑于今人,不可得罪于后世。是以终不获已而竟陈之,不识老兄以为如何?

答陆子静

来书云:"浙间后生贻书见规,以为吾二人者所习各已成熟,终不能以相为。莫若置之勿论,以俟天下后世之自择。鄙哉言乎!此辈凡陋,沉溺俗学,悖戾如此,亦可怜也。"

熹谓天下之理有是有非,正学者所当明辨。或者之说诚为未当,然凡辨论者,亦须平心和气,子细消详,反复商量,务求实是,乃有归著。如不能然,而但于匆遽急迫之中肆支蔓躁率之词,以逞其忿怼不平之气,则恐反不若或者之言安静和平,宽洪悠久,犹有君子长者之遗意也。

来书云"人能洪道"止"敢悉布之"。

熹按此段所说规模宏大而指意精切,如曰"虽自谓其理已明,安知非私见蔽说",及引大舜善与人同等语,尤为的当。熹虽至愚,敢不承教。但所谓"莫知其非归于一是"者,未知果安

附录六：朱熹致陆氏兄弟信函

所决。区区于此亦愿明者有以深察而实践其言也。

来书云"古人质实"止"请卒条之"。

熹详此说，盖欲专务事实，不尚空言，其意甚美。但今所论"无极"二字，熹固已谓不言不为少，言之不为多矣。若以为非，则且置之，其于事实亦未有害。而贤昆仲不见古人指意，乃独无故于此创为浮辨，累数百言，三四往返而不能已，其为湮芜亦已甚矣。而细考其间紧要节目，并无酬酢，只是一味慢骂虚喝，必欲取胜。未论颜曾气象，只子贡恐亦不肯如此。恐未可遽以此而轻彼也。

来书云"尊兄未尝"止"固自不同也"。

熹亦谓老兄正为未识太极之本无极而有其体，故必以"中"训"极"，而又以阴阳为形而上者之道。虚见之与实见，其言果不同也。

来书云"老氏以无"止"讳也"。

熹详老氏之言有无，以有无为二；周子之言有无，以有无为一，正如南北水火之相反。更请子细着眼，未可容易讥评也。

来书云"此理乃"止"子矣"。

更请详看熹前书曾有"无理"二字否？

来书云"极亦此"止"极哉"。

"极"是名此理之至极，"中"是状此理之不偏。虽然同是此理，然其名义各有攸当，虽圣贤言之，亦未尝敢有所差互也。若"皇极"之"极"，"民极"之"极"，乃为标准之意。犹曰立于此而示于彼，使其有所向望而取正焉耳，非以其中而命之也。"立我烝民"，"立"与"粒"通，即《书》所谓"烝民乃粒，莫匪尔极"，则"尔"指后稷而言。盖曰"使我众人皆得粒食，莫非尔后稷之所立者是望"耳。"尔"字不指天地，"极"字亦非指所受之中。此义尤明白，似是急于求胜，更不暇考上下文。推此一条，其余可见。"中者天下之大本"，乃以喜怒哀乐之未发，此理浑然，无所偏倚而言。太极固无偏倚而为万化之本，然其得名自为"至极"之"极"，而兼有"标准"之义，初不以"中"而得名也。

来书云"以极为中"止"理乎"。

老兄自以"中"训"极"，熹未尝以"形"训"极"也。今若此言，则是己不晓文义，而谓他人亦不晓也。请更详之。

来书云"《大学》《文言》皆言知至"。

熹详"知至"二字虽同，而在《大学》则"知"为实字，"至"为虚字，两字上重而下轻，盖曰"心之所知无不到"耳。在《文言》则"知"为虚字，"至"为实字，两字上轻而下重，盖曰"有以知其所当至之地"耳。两义既自不同，而与太极之为至极者又皆不相似。请更详之。此义在诸说中亦最分明，请试就此推之，当知来书未能无失，往往类此。

来书云"直以阴阳为形器"止"道器之分哉"。

若以阴阳为形而上者，则形而下者复是何物？更请见教。若熹愚见与其所闻，则曰凡有形有象者，皆器也。其所以为是器之理者，则道也。如是则来书所谓始终、晦明、奇偶之属，皆阴阳所为之器；独其所以为是器之理，如目之明，耳之聪，父之慈，子之孝，乃为道耳。如此分别，似差明白。不知尊意以为如何？此一条亦极分明，切望略加思索，便见愚言不为无理，而其余亦可以类推矣。

来书云"《通书》曰"止"类此"。

周子言"中"，而以"和"字释之。又曰"中节"，又曰"达道"。彼非不识字者，而其言显与《中庸》相戾，则亦必有说矣。盖此"中"字是就气禀发用而言其无过不及处耳，非直指本体未发无所偏倚者而言也。岂可以此而训"极"为"中"也哉？来书引经必尽全章，虽烦不厌，而所引《通书》乃独截自"中焉止矣"而下，此安得为不误？老兄本自不信周子，政使误引《通书》，亦未为害，何必讳此小失而反为不改之过乎？

来书云"《大传》"止"孰古"。

《大传》《洪范》《诗》《礼》皆言极而已，未尝谓极为中也。先儒以此极处常在物之中央而为四方之所面内而取正，故因以中释之，盖亦未为甚失。而后人遂直以极为中，则又不识先儒之本意矣。《尔雅》乃是纂集古今诸儒训诂以成书，其间盖亦不能无误，不足据以为古。又况其间但有以"极"训"至"，以"殷齐"训"中"，初未尝以极为中乎？

来书云"又谓周子"止"道耳"。前又云"若谓欲言"止"之上"。

无极而太极，犹曰"莫之为而为，莫之致而至"，又如曰"无为之为"，皆语势之当然，非谓别有一物也。向见钦夫有此说，尝疑其赘。今乃正使得着，方知钦夫之虑远也。其意则固若曰"非如皇极、民极、屋极之有方所形象，而但有此理之至极"耳。若晓此意，则于圣门有何违叛而不肯道乎？"上天之载"，是就有中说无；"无极而太极"，是就无中说有。若实见得，即说有说无，或先或后都无妨碍。今必如此拘泥，强生分别，曾谓不尚空言，专务事实，而反如此乎？

来书云"夫乾"止"自反也"。

太极固未尝隐于人，然人之识太极者则少矣。往往只是于禅学中认得个昭昭灵灵能作用底，便谓此是太极，而不知所谓太极乃天地万物本然之理，亘古亘今，撼扑不破者也。"迥出常情"等语，只是俗谈，即非禅家所能专有，不应儒者反当回避。况今虽偶然道着，而其所见所说即非禅家道理，非如他人阴实祖用其说，而改头换面，阳讳其所自来也。如曰"私其说以自妙而又秘之"，又曰"寄此以神其奸"，又曰"系绊多少好气质底学者",则恐世间自有此人可当此语。熹虽无状,自省得与此语不相似也。

来书引《书》云:"有言逆于汝心,必求诸道。"

此圣言也,敢不承教。但以来书求之于道而未之见,但见其词义差舛,气象粗率,似与圣贤不甚相近,是以窃自安其浅陋之习闻,而未敢轻舍故步以追高明之独见耳。又记顷年尝有平心之说,而前书见喻曰:"甲与乙辨,方各自是其说,甲则曰愿乙平心也,乙亦曰愿甲平心也。平心之说恐难明白,不若据事论理可也。"此言美矣。然熹所谓平心者,非直使甲操乙之见,乙守甲之说也,亦非谓都不论事之是非也,但欲两家姑暂置其是己非彼之意,然后可以据事论理,而终得其是非之实。如谓治疑狱者当公其心,非谓便可改曲者为直,改直者为曲也,亦非谓都不问其曲直也。但不可先以己意之向背为主,然后可以审听两造之辞,旁求参伍之验,而终得其曲直之当耳。今以粗浅之心,挟忿怼之气,不肯暂置其是己非彼之私,而欲评义理之得失,则虽有判然如黑白之易见者,犹恐未免于误;况其差有在于毫厘之间者,又将谁使折其衷而能不谬也哉?

来书云"书尾"止"文耶"。

中间江德功封示三策,书中有小帖云:"陆子静策三篇,皆亲手点对,令默封纳。先欲作书,临行不肯作。"此并是德功本语。不知来喻何故乃尔?此细事,不足言。世俗毁誉,亦何足计。但贤者言行不同如此,为可疑耳。德功亦必知是诸生所答,自有姓名。但云是老兄所付,令寄来耳。

熹已具此,而细看其间亦尚有说未尽处。大抵老兄昆仲同立此论,而其所以立论之意不同。子美尊兄自是天资质实重厚,当时看得此理有未尽处,不能子细推究,便立议论,因而

附录六：朱熹致陆氏兄弟信函

自信太过，遂不可回。见虽有病，意实无他。老兄却是先立一说，务要突过有若、子贡以上，更不数近世周、程诸公，故于其言不问是非，一例吹毛求疵，须要讨不是处。正使说得十分无病，此意却先不好了。况其言之粗率，又不能无病乎？夫子之圣，固非以多学而得之。然观其好古敏求，实亦未尝不多学。但其中自有一以贯之处耳。若只如此空疏杜撰，则虽有一而无可贯矣，又何足以为孔子乎？颜、曾所以独得圣学之传，正为其博文约礼，足目俱到，亦不是只如此空疏杜撰也。子贡虽未得承道统，然其所知似亦不在今人之后，但未有禅学可改换耳。周、程之生，时世虽在孟子之下，然其道则有不约而合者。反复来书，窃恐老兄于其所言多有未解者，恐皆未可遽以颜、曾自处而轻之也。颜子以能问于不能，以多问于寡，有若无，实若虚，犯而不校；曾子三省其身，惟恐谋之不忠，交之不信，传之不习，其智之崇如彼而礼之卑如此，岂有一毫自满自足、强辩取胜之心乎？来书之意，所以见教者甚至，而其末乃有"若犹有疑，不惮下教"之言。熹固不敢当此，然区区鄙见亦不敢不为老兄倾倒也。不审尊意以为如何？如曰未然，则我日斯迈而月斯征，各尊所闻，各行所知亦可矣，无复可望于必同也。言及于此，悚息之深，千万幸察。

近见《国史·濂溪传》载此图说，乃云"自无极而为太极"。若使濂溪本书实有"自"、"为"两字，则信如老兄所言，不敢辨矣。然因渠添此二字，却见得本无此字之意愈益分明，请试思之。

（以上录自《朱熹集》，郭齐、尹波点校，四川教育出版社，一九九六年，卷三十六，页一五六三至页一五八五）

附录七：陆九龄墓志铭

陆先生墓志铭

陆氏，出妫姓。陈公子敬仲适齐，别其氏为田。田氏有国，宣王封其少子通于平原陆乡，又别其氏为陆。五代末，有占名数抚之金溪者曰德迁，盖唐乾宁宰相希声之孙也。德迁生有祥[1]，有祥生演，演生戬。戬生居士贺，以学行为里人所宗，有子六人。

先生讳九龄，字子寿，于次为第五。幼明悟端重，十年丧母，哀毁如成人。少长，补郡博士弟子员。时秦丞相当国，场屋无道程氏学者。先生从故编得其说，独委心焉。久之，新博士且至，闻其雅以魏晋放逸自许，慨然叹曰："此非吾所愿学也。"赋诗径归，结茅舍傍讲习，兼晨夜不息。先生年犹未冠，于取舍向背已知所择如此。

吏部郎襄陵许公忻直道清节，在中朝名论甚高，屏居临川，闭门少所宾接，一见先生，亟折辈行与深语，恨相遇之晚。他日，许公起守邵阳，思与先生游，先生亦乐从其招。凡治体之升降，旧章之损益，前闻人之律度轨辙，每亹亹为先生言不厌，所以属之者厚矣。既归，益大肆其力于学，广揽博咨，深观默养，如是者盖十余年，乃束书入太学。

太学知名士闻声争愿交，始则乐其可亲，久则知其可事，屏所

---

[1] 据本集卷二十七《全州教授陆先生行状》、卷三十三《象山先生行状》、卷三十六《年谱》，陆九龄之高祖应名"有程"。

挟北面而称弟子者甚众。祭酒、司业酌众论,举以为学录。先之以身,正之以渐,行之以无事,虽跌宕见镌谯者,退亦心服,不知怨之所在焉。

登乾道五年进士第,迪功郎、桂阳军军学教授,以母老道远,改调兴国军军学教授。地濒大江,民寒啬,罕游校官。先生不以职闲自佚,端矩矱,肃衣冠,如临大众,劝绥引翼。士方兴于学而先生以家难去官矣。服除,调全州州学教授,未上,以疾终于家。实淳熙七年九月戊寅,享年四十有九。母饶氏,继母邓氏,用光尧庆寿恩封太孺人。娶王氏,知通州珹之女,而元丰左丞之曾孙也。子艮之。女二人,皆幼。是岁十二月甲申,葬于乡之万石塘。

初,居士潜德不试,采司马氏冠昏丧祭仪行之家。至先生,又绎先志而修明之。晨昏伏腊,奉盥请衽,籩豆饎爨,阖门千指,男女以班,各供其职,俭而安,庄而舒,薄而均。礼俗既成,儁者不敢踔厉,朴者有所据依。顺弟之风,被于乡社而闻于天下。其仪节品式,江西士大夫多能道之。至于先生忠敬乐易,优而柔之,曲而畅之,遂济登兹者,则非言语形容之所及矣。先生兄弟皆志古耆学,燕居从容,讲论道义,訚訚衎衎,和而不同。伯仲之间,自为师友。虽先生所以成德,其资取者非一端,然家庭追琢封植之功,与为多焉。

休暇则与子弟适场圃习射,曰:"是固男子之事也。"自是,里中士始不敢鄙弓矢为武夫末艺。岁恶,多剽劫,或欲睥睨垣墙,曹耦必摇手相戒:"是家射多命中,毋取死。"故独无犬吠之警。庐陵尝有茶寇,声摇旁郡,聚落皆入保,并舍民走郡,请先生主之。郡如其请,门人多不悦,先生曰:"古者比闾之长即五两之率也。士而耻此,则豪侠武断者专之矣。今文移动以军兴从事,郡县欲事之集,势必假借主者。彼乘是取必于里闾,亦何所不至哉!"寇虽不入境,闲习屯御,皆可为后法。

其在兴国,学廪名存实亡,簿书漫漶不可考。先生为核实催理受输之法,白郡,授有司行之。科条简明,士得其养。凡经世之务,职分所当知者,未有闻而不讲,讲而不究。此一二条,特因事而见者耳。

先生和顺不违物,而非意自不能干;简直不徇人,而与居久益有味。四方学者,踵门请益。群疑塞胸,纠缠缪轕,虽善辨者不能解,先生从容启告,莫不涣然失其疑而退。非惟动悟乎格,固有所本,亦其用力于自治者既专且久。人之疢疾,皆尝折肱,浮湛滑涩,适中其病,听之者于其心有戚戚焉。至于扞格不入,必宽养以俟其可,未尝无益而杂施之也。天下之治方术者多矣,囿于异端小道者,既不足与议;晚进新学,间有闻君子之余论者,又多既其文而不既其实,摹规而画圆,拟矩而作方,虽或似之,而卒非也。方先生勇于求道之时,愤悱直前,盖有不由阶序者矣。然其所志者大,所据者实。有肯綮之阻,虽积九仞之功不敢遂;有毫厘之偏,虽立万夫之表不敢安。公听并观,却立四顾,弗造之至平至粹之地弗措也。

属纩之夕,与其昆弟语,犹以天下学术人才为念。少焉,正卧,整衣衾,理须髯,恬然而终。所谓仁以为己任,死而后已者,盖于此见之。

荆州牧广汉张公栻与先生不相识,晚岁还书,相与讲学问大端,期以世道之重。无几何而张公没,又半岁而先生下世矣。岂道之显晦果有数存乎其间邪!虽然,来者无穷,而义理在人心者,不可泯也。先生之志,必有嗣之者矣。葬有日,其友吕某为铭二十九字识其窆,曰:

自古皆有死,尽其道而终者几希。是维宋陆先生之墓,百世之下尚永保之。

(录自《吕祖谦全集》,浙江古籍出版社,二〇〇八年,第一册,页二〇二至页二〇五)

附录八：陆梭山公家制

居家正本上篇

古者民生八岁，入小学，学礼乐射艺书数。至十五岁，则各因其材而归之四民。故为农工商贾者，亦得入小学，七年而后就其业。其秀异者入大学而为士，教之德行。凡小学大学之教，俱不在语言文字，故民皆有实行而无诈伪。自井田废坏，民无所养，幼者无小学之教，长者无大学之师。有国者设科取士，其始也投名自荐，其终也糊名考校。礼义廉耻，绝灭尽矣。学校之养士，非养之也，贼夫人之子也。父母之教子，非教之也，是驱而入争夺倾险之域也。愚谓人之爱子，但当教之以孝悌忠信，所读须先《六经》《语》《孟》，通晓大义，明父子、君臣、夫妇、昆弟、朋友之节，知正心修身齐家治国平天下之道，以事父母，以和兄弟，以睦族党，以交朋友，以接邻里，使不得罪于尊卑上下之际。次读史，以知历代兴衰，究观皇帝王霸，与秦汉以来为国者规模措置之方。此皆非难事，功效遂日可见，惟患不为耳。世之教子者不知务此，惟教以科举之业，志在于荐举登科。难莫难于此者，试观一县之间应举者几人，而与荐者有几？至于及第，尤其希罕。盖是有命焉，非偶然也。此孟子所谓"求在外者，得之有命"是也。至于止欲通经知古今，修身为孝弟忠信之人，特恐人不为耳。此孟子所谓"求则得之，求在我者也"，此有何难，而人不为耶？况既通经知古今，而欲应今之科举，亦无难者。若命应仕宦，必得之矣，而又道德仁义在我，以之事君临民，皆合义理，岂不荣哉！

居家正本下篇

人孰不爱家、爱子孙、爱身,然不克明爱之之道,故终焉适以损之。请试言其略。一家之事,贵于安宁和睦悠久也,其道在于孝弟谦逊,重仁义而轻名利。夫然后安宁和睦可安而享也。今则不然,所谓逊让仁义之道,口未尝言之。朝夕之所从事者,名利也。寝食之所思者,名利也。相聚而讲究者,取名利之方也。言及于名利,则洋洋然有喜色。言及于孝弟仁义,则淡然无味,惟思卧。幸其时数之遇,则跃跃以喜。小有阻意,则躁闷若无容矣。如其时数不偶,则朝夕忧煎,怨天尤人,至于父子相夷,兄弟叛散,良可悯也。岂非爱之适以损之乎!夫谋利而遂者不百一,谋名而遂者不千一,今处世不能百年,而乃徼幸于不百一不千一之事,岂不痴甚矣哉!就使遂志临政,不明仁义之道,亦何足为门户之光耶?愚深思熟虑之日久矣,而不敢出诸口。今老矣,恐一旦先朝露而灭,不及与乡曲父兄子弟语及于此,怀不满之意于冥冥之中,无益也。故辄冒言之,幸垂听而择焉。夫事有本末,知愚贤不肖者本,贫富贵贱者末也。得其本则末随,趋其末则本末俱废,此理之必然也。何谓得其本则末随?今行孝弟,本仁义,则为贤为知。贤知之人,众所尊仰,箪瓢为奉,陋巷为居,已固有以自乐,而人不敢以贫贱而轻之,岂非得其本而末自随之乎?夫慕爵位,贪财利,则非贤非知。非贤非知之人,人所鄙贱,虽纡青紫,怀金玉,其胸中未必通晓义理,亦无以自乐,而人亦莫不鄙贱之,岂非趋其末而本末俱废乎?况贫富贵贱,自有定分,富贵未必得,则将陨获而无以自处矣。斯言往往招人怒骂,然愚谓或有信之者,其为益不细,虽怒骂有所不恤也。况相信者稍众,则贤才自此而盛,又非小补矣。

居家制用上篇

古之为国者,冢宰制国用,必于岁之杪,五谷皆入,然后制国用。用地大小,视年之丰耗。三年耕,必有一年之食。九年耕,必有三年之食。以三十年之通制国用,虽有凶旱水溢,民无菜色。国既若是,家亦宜然。故凡家有田畴,足以赡给者,亦当量入以为出,然后用度有准,丰俭得中,怨谤不生,子孙可守。今以田畴所收,除租税及种畲粪治之外,所有若干,以十分均之。留三分为水旱不测之备,一分为祭祀之用,六分分十二月之用。取一月合用之数,约为三十分,日用其一,可余而不可尽。用至七分为得中,不及五分为太啬。其所余者,别置簿收管,以为伏腊裘葛、修葺墙屋、医药宾客、吊丧问疾、时节馈送。又有余,则以周给邻族之贫弱者,贤士之困穷者,佃人之饥寒者,过往之无聊者,毋以妄施僧道。盖僧道本是蠹民,况今之僧道无不丰足,施之适足以济其嗜欲,长其过恶,而费农夫血汗,勤劳所得之物,未必不增吾冥罪,果何福之有哉?其田畴不多,日用不能有余,则一味节啬,裘葛取诸蚕绩,墙屋取诸蓄养,杂种蔬果,皆以助用,不可侵过次日之物。一日侵过,无时可补,则便有破家之渐,当谨戒之。其有田少而用广者,但当清心俭素,经营足食之路,于接待宾客、吊丧问疾、时节馈送、聚会饮食之事,一切不讲,免至干求亲旧,以滋过失;责望故素,以生怨尤;负讳通借,以招耻辱。家居如此,方为称宜,而远吝侈之咎。积是成俗,岂惟一家不忧水旱之灾,虽一县一郡,通天下皆无忧矣。其利岂不溥哉!

居家制用下篇

居家之病有七:曰笑,曰游,曰饮食,曰土木,曰争讼,曰玩好,曰惰慢。有一于此,皆能破家。其次贫薄而务周旋,丰余而尚鄙啬,事虽不同,其终之害或无以异,但在迟速之间耳。夫丰余而不用者,疑若无害也,然己既丰余则人望以周济,今乃恝然,必失人之情。既失人情,则人不佑。人惟恐其无隙,苟有隙可乘,则争媒蘖之。虽其子孙,亦怀不满之意。一旦入手,若决堤破防矣。前所言存留十之二者,为丰余之多者制也。苟所余不能三分,则存二分亦可。又不能二分,则存一分亦可。又不能一分,则宜樽节用度,以存赢余。然后家可长久,不然一旦有意外之事,必遂破家矣。前所谓一切不讲者,非绝其事也,谓不能以货财为礼耳。如吊丧,则以先往后罢为助。宾客,则樵苏供爨,清谈而已。至如奉亲最急也,啜菽饮水尽其欢,斯之谓孝。祭祀最严也,蔬食菜羹足以致其敬。凡事皆然,则人固不我责,而我亦何歉焉!如此则礼不废而财不匮矣。前所言以其六分为十二月之用,以一月合用之数约为三十分者,非谓必于其日用尽,但约见每月每日之大概。其间用度,自为赢缩,惟是不可先次侵过,恐难追补。宜先余而后用,以无贻鄙啬之讥。世所谓用度,有何穷尽!盖是未尝立法,所以丰俭皆无准则,好丰者妄用以破家,好俭者多藏以敛怨,无法可依,必至于此。愚今考古经国之制,为居家之法,随赀产之多寡,制用度之丰俭。合用万钱者,用万钱不谓之侈。合用百钱者,用百钱不谓之吝。是取中可久之制也。

附跋

梭山先生《家制》,陆氏世守之。昔平庵项公见之曰:"嗜此书之广狭,可以观世道矣。"后四十有九年,应龙得其本,持来衡山,示刘君应之。一阅敬叹,诸宏淑艾,俾发其端。晚学夫何言,尝言诸夫子,学有本末,知所先后则近道。濂溪元公亦谓:"家难,天下易也。"梭山先生乃象山先生之季兄,其学行于家庭者如此。世有好者,"与君试讲古学,此事可识夫公"[1],敢举山谷语以对。宋宝祐

---

[1] "与君试讲古学,此事可识夫公",按此句出黄庭坚《次韵石七三六言七首》之第四。《山谷集》卷十二所收此诗作"为君试讲古学,此事可笺天公"。

三年,后学南城黄应龙拜手撰。见《家谱》。

梭山先生《日记》三十卷,第八卷中,有《居家正本》《居家制用》,凡四则。平庵项公深嗜之,跋其尾曰:"先生之言,若为某处方者。"又曰:"嗜此书之多寡,可以知世道之污隆。"璧林黄使君宰衡山时,尝表之以淑艾其邑人士。予窃谓此四则者,道近而非远,事易而非难。富贵家行此,必能制节谨度,长保其富贵。贫贱家行此,必能谨身节用,安处乎贫贱。是家家自为井田,人人自为学校,唐虞三代之世道可复也。但《正本》上篇痛抑举业,盖叔末文弊则然,方今圣朝大比兴贤,以德行为先,经术次之,文章又次之,与《正本》上篇之说若合符节。为士者,苟能朝夕诵先生之训,讲明修齐治平之学,出应时须,则先生所云有命,道德仁义在我,以之事君临民,皆合义理,岂不荣哉!是则非闾里之荣,实邦家之光也夐乍?是用大书绣梓,与义方家共之。矧今道隆之世,谅多好者。元延祐丁巳,余钥谨书。见《家谱》。

李穆堂先生曰:梭山《老圃集》四十卷,见《宋史·艺文志》。明季《内阁书目》尚有之。今购求不可得,止从其《家谱》录出《居家正本》《制用》四篇,而修身齐家之要已大备矣。若见全书,岂不当与《语》《孟》并传也哉!其与朱子论无极,止见一二于复书而已。得之难,视之重,故备载四篇焉。见《志学编》。

(录自道光本《象山全集》书后)

跋

江西之有学术,肇始天水一朝,欧、曾、王、李其翘楚也。陆象山先生生际南渡之日,独以心学标著于时,不落前贤窠臼,笃以践履工夫,其开宗派、集大成之功不在紫阳朱先生下。先生远绍亚圣,颉颃闽洛,下启阳明,真百世之大儒也。其发明本心,大阐"心即理""吾心即是宇宙"之说,皆前人所未发之论,足垂式后学者矣。

先生昔于金溪义门之家,以往圣为楷模;学于槐堂之下,以父兄为师友;讲于贵溪之象山,以天下为己任;仕于荆门之军,以学问为事功。东南三贤会于鹅湖,为理心之辩,遗响千载;朱陆复会于鹿洞,申义利之说,闻者动容。二贤虽立论不同,其旨归一也。象山先生之后,安仁汤晦静先生巾、余干饶双峰先生鲁、崇仁吴草庐先生澄、虞道园先生集、金溪危太朴先生素、崇仁吴康斋先生与弼、临川李穆堂先生绂等,皆乡国沾溉于后,奋迹于时者,则陆学之传不绝如缕也。

前代学人,以刻先生之集为圭臬,奉先生之祀以荐馨。集在宋嘉定时即为其子持之所刊,后增益者日多。自明以来,成化、正德、嘉靖、万历诸刻均在天壤间。清人所刻,以道光间槐堂所刊最全。逮于民近,后出转劣,至中华本出,始复旧观。唯丹铅之事,鲁鱼之讹,未能尽芟。予友贵溪叶石泉先生航遂奋志重编,博采众长,都为巨制。辗转多方,艰辛备尝。今绣梓在即,命跋于予,予非敢唐突于大儒之前,亦不敢造次于诸君之后,唯愿收拾精神,涵养德性,绍述古学,以待来者焉。

庚子荷月高考前日,丰城后学剑川毛静谨跋于临汝客次
(作者系江西省书院研究会副会长)